U0017777

從自由到龔斷

中國貨幣經濟兩千年 上

朱嘉明 著

目錄　上卷

哈耶克 vs 凱恩斯：解讀中國貨幣經濟史的鑰匙

當代中國教授、奧地利維也納大學副校長　魏格林博士
（Prof. Dr. Susanne Weigelin-Schwiedrzik）

我是這本書最早的讀者。我和朱嘉明博士在維也納大學同事八年有餘。在他撰寫這本中國貨幣經濟史稿的過程中，我們就這本書的思想、架構和理論基礎進行過多次交流。如今，朱嘉明多年來的努力終告出版，乃是他學術生涯中的一大成就，可喜可賀。我們身為朱嘉明在學術上的同事，這是我們討論中國經濟、政治、文化的一個新平臺。

朱嘉明博士在前人的研究基礎之上，寫出了一部跨越幾千年的貨幣經濟史論。表面上看來，這部著作沒有明白顯現一個理論框架，然而它有一種強大的內在邏輯性，使得書中所包含的很多資訊是上下、前後、左右聯繫在一起的。讀者稍加細讀，不難在字裡行間看出這個強大的內在邏輯性，並知道 這是一種特殊的理論選擇的結果。

這部著作非常出色的一個特點在於朱嘉明提供了一個奇特的理論基礎，把哈耶克經濟思想和凱恩斯主義這兩種截然對立的經濟學派結合起來。朱嘉明將中國貨幣經濟劃分為傳統貨幣經濟和現代貨幣經濟兩個階段。前者歷史悠久，後者時間很短。從大的方面看，他試圖用哈耶克解釋傳統貨幣經濟，用凱恩斯解釋現代貨幣經濟，同時又以哈耶克作為批判現代中國貨幣國家化的一個理論基礎，而凱恩斯則是他解釋中國傳統經濟不足之處的一種理論工具。這是一次有意思又有意義的嘗試。

中國傳統貨幣經濟體系是放任的。不論是宋代的紙幣還是明朝的白銀化，都來自民間的創造，而非政府的設計。也就是說，中國的傳統貨幣系統不是一個依賴國家的系統。各種貨幣同時存在，同時流通，保障了經濟順暢運行，發展出一個包容性很強、靈活性很大，容許遠距離區域貿易的可持續性的經濟體系。這非常接近哈耶克所追求的自發秩序理論和貨幣非國家化理想。哈耶克沒有直接影響中國的貨幣經濟，但是中國貨幣經濟卻為哈耶克思想提供了一個近乎完美的經驗證明。這是本書的一個很重要的發明。

到現在為止，哈耶克的貨幣非國家化的思想被認為是空洞、假設性、沒有實際基礎的，遑論有學者試圖用哈耶克的思想來解釋中國傳統貨幣經濟。哈耶克之所以進入有關中國傳統貨幣史的研究，實際上是因為他的思想在反思和批判毛澤東時代的計劃經濟，以及當下國家發動現代化的過程，是極為有力的思想和理論資源。在一個這樣的背景下，哈耶克理論在中國經濟界開始產生影響，而朱嘉明是在這個脈絡下選擇以哈耶克來解釋何以中國傳統貨幣經濟有那麼巨大的活力，以及毛澤東時代中央計畫失敗的原因，還有中國在不遠的將來可能面臨的問題。

凱恩斯主義從一開始就帶有「教義」的特徵，對中國的影響遠遠超過人們的想像。凱恩斯在一九二六年發表《自由放任主義的終結》時，恰是南京政府建立和開始設計政府干預經濟戰略之時。國民黨的工業化戰略基於這樣的理念：國家必須在現代化中起主導作用，現代經濟需要國家控制金融體系。

這是國民政府啟動一九三五年貨幣改革的指導思想，也是中國現代史的一個分水嶺：在一九一一到一九二七年間，經濟在國家極端虛弱而無干涉能力的條件下得到充分發展，而一九二七年以後，在日本與蘇聯的成功影響之下一步一步引入國家對經濟的主導。儘管這項改革比凱恩斯革命早一年，但是有理由相信，中國經濟學家也受到凱恩斯的影響。國民黨的「廢兩改元」，一九三三年建立銀本位；一九三五年又將之拋棄，引進法幣，是向貨幣現代化的躍進。

但一九三五年貨幣改革有兩個未預見到的影響：一是它為政府提供了一種可能性，即印刷紙幣。而這種新的可能性導致一九四八到四九年的通貨膨脹；同時也給共產黨提供了機會，發展非法紙幣，直至摧毀國家貨幣系統。儘管大多數研究者強調共產黨戰勝國民黨，主要是軍事上的勝利，然而，讀了此書之後，我們必須看到另外一個重要原因，那就是貨幣的威力。共產黨奪取政權之前，已經建立了自己的金融貨幣體系。所以，一九四八年之後，當國民政府通貨膨脹處於不可收拾的狀態下，人民對國民黨政府的信心也下降。共產黨的人民幣成了一種替代性貨幣，使得共產黨在軍事上的勝利增強了它在經濟上的影響力。最後人民也在政治上轉而傾向共產黨。國民政府的法幣改革，是中國經濟史上轉向國家干預的一個重要的標誌和第一次高潮，而這個階段以崩潰告終。

在過去的三十年裡，凱恩斯經濟學始終是影響中國經濟改革的主要經濟理論，以至於今天的中國已經成了全世界最強的凱恩斯主義國家。另一方面，改革開放以來，曾在全世界幾乎成為主流的自由主義思想也引起很多中國經濟學家的注意，朱嘉明先生是其中之一。這部著作也是中國改革開放以來，國家占主導地位的情形下，中國一步一步建設市場化混合經濟體系過程的一個有啟發性的反思。

朱嘉明用凱恩斯，是為了解釋中國現代金融系統的內在邏輯；用哈耶克，是基於其歷史上的重要性，是為了批評中國現代金融系統的不足。大多數分析家多少都是用凱恩斯來衡量與解釋今天中國的經濟。即使最自由的分析家，似乎也認同中國政府在工業化過程中起主導作用，也認同改革開放的道路是成功的。很少有人敢於從另外一個側面來批判這個過程，更不用說有人走得像哈耶克那麼遠，去批判國家透過貨幣對經濟施加強大的影響，以及對社會上的每一個經濟主體施加的控制。

貨幣經濟在毛澤東時代經歷了歷史性倒退。貨幣在毛澤東時代是國家壟斷的。根據哈耶克的思想，這是人們為什麼不自由的主要原因。毛澤東時代是經濟主體依賴國家來維持自身生存最深的時代，而過去三十年中國經濟改革的核心是回歸貨幣經濟，實施經濟的貨幣化。中國經濟增長跟中國經濟的再貨幣化是緊密結合在一起的。不過這個再貨幣化的過程又是在國家愈來愈弱的情況下進行的。因此，經濟的貨幣化是伴隨著國家從貨幣系統退讓而進行的。它打開了向非國有經濟活動的機會之窗，使他們得到不再依靠國家而生存的機會。反過來講，經濟的貨幣化是在以國家為現代化的總組織者和總設計者的條件下進行的。如果從這個角度看問題，從一九七八年建立起來的體制，非常類似國民黨政府從一九二七年到一九三七年在南京建立的混合經濟體制。這個受凱恩斯主義影響的體制在一九四九年以失敗告終。今天，擺在我們面前的問題是，作為一個今天的凱恩斯主義體系，能否避免再一次的失敗？

二〇一一年十一月於維也納大學

一幅中國貨幣經濟的《清明上河圖》

中國金融博物館理事長　王巍博士

讀畢朱嘉明先生六十萬字的論著，一幅縱向描述中國金融史的《清明上河圖》徐徐展開。靜心把卷，「大弦嘈嘈如急雨，小弦切切如私語，嘈嘈切切錯雜彈，大珠小珠落玉盤」，兩千年貨幣經濟演變栩栩如生。此等格局，這般功力，正合嘉明先生本性。

一九八四年，第一次在北京聽嘉明先生講演，正為此公意氣風發問政獻策之際。莫干山改革會議的組織奠定了他當代思想家的底色與視野。一本《國民經濟結構學淺說》，洛陽紙貴，展示他大格局解析複雜系統的思維能力。

一九八九年到九一年間，我們在美國為鄰，不時添酒回燈徹夜長談。於政治之外，他更著眼於野史與掌故，主流意識形態的影響已經解構，究心之術開始取代殿堂對策。仍隱約記得一起策劃建立海外金融機構，隔靴搔癢，聊補嘉明未能參與國內金融改革之遺憾。

二〇〇八年，再見嘉明先生則是歷盡滄桑再著書之狀。海外曲折經商和顛沛流離的磨礪更打造一個對話的立場，而非高頭講章之狀。貨幣經濟史成為他學術新旅的起點，皆因凱恩斯有言，從金融角度觀史，歷史將被顛覆，此語更合嘉明先生意興。

觀之中國金融通史，古道斑駁，罕有人至。士農工商序列之中國，金錢乃不雅之物，於史乏陳。民國金融史家，多成名於考據和資料整理。共和國建立之後，金融學大抵淘汰，成為財政學之附庸，銀行與各種金融機構也是名存實亡，不務正業。加上意識形態主導，金融理論幾近無存。

最近三十年，金融界死灰復燃，蒸蒸日上，但商業氣氛濃郁，鮮有學者甘於寂寞守住書齋。大學中的金融史專業幾乎絕跡，海外學者也不過以西方金融通史來附會中國現狀。有觀念之書，無學理之作，這也是何以金融陰謀論一時盛行於坊間的緣故。

我在創建和經營中國金融博物館的幾年中，苦尋金融名家和金融史料，上下求索，深知此域之荒蕪凋零，諸多名流不免盛名之下其實難符。即便在西方，金融史也是冷門。每遇金融危機出現，便有若干學者痛定思痛，搜羅一圈史料，做些新解，炮製幾本暢銷書，僅此而已。一本金德伯格的《西歐金融史》主宰了半個世紀的西方教學，近年英國人弗格森出版的非學術作品《貨幣的崛起》也是一路暢銷全球。當下未了的全球金融危機，正是風雲際會新學興起之時。厚積薄發的嘉明先生因勢利導，適時推出此卷，高屋建瓴的梳理了兩千年中國貨幣的歷史脈絡，奠定了當代貨幣經濟的獨特格局。條分縷析，絲絲入扣，架構歷史橋樑。披沙瀝金，孜孜以求，解讀從來誤曲。箇中艱辛，需行家體會；整體突破，必高手心知。

以在下淺薄心力，無以學術置評，但此書填補貨幣經濟通史之空白，則不言而喻。單單共和國成立以來六十年的當代中國金融里程之鋪架，便前無古人。此六十年實在是天翻地覆的變化，不僅在中國，即便全球也是豁然開朗。不立足當下，則前史無義，未來無據。史家與思想家之重要分野便在於把握當下之能力，這也是嘉明最著力、最擅長、最豐富的領域。

朱嘉明先生對貨幣邏輯與歷史脈絡的設計與表述建立了一個討論平臺，箇中觀點與論據的展示或有不同立場之別，見仁見智之度。生活態度、價值取向和思想資源等差異將衍生出無數不同的看法和結論，這恰恰是一個公共平臺建立的成功標誌。如同舉著火把照亮洞穴的先賢，能夠看到後來者紛紛在光芒普照下尋覓各自珍寶之時，嘉明先生應當會感到滿足的。

作為老友和同行，我也欣慰的期待著這一縷光芒。

二〇一一年十二月於北京

序言　廣袤又迷人的貨幣經濟花園

朱嘉明博士

一九三〇年，凱恩斯在《貨幣論》中說過：如果以貨幣為主線，重新撰寫經濟史，那將是相當激動人心的。[1]呈現在讀者面前的這部書，是我對中國漫長貨幣經濟史的一番梳理和解讀。

壹

貨幣經濟是一種依靠貨幣形態、價格機制、資本市場、信用體系和金融機構的制度性組合，其中又以貨幣形態為核心。在經濟史上，貨幣經濟是經濟活動、經濟組織、經濟制度的基礎。貨幣經濟支撐市場經濟和所有實體經濟部門的運行。貨幣經濟的形態和數量的變化導致資本結構和數量的變化，生產方式的變化，決定經濟週期，影響著人類財富增長和經濟發展。在現代經濟形成之前，貨幣經濟依附於實體經濟；在現代經濟體系中，貨幣經濟平行和相對獨立於實體經濟；在後現代化經濟中，貨幣經濟則有淩駕於實體經濟之上的趨向。

中國貨幣經濟是動態的，有一個從簡單到複雜、從封閉到開放的發展過程。解析中國傳統貨幣經濟的特殊性和內在邏輯，牽涉到社會和政治方面的演變。

本書把自先秦到二十一世紀的中國貨幣經濟史劃分為兩個階段：金屬貨幣經濟（即傳統貨幣經濟階段）和以信用貨幣為主體的現代貨幣經濟。

金屬貨幣階段又分為以銅錢為主體貨幣、以白銀為主體貨幣、以白銀和銅錢為「複本位」貨幣，和以銀元為法定貨幣的四個時期。以白銀為主體貨幣時期為例，它始於宋代，經過元朝到明朝上半葉的衰落，再經過明朝中後半葉的白銀化而成為貨幣經濟主體。清朝繼續明代的銀兩制度，直到民國建立之後的一九三三年建立「銀本位」，前後八百餘年。

中國是發明和最早使用紙幣的國家，宋代的紙幣系統已相當發達，元代和明代的部分時期以紙幣為唯一合法貨幣。但是，宋、元、明的紙幣並不是信用貨幣，也不是以國家信用為基礎、具有法律意義的紙幣（legal tender）。直到一九三五年，南京國民政府廢除實行不足兩年的「銀本位」，在中國歷史上第一次建立具有法律意義的法幣體系。如果以一九三五年作為中國傳統貨幣經濟和現代貨幣經濟的分界，則中國傳統貨幣經濟至少有兩千年的歷史；而現代貨幣經濟的階段還很短暫，至今不足八十年。

貳

亞當．斯密曾說：我相信，世界各國的君主，都是貪婪不公的。他們欺騙臣民，把貨幣最初所含金屬的真實分量，次第削減。[2]這個結論可能適用於很多歐洲國家，卻不適合中國傳統貨幣經濟。在中國歷史上，貨幣經濟基本上是自組織的，是市場的、社會的，是民間和政府分享貨幣「鑄造權」的，是藏富於民的。至於資本市場和金融機構，向來是由民間而不是政府控制，國家只是貨幣的參與者，國家貨幣只是龐雜貨幣中的一種而已，其影響力取決於在貨幣供給總量中的佔有率，高一些，影響力大；低一些，影響力小。所以，基本上不存在君主對貨幣權力的絕對壟斷。簡言之，貨幣經濟的非國家化是常態。我們可以認為，中國的傳統貨幣經濟充滿自由放任精神，最接近「自由放任」（laissez-faire）的理想。在正史上，明朝萬曆皇帝頗受詬病，幾十年不認真早朝的「罪過」大矣。換個角度，皇帝缺席，國家照樣運行。雖有關心社稷江山的文官系統忠於職守，依然顯示出其時社會發展的自主運行狀態。我們怎麼能夠設想，今日中國國家領導人如果缺其席不謀其政，這個國家還能正常運行嗎？在這個意義上說，傳統的中國貨幣經濟是人類貨幣經濟史上的「香格里拉」。

清朝最後五、六十年的貨幣經濟，被主流史家描寫為貨幣制度紛繁雜亂、落後，逐漸遭到西方列強控制。但歷史的面貌並非如此簡單。當時清廷一方面繼續奉行「無為而治」的經濟思想；另一方面，朝廷無暇、也無能力管理因為「洋務運動」引發的現代化浪潮。因而，中國進入自由經濟的黃金時期：國內、國際資本湧入各類產業；經濟繁榮，接近古典經濟學的完全競爭的自由經濟傳統模式。從貨幣經濟的角度考察，我們看到的歷史與官方所治的朝代更替史差異很大。

中國傳統貨幣經濟中的交易關係，其本質是民眾、商人和官家共同治理，是以產權私有制和市場經濟為基礎的。換言之，貨幣經濟、私有產權和商品市場經濟的相互依存支撐了中國傳統貨幣經濟的運行，並決定了財富的存在方式、擁有方式和分配方式。所以，中國歷史上可以發生一次又一次的財富重分配，卻沒有發生經濟史家所說的那種「財富逆轉」（Reversal of Fortune）現象。在一五〇〇年相對富裕的文明中，比如印加、阿茲特克，都被自身的貨幣財富所腐蝕，最終消亡。[3] 但是中國社會卻具有對「財富」的良好消化能力或自癒能力，這不能不歸結於傳統貨幣經濟的貢獻。

貨幣形態多元化、多樣化和高度區域化，「貨幣之間競爭」的機制，不斷向貨幣體系注入新的生命力，從而實現貨幣經濟的和諧，這是中國歷史的常態。即使朝代更迭頻繁，但是新朝通常接受和延續「前朝」的貨幣體系和制度。中國傳統貨幣制度所具有的超常穩定性，成為一種獨特的歷史現象。

當然，中國貨幣制度的穩定並不是絕對的，其變遷始終沒有停止。所謂穩定，是變遷中的穩定；所謂變遷，是緩慢、漸進、連續的變遷，猶如歷史的長河緩緩流動。中國貨幣制度的變遷，集中表現為要素（土地與勞動、勞動與資本或資本與土地的）價格比率的變化，資訊成本的變化，技術的變化。這些相對價格變化的因素大多數是內生的。[4] 春秋戰國時期、宋朝、明朝後半葉，以及十九世紀中葉之後的清朝，都屬於貨幣制度變遷顯著的時期。

參

有一位西方學者說：貨幣將決定人類命運（Money will decide the fate of mankind）。[5] 其實，貨幣經濟已經決定了中國的歷史走向和命運。

中國自漢朝以降，直到清末，「錢荒」不斷。長期以來，人們對錢荒的理解過於簡化，以為是銅錢的幣材供給不足或流失所致。其實，錢荒的核心問題是以銅錢為主體貨幣形態的貨幣需求大於供給，或者說，貨幣供給滯後於需求的反應，不能滿足市場經濟對貨幣的需求。在貨幣非國家化的制度下，自組織的社會經濟就會增加貨幣供給，於是，正規、非正規的，合法、非法的「貨幣」進入市場。以宋朝為例，再怎麼增加銅錢供給也無法滿足城市化和市場經濟發展的需要。銅錢供給畢竟受制於幣材市場、鑄造能力和鑄幣成本，所以，鐵幣和紙幣的發明和流通，就成為自然補充。在中國歷史上，劣幣驅逐良幣的規律很難成立，兩者和平共處。原因很簡單，對於貨幣短缺的情況，即使品質再差和不足量的「劣幣」，只要能夠充當交易仲介，有勝於無。一般而言，錢荒多會自行緩解。但若自我緩解能力失靈的話，銅錢、銅材愈發值錢，加劇錢荒，經濟蕭條接踵而至。

中國大多數朝代，不是亡於通貨膨脹，而是亡於經濟蕭條。因為，只要在金屬貨幣形態下，不會發生現代人所熟悉的那種通貨膨脹。其實，秦朝不是亡於苛政，而是亡於經濟蕭條。秦末經濟蕭條的直接原因是秦始皇駕崩前一年「統一貨幣」的幣制改革，推行「秦半兩」，徹底消滅六國貨幣的殘餘影響，摧毀了傳統的多元貨幣制度，於是，貨幣供給不能滿足需要，出現「物賤錢貴」的局面，於是農民受到傷害，手工業者受到傷害。西漢的滅亡和王莽關係很大。王莽在貨幣經濟上的根本錯誤是實現黃金等貴金屬資源國有化，民間喪失了貨幣財富，而政府的貨幣供給不足以填補民間貨幣的缺失，自然導致經濟蕭條，農民破產。王莽死後，國庫裡留下大量的黃金。明朝的貨幣白銀化，社會財富增長，刺激人口增加，導致了「高水準均衡陷阱」，社會經濟失衡，構成李自成代表的農民革命的深層原因。[6] 崇禎年間中國白銀進口突然減少，貨幣供給不足，百業蕭條，政府失去稅收基礎，則是明朝覆滅的重要原因。

中國貨幣供給不足，也造就了高利貸市場。中國歷史上的利息水準始終高於西歐和日本，這不是因為中國貨幣經濟不發達，而是過於發達所致。恰恰因為資本成本過高，刺激貨幣資本所有者透過高利貸市場和其他「投機」（speculation）手段實現更高的回報率。貨幣「投機需求」的直接後果是增加貨幣需求，提高了貨幣供給壓力。在沒有足夠儲蓄機構的情況下，投資土地就是最安全而最保值的方式，貨幣財富轉化為土地所有權，貨幣利息轉化為地租。於是，資本和土地這兩個基本生產要素的價格雙雙上升。如果這個邏輯成立的話，那麼中國沒有發生英國十八世紀的工業革命，又多了一種解釋，即中國的資本和土地成本過高。

中國歷史上的貨幣和土地關係實在值得重視。一方面。土地私有制度早熟，一方面貨幣經濟發達。土地是高價值的交易資產，其吸納貨幣的規模遠高於農產品和手工業產品市場。土地吸納更多的貨幣，刺激更高的貨幣需求，如此反覆，最終形成土地兼併的格局。在二十一世紀的中國，重複了歷史上早已有之的貨幣和土地關係，土地價格上漲和貨幣供給增大互為因果。在中國歷史上，如果形成土地兼併格局，失去土地的農民沒有可以替代的生存基礎，流民數目膨脹，則社會失序，發生革命，改朝換代。

肆

古希臘、羅馬帝國和古埃及都有過相當發達的貨幣經濟，但是都告消失，唯有中國貨幣經濟延續至今，而且從來沒有中斷過與世界的交流和互動。

中國作為世界貨幣經濟的重心，至少延續到十八世紀末。其間，中國與世界的貨幣經濟互動關係主要有四種模式：一，平等模式。漢代與羅馬帝國。這次交流很可能是用中國的絲織品換取羅馬帝國的黃金。二，主動輸出模式。在唐宋時代，日本、韓國和東南亞一些地區納入中國的貨幣圈。三，被動輸出模式。元朝建立，大規模掠奪中國境內歷代積累的白銀等金屬貨幣，並運往蒙古帝國的其他疆域，支持整個蒙古帝國的經濟。中國金屬貨幣資源枯竭，不得不實施紙幣體系。蒙古人知道，中國具備流通和使用紙幣的傳統和習慣。四，主動輸入模式。在十六世紀中葉開始的「白銀世紀」，中國透過國際貿易換取南美洲的白銀，貨幣形態白銀化。從此，中國貨幣經濟已經全然不能與世界貨幣經濟分離，形成了「合流」，而不是「分流」的態勢。值得提及的是：宋代在經濟和科學技術方面，領導世界潮流。中國存在以貨幣經濟的歷史積累為基礎，實現一種「本土化」或「宋朝式」的金融制度創新。南宋以有限的國土對蒙古帝國進行了長達二、三十年的軍事抵抗，除了南宋的經濟富足之外，政府建立了具有創新特徵的貨幣體系無疑是重要的。明代，伴隨白銀資本和金融制度進步，存在形成中國式現代化的可能性。遺憾的是，因為外族原因，蒙古人滅亡宋朝，滿洲人滅亡明朝，中國錯過了歷史機遇。

自十七世紀後半期開始，世界的貨幣和財富不再以中國為中心，不再是世界順從中國經濟結構，而是中國依賴世界貨幣資源和市場，中國要順從西方的經濟結構。從此，中國自行完成貨幣經濟現代化的可能性不復存在。也就是說，在十八、十九世紀，中國貨幣經濟成為世界貨幣經濟體系的組成部分，逐漸喪失獨立完成貨幣經濟現代化的可能性。因為，文藝復興和自英國大革命之後逐漸發展的西歐地區的貨幣體系，成了主導世界經濟的現代「貨幣金融制度」。如果中國要納入世界經濟，必須改變中國傳統貨幣經濟，接受西方國家貨幣經濟制度。清末的貨幣改革屬於推動從貨幣「非國家化」向貨幣「國家化」轉型，實現構建現代國家的目標，成為「衝擊─反應」的典型案例。[7]這次轉型因為辛亥革命和清朝完結而失敗。

伍

一九三五年的中國「法幣改革」是國家現代化和貨幣國家化的里程碑，對中國的影響還沒有完整顯現出來。迄今對這次改革的眾多評價都不免有片面之處，但是「法幣改革」的後果已經很清楚：實行白銀國有化，政府以國家的名義剝奪了民眾和商家的白銀財富積累，開了剝奪民間財產的先河；建立貨幣金融壟斷和無限政府，民眾的貨幣財富不再是可以兌換的白銀，而是依賴政府發行和管理的紙幣；中國的私有經濟傳統從此遭到動搖和顛覆；改變了金融生態，改變了民營金融機構的發展，自由的銀行券遭到廢止，中小型金融機構和私人信用體系遭受打擊，民營銀行喪失了發展成長的歷史時機。正是「法幣改革」埋下了抗日戰爭之後惡性通貨膨脹的種子，奠定了中國二十世紀國家所有制、甚至共產主義公有制的第一塊基石。它與共產主義在中國的勝利存在著清楚的歷史邏輯。

一九四九年，中國共產黨獲取大陸政權，實行公有制和計劃經濟。計劃經濟和貨幣經濟具有「不可相容性」，在計劃經濟時代的中國，貨幣經濟的現代化過程被中斷，國民經濟倒退到「半」貨幣經濟和非貨幣經濟時期。這種情況並非首例，在南北朝就發生過。計劃經濟時期的人民幣，是一九四九年之前「法幣」的一種變異，都可以叫做 fiat money，但是法幣畢竟有外匯支撐，外匯以黃金儲備為基礎。而人民幣與外匯、黃金沒有任何聯繫，不存在直接和間接的「含金量」。中國的正統說法是，人民幣是「物資本位」。如果實現「物資本位」，必須實現國家對物資的壟斷。人民幣是一種「雙重」壟斷，國家對貨幣發行權的壟斷和對支持人民幣的物資資源的壟斷。人民幣成了完全依賴於政府和國家信用的紙幣。在人民幣制度下，中國人民財富的形態只有人民幣，而人民幣為國家壟斷，國家透過人民幣供給數量和物價的不斷變動，實現國民財富的重分配。一位當代經濟學家說過一句發人深省的話：貨幣已經變成了一個穿鼻而過的環，它使我們被那些控制鼻環的人們牽著走。（Money has become a ring we wear through the nose, which allows us to be lead around by those who control it）。[8] 人民幣就是這樣的「鼻環」。

中國結束「文化大革命」，開始改革開放。在過去的三十餘年，大體完成了貨幣經濟的重建。因為超常的「貨幣化」不僅是中國高速增長的「發動機」，而且觸發了中國歷史上最大的一次財富「大爆炸」。與此同時，人民幣完成了「蛻變」，從無價值基礎到形成價值基礎，實現了中國貨幣經濟和金融制度與世界的「接軌」，中國再次重複了清末和民國對既定世界貨幣經濟體系的「路徑依賴」故事，只是換了主角，不是清廷，不是國民黨南京政府，是共產黨北京政府。

一九八九年，中國民主運動失敗，經濟改革脫離了原本的軌跡，從政府推動、引導的經濟自由化改革轉到政府主導、控制的國家資本主義道路。從此，剛剛形成的自由市場和國家干預，私有經濟和國有經濟的均衡被打破，國家完成了對實體經濟中的能源和通訊等產業部門，以及貨幣經濟的所有部門的壟斷。在過去二十年間，中國不是在逼近自由市場經濟，而是漸行漸遠。如果說中國有市場，它是政府干預的市場；如果說有私有或民營經濟，它是受國有經濟壓迫，狹縫生存，隨時有滅頂之災的恐懼。人民幣的國有性質不是弱化，而是強化。在世界上發達市場經濟國家，以及主要新興市場經濟國家，雖然貨幣國家化，但是還受到經濟制度和政治制度的制衡。其經濟制度是發達的私有經濟和市場經濟；其政治制度是國家不等於政府，政府不等於貨幣當局。央行有獨立空間，貨幣發行受法律程序限制，在貨幣政策和財政政策之間存在著明顯的邊界。這一切，在中國不存在。特別是近年來，人民幣問題被高度政治化和意識形態化，與民族主義掛鉤，在國家安全和國家利益的名義下，形成人民幣與國家壟斷的超常關係，由此加劇了社會財富的不公正分配和貧富差別的擴大。面對這樣的現實，中國廣大的民眾，迷茫、失落，甚至絕望，以為這是經濟改革所致。因此，中國出現了所謂的回歸社會主義，重新肯定毛澤東的輿論。殊不知，一九九〇年代以後的中國改革，已經一步又一步地背離了中國在一九八〇年代改革的初衷，發生了質變。而被認為代表自由主義，代表自由市場經濟的某些人物，其實已經演化成新的既得利益階層的一部分。鑒於古今中外歷史的教訓，一個非民主和非法治的國家與國家對貨幣的無限權力的結合，是危險而值得憂慮的。

陸

就本書的思想理論資源而言，主要是兩大類：第一類是西方經濟理論。第二類是中國貨幣經濟思想。

在西方經濟學中，首先是哈耶克的貨幣思想。哈耶克的貨幣思想是深刻而獨特的。[9] 哈耶克認為，現今貨幣制度的本質是一種被俘虜的制度，它既不符合自發秩序，又不是全盤政府干預的結果。而貨幣制度被俘虜使得貨幣制度偏離其自然演化路徑，以至於貨幣制度失靈，而這種失靈又是經濟危機爆發的根源。因此，如果要徹底根除經濟危機的危害，就須以實現貨幣制度的演化遵循自發秩序為前提。而這需要滿足兩個條件：遵循傳統的法律原則和沒有鉗制，允許人們自由選擇。「只要人們可以自由使用隨便哪種貨幣，則對那種被人普遍接受、能夠保持其購買力大致平穩的貨幣，就會形成持續的需求。」做到了這兩點，貨幣制度自然會遵從其自然演化路徑了，而經濟危機也將不復發生。所以，哈耶克主張完結政府對貨幣的控制和廢除中央銀行。所謂的「貨幣政策」是不可欲且不實際的。最能代表哈耶克貨幣思想的著作是一九七七年出版的《貨幣的非國家化》[10]。哈耶克注意到中國貨幣經濟，他引用衛斯林（W. Vissering）對二十世紀初中國貨幣經濟的觀察：中國流通紙幣，「正是因為它不是法幣，因為它跟國家沒有關係，因而才被人們普遍作為貨幣所接受。」[11] 因為哈耶克，還要涉及魏克塞爾理論，[12] 以及奧地利學派。[13] 也因為哈耶克，對傳統自由放任主義，有了重新認知。[14]

弗里德曼的「貨幣主義」也是重要的理論基礎。[15] 中國的歷史證明「唯有貨幣起作用」，是對真實的經濟史最精彩的總結。

如果說，哈耶克貨幣思想是解讀中國貨幣經濟史自由放任的理論基礎，那麼，凱恩斯學說中的貨幣思想則是解析中國貨幣經濟史中國家干預、背離自由經濟的理論基礎。凱恩斯貨幣經濟思想的核心，是主張由國家控制貨幣的實際供給量，強化中央銀行的地位，其功能是實現貨幣和信用的管理。所以，貨幣是一個「外生變數」。凱恩斯所關注的，主要是貨幣需求，而且將貨幣需求的變化歸結為交易動機、預防動機和投機動機（transaction, precaution and speculation），進而認為利率取決於流動性偏好決定的貨幣需求和銀行決定的貨幣供給。凱恩斯理論為國家干預和壟斷貨幣經濟提供了一個系統的理論框架和邏輯解釋。人們始料不及的是，在過去三十年間，凱恩斯主義對中國的影響日益加深，中國成了被異化的凱恩斯主義國度。

總之，中國貨幣經濟史存在著自由和壟斷兩面，如同硬幣的兩面。哈耶克和凱恩斯有助於解釋這兩面。

現代經濟學主要成形於工業革命之後，但既有的理論不足以說明中國數千年的經濟史，需要中國本土的貨幣經濟理論加以補充。如今流傳下來的主要是那些主張國家干預的思想，但是自由放任貨幣經濟思想始終存在，甚至是主導思想，是民間共識，直接影響現實經濟生活。例如，西漢有過一次對後來影響重大的鹽鐵會議，留下了著名的《鹽鐵論》，記載了關於是否應實行鑄幣權統一的辯論，支持陣營有桑弘羊，反對陣營只有「賢良文學」，而沒有具體人名。從字裡行間，不難感到賢良文學是主流。明代是中國自由貨幣經濟思想得到充分發展和實踐的時期。張居正的「一條鞭法」改革在實質上是國家嘗試透過財政政策和貨幣政策干預經濟。自由主義在十九世紀的清代一度抬頭，放任貨幣經濟達到歷史頂峰。其實，中國經濟中「無為而治」的傳統與西方經濟自由主義傳統存在某種共同之處。二十世紀中國的貨幣經濟思想，因為受西方經濟學和馬克思影響，全盤西化，本土貨幣經濟思想式微。在一九五〇年代至一九七〇年代，蘇聯社會主義經濟學是貨幣經濟的理論基礎。一九八〇年代和一九九〇年代，現代西方貨幣金融理論和方法處於主導地位。

柒

本書認為貨幣經濟史有其獨立地位，它不是一般的中國經濟史，也不是一般的中國通史。中國貨幣經濟史問題，既屬於經濟學的範疇，也屬於歷史學的專門史範疇。本書研究的不是抽象的貨幣經濟，而是真實的貨幣經濟；不是某個時期的貨幣經濟史，而是自春秋戰國至今的貨幣經濟史；不是某個部門或地區的貨幣經濟，而是以中國為基本範圍的貨幣經濟。這是一個跨學科的工作，涉及中國史、中國經濟史、世界史，還涉及一般經濟學和貨幣經濟思想史。

本書以貨幣經濟的一般內容為架構，以相關的歷史為依據，描述和分析中國貨幣經濟沿革；採用一般的歷史研究原則、實證主義的基本方法，盡可能透過對必要史料的描述、分析、假設、推理，深入中國貨幣經濟的深層結構，進而形成結論。本書沒有糾纏諸如歐洲中心還是中國中心，世界歷史的多元論還是一元論，世界史的大分流和合流問題。為此，多次使用了「回溯性分析」（retrospective analyses）和「前瞻性分析」（prospective analyses）。透過這兩種方法，探討中國貨幣經濟史在多次轉折時點上，在存在某種所謂「必然」前景的同時，確實還有多種選擇和可能性。最典型的事件是一九三五年的法幣改革，如果用「回溯性分析」，實在是大勢所趨；而用「前瞻性分析」，則難以得出法幣改革是唯一正確的選擇。

本書力求歷史和理論的統一，盡可能避免只講抽象的概念和邏輯，而是將特定的理論和特定的經濟現象聯繫在一起。讓理論透過歷史而展現，讓歷史透過理論得以梳理。思想理論資源結合在一起，是一種綜合，也是一種創造，如同將一顆顆珍珠用一根線繩串成項鍊一樣，以求達到具有綜合特徵的創造。否則，難以描述、解釋豐富多彩的中國貨幣經濟。

需要說明的是：本書沒有刻意追求統計分析和計量模型。這是因為貨幣是一個社會經濟活動和利益的交叉點，涉及一系列的分散變數，例如市場和政府、個人利益和集體利益、國內利益和國外利益、當前利益和未來利益等等，似乎缺少現成的工具來建立一個高度抽象的模型。就中國貨幣經濟而言，使用「數量經濟史」的方法有兩個明顯的困難：中國雖然有兩、三千年的漫長貨幣經濟史，但是存留下來的相關文獻記載過於零碎模糊，短缺不足，沒有系統而精確的資料基礎。不論是定量還是定性，都受到先天的限制。在中國，貨幣經濟有嚴格統計的時間並不長。此外，中國的貨幣經濟今天都還在轉型和調整，貨幣制度還沒有穩定下來，中國的貨幣需求和供給變化波動比較強，發生作用的因素尚不成熟，具有強烈的隨機性。

研究中國貨幣經濟史，價值取向是不可迴避的。價值取向其實是一種「先入為主」。面對同樣的史實，不同的史觀和經濟學理論，會有不同的解讀，甚至可以產生相互對立的結論。在政治上主張大一統，在經濟上主張國家干預，就會贊同秦始皇統一貨幣；反之，不贊成大一統，就會對秦始皇做出相反的評價。再如《鹽鐵論》，站在文學賢良這邊，還是站在桑弘羊這邊，是贊成自由經濟呢，還是國家皇權。中國貨幣經濟史不僅缺乏史實文獻，也缺乏理論分析框架，以及與此相關的經濟哲學和價值體系。在當代中國，以追求國家強大、民族統一、國土完整作為衡量不同時期的興衰成敗、進步和倒退。而沒有以市場經濟的成熟程度、民間經濟的自由度、民眾的福祉程度作為根本尺度。本書沒有掩飾自由經濟的價值傾向：讚賞自由貨幣制度和市場經濟制度，不贊同政府對經濟的干預，堅信政府過度干預市場經濟的後果是災難性的。

捌

迄今為止，中外學者在中國貨幣經濟史的研究領域，已經做了相當的開拓和基礎的工作，而且形成了不同的研究範式。[16]

關於中國貨幣經濟史的研究，主要集中在以下範式：一，在中國歷史研究中涉及貨幣經濟。亞當．斯密在《國富論》中多處涉及中國經濟；二十世紀的內藤湖南和費正清的著作，對於中國貨幣經濟歷史多有描述；[17]韋伯也有過關於中國貨幣經濟史的分析。[18]二，中國貨幣通史方法。彭信威的《中國貨幣史》，是歷史跨度最長的著作，從先秦到清末，但是沒能進入中國貨幣經濟的現代轉型。[19]楊聯陞的《中國貨幣簡史》，也是里程碑式的著作。[20]近年來中國出版若干按照中國歷史朝代順序，包括中華民國的中國貨幣金融史。三，斷代史方法。例如秦漢時期貨幣經濟、兩宋貨幣經濟、明代貨幣經濟或近代貨幣經濟。黃仁宇另闢蹊徑，選擇了明朝萬曆十五年前後剖析明朝財政經濟制度，進而觸及中國當時的貨幣經濟問題。[21]四，置貨幣經濟於特定歷史時期的研究。萬志英的《財富之泉》（*Fountain of fortune*）以中國和世界的白銀關係為背景，揭示中國向白銀經濟的過渡，考察時間跨度從西元一千年至一七〇〇年。[22]加藤繁的《唐宋時代金銀研究》，將黃金和白銀置於唐宋兩朝的時空中加以研究，是具有經典意義的著作。[23]五，錢幣史研究（Numismatic history）。中國關於錢幣史的書，歷來很多，很早就形成獨立學派。錢幣的歷史沿革為貨幣經濟史提供了實物支援。但是，中國錢幣史學派專注的是錢幣本身的演變，而不是貨幣經濟。千家駒的《中國貨幣演變史》，歷史跨度很長，從古代貨幣到人民幣，主要是從「錢幣學」切入，是一部有代表性和有影響的著作。[24]六，部門經濟史方法。在部門經濟史研究中，涉及貨幣經濟。中國部門經濟史方面的書籍很多，農業史、手工業史、航海業史、土地制度史、財政史、商業史、外貿史、銀行史，往往忽視了貨幣和貨幣經濟的作用。七，專題研究方法。選擇中國貨幣經濟中的某個專題，加以探討。例如梁方仲在一九五六年的一條鞭法研究是開拓性著作。[25]還有西漢的五銖錢問題，宋代的錢荒問題，明代的白銀化問題，清朝的土地價格和大米價格問題，錢莊，利率史和信貸市場問題。[26]八，現實政策性貨幣經濟研究。從清末至民國，一些研究中國貨幣經濟的西方學者，直接對中國有過觀察和考察，參與了中國幣制改革方案的制定，甚至出任中國政府在金融貨幣領域的顧問。一九〇四年，精琪在對中國貨幣經濟深入考察的基礎上，提出中國幣制改革的系統方案。[27]一九一二年，衛斯林撰寫的《中國當代貨幣》，是當時關於中國貨幣經濟的代表之作。[28]一九二〇年代，耿愛華出版了《中國貨幣論》，將當時中國貨幣經濟分為不同部門，做細緻的技術層面研究。[29]一九二九年，美國普林斯頓大學教授甘末爾向財政部長宋子文提交的《中國逐漸採行金本位制法草案》等。[30]中國政府財政顧問亞瑟・楊格參與了南京政府在一九二九年至一九四六年之間的重大金融和財政決策，也是中國參加一九四四年布林頓森林會議的代表團成員，其著作《一九二七至一九三七年中國財政經濟情況》是中國當時貨幣經濟和財政經濟最重要的著作。[31]在中國貨幣經濟史中，當代貨幣經濟研究是必不可少的組成部分。一九九〇年代以來，中國關於現實貨幣經濟的專題性著作數量可觀，涉及貨幣化問題、金融改革問題、匯率問題。因為意識形態所限，缺乏歷史感和國際視角。九，作為國際貨幣經濟一部分的專題研究。近年最有影響的著作是弗蘭克的《白銀資本》，全面考察了在十六世紀中葉至十七世紀中葉「白銀世紀」，西方貨幣經濟和中國貨幣經濟的關係。[32]黑田明伸的《貨幣制度的世界史——解讀「非對稱性」》一書，在中國與世界經濟關係下的中國貨幣結構和區域分佈，中國貨幣經濟被納入世界貨幣制度史的框架之中。如果把中國貨幣經濟作為一個連續的研究對象，自然會承認其歷史可以劃分為傳統貨幣經濟和現代貨幣經濟。[33]弗里德曼探討一八七〇年美國貨幣制度的調整，特別是一九三〇年代美國購銀法案，美國貨幣政策變化，改變中國經濟和政治歷史走向的集大成者。[34]

一般來說，中國學者對於中國貨幣經濟歷史的研究方法基於歷史學派，以古籍，特別是錢幣史作依據和基礎。局限性表現在：一，少有觸及貨幣經濟制度的演變。二，缺乏將貨幣經濟部門、貨幣存量和流量與通貨膨脹的宏觀研究的整體性分析。三，將中國貨幣經濟獨立於外部世界，缺乏中國和國際的貨幣經濟比較研究，缺乏用國際貨幣經濟的一些因素解釋中國貨幣經濟演變。即使討論西方銀元和西方現代銀行，也是著眼在對中國影響的範圍之內。中國學者已經注意到特定時期中國貨幣經濟與世界的關係。例如：世界地理大發現、南美白銀開採和中國明代貨幣化。四，在運用當代貨幣經濟理論分析和解釋中國貨幣經濟史方面的努力是零星、分散、不成系統的，以致陷入繁雜瑣碎的考證之中，不能提綱挈領、綱舉目張。例如，所謂的「傳統—現代」二元預設始終有不可低估的影響力。

西方學者，特別是費正清和加州學派，在中國貨幣經濟的範式方面，確有中國學者所沒有的長處：注重比較研究，重視中國、西方社會發展道路的相同與相異之處；將中國置於世界史的範圍之中，探討中國與外部世界的聯繫，即全球性關聯，經濟、政治和社會的整體化。其最大貢獻是改變了中國學者將中國貨幣經濟作為孤立系統加以研究的傳統，將中國置於國際大環境之中。一般來說，西方學者受制於理解中國古代文獻的能力，在研究中國古代貨幣經濟方面是薄弱的。他們從世界大歷史的角度來看中國的某個時期和某些問題，或失之於對中國自身演變特徵的規律重視不夠，或失之於忽視中國經濟對全球貨幣經濟所起的作用。關於中國計劃經濟時代貨幣問題的研究少有著作。值得強調，日本學者在中國貨幣經濟歷史領域，既有直接理解的語言優勢，又有強烈的東亞和世界歷史意識。

拾

本書以貨幣經濟的演變歷史為主線，跳出中國朝代和政權更迭的限制，盡可能展現寬闊的歷史視野，力求提供一個比較完整的中國貨幣經濟歷史的圖像。所以，本書的篇幅很大，不乏失之於不可深入，淺嘗輒止之處。但是，本書的初衷是希望讀者從中不僅可以窺視局部，而且可以遊覽整體，逐漸感受到：中國貨幣經濟實在也是一個「廣袤無垠而又神奇迷人的花園」，尤其值得在意細微之處。因為，貨幣制度微不足道的變化，都會對歷史發生不可預料的影響。[35]

此外，本書的篇幅龐大還有一個好處，那就是可以在一個主題下，滿足不同讀者的偏好。他們可能有興趣於：中國貨幣經濟制度的大歷史框架，中國貨幣經濟與世界貨幣經濟的互動關係；「錢袋子」與「槍桿子」是中國共產黨獲得政權和維繫政權的重要支點；「法幣」和「人民幣」的歷史淵源；重建貨幣經濟在中國經濟改革中的地位；當下中國貨幣經濟與世界貨幣經濟的關係等等。

在經濟思想史中，貨幣問題是經濟學家最耗智慧的領域。為本書提供理論基礎的哈耶克和凱恩斯的最有代表性的著作都和貨幣緊密聯繫。二〇〇一年「九一一」事件不久，我有幸在美國的哈佛大學附近的加爾布雷思家中聽他談「九一一」事件對美國和世界的深遠影響。結束的時候，我告訴他：在他那麼多著作中，對我影響最大的是那本：*Money: Whence It Come, Where It Went*，他聽了很高興，幽默地說，你很特殊，絕大多數讀者可不是這樣，他們更喜歡我那本《豐裕社會》。[36]在我看來，加爾布雷思僅僅提出貨幣從哪裡來，再到哪裡去這個問題，就已經很了不起了。它包含了貨幣哲學，甚至宗教的意識。我們人類要自由和幸福，真的沒有辦法擺脫貨幣嗎？至少，真的永遠無奈於國家對貨幣的壟斷嗎？

二〇一一年十二月十四日　於臺灣宜蘭三星

註釋

1. Pierre Vilar, *A History of gold and money* (Thetford: the Thetford Press Ltd, 1984), pp.28.
2. 亞當・斯密，《國民財富的性質和原因的研究（上卷）》（北京：商務印書館，一九九七年），頁二四。
3. Acemoglu, Johnson & Robinson (2002)，轉引自：陳宇峰、陳啟清，〈並非有效的制度：對制度分叉路徑的差異性解釋〉，《經濟社會體制比較》（二〇一一年第二期，北京）。
4. 道格拉斯・諾斯，《制度、制度變遷與經濟績效》（上海：三聯出版社，一九九四年），頁一一二—一一三。
5. Jacques Rueff, *The Monetary Sin of the West* (New York: Macmillan, 1972).
6. 「高水準均衡陷阱」(high-level equilibrium trap)，是美國經濟學家 Mark Elvin 在一九七二年提出的：*The High-Level Equilibrium Trap: The Causes of the Decline of invention in the Traditional Chinese Textile Industries* (1972)。
7. 費正清是「衝擊—反應」模式的主要提出者。
8. 當代經濟學家 Mark Kinney 所言。轉引自 Thomas H. Greco, JR., *Money: Understanding and creating alternatives to legal tender* (Vermont: Chelsea Green Publishing Company ,2001)。
9. 哈耶克（Friedrich Hayek, 1899-1992）。哈耶克對我的影響可以追述到「文化大革命」後期。當時，我讀到哈耶克的《通往奴役之路》，是藤維藻在一九六〇年代翻譯的，很是震撼，開始思考懷疑社會主義制度的「優越性」。在上山下鄉的日子裡，揮之不去的問題是如何解釋中國的貧窮。如果是勞動創造財富，為什麼我們這麼辛勤勞動，卻這麼貧窮？
10. F. A. Hayek, *Denationalisation of Money: The Argument Refined (An Analysis of the Theory and Practice of Concurrent Currencies Series)*(Philadelphia: Coronet Books Inc, 1973).
11. 這個 Williem Vissering 是 Gerard Vissering 的兄長。哈耶克，《貨幣的非國家化》（北京：新星出版社，二〇〇七年），頁三九。
12. 魏克塞爾（Johan Gustaf Knut Wicksell, 1851-1926）。一八九八年，魏克塞爾在《利息與價格》批判了「古典兩分法」，將貨幣理論與價值理論結合起來，指出貨幣對經濟過程的實質性影響；魏克塞爾對貨幣中性的問題提出質疑，認為貨幣只有在銀行利率和自然利率相等時才是中性的，否則經濟就會發生累積性擴張或收縮，貨幣就不是中性的。魏克塞爾將貨幣與實際經濟結合起來，將產品市場、貨幣市場統一起來進行考察。魏克塞爾之後，一些經濟學家試圖透過貨幣分析建立「微觀基礎」，將貨幣「納入」一般均衡理論體系。中國貨幣經濟歷史是貨幣經濟和實體經濟不可分割、互相影響的歷史，更接近魏克塞爾的貨幣思想。
13. 米塞斯在一九一二年出版的《貨幣和信用理論》，實現了邊際效用理論與貨幣需求的結合，從此，貨幣理論不再與個人行為和效用、供給、需求和價格的一般經濟理論分離，也不再孤立地存在於「流通速度」、「物價水準」和「交易方程式」的內容之中。按照米塞斯理論，社會主義的失敗是不可避免的，因為需求失去了價格信號。奧地利學派（The Austrian School of economics）。新奧地利學派認為經濟週期是貨幣因素引起的。在貨幣經濟中，由於銀行系統可以自行創造出流通手段，從而可能引起貨幣的緊縮和膨脹。既然通貨膨脹和失業都是政府控制貨幣發行權來干預經濟的結果，所以醫治滯漲的手段就是要放棄國家的貨幣發行權，恢復自由銀行制度。

14. 根據自由放任的經濟理論，只有自由市場自行其道，省去任何由政府對民間經濟如價格、生產、消費、產品分發和服務等的干預，經濟運作得更好，就更有效率。自由放任的經濟理論是一種純粹的、經濟上的自由意志主義的市場觀點。

15. 貨幣本質與貨幣職能，貨幣數量與物價，信用和利息，資本市場、證券交易和國際貨幣體系，逐一成為經濟學體系中的重要課題，貨幣金融理論在經濟學體系中快速成長。特別是因為需要在巨集觀經濟模型中加入貨幣的因素，貨幣主義應運而生。根據貨幣主義，無須透過利率傳導，貨幣量的變化會直接影響經濟，所以最重要的是控制貨幣供給量。就短期而言，物價、就業、產出等變化都是源於貨幣的變化，只有正確的貨幣政策才能保持經濟的穩定和發展。

16. 範式（paradigm），或譯典範，是學科領域中學者所遵循的某種研究基礎和準則，包括概念、理論和方法，也包括評價標準和價值取向。

17. 內藤湖南（Naito Konan, 1866-1934），日本經濟學家，代表作是《中國史通論》。費正清（John King Fairbank, 1907-1991），是哈佛大學終身教授，著名歷史學家，美國最負盛名的中國問題觀察家，美國中國近現代史研究領域的泰斗，是對中國經濟歷史作實證性研究的代表人物。

18. 馬克斯・韋伯（Max Weber, 1864.04.21-1920.06.14），《經濟通史》（上海：上海人民出版社，二〇〇六年）。

19. 彭信威（一九〇七—一九六七），中國著名的貨幣史學家和錢幣學家，《中國貨幣史》是代表著作。

20. 楊聯陞（Lien-Sheng Yang, 1914-1990），《中國貨幣簡史》（*Money and Credit in China: A Short History*）。

21. 黃仁宇（Ray Huang, 1918-2000），代表作《萬曆十五年》（*1587: A Year of No Significance*）（一九八一年）。

22. 萬志英（Richard von Glahn），當代經濟學家，其關於中國貨幣經濟的重要著作是《財富之泉》（*Fountain of fortune*）（一九九九年）。

23. 加藤繁（Kato Shigeru, 1880-1946），日本歷史學家，被譽為日本研究中國經濟史第一人。

24. 千家駒（一九〇九—二〇〇二），《中國貨幣演變史》（上海：上海人民出版社，二〇〇五年）。

25. 梁方仲（Fang-chung Liang, 1908-1970）。其代表作是 *The single-whip method of taxation in China*（Cambridge,. Mass.: Harvard University Press, 1956）。悉尼・霍默（Sidney Home）所著的《利率史》，以世紀利率歷史為對象，但是對中國的利率歷史頗有涉及。

26. R. Bin Wong（王國斌），當代經濟學家，其著作 *Before and Beyond Divergence*(2011)（與 Jean-Laurent Rosenthal 合作），對

中國信用市場的歷史做了深刻而有創造性的分析。李伯重，當代中國經濟學家。在研究中國江南地區十八十九世紀的發展方面，頗有建樹。

27. 精琪（Jeremiah W. Jenks, 1856-1929），美國經濟學家。

28. 衛斯林（Gerard Vissering, 1865-1937），荷蘭人。《中國當代貨幣》（*On Chinese Currency, Preliminary Remarks about the Monetary Reform*）。Proposals for monetary reform in China: *Memoranda on a New Monetary System for China*（1904, reprinted in Hanna et al. 1904）pp.75-113.

29. 耿愛華（Edward Kann, 1880-1962），又譯名耿愛德、闞恩，二十世紀二三〇年代的著名外籍中國貨幣金融問題專家。其代表作 *The Currencies of China : An investigation of silver & gold transactions of China* (Shanghai: Kelly & Walsh, 1926)。

30. 甘末爾（E. W. Kemmerer, 1875-1945），美國經濟學家。

31. 楊格（Arthur N. Young），*China's Nation-Building Efforts*,1927-1937。

32. 弗蘭克（Ander Gunder Frank），*ReOreint: the Global Economy in the Asian Age*。此外，還有一些有價值的類似著作，例如 Dennis O.Flynn, Edited by Arturo Giraldez and Richard von Glahn, *Global Connections and Monetary History,1470-1800* (California: University of California, 2003)。

33. 黑田明伸 Akinobu Kuroda，當代日本經濟學家。

34. 弗里德曼（Milton Friedman, 1912-2006），美國貨幣經濟學派的代表人物。

35. 弗里德曼，《貨幣的禍害》（北京：商務印書館，二〇〇六年），頁四，二四九。

36. 加爾布雷思，《貨幣簡史》（上海：上海財經大學出版社，二〇一〇年），John Kenneth Galbraith(1908-2006), *Money: Whence it came, where is went*(first published 1975)。"The Affluent Society" (1958).

第一章

傳統

自由、多元和非國家化的貨幣經濟（先秦—明清）

中國貨幣經濟分為「傳統貨幣經濟」與「現代貨幣經濟」兩個階段。前者涵蓋春秋戰國以降兩千年，至一九三三年國民政府「廢兩改元」，確定銀本位而結束。

秦始皇雖然在西元前二二一年統一天下，帝制自此確立，但是統治技術還配合不上早熟的私有產權制度與商品市場經濟，無法在幅員廣闊的帝國，深入經濟生活的各層面。

中國在政治上雖然自此定於一尊，但貨幣形態則是多元、多樣、區域化，而且向來是由民間、而非政府來主導，彼此之間相輔相成、相互競爭。
縱使戰爭，縱使改朝換代，中國的貨幣經濟也從未斷流。
新朝建立，舊朝貨幣往往還能繼續使用；
即使實施新貨幣，新朝政府也會保證合理的兌換率。
從政治的角度來看，中國歷史是治亂相替的政權興亡史；
但是從貨幣經濟的角度觀之，看到卻是綿延兩千餘年的貨幣制度、
穩定的物價與積累於民間的貨幣財富。

「弊（幣）與世易，夏後以玄貝，周人以紫玉，後世或金錢刀布。」

——〔漢〕桓寬，《鹽鐵論》

放眼世界，只有中國的傳統貨幣經濟維繫二千餘年，從未中斷，成為中華文明久遠而獨立的重要象徵。中國的貨幣經濟史經歷了「傳統貨幣經濟」和「現代貨幣經濟」兩個階段。傳統貨幣經濟始於春秋戰國，到一九三三年「廢兩改元」，確立銀本位而結束。

很多人有一種錯誤的印象，認為中國傳統經濟就是農耕經濟，是自給自足經濟，是閉關守舊政策下的經濟，且長期處於停滯狀態。這種看法大謬不然。中國傳統經濟的真實面貌是：穩定的農工商結構、完備的產權制度、成熟的商品市場體系，早熟且從未中斷的貨幣經濟與全方位的國際經濟交流相輔相成。而且，歷朝歷代都奉行自由放任的經濟制度和政策，沒有控制經濟生活的意願，由此造就了中國傳統經濟的生命力、本質、深層結構和內在機制。

早熟而綿延的中國傳統貨幣經濟

一般認為，貨幣經濟的自然形成，人口增加、技術進步、各地區商品剩餘增加、交通體系形成息息相關。貨幣因私人部門的需要而出現，透過貨幣降低交易成本。亞當·斯密說過，貨幣可以促進交換和鼓勵專業化經營。透過貨幣的使用，在不確定環境中獲取資訊和進行交易的成本因而降低，減少初始稟賦轉變為消費的交易次數，增加所有交易商的福利。[1]

但如果以為貨幣的產生只是經濟現象，似乎過於片面。「歷史學家與人類學家的共識就是貨幣是作為社會（及政府）的製造品而發展起來的，而不是作為私人市場上降低交易成本的機制。」換句話說，「貨幣是作為社會及政府的特殊品而發明的，而不是降低市場上的交易成本。貨幣的發明可能早於正式市場的發展；因此貨幣促進了市場的興起，而不是市場促成貨幣的誕生。」在先民社會，為了解決侵害者對受害者補償，為了行賄，需要確定有統一價格的一定單位的物品，導致貨幣體系的形成。世人對「錢是萬惡之源」的說法耳熟能詳，卻忽略了「惡是貨幣之源」的歷史事實。只是上述看法「稍顯模糊和有些社會邏輯化，並且過去也沒有辦法用到數學模型。因此，為了建立私人代理人（沒有政府）之間交易的數學模型，經濟學家只好傾向於忽略歷史事實，並同時採用一種均衡，既所有交易都是基於一種統一的貨幣工具。」[2]

中國的貨幣經濟究竟源於何時，既沒有文字記載，也沒有定論。中國由於歷史悠久，自「農工商交易之路通」之後就有貨幣。可是，中國早期的貨幣制度到底如何，太史公也未能推斷[3]。司馬遷的《史記》談到貨幣，但沒有全面探討貨幣的起源，而是將之與商業、交換相聯繫：「農工商交易之路通，而龜貝金錢刀布之幣興焉，所從來久遠，自高辛氏之前尚矣，靡得而記雲。」[4]

可以確定的是，中國創造貨幣的時間比倉頡造字更早。依據夏朝遺址考古出土的天然和仿製的貝殼、冶銅址就可以推論，最遲在西元前十一世紀到西元前十世紀的商周之際就有了金屬鑄幣。[5]成書於夏、商時代《尚書・洪範》中，就有「八政」的記載，其中之一是「貨」，也就是貨幣。[6]所以，可以假定中國的貨幣經濟始於夏、商，實為不過分。

中國貨幣經濟成形於西周。《國語・周語》記載：周景公二十一年（前五二四）的「鑄大錢、廢輕錢」，說明了周景公企圖鑄造大錢以替代小錢的通貨膨脹政策。[7]在周景公之前，楚莊王（前六一三—前五九一）也有過改「小錢」為「大錢」的舉動。西周的貨幣有兩種，天然貝幣和稱量的金屬（青銅）貨幣。貴族間的土地買賣已經以貝幣定價。

春秋戰國是個急劇變化的時代，卻也是中國貨幣經濟得以長足發展的時期。因為地權逐漸鬆動，「田里不鬻」的局面逐漸為土地私有所代替，以地權凝固的公有土地為基礎的農村公社解體，「工商食官」制也被打破，經濟發展，商品經濟進步，貝幣逐漸消失，貴金屬的黃金成為主要貨幣，黃金甚至開始成為衡量財富的尺度和一般等價物。同時，青銅鑄幣貨幣日益活躍，齊刀、趙布、秦圜錢流通領域日益擴大。流通於楚國的「郢爰」和「蟻鼻錢」在中國貨幣總體中佔有一席之地。戰國時期，各國錢幣因地而異。在春秋戰國時代，民間交易還以牛皮幣作為支付工具。[8]

從秦朝到兩漢，中國貨幣經濟經歷了從放任自由到政府干預，從貨幣供給相對充裕到空前短缺的不同階段。總的來說，西漢大體完成了從「自然經濟社會」、「半貨幣經濟社會」向「貨幣經濟社會」的過渡。在漢武帝之前，皇帝和朝廷沒有干預經濟的意願，是民間、而不是國家主導貨幣體系。進入漢武帝時代（前一四〇—前八七），政府開始具備貨幣政策意識，國家開始全面干預貨幣經濟，確立「五銖錢」貨幣體系，中國得以形成一個全國性的貨幣制度。在這個意義上說，漢武帝不僅完成了秦始皇未竟的貨幣統一，而且為秦始皇沒有創立的「重農抑商」國策提供了穩定的貨幣制度。從此，「貨幣開始在公私經濟生活中，占了重要的地位」，「在此新舊交替的時期，社會財富分配，以及人與人之間的關係，皆有變動。」[9]東漢是貨幣經濟的重要轉捩點，不僅黃金似乎突然消失，而且銅錢流通量也急劇減少。東漢末年至魏晉至唐中葉的大約六百年間，商品經濟的總趨勢是衰落，自然經濟抬頭，黃金退出貨幣行列，部分實物貨幣，例如糧食和絹布，填補了金屬貨幣留下的空白，貨幣經濟處於低潮。

中國進入唐朝之後，商品經濟繁榮，貨幣經濟走向復興，唐代的貨幣除了銅錢與金銀之外，還有絹帛。到了宋代，人均產值進入發展高峰；生產率顯著提高；科技創新成果眾多；發生對整個歐亞大陸有重大意義的商業革命。在貨幣經濟方面，不僅「制錢」在質量方面達到歷史高峰，創制發行了諸如交子、錢引、貢子、會子等紙幣，白銀加入貨幣體系，金融機構多樣化，而且在東南亞和日本形成了中國貨幣圈。

元朝實施禁海和禁夜市，宋朝經過上百年興建的水利良田變成草場、牧區和養馬場，中國商業和農業全面倒退，貨幣的需求和供給全面萎縮。在貨幣制度方面，實行紙幣制度，最後通貨膨脹不可抑制、國民經濟崩潰而覆滅。

明清兩朝，貨幣經濟有過短暫的衰退。但是，明朝奠定以白銀和銅錢為主體的貨幣體系框架並沒有實質改變。自十六世紀中葉的「白銀世紀」開始，中國貨幣經濟與世界貨幣經濟從分流逐漸走向融合，貨幣供給呈現出不斷加大的趨勢，「錢荒」現象逐漸消失。

自春秋戰國至清朝這兩千餘年，貨幣制度和貨幣體系雖然充滿波動、振盪、革新、崩潰，卻從未真正中斷。在中國的貨幣體系中，一直都包括黃金、白銀、銅錢，甚至紙幣，在不同的時期，有不同的組合模式。以銅為代表的賤金屬和以金、銀為代表的貴金屬長期並存，而銅和金，特別是銅和銀的比價，波動有限。其間，即使是改朝換代頻繁，國民財富漲落，卻很少發生貨幣經濟的制度性變更，也很少發生貨幣經濟體系的過度紊亂。新朝建立，舊朝貨幣往往還可以繼續使用，即使實行新貨幣，新的政府一般會保證比較合理的兌換率。貨幣制度穩定，意味著物價穩定，市場交易穩定。貨幣經濟有所延續，新朝得以在不到一代人的時間內恢復國民經濟。例如，明朝亡於一六四四年，但清朝的貨幣制度未變，仍然是銀兩制，在幾十年之內就進入「盛世」。因為貨幣財富積於民間，其流量可能會有波動，存量則不宜大幅變動，否則會損及民眾的財富積累。這種情況在明、清之交的表現尤為突出。此外，穩定的貨幣制度也有利於政府增加稅收。

歐洲的貨幣經濟史不同於中國。古代地中海地區是錢幣的發祥地，但是在時間和地區上卻沒有連續性。羅馬帝國（前二七—三九五）的貨幣經濟一度相當發達，錢幣形態包括金幣、銀幣和銅幣，所有貨幣都由國家統一鑄造。國家的財政需求決定鑄幣成色。後來，「物物交換」席捲羅馬，強大的政府瓦解了。「到六世紀中後期，銀幣的鑄造在羅馬帝國的東西兩部分都完全停止，……銅幣的消失比銀幣還要早。」[10]只是，「羅馬幣制的存在比羅馬帝國更加久遠。直到法蘭克國王查理曼大帝（Charlemagne）在位期間（七六八—八一四），各行各業仍以德納累斯銀幣（Denarius）計價。」[11]

從羅馬帝國衰亡到十二世紀末，歐洲的貨幣經濟處於停滯、甚至衰退。基督教世界當時是農業社會，「在這種社會裡，城市生活還是外來的生活，鑄幣還是很少見的通貨。」[12]中世紀是黑暗得連錢都看不見了。「從本質上來講，建立在封建制度基礎上的歐洲經濟在十二世紀的大部分時間裡（約在一一八〇年以前）還是自給自足的農業經濟。地主收的地租、教會抽的什一稅都是採取實物的形式，日常的交易往往透過實物完成。雖然也有行商和一些人住在城鎮，但是國際貿易幾乎還沒有復甦。貨幣的重要性在此之前的兩百年裡還下降了，在歐陸的大多數地區，德納累斯是唯一使用的硬幣，幣值不大，而且是用廉價金屬鑄造的。但英格蘭的便士是例外，一直由純銀鑄造，而且保證重量。」[13]在歐洲史上有過一個「便士時代」（七五〇—一一五〇）。貨幣經濟在當時是以王公為中心，還沒深入民間。[14]「由於『窮人』的家當加起來還值不了一塊金幣，他們極有可能一輩子也用不上這樣的金幣」。[15]所以，「直到西元十二世紀，貨幣的使用在歐洲仍屬罕見」。[16]

歐洲在十二、十三世紀發現新的銀礦（主要是在日耳曼和匈牙利），提供歐洲銀鑄幣和銅鑄幣原料。日耳曼中部發現的白銀，導致了相對於白銀的黃金價格的提升。[17]第一個相對精確又能保持重量的貨幣，就是一二五二年的佛羅倫斯金幣。[18]十四世紀以後，歐洲沒有再發現新銀礦，而舊礦區的產量卻不斷降低，製造貨幣原料的供應量隨著貴金屬銷往歐洲各地以及歐洲境外而減少。各地統治者為了發展商業，在競相取得剩餘貴金屬貨幣的同時，不得不建立不同貨幣的聯繫。所以到了十四世紀末，「幾乎每個歐洲國家都在使用三種貨幣——金、銀及銅或鎳等價值不大的金屬。」[19]十五世紀中、後期，陸續發現了新銀礦，加上採礦技術改進，抒緩了貴金屬荒。一四七〇年，由於擴建舊採礦地和創建新開採地，銀和銅的生產迅速增加。一五〇〇年，全歐洲銀產量達到年產六萬五千公斤的最高水準。那是「礦山的喧囂」時代。[20]之後，以日耳曼為代表的歐洲銀產量再次出現大倒退。就在這個時候，歐洲人發現美洲貴金屬資源，美洲白銀大量流入歐洲，徹底改變歐洲的金屬貨幣全貌。[21]英國到了一六〇〇年前後，才超過一三〇〇年流通的錢幣數量。在技術上，歐洲到十七世紀末才有可靠的鑄幣，但是在十八世紀的歐洲仍有幾百萬人生活在荷馬時代，用牛的數量來計算某種盾牌的價值。「根據民族學家的記載，科西嘉納入真正有效的貨幣經濟勢力範圍是一次世界大戰以後的事情。」[22]

這時的伊斯蘭帝國卻是處於興盛時期，「連續幾百年高踞從大西洋至太平洋的舊大陸之上，」除了拜占庭之外，沒有一個國家能與它的金幣（第納爾）和銀幣（第萊姆）競爭。穆斯林不能收取利息，但還是有辦法建立金融體系、儲積財富。「金銀貨幣是伊斯蘭擴張勢力的工具。如果說中世紀的歐洲最終改進了貨幣制度，那是因為它必須『攀登』屹立在面前的穆斯林世界。」[23]這時的十字軍東征「想克服貨幣短缺的動機跟要異教徒改信基督教的心願如出一轍。」[24]但伊斯蘭帝國的貨幣經濟因為沒有龐大而穩定的生產體系和市場體系為基礎，終究是難以為繼。

總之，貨幣經濟衰落、萎縮、甚至停滯，是導致歐洲中世紀不可忽視的原因之一。中國未曾經歷過歐洲式的「中世紀」，沒有發生貨幣經濟，少有歐洲貨幣經濟那樣的大起大落，中國也沒有出現過類似歐洲的「中世紀」。而歐洲因為經歷了中世紀，充滿了對貨幣財富的渴望，由此刺激了哥倫布發現「新大陸」，「白銀世紀」應運而生，開始了中國與歐洲「大分流」的歷史走向。

多元化的貨幣體系

各國的貨幣經濟並沒有一定模式。中國傳統貨幣經濟的重要特徵就是多元化，是非單一的幣制體系，在穩定和繁榮時期如此，在改朝換代時亦如此。

非單一的幣制體系體現在幾個方面：一、金屬貨幣和紙幣並存；二、貴金屬貨幣和賤金屬貨幣並存；三、在貴金屬貨幣中，銀為主體，不排斥金；四、在白銀貨幣中，秤量貨幣和銀幣並存。傳統貨幣經濟其實是傳統經濟結構的集中反應。近現代之前，中國傳統經濟結構不是所謂的城市和鄉村的「二元結構」所能概括的。傳統經濟是多元而多維的，只有非統一的多元貨幣，才能適應多元而多維的傳統市場經濟。在傳統經濟下，沒有貨幣統一或單一貨幣，貨幣之間是互補的，其流動不僅不是單向、直接，甚至不是雙邊的。[25]

在探討中國貨幣經濟史的著作中，出現最頻繁的一個詞就是「幣制混亂」，從春秋戰國到清末民初的貨幣制度概括為「種類繁瑣龐雜，形制雜亂無章。」這是「見樹不見林」，只注重現象而忽略本質。

「賤」金屬貨幣：銅錢和銅元

至少在西元前一千年，在地中海東岸的埃及、小亞細亞一帶，未鑄成的金屬已經被作為貨幣。亞當・斯密在《國富論》第四章討論貨幣的起源和貨幣的使用，強調了銅幣的歷史作用。最初的金銀都是粗條，沒有任何印記或幣型。根據史家梯米尤斯的記載，在瑟爾維烏斯・圖利烏斯（傳說中羅馬的第六代國王）以前，羅馬人沒有鑄幣，只使用沒有印記的鐵條去買東西。因此，這些粗金屬多在當時扮演貨幣的角色。[26]「據說羅馬人在第一次布匿戰爭前的五年中才開始鑄造銀幣，在此之前只有銅幣。因此，銅似乎一直是羅馬共和國的價值尺度。」[27]銅幣用於市民的日常交易和屯軍。伊斯蘭王朝也有發行銅錢的例子。

在商湯時期（前一六〇〇），「銅貝」取代貝幣，這是人類最早的金屬鑄幣。[28]中國銅錢的出現與進入「青銅器」時期相一致。[29]青銅是紅銅和錫或鉛的合金，熔點在攝氏七百到九百度之間，具有可鑄造性，又抗磨而穩定。在銅礦的開採過程中，可以析出相當數量的白銀。商末周初，青銅冶鑄達到高峰。春秋戰國時代，以青銅為主要原料的銅錢相當發達。

中國銅礦分佈廣泛，除了天津之外，各地都有銅礦，但是貧礦多，富礦少。銅礦品質不高，開採成本高，這是中國歷史上銅料常常供給不足的重要原因。擁有銅礦資源，等於擁有貨幣資源，這關乎國家實力。楚國之所以能躋身「春秋五霸」、「戰國七雄」，靠的也是豐富的銅礦資源和採礦冶煉水準。宋代之後，銅礦重心和產量從北方轉到南方，北方銅產量的比重急劇下降。中國經濟中心自宋代以後南移，與銅礦資源的開發南移有很大的關係。

銅幣在相對價值方面具有先天優勢。金、銀、銅、鐵鑄幣之間的比價，歷朝歷代相差懸殊，但大致的比價在一比十、比一千、比一萬上下。[30]春秋末年，銅幣已在民間廣泛流通。當時三晉和齊的鑄幣權屬於中央政權和各城市的地方政權；秦、楚等國是統一由中央政權鑄造的。主要農產品粟的價格已用貨幣來計算，一石粟價三十錢，最低二十錢，高價達到九十錢。[31]春秋戰國時期，錢似乎很值錢。歷史記載，縱橫家蘇秦到燕國去，只要百錢就相當滿足。

秦始皇二十六年（前二二一）統一天下，隔了十年，即秦始皇病逝前一年頒行貨幣制度，秦政府最終運用中央集權的力量，廢除過去各國分別流通的不同錢幣，實現了中國古代銅鑄幣形狀錢文的第一次統一。歷史記載的主要措施包括：六國的貨幣都被收繳化銅，鑄造圓形方孔「半兩錢」為標準制錢通行全國。[32]秦王朝為了保證統一貨幣政策的施行，不僅鑄造了大量的「半兩錢」，還鑄造了為數不多的重四兩的「秦權錢」。[33]「半兩錢」外圓內方的錢幣形式，符合古代中國的「天圓地方」理念，鑄幣的正反兩面，也應和了陰陽觀念，在中國保持了兩千多年，一直到清末民初。

對於秦朝統一貨幣體系的努力，歷史的主流評價是，對中國貨幣經濟發展，「實有甚大助力。一，它統一了貨幣的形制；二，它創造了一個新的貨幣形制」。[34]但是，還要看到另一面：秦始皇統一貨幣制度的嘗試，開創了國家介入貨幣經濟的先河，原來六國工商業主手中的錢幣、珠寶，因為新貨幣制度的推行而不能流通，蓬勃的自由貨幣經濟不再，商業貿易萎縮。不僅導致戰國時期產生的貨幣經濟高潮轉入低潮，而且引發了秦末的經濟蕭條，即錢價昂貴，物價跌落。例如，正常的粟價每石大約只有幾十個錢，一斗米也只要三枚秦半兩就夠了。一旦糧價低落，農民和手工業者就要破產。一般在研究秦朝覆滅的原因中，長期忽略因為貨幣制度變革、貨幣供給不足和經濟蕭條的因素。這種情況一直延續到秦末天下動亂，錢仍然值錢。蕭何曾經多送了兩枚秦「半兩錢」給劉邦，劉邦非常感激，以致後來為蕭何增加了封地。在劉邦和項羽的楚漢戰爭期間，這兩個人所使用的貨幣還是秦的「半兩錢」。古錢學家丁福保有詩詠秦「半兩錢」：「千秋唯有長城在，不見當年秦始皇。莫道區區僅半兩，曾看劉項入咸陽。」

漢朝取代秦朝，「半兩錢」不僅繼續流通，而且盛行於漢文帝（前一八〇—前一五七）、漢景帝（前一五七—前一四一）時期。「半兩錢」的銅比重在秦代大約是七一%，在漢代是七八%。[35]「半兩錢」與黃金的法定比價，很可能是「萬錢一金」，即兩百零八兩青銅價值一兩黃金。[36]「秦、漢初起半兩錢的流通數量究竟有多少，不得而知，根據現有資料推論，應該在一兩百億枚的規模」。[37]進入漢武帝時代（前一四〇—前八七），確立「五銖錢」貨幣體系，「半兩錢」退出歷史舞臺。從此，「金屬貨幣完全擺脫金屬器物之形式，發展出自己特有的貨幣形式；同時亦擺脫了金屬器物形式的限制與束縛，更活潑地擔當起貨幣應有之使命。」[38]

五銖錢輕重適中，自漢沿用至隋七百餘年而不廢。[39]此外，錢幣上的錢文很重要，標明了年號、面值，有的還限定流通的地區。據說五銖錢鑄造的數量，自漢武帝元狩五年（前一一八）三官初鑄五銖錢，至漢平帝元始末年（西元六年）一百餘年，共鑄造錢幣兩百八十億枚。[40]這個估計雖然未必準確，但西漢鑄錢量很大，這是肯定的。銅錢是西漢實現財政收支的主要貨幣工具，「憑藉非信用支付手段，用賦稅、獻費等方式，以越出流通的銅錢，構成基本財政收入。以流入的銅錢，發放官俸，支應工程興築、軍費、賞賜（賞賜中以銅錢實現的部分）、賑貸和各級機關行政費用等各種開支。……黃金則主要見於統治階層內部的各種支付，而且除酬金以黃金支付外，其他皆與銅錢並行支付。」[41]在貨幣體系方面，「西漢嘗試過銅錢單本位制，及銅錢與白金、赤側錢並行的複本位制。最後終於認識到單本位制的好處。」[42]東漢之初，除了恢復使用「五銖錢」，並無鑄錢之舉。漢光武帝建武十六年（四〇），才第一次鑄造東漢的「五銖錢」。即便如此，貨幣經濟仍然頑強存在。[43]在東漢的大多數正常年景，奴婢、土地、牛之間的比價大體是：每一個奴婢（四萬）＝二十畝地＝兩頭牛＝四十石糧。[44]東漢末年，黃巾賊起義，東漢政權名存實亡，董卓進京，毀五銖錢，更鑄小錢，五銖錢制度遭到嚴重破壞。曹操擔任丞相之後，廢小錢，試圖恢復使用五銖錢，但因為沒有能力鑄造新錢而失敗。從三國到五代十國，每個王朝後期都發生諸如鑄造「大錢」，「劣錢」的情況。隋代沿用五銖錢制度，王綱弛紊，銅錢體系輕小淆雜。唐初雖然繼續五銖錢制度，但已無可挽回。

自秦漢到唐朝之前，通常會在錢文中標明錢的重量，如「半兩」、「五銖」、「四銖」等等（二十四銖為一兩），都是「記重銅錢」。與「記重銅錢」對應的是「記元銅錢」，也就是有銘文年號的銅錢。唐高祖武德四年（六二一），為整治混亂的幣制，廢隋錢，效仿西漢五銖錢的嚴格規範，開鑄「開元通寶」，取代社會上遺存的五銖錢。一反秦漢舊制，不再文書重量。這是中國金屬貨幣向名目貨幣轉化的分水嶺。從此，中國鑄幣由文書重量向通寶、元寶的演變，中國銅錢都以通寶、元寶相稱，辛亥革命後的「民國通寶」都還在沿用。貨幣標準一方面是約定俗成的，另一方面必須是普遍通用的。因此，最後就由法律來規定了。[45]當然，「記元銅錢」的流通並不能解決銅錢品質的問題。金屬重量的貨幣名稱同它的實際重量相分離，成了中國傳統貨幣經濟長期存在的習俗。南唐後主李煜（九三七—九七八）鑄鐵錢，民間紛紛藏匿銅錢，商人用十枚銖錢換一銅錢，出現劣幣驅逐良幣。

宋代的貨幣制度多元化，除了銅幣之外，還有金銀、茶、鹽、酒、紙幣。北宋年間，政府大量開採銅礦用以鑄錢，並逐漸形成鈔法、銅錢並用的貨幣制度。但是，銅幣始終是第一貨幣，皇帝更改年號必鑄新幣。宋代可說是中國歷史上唯一實行銅本位制的朝代。[46]金、銀、銅、鐵幣之間存在比價，「作為交換媒介的貨幣，其自身價值就必須與此要求吻合，也就是說，要求交換工具在技術條件上是可行的，在交易的成本是經濟合算的。……由此我們不難看出銅作為中國錢幣的材料被先人選擇，既考慮了技術條件和自然稟賦的約束條件，更意識到單位鑄幣價值對於交易成本的經濟性。」[47] 宋代規定了銅與金銀或其他物品的比價，至於銅幣購買力（即銅錢的價格）則是由市場供需來決定。當銅錢數量供不應求時，銅錢的購買力就超過自身價值，人們就把儲藏的銅錢拿出來。這種情況也會刺激銅錢的產量。當市場上的銅錢供過於求時，銅錢購買力低下，生產銅錢得不償失，產量就會減少。[48] 從宏觀經濟的角度來看，北宋的貨幣供給量是以銅幣或白銀來衡量。北宋貨幣供給的主要時期始於宋太祖開寶初年（九六八），止於靖康之亂（一一二七）的前兩、三年，大約鑄造了近二．八億貫，這個數字並不包含鐵錢。[49] 靖康之亂的導火線是宋朝向金朝納貢的金銀數額不足。

南宋的銅錢供給充裕，可追溯到北宋。北宋在咸平至景德年間（九九八—一〇〇七）為了使五代十國通行鉛錫錢、鐵錢的江南改用銅錢，每年在江南鑄造了最多達一百八十萬貫的銅錢。接著在熙寧至元豐年間（一〇六八—一〇八五），新鑄錢的歲額多達三百七十萬至五百萬貫，其中大半投放在江南，並從陝西、河東、四川回收銅錢支降給江南。估計北宋在江南投放了總計數百萬至數千萬的銅錢。南宋又從江北回收銅錢支降給江南，進入十三世紀，蒙古攻打金，銅錢又從金流入南宋。[50] 因而發生了所謂「撰錢」的現象。[51] 宋朝的錢幣重量穩定，金屬成分標準。如果不計算白銀、黃金和其他貨幣形態，光是銅錢的貨幣供給就超過明朝。銅幣供給與其他貨幣和財政手段聯繫在一起，像商業貸款，加之可兌換紙幣，以克服長距離的交易困難。

明初原本承續宋元以來鈔、錢二元的貨幣制度，禁用銅錢，專行寶鈔，將「鈔法」編入刑律。但是到了明朝中葉之後，寶鈔發行與流通問題愈來愈嚴重，白銀逐漸取代寶鈔，其法償能力也逐漸得到官府承認。但是，銅錢在明朝從來沒有退出實際經濟生活。明朝使用的銅錢有「制錢」（國家鑄幣），「古錢」（沿用舊錢）和「私錢」（民間鑄幣）。[52]在洪武、永樂、洪熙、寶德年間（一三六八－一四三五），鑄造銅錢次數少，量也有限。十六世紀初，大運河造成江南地區的貿易擴張，為鑄幣注入生命力，而銅幣比白銀更適合多樣化的交換，所以在一些城鎮又被接受。然而，因為官府關閉鑄幣廠，私人鑄幣代之而起。市場透過私人鑄幣貶值的方式來因應私人鑄幣的低品質和低含量問題。銅幣重新崛起，官府並沒放在心上。黃仁宇指出，明朝從一四三三年至一五七〇年代幾乎根本沒鑄錢。有人估算，明朝在一三六八年至一五七二年的兩百年間，一共鑄造了四百至六百萬銅錢，這個數字只能大體接近宋朝在一〇八〇年代的年鑄幣量。宋朝和明朝的貨幣流通比例是八比一，卻沒有資金去鑄造銅錢。[53]萬曆年間（一五七二－一六二〇），官員對銅錢狀態的看法是「二百餘年來，錢法不修」。[54]

明代的銅錢還有兩個基本問題：一，幣值較小，流通情形一直不好，不能滿足流通需要。宮廷力求實行鑄幣標準但未成功，因為財政預算無法承受高成本的鑄幣。二，明朝的制錢主要不用於國內，而是用於外貿，由宦官攜帶到外蕃和邊境去買馬，每年都要用去幾千萬文。中國新鑄的銅錢還用於賞賜對明朝稱臣的日本，成為日本貨幣供給的主要來源，作為正式貨幣流通。

明朝沒有能力解決制錢短缺，使得起源於民間的白銀貨幣不僅取代寶鈔地位，在一些地區，甚至出現白銀取代銅錢的現象。白銀供給完全不是朝廷所能左右的，意味著皇權衰落。嘉靖皇帝（一五二二－一五六六）試圖恢復銅錢制度，在一五二七年下令重新鑄錢。從嘉靖、萬曆、天啟到崇禎，鑄造銅錢成為晚明政府的重要貨幣政策，增加鑄幣銅材供給、由政府鑄造更多的銅錢，成為朝廷的共識。晚明中央與地方政府多次購買銅材、開局鑄幣，預告了十八世紀政府鑄幣銅材需求大規模擴增時代的來臨。[55]嘉靖二十二年（一五四四），鑄錢一千萬錠，每錠五千文，總計五百億文；還鑄造了洪武至正德九號錢，每號一百萬錠，約四百五十億文。嘉靖皇帝這次鑄幣相當於前朝鑄幣總量的三分之一。[56]嘉靖年間，政府鑄幣政策由消極轉趨積極，有商業發展推動貨幣需求擴大的客觀原因，還有「企圖建立一套銀錢雙本位的貨幣體系」的主觀原因。只是銅錢供應無法實現宋代人一人一文的比率，明代經濟活動達到很高的水準，這種做法不可能適應時代的普遍要求。[57]宋元明初以來的「鈔、錢」複本位幣制正式變為「銀、錢」並行的貨幣體制。

清朝的幣制因循明代，繼續銀錢並行的貨幣制度，或者說是「銀錢複本位」制。白銀不是法定貨幣，各地官私銀爐均可以自由鑄造，政府不干涉銀錠的重量和成色。但是，對於作為法定鑄幣的銅錢，政府則徹底改變明朝對鑄造銅錢疏忽，嚴格管制制錢的數量和品質。

清朝開國十年，所鑄錢數已超過明朝兩百七十六年鑄造的總和。乾隆一朝鑄錢尤多，是繼西漢中期、盛唐、北宋熙豐年間的第四次鑄錢高峰。整個清代可能生產了三・三億串的銅錢。[58]在鑄錢品質方面，經過順治和康熙兩朝（一六四四—一七二二）的不穩定，到雍正（一七二三—一七三五）確定「銅鉛對半」配鑄的鑄幣制度。[59]後來都按此比例鑄錢，規定各錢局按銅錢每文重一錢二分鑄造，此後錢文鑄重一錢二分成為定制。至少在鴉片戰爭之前，各鑄錢局未將銅的比例降至五成以下。[60]同時，清朝為了規範貨幣市場秩序，以銀權錢，明確規定「每錢一千，值銀一兩」，且「永為定例」。

到了清末，銅錢流通量已滿足不了需要，不得不容許外國銅錢流通於中國和地方政府鑄錢。在海外的銅錢中，越南的銅錢，錢質差劣，在市場上的面值卻和中國其他錢幣相當，但流通尤其廣泛，甚至連北京也有，操作越南錢幣的人就可從中獲取巨利。[61]此時各省政府開鑄銅元，名義上仍以文為單位，卻已無制錢之實。制錢逐漸為銅元而取代。

中國的銅錢流通前後之所以能超過兩千年，大體上保持了空間的統一與時間的一貫，原因在於銅錢品質穩定。一旦銅錢名義價值與幣材實際價值的差異加大，勢必刺激私鑄，人民只得儘快將銅錢換成實物，貨幣流通的速度勢必加快，影響貨幣供給量，導致物價起伏。所以歷朝歷代都要盡可能縮小銅錢名義價值與幣材實際價值的差距，維繫一枚銅錢的重量以一錢（大約四克）為標準，成色大體也是銅占六成到八成之間。各朝各代政府幾乎都面臨同樣的問題：新朝建立後，前朝發行的銅錢不僅在流通，而且大量庫存於民間，不容易回籠，如果新政府鑄造的銅幣比前朝差，舊銅幣就會升值，排斥新的銅幣。所以，新朝為了經濟運作和政府財政收入，需要繼續鑄造大量銅錢。就算鑄造成本不斷增加，也要避免鑄造價值過低的銅錢，否則就等於剝奪民眾財富，民眾拒絕使用新鑄幣。[62]銅一直是中華帝國的主要貨幣原料，這在世界貨幣史上是很獨特的。[63]但是民眾的日常生活不需要貴金屬，並不意味排斥金、銀在內的貴金屬在中國傳統幣制體系中的作用。

「貴」金屬：金

人類發現、使用黃金迄今已有七千年的歷史，[64]但是黃金開採量有限，總量大概是一二·五萬噸黃金，只能裝滿一艘現代油輪。[65]馬克思曾說：「黃金的本質不是貨幣，但任何貨幣的本質都是黃金」。[66]經濟史家認為，古波斯帝國、秦漢帝國和羅馬帝國採用的都是金本位；中世紀的威尼斯共和國鑄造了標準金幣，並為未來六百年歐洲的金本位制度確立了標準；西班牙征服印加帝國和阿茲特克帝國之後，獲取大量黃金和白銀，為歐洲的金本位提供了良好的保證。黃金對人類社會的重大影響，其他的金屬是比不上的。

中國大約在新石器時代就已經知道黃金，在三千七百年至三千九百年前已掌握黃金開採和加工製作的技術。[67]中國黃金生產始於商、興於漢、衰於兩晉南北朝，復興於唐。宋、元、明、清，時而禁採黃金，時而開禁，高亢與低迷交替出現。中國的採金活動也是從採淘砂金開始的。古稱「河金」或「麩金」，後來又根據地質條件的差異，分為「水砂中」淘洗的砂金和「平地掘井」開採的砂金。脈金的開採大約起於唐代、宋代之間。古籍對歷朝的金礦產地、採金活動的盛況、金礦的描述和礦床等都有詳盡程度不同的記載。先秦時期的產地，雲南有麗水、湖南有洞庭、湖北有漢水、河南有汝河。漢至北宋，山東有蓬萊、掖縣，陝西有西城（今安康）洛南，四川有眉州、廣元，至元明清各朝，金礦產地劇增，河北有遷安、豐潤，山西有忻州，江西有饒州、撫州，山東有棲霞、萊州，安徽有池州，湖南有嶽州，陝西有藍田。此外，四川、雲南、兩廣、東北三省皆有金礦產出，且有很多地方到現在仍是重要產區。[68]

商周時期，金已是眾多商品貨幣中的一種。在春秋戰國時代，黃金成為大額交易的支付手段。此時的黃金存量可能相當可觀。范蠡為了營救兒子，一出手就是一千鎰黃金。一鎰等於二十兩，一千鎰是兩萬兩，即十噸之多。[69]戰國中期，黃金已經成為貨幣。[70]楚國盛產黃金，把一定量的黃金鑄成一定的形狀，並印上一定的文字標記，成為當時唯一以黃金作為流通貨幣的國家。以目前的史料和出土實物為根據，楚國所鑄的「爰金」是中國最早的黃金貨幣。[71]此時黃金的使用主要因為大型工商業和長途運銷活動。如果不是秦始皇得天下，而是楚國統一中國，楚國的黃金貨幣經濟傳統很可能改變中國貨幣經濟走向。秦始皇統一六國，「秦兼天下，幣為二等。黃金以溢為名，上幣」。[72]黃金正式為法定貨幣，全國流通。只是秦朝究竟有多少黃金儲備，無從考證。秦末，楚漢相爭，處於劣勢的劉邦可以交給陳平四萬斤黃金，用於離間項羽陣營。當時黃金流通的規模，由此可以窺見一斑。

在中國貨幣經濟歷史中，黃金發揮貨幣功能的輝煌時期集中在西漢。漢承秦制，用黃金和半兩錢為貨幣，實行黃金和銅錢並用的法定貨幣體系。漢初法令規定：黃金以斤為計算單位，有些餅塊狀黃金貨幣底部刻有各種記號，以及斤、兩、銖的重量。這樣，根據交易需要黃金貨幣，可以任意剪鑿，分散使用。黃金沒有固定的法定重量，如要交換，必須先算出黃金重量，始終處在稱量貨幣階段。[73]黃金不如銅錢便捷，具有貨幣和物品的雙重屬性。在漢代，黃金在貨幣總量中佔有一席之地，但貨幣體系並不以黃金計價。黃金和貨物的比值遂以銅錢計的比值而漲落，這說明了在當時黃金和銅都是金屬貨幣，銅是主體，是主導，黃金居於從屬地位。其中一個原因是金價較高，不宜充當市場上大量的小額交易媒介，而銅幣可以勝任。黃金與銅錢之間沒有法定比價，有損黃金的貨幣資格。[74]沒有法定比價，不等於沒有市場比價。漢朝黃金和銅錢之間的相權比價基本穩定，黃金一斤兌一萬銅錢的水準維持了數百年。漢代銅錢改革頻繁，黃金貨幣似乎置身之外，很可能因為當時黃金處於稱量貨幣階段，並沒有盜鑄問題。

西漢時期，黃金貨幣流通地域之廣，被文字記載的使用次數之多、數量之大，在中國歷史上幾乎是絕無僅有的。劉邦定天下，歷代皇帝賜功臣動輒即數百數千黃金，甚至數萬黃金。衛青出擊匈奴有功，受賜黃金二十萬斤。霍光受賜黃金七千斤。陳平與周勃訂交，以黃金五百斤為禮。光是《漢書》記載的賜金就有九十萬斤，折合二十七萬六千多公斤。西元前一四四年，梁效王劉武死時，存有黃金四十餘萬斤，值錢四十億。西漢末年，黃金用途還普遍用於賞賜、捐稅徵收、贖罪費、賄賂等支付上。[75]民間物價多有黃金計價的情況。除此之外，黃金還充當世界貨幣支付國家貿易差額，以及用於貨幣貯藏。王莽末年（西元二〇年前後），「天下大旱，黃金一斤易粟一斛。」[76]

西元二三年王莽敗亡時，存儲黃金六十萬斤，值錢六十億。王莽所存的黃金當然不能代表當時全國所存黃金總量。如果加上積存在權貴和豪富手中的黃金，可合理推算的黃金總額為一百五十萬斤，折合三三四噸。[77]東漢初年，黃金存量似乎依然很大，但東漢黃金的使用次數和數量比西漢少很多。西元二七年，東漢建武三年，東漢征西大將軍馮異擊敗赤眉，君臣降漢，那時「人民饑餓，黃金一斤，換豆五升」。[78]但是，與西漢相比，市場上的黃金供給不斷減少，黃金愈來愈貴重。東漢結束時，黃金已經退出貨幣行列，其部分功能為實物替代，朝廷的賞賜，饋贈也多用糧食和絹布，少用黃金。[79]

黃金在西漢貨幣經濟中如此重要的地位，根源於西漢時期相對充裕的黃金供給。中國歷史上的黃金產量，古籍的記載零散而有限，但是，「西漢多金」則沒有爭議。西漢的黃金開採已經形成規模。開採權公私並存。貴陽郡（今湖南南部，廣東省西北部）有金官，巢湖出黃金，這是漢代黃金的來源之一。[80]根據推算，中國在一世紀的黃金儲量可以折合成當今的一百五十六噸。[81]還有一種推算方法，黃金總額按比價計算，縱使不和銅錢相等，至少在銅錢的三分之二左右。

魏晉南北朝持續有金銀的貨幣職能記載。隋唐五代的黃金生產，重點在唐代。據史籍，唐代的產金地頗多，以嶺南為最。唐代黃金年產量在一萬二、三千兩左右。[82]此時黃金已經逐漸流入民間。唐政府對貴金屬白銀、黃金作為貨幣進入流通持否定態度，法令始終沒有承認金銀的貨幣地位。[83]自唐以降，黃金幾乎再也沒有獲得法定的貨幣地位。宋代，黃金年產量在一萬兩至一萬五千兩之間。北宋仁宗（一〇二三—一〇六三）年間，黃金年產量為一萬五千兩左右。在宋代，膠東金礦崛起。元豐元年（一〇七八），全國有二十五州產金，年產黃金一〇，七一〇兩，其中光是登、萊二州產量就有九，五四三兩，相當於全國黃金總存量的近九成。[84]元代的黃金年產量一度達到一萬九千兩。[85]明代前期禁止金銀開採，中後期有所開禁，產量回升，雲、貴地區成為淘金最盛之地。清朝限制民眾開採金銀礦，只允許在河流中採集金葉。[86]到了晚清，官府控制能力下降，雲南和黑龍江成為主要黃金產地。

今天的主要金礦大多是歷史的延續，膠東、黑龍江兩大金礦產量最高，前者開採於宋代，後者始於清代。中國黃金資源沒有得到充分開發，主要原因是歷朝歷代都不希望民眾放棄農業，為暴富而開採金礦。這個傳統延續到二十世紀。一九三四年前後，世界公認的中國黃金估計產量只有五千零四十三公斤。即使「在一九五〇—一九七六年左右的中國當代出版物中，很少關心貴金屬」，中國政府所「關注和強調的僅僅是糧食和基本食品的生產」。[87]如果中國持續開採黃金，維繫秦漢確定的黃金貨幣地位，中國貨幣經濟很可能走上另一條路。

中國抑制國內黃金開發，仰賴海外進口。遠古就有一個橫跨歐亞非的金銀市場。西元一至二世紀，國際貿易很可能是中國黃金的重要來源。中國出口產品主要是絲織品，占出口商品九成，此外還有肉掛、大黃和優質鐵等。中國則得到黃金、琥珀、珊瑚、珍珠、亞麻布、羊毛織品。羅馬是中國的主要貿易夥伴，用大量黃金支付中國的絲織品，以致有人甚至認為與中國的貿易逆差，是羅馬帝國經濟衰竭的原因之一。東南亞也是中國金銀的來源。東南亞地區長期屬於阿拉伯商人的貿易體系，是東西海上貿易航線必經之地，貿易以貴金屬金銀為主幣。

日本學者加藤繁曾歸納黃金在中國傳統貨幣經濟中的重要地位：「（一）自戰國至秦漢黃金全當作貨幣使用，主要是在上層階級。（二）在魏晉前後，上層階級用金中落，至南北朝而又勃興。（三）唐時，黃金在私經濟方面。除了用於賄賂，請託或贈送、佈施、謝禮、懸賞、賭博、輸財運方、路資、蓄藏之外，又可用以支給高價物品，以表示高貴價格。社會經濟方面，黃金可作為納稅用者，雖然只限於私的課徵，國法並不承認，然而可為上供、進獻之用，也可充軍費、賞賜之用。下層社會雖然也使用，但還是上層社會為主。在魏晉前後，金一時似乎已喪失貨幣的地位。（四）到了宋朝，金的使用更發達，除了唐朝的用途之外，還可充賠償、貨借、折納、賦稅、收回紙幣。（五）元朝禁止賣買金銀，阻遏其貨幣的作用，然而在民間還是照樣當作貨幣使用。最後官府被迫解除禁令。（六）明初雖然還是禁止金銀的交易，然而在民間依然使用。只是英宗之後，因為銀的使用愈益發達，金逐漸離開買賣媒介的功能。（七）清朝康熙之後，甚多黃金流出海外，到了乾隆末年之後，黃金大缺。[88]

「貴」金屬：銀

銀是週期表中的第四十七號元素，存在於自然界的方式不同於黃金，很少以純銀狀態存在，是與其他礦體（主要是鑽礦）相伴生，有時甚至混在一起。中國銀礦儲量並不豐富，品位不高，在近代以前，開採成本高，得不償失。儘管如此，中國開採白銀從未停止。漢、魏時代重心在西南，南朝、唐代以嶺南為中心，宋代以今天的湖南、江西為主，元、明、清三代則集中在雲南。雲南的白銀是以含銀礦石的形式出現的，有時與黃金混合共生。

白銀的價值高於銅，又比金容易提煉，在流通領域的數量和價值大於金、銅。古代的美索不達米亞（前三〇〇〇左右—前六一二）最早以白銀為貨幣。在西元前五〇〇年，銀的價值是金的十倍。[89]羅馬在西元前二六九年已經鑄造銀幣，這是貨幣史上最早的銀幣。[90]一五七〇年代，歐洲糧食及其他商品都以白銀計價。在歐洲，白銀約從十世紀開始流通，在十三世紀成為重要貨幣。

在中國，白銀產量歷來有限，價格居高不下，長期是黃金的四、五分之一。白銀成為貨幣，可以追溯到西漢。漢武帝開鑄造白金幣的先河，一度充斥於市。[91]但是，白金幣作價太高，民眾卻視其為劣幣，唯恐其法定價值不能維持，爭先使用，結果供多求少，價格下跌。剛開始官府還禁止人民不以法價收授白金，但不生效。白金的流通時間甚短，從元狩四年（西元前一一九年）到元鼎三年（西元前一一四年），前後只有六年。[92]白金幣廢棄不用之後，民間還有一些白金幣。只是白金幣面值較大，受損失的人可能是中產以上的人，因為窮人沒有兌換白金幣的能力。這是中國歷史第一次銀本位的嘗試，意義重大。後來，王莽也試圖用白銀為幣，不久即廢。根本原因，還是中國白銀資源不足。

從漢代直至唐，白銀沒有再成為貨幣的機會。晚唐的白銀產量已經相當可觀。唐元和年間（八〇五—八二〇），白銀總產量在十七萬兩至二十萬兩左右，唐宣宗（八一〇—八五九）時增至三十六萬兩。唐宋之際，數億兩之多的白銀已構成了不可忽視的大宗商品，初步構成後來的白銀貨幣化的物質基礎。政府對白銀抽取稅收，稱為「銀科」。在唐宋，「銀科」是銀礦產量的百分之二十。[93]

宋代與唐代比較，白銀存量大大增加。宋神宗（一〇六七—一〇八五）年間，白銀的年產量突破一百萬兩。北宋在一一二七年滅亡，這之前的朝廷白銀儲備達到八百萬鋌之多，如果按照每鋌重二十三兩計算，總量是兩億兩（約合七千噸）。[94]如果按照每鋌五十兩計算，總量達四億兩，相當於一萬四、五千噸。南宋支付給金國至少二十五萬兩（十噸）的白銀，金國因而白銀富足。[95]所以，推算兩宋淨投入社會經濟的白銀在三、四億兩以上，實不為過。白銀持續而快速增長，金銀鋪、金銀行、銀鋪湧現，白銀器飾成為各階層人民使用的普通商品。白銀等級性消失，是商品化的重要標誌之一。白銀貨幣化超越了南宋的疆域，涵蓋宋金兩朝轄區。[96]一二〇〇年，金代創造中國貨幣史上第一個以白銀鑄造的法定貨幣「承安寶貨」，並投入流通，比墨西哥的銀鑄鷹幣還早了三百多年。[97]

白銀的開採始終受官府所控制。明代繼續控制銀礦資源的開發，如違背禁令，可能遭到嚴懲。即便如此，因為白銀價格走高，白銀開發和生產有厚利，民間私營銀礦開發還是蓬勃發展。民營銀礦採煉規模化，投入大量資本與勞力，增加了白銀的供給。魏源（一三六八—一四四四）估計，在當時全國流通的大量白銀中，國內各省——特別是雲南——提供了三到四成的供給。[98]「中國的白銀，到了明代（一三六六—一六四四），要比過去具有更高的購買力。」[99]白銀普及，貨幣流通於各地和各個領域，且進入民眾的生活和生產。白銀逐漸成為主幣，銅錢成為輔幣。[100]此時，中國成了世界最大的白銀輸入國，日本和南美洲是主要的白銀產地。從一八三〇、四〇年代，鴉片走私進口，白銀外流，銀價昂貴，刺激了中國國內私人銀礦採煉業。

總之，中國從明代中葉到民國「廢兩改元」的五百年間，銀兩始終在貨幣體系中居於主導地位。[101]以重量稱白銀的銀兩制度，根據成色，又有很多層次，包括所謂的「實兩銀」和「虛兩銀」。「實兩銀」又分為「純銀」、「足銀」和「寶銀」。[102]

在銀兩居於主導地位的同時，銀幣的作用也愈來愈重要。從明代崇禎四年（一六三一）到一九四九年，中國發行了六百四十多種銀幣。白銀體系之複雜是現代人難以想像的。日本學者加藤繁對白銀在中國的歷史作了如下總結：一、秦朝以來，白銀無贈遺，支給等功用。漢武帝及王莽時，雖法定為貨幣，然而不久即廢止，朝廷也不用作賞賜之物。二、至後漢，在文獻中才有以銀充賞和賄賂等記載。經南北朝而隋，銀的使用逐漸發達。三、唐宋時代，銀與金興盛，有充當貨幣的用途。不過銀表示物價的及例不見於唐，而始於宋。在宋時禁止偽造白銀。四、唐代，白銀與金一樣，只有上層階級用作貨幣。到宋朝則為一般社會所使用。五、元初抑壓用銀賣買，後來則允許聽其自便。六、明初也有同樣的禁令，與用金之場合相同。當其時，白銀其實並沒有失去貨幣的機能。明英宗時，用銀之禁令鬆馳，銀的引用益盛，不僅高價物品，就連價值小者也用銀支給。其他如工資、租稅、俸祿等亦用銀支付。至此時，銀完全發揮其貨幣機能，徹底成為一般社會的通貨。[103]

紙幣：從飛錢到大清寶鈔

隨著商業發展，貨幣需求擴大，而銅錢過重，運輸成本和風險過大，難以進行高額和跨區結算，價值過小的單一銅質貨幣體系難以適應大宗貿易，而貴金屬白銀貨幣還沒成氣候，寄附鋪的票據經營應運而生。唐憲宗元和年間（八〇六—八二〇），出現了紙幣的最初

中國銀兩體系

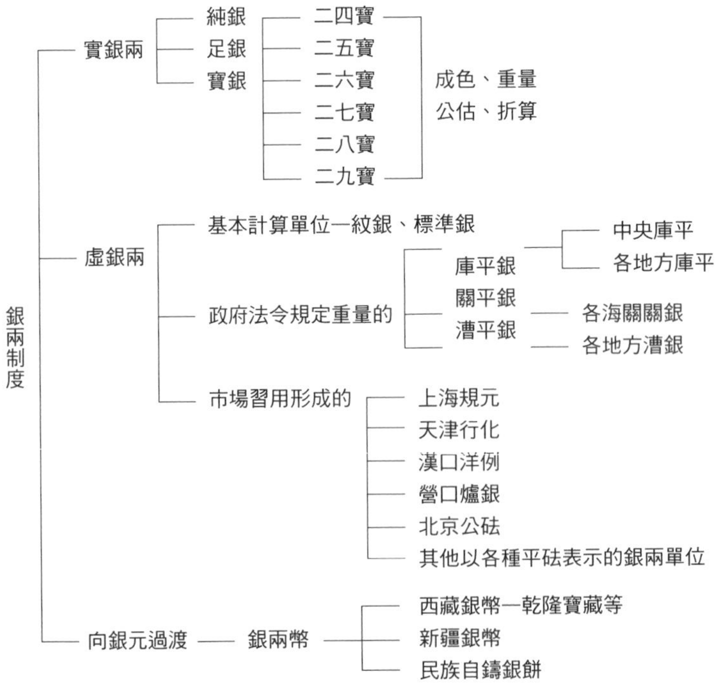

形式，即「飛錢」，本質上是一種異地匯兌票據或憑證。此外，實施兩稅法之後，銅錢需求量增加，形成錢荒，也促成了「飛錢」的出現。在唐代，經營「飛錢」業務的有政府機構，也有私家人戶，但在官府的過分干預下，紙幣難以充分發展。

紙幣大規模流通始於宋代。[104]紙幣也是在宋代被稱為「鈔」，沿襲至今。從「鈔」字來看，是「金」和「少」，表明是因「金」「少」，才有「鈔」，代表金屬加入貨幣行列。[105]宋代除了承繼唐代飛錢制度之外，還有自創的交子、會子、關子及引子。[106]其中以會子為主，而會子除了有界期之外，性質與現代紙幣一致，所以，會子實為中國紙幣的真正嚆矢。[107]北宋貨幣經濟以銅錢為主體，官府雖然發行了紙幣，但其使用的地區和時間都有所局限。[108]

「交子」起源於何時，史書上沒有明文記載，也沒有實物發現。一般認為，交子最早出現於淳化三年（九九二）至至道二年（九九六）之間四川民間的富商、大戶，可說是世界上第一種紙幣。[109]宋仁宗天聖元年（一〇二三），在益州設交子務，統一由國家發行第一批交子，並規定每期最高發行額為一，二五六，三四〇緡，同時以鐵錢為發行的準備基金，流通期限為三年。[110]國家發行的交子，一度克服了私營交子的信譽危機，使用範圍及於全國。紙幣在宋代發展、規模化是因為：一，宋代貨幣需求膨脹，貨幣形式多樣，有銅錢、鐵錢、紙幣和金錠，另外還有鹽鈔、茶鈔等有價證券有時也充當貨幣，貨幣總量大大超過五代。[111]二，銅錢作為重要的法定貨幣，年鑄造規模達五百萬貫之巨。但是，銅錢運輸成本高，成為紙幣流通的契機。三，北宋各級行政政府蓄積銅錢庫存，為了避免讓銅錢移動，出現送達支付命令書進行餘額間的結算，於是發行的面額五貫、十貫的匯款證書，稱為「見錢公據」。官方使用紙幣與銅錢而非金幣或銀幣，因此無須擔心錢幣的純度問題。[112]四，政府壟斷白銀與黃金。紙幣自京城流向省區，黃金與白銀從各省流向京城。

北宋的紙幣發行，與貨幣貶值密切相關。一〇七二年，第二十三期交子尚未到期，第二十四期交子同時流通，通貨膨脹混亂。宋徽宗崇寧四年（一一〇五），紙幣推廣到四川以外，交子改稱「錢引」。錢引沒有準備金，不能兌現。起初發行量為二十五萬貫，而後增到四千五百萬貫，近一百八十倍，規定以十年為一期，錢引迅速貶值，宣佈中止。雖然沒有統計記錄，相信宋代紙幣的發行數量規模巨大。

南宋中後期，鑄造成本較低的鐵錢鑄造也比北宋大幅度減少，紙幣逐漸替代銅錢而成為全國性貨幣。[113]南宋幣制向紙製通貨傾斜的直接原因是戰爭。紹定末期（一二三四），金朝入侵，嚴重破壞礦冶業且無力恢復；同時，銅錢退出流通，成為儲藏手段，鐵錢貶值，且被融化為鐵器，私鑄錢氾濫。十三世紀前半葉，由於銅錢一旦流出便不會回流，結果就只有「楮券」（鈔）流通了。軍事開支膨脹，政府不得不先後發行「東南會子」等不同的紙幣。南宋紙幣種類繁多，如會子、引錢、淮子、湖會，流通範圍包括兩浙、兩淮、湖北、京西等地。如果說，北宋紙幣是兌現紙幣，在南宋發行會子的初期，設定了每三年為有效期的回收制度，還具有兌現紙幣的特徵，那麼，在會子有效期限延長到六年，最後廢除了有效期限之後，已經成了事實上的不兌現紙幣。[114]南宋的「會子的印造、發行額高達天文數字」。紹定六年（一二三三），發行三・二億貫；淳祐六年（一二四六）的發行額達到六・五億貫。[115]伴隨紙幣發行量的失控，南宋貨幣急速貶值。十九期會子兩百貫還不夠買一雙草鞋。值得提及的是，南宋在如此惡劣的貨幣經濟環境下，還維持了與蒙古帝國長達二、三十年的軍事戰爭。可見，南宋的國民財富基礎之深厚。

金代直接取法於宋朝的交子，發行和流通以粗麻紙為幣材，名為「交鈔」的紙幣。海陵王貞元二年（一一五四），交鈔正式發行，流通期限七年，與銅錢和鐵錢並用。到世宗大定二十九年（一一八九），廢止紙幣流通期限，永久使用。在中國歷史上，金代第一次削去厘革之限，在全國範圍內流通紙幣。此時的金朝據有大半個中國，經濟發達程度與南宋不分上下。金廷與地方政府（路、府、州、縣）聯合發行交鈔，成為合同交鈔，「組成了一個以京師為中心向各路輻射的蛛網狀交鈔流通系統」，[116]盛行了八十年，流通範圍及於農民。金代交鈔始終沒有兌換的準備基金，最終增發新幣氾濫，惡性通貨膨脹，「交鈔」隨金代滅亡而消失。[117]

元代是中國第一個以紙幣為唯一流通貨幣的王朝。元世祖於中統元年（一二六〇）印發「中統交鈔」和「中統元寶寶鈔」。「中統鈔」廣泛使用於軍費、官俸、政府採購（和籴、和買、和雇等）、賑災、完稅納糧等多方面，也是民間交易的重要支付手段。[118]元代鑒於宋、金紙幣之弊，汲取宋金紙幣流通和紙幣管理的經驗，明令白銀和銅錢退出流通，嚴禁私自買賣金銀。[119]在實際經濟生活中，銀兩的地位難以動搖。元代貨幣管理體系包括設立「鈔券提舉司」以壟斷貨幣發行，確定以銀為本（包括絲）的發行準備金制度，用以維持紙幣信用；允許民間以銀向政府儲備庫換鈔或以鈔向政府兌銀。元朝為了便於交流，一度以銅錢的貫、文來標示中統鈔的面額單位。許多現代發行不兌現紙幣時所應考慮的問題，它都作出相應的規定。有人認為元朝創造了銀本位制度。

元朝實施紙幣有其歷史背景。元初，銀用於支付西亞貿易，不可能作為華北貨幣。元世祖曾想仿效宋金，繼續以銅錢為貨幣，且與中統鈔並用。但是銅資源有限，而且由於處於戰爭狀態，無法鑄造足夠的銅錢。紙幣印造經費低廉，在金朝和南宋已充分發展。元軍在攻佔南宋之後，容許繼續使用南宋的貨幣。元初曾想廢除南宋紙幣，但為了保全江南民眾的財產，就透過與中統鈔交換來回收南宋紙幣。[120]元代禁止錢幣流通，中統鈔成為重要支付手段。但是，在江南地區還是無法抑制銅錢，原因是商品經濟發達，低額紙幣不足，銅錢需求高漲，民間始終存留相當的銅錢。[121]

右，元初的紙幣發行量是審慎而有計劃的，雖然逐年增長，總的發行額控制在一百六十多萬錠左右，[122]中統鈔在發行的前二十年，還是保有兌現紙幣的性質。此時的元代紙幣其實具有國際貨幣的性質。[123]忽必烈死後，中央政府在至元三十一年（一二九四）大規模從地方政府平準庫吸取金、銀，金、銀兌換幾乎陷入中止狀態，紙幣變成不可兌換的紙幣。元順帝（一三三五—一三四〇）發行新「交鈔」不久，因為沒有足夠的準備金保障，導致惡性通貨膨脹，爆發大規模的農民起義。元末實在亡於通貨膨脹，而非戰爭的失敗。

明朝洪武七年（一三七五），中央政府正式設立寶鈔司，次年印出「大明通行寶鈔」。[124]與元代的中統鈔相較，大明通行寶鈔根本沒有貴金屬的儲備和擔保。政府為了推行「寶鈔」紙幣，屢次禁用金銀交易（一三七五、一三九七、一四〇三），甚至禁用銅錢（一三九四）。[125]明初之所以以紙幣作為國家貨幣體系的主體，主要是因為當時的白銀極其昂貴，空前短缺。在整個十四世紀，穆斯林國家吸納了包括中國在內的白銀資源，白銀價格居高不下。元朝滅亡，不等於蒙古帝國的滅亡。蒙古人還控制包括部分穆斯林地區的廣大區域。大明通行寶鈔作為明初唯一的合法紙幣，且有若干前代所沒有的特色，儼然接近現代的不兌換紙幣。寶鈔有效緩解元末以來的幣制危機，穩定物價和推動商品流通，一度是貨幣經濟的支柱。

但是，寶鈔很快出現問題。洪武十三年（一三七七），就出現通貨膨脹。[126]後來，寶鈔發行量逐漸過大，回收受阻，大幅貶值，致使民眾「棄鈔用錢」，寶鈔購買力更為下降，以致到永樂、宣德年間（一四〇二—一四三五），整個貨幣制度陷於危機。寶鈔還有一個問題：流通中的新鈔比舊鈔更有購買力。人民故意把半舊的鈔票揉爛到官府兌換新鈔，各地稅務官員收稅只收新鈔，上繳則用舊鈔，新鈔轉換為數額更多舊鈔，再用舊鈔兌換新鈔，以獲得高額差價利潤。朝廷明白問題所在，卻屢禁不止，更刺激寶鈔的發行數量。到了十五世紀中葉，白銀貨幣經濟興起，寶鈔的紙幣功能無形中止，人民不以寶鈔為錢，不再真正流通。寶鈔勉強維持一種支付手段，用於政府官員和士兵的工資，變成了一種禮儀性貨幣，[127]不可再以貨幣的標準衡量寶鈔。黃仁宇指出，一三九〇年的寶鈔發行量大約是七千五百貫，相當於當時土地稅的二．五倍，那時一貫寶鈔等於一擔米，或一千文銅錢。一四〇七年，一貫寶鈔只能買三分之一擔米，一四八八年只等於兩文銅幣，通貨膨脹高達五百倍。[128]黃仁宇以寶鈔來計算明代中葉之後的通貨膨脹，其實並不是當時的真實物價情況。因為此時的明朝，白銀正在成為主要貨幣。白銀值錢，而寶鈔不值錢，所以以銀兩表示的物價和以寶鈔表示的物價差異極大。

清朝建立不久，在順治六年（一六五〇）頒行新紙幣「鈔貫」，用以支付鎮壓殘明勢力的軍事費用。這種新紙幣顯然不受百姓的歡迎，無助於朝廷妥善解決軍事問題，約在一六六一年退出流通領域。整個清代只發行過三次紙幣，前後流通總共不過二十多年。第一次是順治八年（一六五一）發行的順治鈔貫，十年之後停止發行；第二次是咸豐三年（一八五三）為了與太平天國作戰，軍事籌款需要而發行戶部官票和大清寶鈔；第三次是光緒三十一年（一九〇五）發行的大清戶部銀行鈔票，這是中國現代貨幣經濟開始的里程碑。其中，順治鈔貫發行時間短、數量少，對清朝幣制的影響不大。此外各省官銀局都發行紙幣。朝廷沒有足夠的銅錢，各商業銀行、民間錢鋪、錢莊、銀號等發行民間紙幣供市場流通，是商品經濟發展的客觀需要，所以朝廷不能禁止。[129]從根本上說，清代自始至終抑制紙幣，鑒於紙幣引發通貨膨脹是宋、金、元、明政權崩潰的歷史教訓。非萬不得已，不發行紙幣。所以清朝十分重視銅錢和銀兩，其金屬貨幣仿照明制。

關於紙幣的積極意義很清楚，問題是紙幣的負面影響。宋、明兩朝，紙幣發揮了納貢制度的部分功能，也壓抑了商業的健全發展。[130]紙幣的根本問題是只要發行過多，必然導致通貨膨脹。政府維持紙幣價值的關鍵在於能否有效回收。宋，明兩朝實行鈔和錢幣並用，並非就是錯的。問題是，使用銅幣，人民常為鑄幣貶損、劣幣氾濫所困擾；但是用了紙幣，通貨膨脹則是更大的困擾。朝廷過量發行紙幣以彌補財政虧空，一旦更依賴紙製通貨，對錢幣的鑄造就變得更消極，紙幣與錢幣之間的兌換關係也會變得更困難。於是，產生了一個結構性問題，民間對獲得錢幣的願望必然不可抑制，儲藏錢幣，錢幣退出流通；紙幣發行量擴張，紙幣和錢幣的關係發生逆轉。宋元兩代，紙幣幣值比較穩定的時間都有限，而通貨日益膨脹、幣值日益跌落佔絕大多數時間。一旦紙幣發行膨脹，紙幣和賤金屬鑄幣構成的貨幣體系便告瓦解，動搖整個經濟、社會和政治結構，引發全面危機。

從九世紀初的飛錢以降一千餘年，各朝幾乎都發行過紙製通貨，雖然地位有起有落，但還是逐漸成為中國傳統貨幣經濟體系中不可缺少的部分，滲透到實際經濟運行的各層面。紙幣在相當程度上緩解了商品經濟持續發展所造成的對貨幣的需求壓力。

穀帛貨幣

穀帛在中國貨幣經濟史也曾佔有一席之地。穀帛充作貨幣，用來填補金屬貨幣（主要是黃金）退出貨幣體系所造成的空缺。在不同的時期，穀帛的貨幣作用有不同的表現。每當時局動亂，幣制波動劇烈時，穀帛的貨幣作用就顯現出來，甚至代替了金屬貨幣。因為穀帛是生活的必需品，在戰亂時很容易為人民所接受。[131]兩漢官俸以糧食計算，北齊的俸餉是帛、粟、錢各占三分之一。

唐代有貨幣供給不足的問題，為流通手段不足所困擾。德宗建中元年（七八九）實施「兩稅法」，以錢定稅，發生嚴重錢荒。雖然創立了「開元通寶」鑄造制度，但並不能從根本上解決一直存在的鑄幣短缺問題。所以，唐代沿襲南北朝以來「錢帛兼用」的貨幣制度，絹帛在貨幣體系中的地位尤其重要，使用範圍甚至超過錢幣。

用錢幣表示的絹布價位，各代不同，匹絹貴至數萬文，低到百十文。穀帛因為品質不一、作價困難、保存、運輸和使用不便，並不適於作幣材。隨著商品經濟進一步發展，以絹帛為幣的缺陷日益明顯。穀帛在宋代的貨幣經濟還有一定空間，明中葉之後則徹底退出貨幣領域。

除了穀帛作貨幣，還有過「皮幣」。漢武帝發行了用宮苑的白鹿皮作為幣材，每張一方尺，周邊彩繪的「白鹿皮幣」，每張皮幣定值四十萬錢。由於其價值遠遠脫離皮幣的自身價值，只能作為王侯之間貢贈之用，並沒有流通，雖被認為紙幣的先驅，但不是真正的紙幣。到了昭帝時，皮幣已經徹底消失。

一九四〇年代末、五〇年代初，「穀帛」的貨幣功能在中國一度「復辟」，當時的人民幣價值以糧食和白布為基礎，甚至作為公職人員的工資。

至此可得出結論：中國傳統貨幣經濟的獨特性，恰恰在於多元、多樣和連貫。各類貨幣形態長期並存、依存，此消彼長。每一種貨幣都有其生命週期。要詳述各類貨幣在中國歷史上每個時期的結構和比重，幾乎是不可能的，但是卻可尋出共存和此消彼長的趨勢。

從明朝中後期到清末，在不能發行紙幣的前提之下，貨幣體系是由「貴」金屬貨幣的白銀和「賤」金屬的銅錢、銅幣所構成。「在金屬貨幣制度下，流通中的貨幣是內生的。不論是白銀流入、鑄錢增加還是戶部白銀流出，首先都是一種金屬流通現象，不能直接用來說明貨幣流通量的放大」。[132] 白銀和銅錢之間不僅不互相排斥，而且形成分工。一般小額交易通用銅錢，大宗買賣則以白銀收付。「農民和手工業者出售農副產品和手工業品，一般說，數量較少，價值不大，多用制錢計價。」[133]

明朝在公共工程的花費巨大。支付的大部分用銀子，工資則用銅錢。必要時，政府或民間適當地製造一些新銅錢，用以抵銷流通銀兩的增加量，維持銅錢與銀兩之間的兌換率。政府沒辦法控制白銀供給的數量，在白銀供給充足的情況下，為了維繫銀錢兌換比率，只有增加銅錢供給，否則就會發生銀賤錢貴。反之，如果白銀供給不足，政府自然減少銅錢的供給，以避免銀貴錢賤。[134]

值得注意的是，只要有貨幣經濟，就有所謂的「良幣」和「劣幣」，而且還有所謂「劣幣驅逐良幣」的規律。但是，在中國，「良幣」和「劣幣」自古以來相安無事。在貨幣供給短缺時，政府和民眾都會容忍「劣幣」的存在和流通。不是「劣幣驅逐良幣」，而是經濟好轉，貨幣供給充足，「劣幣」的流通數量自然縮小。

政府與民間分享鑄幣權

採礦與鑄幣一般都是政治當局的特權。歷史上有很多發明創造是由政府部門決定的，貨幣也是如此。貨幣作為

中國各類貨幣演變趨勢

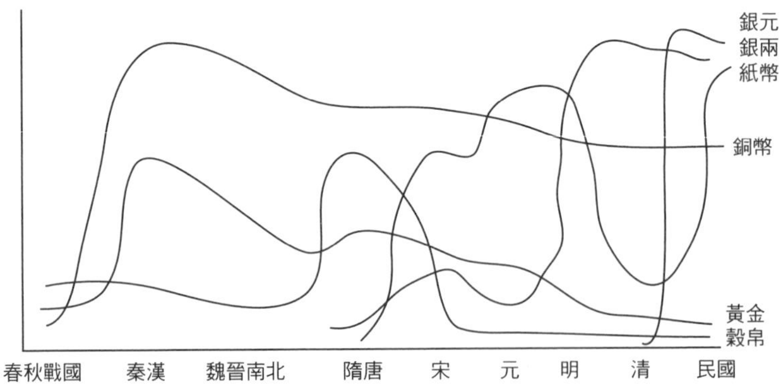

支付手段和財政根基的輔助，都與政府有關。政府透過確定鑄幣成色和硬幣重量，將貨幣發行作為國家主權的重要支柱。當強大的政府確立，執政當局才能提供夠長的時間跨度，「並且有必要對鑄幣的品質進行控制，以保證其品質。貨幣創造可以改善政府財政狀況，降低公共部門的交易成本。」[135]

在中國，政府對貨幣經濟體系的影響力並不是穩定而絕對的，貨幣經濟始終有相當的空間。原因有三：一，中國貨幣理論思想史的主流觀念是：政府應該少干預貨幣經濟和制度。[136]西漢的賈誼（前二〇〇—前一六八）關注過貨幣問題，認為自由鑄幣和國家壟斷鑄幣（法錢）各有得失，都有利弊，無萬全之策。[137]在貨幣制度方面，歷朝君王大體是承認傳統，依賴民間，無為而治。二，中國傳統貨幣經濟是相對獨立於政治制度和政治結構之外的。三，政府貨幣經濟政策的不穩定。中央政府除了關注軍費與其他國庫收支之外，還關注貨幣制度，以及與之關聯的物價政策，馬克斯·韋伯認為：「為了刺激銅錢生產量，政府會解除國家貨幣的獨佔權，但是如果因此一行動而導致通貨膨脹的傾向，則政府又會採取封閉部分鑄幣所的反通貨

白銀和銅錢的功能比較

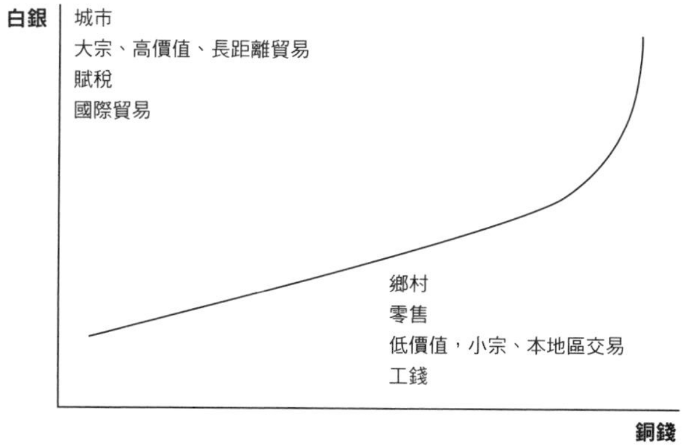

膨脹措施。尤其是對海外貿易的禁制與監督，通貨的考慮也是其中的原因之一：若是開放進口，則有流失貨幣的顧慮，若是開放出口，則又憂慮外國貨幣的大量湧入」。[138]從中國貨幣經濟史可以體會到為什麼哈耶克認為「政府對貨幣的壟斷是不必要的」，貨幣之間要競爭，甚至「自由貨幣運動」。

鑄幣權歸屬的演變

認為歷朝歷代的鑄幣權都是由國家控制，實在是一種誤解。中國歷史上，政府第一次具有掌握鑄幣權的意識和行動，公認發生在周景王（前五四五—前五二〇）的鑄大錢。漢武帝將鑄幣權收歸國有，集於中央，並不是常態。鑄幣權由政府和私人、民間分享，長期並存才是常態，是中國傳統貨幣經濟的重要現象。國家從來沒有也不可能壟斷鑄幣權，人民始終擁有自由鑄錢的空間。特別是在朝代更迭的過渡時期，私鑄甚至處於主導地位。國家掌握鑄幣權，便於實現貨幣統一，利於市場貨幣經濟的發展；政府壟斷鑄幣權，會導致政府利用鑄幣貶損和濫發紙幣，搜括民財，壓抑民間經濟等弊端。

戰國時代，政治多元，經濟發展水準各異，形成了不同貨幣形制長期並存的局面。政府和政權對貨幣經濟的影響相當成熟。「布錢體系」，「刀幣體系」，「圓錢體系」和「楚幣體系」四大貨幣體系並存，就是證明。[139]

秦始皇二十七年（前二二〇）頒佈貨幣改革令，「以秦幣同天下之幣」，標誌「秦國統一貨幣」，政府完全控制鑄幣權。其實不然。秦始皇規定黃金為上幣，銅錢為下幣，沒有明確規定兩者之間的法定比價。當時，黃金貨幣與鑄幣銅錢處於不同的貨幣發展階段。黃金貨幣以重量為計算單位，處於稱量貨幣階段，而銅錢是金屬鑄幣，以枚數為計算單位。兩種計算單位的不同，決定了兩者之間不可能規定出一個長期固定不變的法定比價。[140]至於「下幣」，雖然秦始皇在平定六國後，貨幣都被收繳化銅，控制了全國的銅資源，所鑄半兩錢盡可能標準化。但是，由於銅原料時有不足，中央鑄造和委託地方鑄造的差別，銅範、石範、泥範的不同，鑄錢工技術水準的高低，各時期官方財政狀況的差異，防不勝防的盜鑄，「重如其文」的努力沒能堅持太久。[141]

特別是，秦始皇死於政府頒佈貨幣改革令的那一年，無法進一步處理貨幣問題。秦二世即位，為了增加財政收入，增加貨幣發行，銅料不足，錢重難鑄，「半兩錢」的體積明顯較前輕小，錢文面值不變而金屬含量大減，百姓官吏都不願接受輕錢。「重如其文」的鑄幣體制瓦解，通貨貶值，流通困難，「半兩錢」走向衰落，私鑄蠭起，經濟大亂。秦末貨幣的嚴重減重變質和惡化與秦朝的衰亡互為因果。一，在秦朝統一貨幣的過程中，原來六國的貨幣和珠寶退出流通領域，而新王朝沒有能力填補貨幣供給不足的部分。伴隨輕重大小不一的「秦半兩」喪失市場的壟斷優勢，原有六國貨幣重新流通，秦末，六國勢力再崛起是與其擁有的貨幣財富相聯繫的；二，秦朝並沒有真正實現統一貨幣鑄造和發行權，且造成了比統一之前更落後混亂的貨幣體系。

西漢面對錢愈多而輕，物愈少而貴的局面，在鑄幣權的歸屬以及是否允許民間鑄錢問題上，朝廷發生過公開爭論，做法也經歷多次反覆。秦朝滅亡，國家控制的貨幣鑄造和發行權處於真空狀態，重返故里的工商業主和部分六國貴族因應市場交換的需要，運用其傳統資源和技術鑄造貨幣。布衣出身的劉邦集團深知民間疾苦與民心向背，明白如果繼續秦朝的貨幣制度，打擊民間鑄幣行為，可能不利於新政權的穩定，而國家也沒有足夠的財力鑄造和發行貨幣以滿足恢復經濟的迫切需求。所以劉邦在位期間（前二〇二—前一九五），基本上允許民間私鑄「秦錢」。[142]呂后禁止私鑄。

文景二帝（前一九五—前一四二）對民間鑄錢，時有禁止，時有開放。漢文帝允許百姓向官府租用礦產，民間可以雇傭工匠開採礦石冶煉，鑄造錢幣。允許私人鑄幣，並不是國家放棄對貨幣鑄造和流通的監管責任，國家對鑄造錢幣品質有著嚴格的規定，禁止攙雜使假，否則受到黥刑懲處。但文景時期也因地方鑄幣而造成社會混亂，[143] 賈誼是反對自由鑄錢政策的代表人物。[144]

漢武帝建元元年（前一四〇），朝廷制訂全國性的貨幣制度，以因應「傾向經濟社會」的需要。武帝元鼎四年（前一一五），朝廷終於有條件和實力徹底收歸鑄幣權，在獨佔鑄幣權的同時，再回到銅錢單本位制，貨幣體系納入正軌。元狩五年（前一一六），「五銖錢」登上舞臺，中央政府的貨幣權正式替代民間和地方政府的鑄幣權，此時西漢已經開國百年了。由西漢建立的獨佔鑄幣權所奠定的中國貨幣制度基礎以及銅錢單本位制等原則，使得往後的各個朝代有前例可循。

即使確立「五銖錢」，鑄幣權收歸國有，也並不意味著真正實現國家對鑄幣的壟斷。關於「錢禁」與取消「私鑄」之爭沒有結束，反映在西元前八十一年的鹽鐵會議上，會中反對國家壟斷鑄幣權「賢良文學」敗於主張國家實行貨幣壟斷的桑弘羊，對後來中國的貨幣經濟制度的取向影響至深。類似的爭論一直持續到清末。

西漢末年的王莽（前四五—後二三）很值得一提。王莽改革的範圍宏大，包括恢復了上古的井田制，均分天下土地；禁止奴隸買賣，大約三百六十萬奴隸獲得解放；不管是富豪巨室還是普通百姓都要立刻無條件交出土地，分給貧民，土地不許買賣抵押；政府壟斷經營鹽、酒、冶鐵和鑄錢，防止富商操縱市場；從皇帝到百官，實行浮動工資制；改革全國的官名；厲行懲貪，清查百官家產，創建舉報制度。王莽還企望全民變革貨幣金融制度：一，建立國家銀行，貧苦百姓可以申請國家貸款，年息為十分之一，杜絕高利貸對百姓的盤剝。二，「黃金國有化」，強迫民眾繳出各種金飾器物，通通都按半價由政府收買，藏於宮中，每萬斤為一匱，增加國庫貴金屬的儲備。到新朝覆滅時，尚餘六十餘匱。[145] 三，建立新的貨幣體系。但是，王莽的貨幣經濟改革始終有致命問題：像是貴金屬貨幣國有化，市場貨幣供給減少；屢易幣制，四次數多，社會財富制度失去穩定的標準；幣制繁複，貨幣形態包括金銀，古代的龜、貝，先秦的刀、布，以及秦漢時代的圓形方孔銅錢，形成了所謂六名二十八品的貨幣體系；新幣難以流通，不僅未能實現套取大地主和大商人手中金銀的目的，反而被商人、地主利用，造成市場混亂，通貨膨脹，物價上漲，農民破產，全國經濟崩潰，使得本已嚴重的農民奴隸化問題更為嚴重，最終社會矛盾失控，他本人成為農民起義的犧牲品。

胡適在一九二二年和一九二八年寫過《王莽》和《再論王莽》兩篇文章，認為，「王莽是一千七百年前的社會主義者」。[146] 史學家翦伯贊曾提出為王莽翻案的設想。毛澤東也同情王莽，曾說班固當然要替漢朝說幾句王莽的壞話。[147] 其實，班固在後漢書《王莽傳》，很多地方都是寫王莽的好，只是囿於皇權觀念，結論是王莽不該篡位。王莽作為兩漢末年的最高統治者，豈止是個社會主義者，更是期圖建立國家壟斷貨幣的歷史先行者。王莽企圖徹底改革傳統幣制，前無古人，後無來者。之前，秦始皇，漢高祖沒有做到；之後，也沒有任何帝王具有王莽的勇氣。

私人鑄幣

中國在傳統貨幣時代，政府鑄幣權和民間鑄幣權並存。政府鑄幣權從未間斷是因為經濟運行需要信用支援，而信用制度與政府不可分割。歷朝的政府信用就是長期支撐金屬貨幣，特別是銅錢的基礎。例如唐代以「帛」補銅錢之不足，後又用「飛錢」對銅錢進行補救，宋代發行了不足值金屬貨幣，其名義價值遠大於實際價值，依仗的是法律賦予隨時購買價值與其面值相等商品的權力。宋代至明代發行紙幣，更是依賴政府信用。貨幣是商品交換中自發的產物，商品交換向來以私人為主體。最初的鑄幣是私人鑄造的。私人鑄幣也是不絕如縷，有時還占主導地位。非政府、民間鑄錢或私鑄之所以發達，至少有三個重要原因：其一，歷朝歷代的錢荒不斷，愈遠離經濟中心愈嚴重；其二，錢幣的實際重量與面值所標重量差距過大，百姓傾向保藏足值的「良幣」，用私鑄或盜鑄的辦法反抗「劣幣」；其三，統治集團內部始終存在支持私人鑄幣和分散鑄幣的力量。鑄幣與分散鑄幣之爭向來也是中央集權與地方分權之爭的一個側面。由於政府鑄幣權和民間鑄幣並存，兩者之間就有所謂的「匯率」問題，就有從中套利的既得利益集團。

三國時代，鑄幣制度多元混亂，私鑄不絕。晉以後，史書上有多次准許百姓鑄錢的記錄。南北朝認可官鑄和私鑄具有同等合法性。隋朝的私錢從未被禁止。唐初曾經嚴禁私鑄，朝廷後來不得不向私鑄行為妥協。開元二十二年（七三四），「亦曾討論放縱私鑄」。[148]宋代禁止「惡錢」與私鑄。由於能有效控制以銅為主的貨材，再加上鑄造技術高明，「故私鑄稍告匿跡」，[149]但是，私人和民間力量並沒有放棄對貨幣的參與和影響，由私鑄轉到白銀貨幣。政府沒有能力阻止自發的、以民間為主體的白銀貨幣化。

明代洪武年間（一三六八—一三九八）禁民間私鑄銅錢，對於私鑄似無處罰，幣制頗有伸縮性，「除錢鈔並用外，還容許新舊錢並存，對於私鑄者之罪懲處，亦較前代稍輕」。[150]後來才有罰則。

清代的私鑄迭起，從未根絕。究其原因，有市場對私錢的需求，也有制錢供應不足導致錢荒，還與官府的態度有關。「至乾隆中葉以後，當制錢的供應逐漸穩定，各省呈報市場錢價日益平減的時候，處理私錢的政策才正式展開。採用的方式是多面性，但其中與歷代政府的『嚴刑峻法』政策迥然不同之處，是採用一種較溫和的收買政策。」[151]例如，在京師等地區，官府對名為「舊錢」和「廢錢」的「私鑄」錢實行收購政策，收購價格比照當時銅價每斤為白銀一兩。此外，清朝還透過增減每文銅錢的重量，也就是增減每文錢的含銅量，使銅錢增值或貶值，以達到防止私銷和私鑄的目的。[152]道光年間，私銷私鑄盛行，主要因為官鑄制錢減重，不能維持法定標準，民間競相效尤，鑄毀舊錢，私鑄小錢，有利可圖。私錢流行，非但驅逐制錢，也驅逐了白銀。百姓為了保存購買力，紛紛收藏白銀。結果使得充當貨幣的白銀更加收縮，助長銀貴錢賤的現象，銀錢比價不斷上升。[153]

到了清末，官府沒有放棄掌管銅錢。但至少在光緒年間，北京已經出現了「錢市」，買賣制錢。開始，「錢市」由各行業或地區商號自行組織，清晨在茶攤酒肆自由交易，後來四大恆錢鋪發起醵資在前門外珠寶市正式創立錢市。[154]

清中葉至民國初年，中國開始向現代貨幣經濟轉型，各類非政府、民間的「私錢」仍然是中國貨幣經濟中的重要組成部分。「私錢」流通是中國貨幣流通重要特徵，「顯示出『私』的經濟相對於『公』的經濟對穿越政治疆界的活力」。[155]如果說國家的「制錢」顯示政府控制能力，那麼「私錢」顯示的則是市場力量，正是「私錢」不斷衝破地域和行政的限制，甚至在整個貨幣流通中經常發揮主導作用。

白銀貨幣化

與紙幣、銅錢比較，白銀具有同質、易分割、不腐爛、體積小而價值大、便於攜帶等優點。在中國，白銀從貴重商品走向完全的貨幣形態的過程，尤其說明民間力量、私人力量，以及其背後市場經濟機制對貨幣經濟演變的重大作用。白銀貨幣化是一個幾乎完全自發的過程。

如前所述，白銀的貨幣化過程可以追溯到晚唐和宋。唐中葉後，「南人棄農業」轉入開採銀礦。從晚唐至宋的政府，對此開始是默認、容忍，後來甚至號召民眾開發銀礦。進入十二世紀的北宋，雖然白銀還沒有真正成為主導貨幣，但是，白銀的產量和儲備數額增長迅速。北宋的軍事戰略能力有限，對於商業和貨幣卻十分重視。宋真宗（九九八—一〇〇三）不止一次關注銀價波動，規範作為商品的銀市場。白銀貨幣化始於北宋的宋神宗（一〇六七—一〇八五）。北宋末至南宋初的戰亂破壞了經濟發展，信用體系和手段失效，但是，白銀貨幣化的進程卻沒有中斷。南宋一度宣導紙幣，結果適得其反，加快了銀的盛行。宋高宗（一一二七—一一六二）紹興和議前後，商品經濟恢復，錢荒自然加劇，市場更為強勁，白銀貨幣化的趨勢已經難以扭轉。到了孝宗（一一六二—一一八九），市場商品的交換價值已經穩穩依附於白銀上，白銀貨幣化初步實現，其主要標誌是：一，初步完成了從銀絹分離到以銀代絹，以銀買絹的轉變。二，銀錢間確立了法定兌換關係。甚至遜位後深居簡出的宋高宗，也將白銀和楮幣稱之為「錢」。三，白銀不僅用於計量一種商品的價值，而且用於總計多種商品的價值。四，白銀以貨幣的身份，與銅錢、楮幣並行流通，不少商品同時有銀錢楮品兩種價格。南宋的白銀主要流通於批發貿易中心，主要商路，遠距離貿易和批量貿易，以及與跨地區批量商品流通相對應的貨幣流通，但是尚未遍及各等級的市場網路，也未遍及城鄉各地，沒有達到可在區域市場上取代錢楮，或與錢楮並用的格局。這個過程有政府參與，卻為民間所主導。

元朝實行單一的紙幣流通制度，禁止用銀和用錢。元朝並非不在意白銀，而是盡其所能地在中國全境——特別是富裕的江南——收斂白銀，再將一部分作為紙幣的儲備金，一部份由忽必烈分配給皇族和官員。其後果是造成發始於北宋，後經南宋與金朝深化的白銀化過程遭受挫折和中斷，這對中國貨幣歷史和經濟歷史影響的嚴重程度，是超出一般經濟歷史學家的想像的。可以做如下推理：如若宋朝沒有被元朝所滅，中國貨幣經濟的白銀化歷史進程完全可能大為提前。[157]

明朝再次啟動被元代中斷的白銀化過程。明代白銀貨幣化是從民間開始的，在逐漸得到國家認可之後，向全國展開。[158]明憲宗和明孝宗在位（一四六五—一五〇六）的四十年是關鍵，白銀逐漸佔據了合法本幣的地位。白銀貨幣化的過程是由下而上的趨勢轉而為自上而下全面鋪開的。這主要是民間趨勢促動的結果，而不是國家法令推行的結果。[159]白銀貨幣化的趨勢最終衝破了明朝國家控制，「打亂並改變了明初建立的一系列制度，從而也改變了明朝所賴以建立的社會經濟結構，乃至明代社會的整體結構。對於中國的傳統社會來說，這是一個解構的過程。」[160]明代主導貨幣事務的是市場而非政府。主控貨幣的是市場，而非國家。[161]甚至可以認為，明代中期的貨幣白銀化意味著白銀形態貨幣與國家及政府權力分離。這種貨幣經濟使得自由市場經濟成為可能。所以，十五世紀之後的明朝國民經濟運行其實最接近完全市場經濟。

明中後期，完成了從賤金屬銅錢向貴金屬白銀轉變；從實物和力役向貨幣稅的轉變；從小農經濟向市場經濟轉變；從人的依附關係向物的關係轉變；從重農抑商轉為工商皆本。明代貨幣白銀化既是中國自身商品經濟發展的結果，也是原因，是解釋中國在十五世紀社會轉型和變遷的鑰匙。一五六〇年代以前，外國白銀對明朝中央財政的影響似乎很小。白銀化促進了政府銀庫收入的增加。一五六〇年代以後，明代白銀貨幣化與世界貨幣經濟新趨勢緊密結合，一方面，白銀流入中國刺激中國白銀貨幣化過程；另一方面，白銀貨幣化煥發了巨大的社會需求，市場經濟以前所未有的發展趨勢擴展。

從明中葉至清末，白銀是主體貨幣。對於白銀貨幣，政府態度有別於鑄造銅幣，基本沒有鑄造銀幣的意圖和行動，這在世界史上是一種特例。在接近五百年中，白銀貨幣主要是銀塊，是一種秤量貨幣，基本單位為兩。並不存在一個標準「兩」，是以平（重量）、色（成色）、兌（除數）三個要素構成。[162]銀塊或銀錠的信用至關緊要。生銀鑄成銀錠，必須打上錢莊主人與銀匠的姓名、鑄造的時間和地點，有時還要標明用於支付何種稅目，若事後發現虛偽造假情事，不論發生在多久以前，鑄造者都要遭受嚴懲。[163]

清朝對銀兩的鑄造與發行採取自由放任政策，以市場力量為主。清朝為財政出納，也設定成色高的計算單位「庫平兩」，以及用於關稅的「關平兩」。總體而言，銀兩流通始終是民間和政府相互協調的結果。在民間，銀兩設定完全放任自流。清朝中葉將熔化銀兩開放，准予民營，自此遂有從事熔化銀兩的「爐房」。民營的爐房最先專以熔化零散碎銀鑄成銀錠為唯一業務，而市面以銀換錢或以錢換銀等交易，之前都是貨行的副業，後來才專業經營，名為錢鋪。[164]光緒三十二年（一九〇六年），北京二十六家有戶部執照的爐房（私人造銀處）共同上書，要求統一民間用銀制式，遂定珠寶市等二十六家店為官爐房，只出十兩錠，上加「十足色」戳，因制式統一而在全國流行。[165]一九一三年，大量低劣等銀錠衝擊市場，珠寶市公議局還在銀上改戳「公議十足」或「公十足」。[166]

一八五六年，上海金融業推行稱所謂「規元」的虛擬銀兩記帳單位。「規元」以上海銀爐所鑄二七寶銀折算使用。[167]除了上海「規元」之外，比較重要的區域性虛銀標準還有漢口「洋例」、天津「行化」等。只是因為上海的金融中心地位和內外貿易中的樞紐地位，上海「規元」不僅在上海地區的商務交易中成為公認的標準貨幣單位，也成為最有影響的貨幣單位。直到一九三三年確立「銀本位」，上海「規元」才正式退出歷史舞臺。

光緒二十三年（一八九七年），中國通商銀行正式發行紙幣。這種紙幣其實是銀行兌換券。總的來看，白銀廣泛流通刺激了商業貿易的繁榮，對明中後期的社會生活產生深遠的影響。[168]尤其晚明從商賈及上層社會到市井小民的奢靡之風，無疑是和白銀貨幣分不開的。

私票

十九世紀上半葉至民國初年，私票在南北各省都相當普遍。私票是指不經政府批准，由外國銀行、各省官銀錢號和私營銀錢業，甚至商號、店鋪、作坊、廠礦憑藉自身的承兌信用發行、在一定範圍內流通的紙幣。多由各種私經濟經營者為壯大資本而發行。在未經取得發行私票的單位中，有的私票有充分準備，可以隨時兌換為現金；有的是虛票，少現金準備，卻照舊流通。錢鋪發行本身資本四、五倍的數額私票，大概是很平常的事。私票及外國銀元，是中國民間自發引進的，突破傳統銀錢並用的舊幣制的兩種新貨幣，很快成為中國貨幣體系中極為重要的部分。清末至民國初年，私票的勢力達到極盛。即使是辛亥革命、北伐戰爭等政治變革也沒有對私票產生多大的衝擊。

因為私票的產生和流通，中國的貨幣部門就不只包括銀部門和銅錢部門，還要納入私票部門。私票對貨幣供給具有重大影響。貨幣供給量的增加不再僅僅決定於「金屬貨幣部門」的白銀、銅錢增加，還包括「私票部門」以銀、錢為準備的信用貨幣增加。貨幣制度逐漸由原來的「銀、錢複本位」變為「銀、錢、私票多元本位」，銀、錢兩個部門在貨幣供給中比重自然下降，間接影響銀和銅表示的兩種物價指數。[169]「從民國元年到民國九年（一九一二—一九二〇）間，農商部通過對各地錢業，即官錢局、銀號、錢莊和其他發行錢票的部門進行的調查中顯示，在此期間的一些年份，中國錢票的發行量曾達到過一億元以上。而在同一時期，中國其他金融機構紙幣發行情況並不樂觀。一個國家銀行或幾個商業銀行的紙幣發行遠遠比不上各地錢票發行的總和。」[170]

二十世紀新式銀行興起，銀行兌換券逐漸取而代之。新式銀行所發行的兌換券可分成三類：銀兩票、銀元票、銅錢票等。民國之後，貨幣發行權從私經濟部門逐漸轉向地方政府財政部門，到一九三五年法幣政策實施，私票才完全絕跡。

貨幣經濟的區域差異

中國幅員遼闊，區域經濟發展不平衡，市場自古以來就具有強烈的「區域性」特徵，有北方市場、西北市場、東北市場、東南市場、西南市場、嶺南市場之分。[171]在傳統經濟時代，貨幣經濟區域化（在不同的主要經濟區形成具有地方和區域特色的貨幣經濟）是不可避免的。因為區域間貨幣交換、長距離商業需求以及稅收支出方式不同，沒有一種單一貨幣可以滿足區域性的貨幣需求。即使政府或民間有復興貨幣經濟的意願，卻從來沒有創造單一貨幣的理性需求。

中國貨幣經濟源於中原，再向四周擴展。從漢至唐，五銖錢和金屬貨幣逐漸流通到邊遠地區。唐中葉之後，儘管經濟重心南移，嶺南地區仍是「雜用金銀、丹砂，象齒」等；西南的雲南地區，自古滇國流通的海貝竟然持續到明清之際，銅錢最終代替了貝。[172]

宋以後，貨幣經濟逐漸覆蓋全國，但是各地區繼續存在與中央政府不盡相同的貨幣框架，只是在不同的朝代有不同的特點而已。當中央政府不能提供充分的追加貨幣供給的時候，地方就自己創造適合的本地通貨，即「土錢」。例如，北魏王朝就有各類銅材的「土錢」。「土錢」可能是絲或布。地方貨幣體系具有盡可能吸納金屬貨幣，使得流入的金屬貨幣滯留本地區的功能；另一方面，土錢雖然與中央政府推行統一通貨相矛盾，然而，在中央政府能力有限的情況下，無法取代土錢，就要承認土錢的既成事實，以及所謂的「地區自律性」。存在「土錢」和「鄉價」，必然產生不同地區的各自比價，逐漸實現新貨幣的普及，這種情況在中國歷史上以不同的形式反覆出現。[173]「實際上中國貨幣史，應是各種各樣地區性本地通貨的出現與王朝自上而下試圖在疆域內統一幣制的努力，兩種力量相互抗衡博弈的過程。」[174]

在唐代，金銀的貨幣功能和經濟政治中心緊密聯繫。使用金銀最盛之地首推長安。長安為大唐首都所在，是富貴聚萃之地，從當時載籍中關於記述此地金銀的記錄最多就可見一斑。次之當推嶺南，因嶺南一帶本為產金銀之地，且其首府廣州為當時東亞第一貿易港、商業繁盛，金銀也由此地出入。再次是當時水陸交通樞紐的揚州，匯集了大量的金銀。[175]錢幣和布帛的流通比金銀更廣。在貧窮落後的地區，則是另一番實物貨幣的情景。中唐當過宰相的大學者元稹（七七九—八三一）在《錢貨議狀》中說過：「自嶺以南，以金銀為貨幣，自己以外，以鹽帛為交易；黔、巫、溪、峽、大抵用水銀、朱砂、絹繡、巾、帽以相市。」[176]

宋代貨幣的區域化特徵顯著，形成了使用不同貨幣的區域，東京、京西十三路行使銅錢，成都等四路行使鐵錢、交子，陝西、河東銅鐵兼用。[177]四川曾是鐵錢的中心；陝西約在康定元年（一〇四〇）和慶曆元年（一〇四一）間，開始鑄行大銅錢和大鐵錢，從而使本地區的錢法發生變化，成了「特殊貨幣區」。[178]包括交子、錢引、川會等紙幣源於四川，官營之後，流通範圍擴大。不僅如此，紙幣也很快地區化，有四種交子：淮南交子、湖北會子、並外鐵錢會子等。

明朝中葉到清末民初，在不同經濟區域，貨幣具有不同特徵，大體形成三大貨幣區域：一，北部，從東北到黃河流域，至陝甘一帶為銅錢與錢票兼行區域；二，南方銀、銅錢和私票三足鼎立區域；三，極西邊陲省份（新疆、雲南、貴州）為固有的銀銅複本位支付區。南方經濟發展最快，全國主要工業產品及出口貨物，如茶、絲、棉布，均產於此地。需要具有高度彈性和適應各種交易需要的貨幣制度。銀、錢、私票同時流行。北方經濟有所擴張，但與南方貿易總是產生逆差。白銀難流。為適應區域內交易擴張的需要，只有廣用錢票和銅錢兼行。西部邊陲地區經濟變動甚微。所以，原有的銀銅複本位大致不變。[179] 從明清兩代的農村情況來講，貨幣的多樣性更適合地區交易系統的需要。即使到清朝後期，銀的名稱和形式、種類繁多。政府對「白銀的形式並沒有法令上的規定，完全隨各地的習慣和方便而定，銀樓可以任意鑄造。」[180]

清朝的白銀部門，官方機構不予保護，各地銀兩制度的差異頗大。例如，在一七四五年，各地流通著各種純度低的「低銀」：「江南、浙江有元絲等銀，湖廣、江西有鹽撒等銀，山西有西鏪及水絲等銀，四川有土鏪、柳鏪及茴香等銀，陝甘有元鏪及茶花等銀，廣西有北流等銀，雲南、貴州有石鏪及茶花等銀等。[181] 清代京師有源泉二局，所鑄錢稱為大錢、制錢，有時也稱為京錢，因為比地方鑄局標準，流布各地。咸豐以前（一八五〇），官方文獻中出現的「京錢」，多是此一涵義。與此同時，民間又形成了一種虛貨幣，也稱為京錢。其發生無從確考，據說源於康熙年間鑄的小錢。[182]

十九世紀後期，甚至民國之後，由於多種貨幣形態並存，加之鄰近地區貨幣的滲入，貨幣流通的區域性繼續加強。或者說在多元本位的貨幣體系中，能擔負區域性本位職能的貨幣品種很多。「各種貨幣的流通都是地方性的，小到一個集鎮、一個縣、大到幾個省。同一種貨幣在不同地方的計算方式和價格也不一樣。因此，中國被劃分為成百上千個互相交錯的貨幣區。這製造了奇特而繁榮的國內匯兌市場，可能比全部國際貨幣制度還要複雜。」[183]

一九一一年之後，紙幣地位上升，加劇了貨幣區域化。除了國家銀行，外資銀行和商業銀行外，各省地方銀行幾乎都發行紙幣。中國疆域遼闊，擁有省一級地方銀行的有三十個省。[184]不僅如此，有些縣市銀行也發行紙幣，例如廣州市市立銀行、湘潭縣銀行、寧都縣銀行在當地市面上缺乏零找時，都曾發行銀元輔幣券。[185]北洋政府設立財政部平市官錢局，發行銅元票用以限制私商製幣。然而，私票被禁，銅元鑄造供給不及，銅元票和銅元並存，且無限制發行。一九一五年，袁世凱稱帝失敗，政府頻繁更迭，北洋政府管理幣制的努力前功盡棄。一九二四年上海商業儲蓄銀行出版的《國內商業匯兌要覽》，提供了「十九省重要城市流通貨幣的概況表」，反映了區域內貨幣流通的多樣性。例如在上海，通用的銀幣以袁頭幣最為流行；在江南、湖北、廣東、大清龍洋、北洋、安徽龍洋少數也通用，墨洋與龍洋同時可用；江南、湖北毫洋均通用，還通行一種當十銅元，甚至還有極少數制錢流通。[186]

最能反映中國貨幣經濟高度區域化的是一八四〇年至一八九五年的香港。香港在鴉片戰爭後成為英國殖民地，所以香港在世界銀行體系尚不發達的時候不可能建立中央銀行，到後來也不可能單獨建立中央銀行，也就不可能由中央銀行統一發行貨幣了。英國當局曾試圖廢止香港以銀為貨幣的中國傳統制度，推行英鎊制度，結果遭到失敗，不得不認可早在香港流通的中國銀兩和銅錢、西班牙本洋、墨西哥鷹洋等為合法流通貨幣。這些金屬硬通貨實際上都是作為基本單位貨幣和輔幣流通的。中國以銀為貨幣是以實物銀流通，貨幣實物與貨幣本位是統一於實物銀本身。私營商業銀行從一八四五年即已開始發行經港英政府認可的銀元代用券和鈔票，這是銀本位的一種形式。港英政府最初並未參與發行貨幣，只是行使管理基本單位貨幣和輔幣的職能。港英政府遲至一八六三年才逐步開始發行貨幣。一八九五年，香港政府制定了《發行銀行鈔票條例》，所謂的「自由政府放任時期」（放任私營商業銀行發行鈔票）結束，進入管制發行時期。在香港開業經營銀行業務的銀行不能再自行決定發行鈔票，須經政府認可才能成為發鈔銀行。

中國貨幣的區域化傳統說明，中國的貨幣供給不能滿足每個區域的需要，也難以實現均衡的貨幣的區域分佈。中國的貨幣資本難以像西歐諸國集中在有限的地區，這是中國沒有發生工業革命的原因之一，也是對韋伯的資本主義出現命題的某種回答。[187]

從農民起義軍到中國共產黨的貨幣行為

最極端的非政府、民間鑄錢或私鑄是歷代農民起義軍的鑄幣。根據統計，從西元二四年綠林軍起義、一八四年黃巾賊起義，一直到十九世紀中葉的太平天國、小刀會，至少有十五次農民起義鑄造發行了貨幣。有的農民起義儘管只有一年左右的歷史，也自行鑄造貨幣，並在其佔領區內流通。有人認為北宋李順的應運、應感等錢，才是中國農民起義軍最早的錢幣。明末有五支農民起義政權，包括李自成和張獻忠都鑄過錢幣，其品質、工藝、書法極精，錢體大小輕重得宜，傳世極多。[188]太平天國初期的鑄幣是為了典制完備，屬於「政治貨幣」。因為，太平天國起事之初，「實現的是軍事共產主義，軍民不但無貨幣之需而且不許私藏貨幣，天井城內無商業可營，與清軍佔領區域進行貿易幾無可能，更沒有使用太平天國錢幣的可能。」[189]太平天國的中後期，鑄幣逐漸擴展了一般貨幣功能。總的來說，中國農民起義軍自行鑄幣主要有三個原因：一，表明農民起義軍的獨立自主性，宣告農民政權行使權力的開始；二，割斷與封建政權的聯繫，避免再受現行貨幣制度的危害；三，維護政權獨立和適應佔領區的經濟活動。[190]

二十世紀初，孫中山為推翻清政府，在海外籌集軍費期間，發行過「金幣券」。辛亥革命後各地方軍閥政府發行地方貨幣（流通券），各省都有地方貨幣。

袁世凱稱帝失敗，北洋政府執政，地方軍閥和官商合辦銀行合作，發行紙幣、金屬貨幣、「代用券」、軍用票等各類變相「貨幣」。至於中國共產黨，從一九三〇年代一直到獲取政權之前，各類貨幣金融活動從來沒間斷過。

不論農民起義軍還是軍閥，二十世紀「革命黨」還是共產主義組織，與政府抗衡，不可一日沒有財政稅收，也不可一日沒貨幣。無法改變現實的經濟運行和商品交易，就只有選擇自己鑄造和發行貨幣，創造與當時主體貨幣的交換方式。這種獨特情況恰恰證明了中國傳統貨幣經濟，具有不可動搖的深層結構。換個角度來看，政府對貨幣經濟的控制能力、鑄幣權使用程度、鑄幣的品質，是一個朝代和政權是否強盛的主要指標。每

中國貨幣發展概況匯總表解[191]

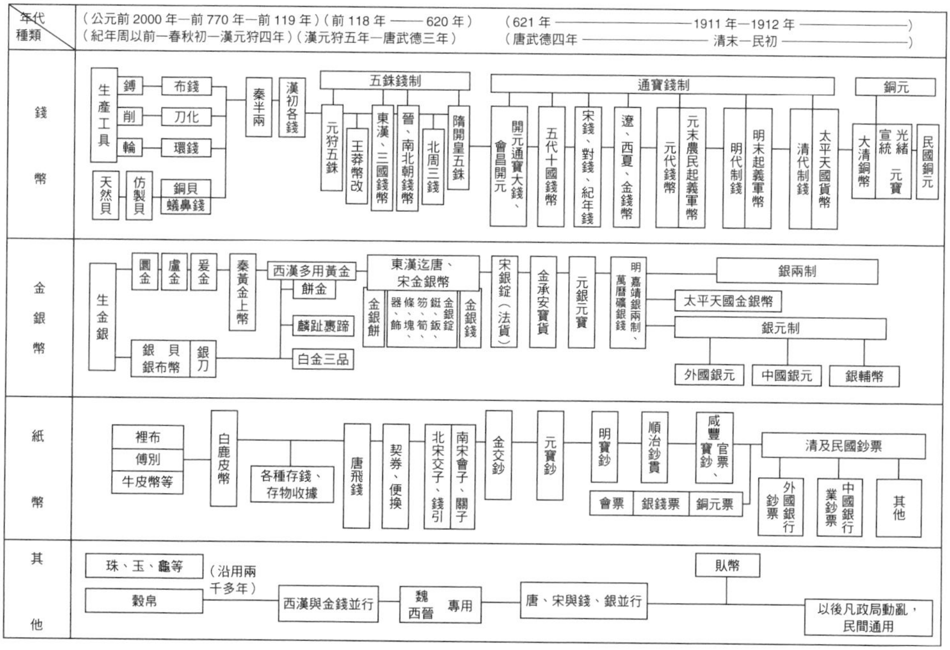

一個朝代的衰落和覆沒，都是從喪失對貨幣經濟的影響力開始的。

清末民初的貨幣制度

清代幣制為銀銅複本位制。這個制度與西方所謂平行本位（parallel bimetallism）很相似，但也有顯然不同的地方。清代幣制實為世界貨幣演進中的特例。清末的幣制演變成甘末爾所稱的「多元本位」（the multiple standard）。[192]在典型的金屬複本位制度之下，由於市場金屬價格的變動以及劣幣驅逐良幣法則的運行，往往會造成單元金屬本位（monometallism）。

清代的銀銅複本位沒有演變為單元本位的可能。因為某些交易必須用銀，有些交易必須用銅錢。[193]「中國今日實際並無一定之本位幣。唯內地居民大半一生所授使用者只有銅幣。故按事實言之，今政府雖無明令規定以何種貨幣為主，而因銅幣之流通範圍最廣，可認為國內之真正貨幣也。……中國內部人民雖以銅為主，對外通商則用銀。但中國雖為世界第二用銀國，若為彼採用銀本位制，則實屬誤會耳。」[194]自清末到民國初年，中國的貨幣經濟可以概

中國「廢兩改元」之前的貨幣體系

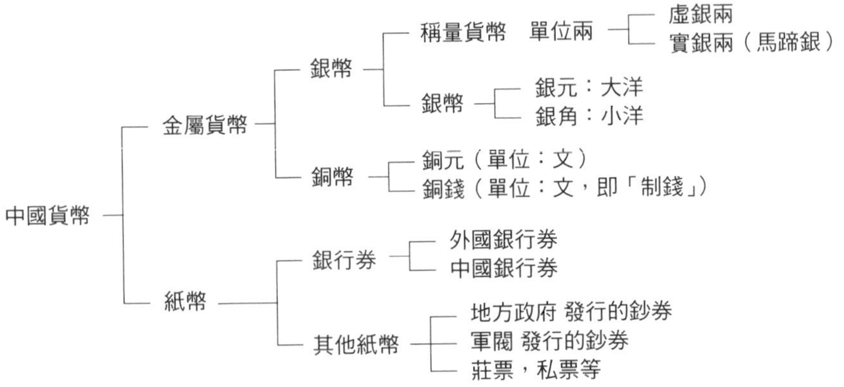

括為至少四個並存：一，傳統貨幣與近代貨幣並存；二，中央、地方政府發行的貨幣與非官方發行的貨幣並存；三，本國貨幣與外國貨幣並存；四，貨幣流通的區域性與區域內貨幣流通的多樣性並存。中國在一九三〇年代初「廢兩改元」之前的貨幣體系如右圖所示。

西方銀行業的起源也是多元的，既有典當業，也有貨幣金融業。當存款和貸款在貨幣經營中處於主導地位，並且放貸的貨幣轉化為資本並生產餘額，本質屬性是借貸資本之時，銀行業已經發生。所以，「宋代以後的典當業（質庫、解庫）及清以後的錢鋪（錢莊、銀號）因存款及資本性放款的發生、發展，也應屬於中國早期銀行業的組成部分。」[195]可惜，中國式的銀行業現代化道路沒有走通。

民間和市場主導借貸資本

在歷史上，信貸的出現比鑄幣還要早兩千多年。鑄幣始於西元前一千多年，然而，西元前三千年的蘇美人已經建立信貸系統。貨幣的出現是因為債務人很難以實物形式精確償付債務，貨幣具有的債務人與債權人的關係，使得放款和貸款的規模放大。規範債權和債務人關係，規範信貸，是法律的重要起源之一。

中國市場早熟，商品經濟與貨幣經濟緊密聯繫，經濟運行過程中的資金問題日益突出，商業資本和借貸資本流行，資金市場容量逐漸擴大，形成借貸市場，且商業貨幣資本得以不斷積累和周轉。自兩漢到清末民初，中國的信用機構或信用組織不僅維持多元化的特徵，而且始終是由民間主導。「政府在建立信用制度，開創商業保險，決定可接收利率方面，甚至在回收流通紙幣方面都未扮演重要的角色。」[196]

借貸和放貸主體

春秋戰國之後有三種借貸形式：「官負民債」，「民負官債」和私人間借貸。借貸主體的借貸需求和放貸主體的放貸供給是借貸資本市場的基礎。

中國古代的商業和借貸資本所有者大致可分三類：民間私人（包括寺院等）、官吏私人、官府。由於中國傳統貨幣經濟「藏富於民」的特徵，借貸的貨幣金融和所有者主要是私人。私人用於放貸的資本與家財的界限不明顯。一般而言，地主、商人、貴族、官僚之家擁有比較多的貨幣財富，多具有顯赫的背景和有力的關係，與官府關係深厚，是放貸主體。

除了私人放貸者，還有從事信用金融活動的機構放貸者。中國的寺院一如巴比倫王朝、希臘和羅馬的寺廟，是重要的放款機構。自漢代佛教東進，寺院資產持續擴張，且享有不納國稅的特權。寺院也是機構放款者，寺院作為債權人，其財力雄厚，且有官府支持。南北朝、隋、唐、宋、元寺院放貸最盛。寺院的抵押貸款在南北朝開始興盛，產生了「寺庫」，即寺院質庫，這是中國最早的當鋪。佛寺擁有並經營當鋪，可回溯到五世紀。資金互助協會至遲在唐代就與寺廟有密切聯繫。至遲在唐、宋、元代，圓寂僧侶的個人物品就在寺廟中拍賣，在元代則由寺廟發行抽獎券募集資金。[197]佛寺經濟與政府爭奪財富，減少政府稅收，引發政府和寺院的衝突。所以，自魏晉南北朝到明代，政府基於經濟考慮，多次主導「抑佛」和「滅佛」事件。

至於借貸，農民向來是借貸主體。農民的借貸包括：因為日常生活引起的借貸；老病死，饑餓，婚嫁儀式及社會交往引起的借貸；賦役引起的借貸；戰爭、水旱等自然或人為災難，為渡過青黃不接的日子引起的借貸；種子、肥料、耕牛、工具等生產資金需求引起的借貸。在很多時候，農民借貸的是用於生產還是維生很難嚴格區分。明清，農民的生產性資本需求擴大，糧食作物與經濟作物種植出現地區性分工，種植經濟作物所需資金比糧食大得多。總的說來，大部分農民借貸者的生存借貸特徵十分明顯，無心考慮利息對成本的關係，可以承受任何利率。農民借貸本質上是個人行為，借貸雙方屬於私人關係，政府難以真正介入，政府相關法規大體是一紙空文。例如政府規定土地因不能還貸，歸放貸者所有，五年內仍可按原價贖回，幾乎從未兌現。當然，中國古代自耕農往往稍有積蓄，就將積蓄貸出，或交給富戶，以求獲得一些利息。從古到今，富人和各類代理人控制了中國農村和農民的借貸活動。

除了農民，商人和手工業者也需借貸。借貸經商十分古老，《周禮》已有記載。商業性借貸與國內市場關係穩定。伴隨地方市場、城市市場、區域性市場、全國性市場，商品交易擴大，城市手工業和礦冶業發展，一些市鎮成為商品的集散地，形成中心城市、城市市鎮貿易網路。商業和手工業的資金借貸經營逐漸普遍、形成規模。明清以後，日用品如綢緞、棉布、棉花、糧食等為主的長途販運進一步發展，商人、工商業店鋪或行商透過借債形成的運營資本規模迅速擴大。其次，航運業和國際貿易刺激商業性貸款規模。宋代以後，海外貿易和航運業對資金的需求更大，航運業成長，貿易活動範圍擴展，東到琉球、呂宋，南至蘇門答臘、爪哇，所需商業資本巨大。當然，商人也可以同時是放貸人。

在借貸市場上，官府的地位很獨特：可能成為債務人，向私人、民間借款，接受利息；官府也可以成為債權人，放貸收息。「臥薪嚐膽」的越王勾踐曾發行一種稱之為「債籌」的國債，以象牙作為憑信，上面刻有法定的面值、利率和兌現期。百姓認購「債籌」，幫助勾踐積聚財力，重建軍事實力，最終打敗吳國。唐德宗建中四年（七八二年），淮西節度使李西烈自稱「楚帝」，反叛唐廷，朝廷為籌措軍費，向長安市場借款兩百萬錢，結果長安為之罷市。政府也可以作為債權人去民間放債，以漢唐宋元清幾代最盛。最著名的是宋代的青苗錢物放貸。清朝實行過「生息銀兩」制度，政府把占庫存的三成白銀投放到市場，銀兩交給商人使用，收取定期存款利息，用於旗丁生活消費，彌補財政不足，增加地方政府的經費，書院、學校、救濟等項經費的主要來源，增加了流通中的貨幣數量，成為政府調控貨幣的一項很有成效的措施。道光以後，「生息銀兩」利息增長，貨幣供給走向充足，獲取民間貸款成本下降，商人對於「生息銀兩」的需求小於政府的供給，接受「生息銀兩」成為負擔。

資本市場的演變

中國，伴隨商品貨幣經濟發展和貨幣流通範圍擴大，資本市場得以成長，只是因為貨幣資本供給長期嚴重不足，資本市場大體是放貸方主導的「買方市場」。

春秋時代，以民間為主體的借貸信用活動已經相當發達。兩漢，私人之間或政府參與的私人間的信貸市場已經出現，不動產抵押借貸已相當普遍。

唐代的商品經濟和外貿繁榮，長安、揚州、廣州是當時的三大貿易金融中心，其中以長安最為發達。資金市場的供需關係矛盾突出，貨幣供給不足，錢荒現象普遍，借貸盛行，除了貨幣形態借貸之外，實物借貸流行於鄉村，緩和貨幣經濟的發展不能滿足社會交易流通量需求。唐代形成了複雜的民間金融體系：「除出現專門經營信用貸款及抵押貸款的質庫、僦櫃、質錢舍屋外；還有專門收受存款，寄存保管錢物品的櫃坊、寄附鋪；從事金銀買賣，貨幣兌換、匯兌業務的金銀鋪、飛錢或變換等機構」。[198]而當時的長安「西市」就是中國初期的金融市場，「在這個金融市場裡，流通著各種的使用，供給這些使用的，除個人性質的富商官吏以外，有供給抵押作用的供庫；有供給普通使用的公廨；有收受存款或供給保管便利的櫃坊、寄附鋪和各種商店；有從事兌換業買賣生金銀的金銀店；有辦理匯兌業務的商人組織。現代的幾種重要金融業務，當時都有了。」[199]商業使用，賒買和預付款都已經制度化。

宋代，信用制度、資本市場得以充分：一，資金市場主體發生變化。賦役制度、軍事體制的變化及客戶人身依附關係的鬆弛，農民生產獨立性及經濟力量有所加強，對生產資金的需求增長。商人的借貸日漸重要，商人手工業者的經營性借貸不再是個別、偶然發生的現象。因為資金供給充裕，利率趨於穩定。二，資金市場業務多元化，除了各種形式的放款，包括信用放款、動產抵押放貸，質庫業務，包括存款、匯兌、兌換、錢票發行。[200]賒買、賒賣、預付款和預收款普遍使用，官營匯兌網路業已形成。北宋的金融中心是汴京，南宋是臨安。元代資本市場和金融機構繼續發展，斡脫總管府、泉府司及盧世榮理財司、平准周急庫都進行資金放貸活動。

明清兩朝，賦稅銀納，銀租在部分地區實行，借貸市場成長加快，形成了比較完備的商業信用方式：一是賒。販商常通過牙行對零售業（鋪店商人乃至直接對手工作坊和個體手工業者）提供商業信用。二是匯兌。貨幣從一地匯到另一地，匯兌之事多由商鋪、金融性店鋪如銀號乃至殷實之家兼營。清代中期之後，又有專營匯兌的票號。所匯貨幣兌現之前，等於是承兌之家（及後來的票號）為出票人及其他支票零星支用人提供了延期的信用。三是「期票」、「兌票」等。

因為資本市場作用，雇傭關係普遍化，資本和組成的合夥制度發展。宗族財產也開始向合夥組織形式轉化，顯現了諸多近代股份公司制度的要素：有限責任制度，經營權和資本所有權分離，股份公司的萌芽期。合夥股份買賣、轉頂、轉讓比較常見，只是還沒有固定的交易場所，正規的股票交易所還未形成。[201] 官錢鋪、地方政府和銀錢局發行紙幣，民間發行的銀票、錢票流通更廣；外國紙幣也開始流行。在清朝後期做大的票號一度舉足輕重。之後，金融機構興起（主要是銀行）又推動了中國傳統貨幣經濟向現代貨幣經濟的過渡。

總的說來，直到十九世紀後期的中國，傳統「金融市場」或「資本市場」的各種信用金融活動利潤，與全社會平均利潤還有相當大的距離，很不穩定。商人資本向利潤、利息率較高的地區流動。一方面，商人，手工業業者的流動資金日益依賴信貸方式。另一方面，商人憑藉各種關係網絡，能夠比較容易在各地調動大批資金。官府及官僚貴族也參與各種貨幣金融和貿易活動，使貨幣經營交易並非純粹的經濟業務往來，與政治特權相糾纏，以致拖累中國貨幣經濟和金融制度的現代化。

從清代中葉之後，資金供需總量增長，資本流動性明顯加速，資金供需穩定化，資金市場與經濟運行從外在關係變成內在聯繫。資金市場的發育和運作是走向近代化的一種表現。[202]

進入民國，中國資本市場「二元化」。在沿海發達地區和城市，現代貨幣金融市場形成，銀行作用重要。內地和農村少有現代銀行機構。錢商操縱匯價獲利頗豐，商界紛紛染指錢業，錢莊林立，具有左右金融市場之勢，每天議定的利率、匯率等行情左右地方的「金融市場」。各類民間信用體系擴張，方式繁複：礦局、鐵路發行紙幣和各種庫券；縣、區、鄉、鎮、村，甚至糧店、碗店、花店、雜貨莊等發行的各地雜票。由於市場輔幣券短缺，各單位自行發行一種小額「代用券」，大都未經各級政府批准發行，開始時單純為了找零，發行單位少，且十分慎重，可以在市場上流通使用，具有小額貨幣的作用。後來，「代用券」逐漸得到信任而擴大，於是各行各業相繼仿效，大至大新公司、永安公司，小到餅鋪、豆漿粢飯攤都發放代用券。從一分、二分發到一元、五元，由城市發展到鄉村，由華商發展到外商，由零找發展到購物。[203]

資本市場機構

隨著社會生產、流通對資金需求的發展暨資金市場容量的擴大，資金市場的主體也逐漸發生變化。由私人、寺院、官府分散兼營，市場主體混亂無序向由金融機構集中專門經營、市場主體相對固定發展。

專業戶。專業化的代表是廣泛存在的「子錢家」。元代，斡脫商人的主要職能是放債。宋元二代專業的放貸經營者或代理人叫「行錢」，他們往往領主人資金進行放債，按一定比率分取所得利息，與主人之間存在一定的依附關係。

「質庫」。漢代，經營資本的主要機構是質庫。唐代，除了寺院「質庫」之外，還有專門經營信用貸款及抵押貸款業務的優質庫、僦櫃、質錢舍屋；經營質庫專門收受存款，寄存保管錢財物品的櫃坊、寄附鋪，櫃坊；從事金銀買賣，貨幣兌換、彙總業務的金銀鋪、飛錢或便換等機構。金銀鋪雖以打製首飾、器具為主，也經營金銀器和純金銀的買賣，並逐漸發展為一種獨立的行業，稱作「金銀行」或「金銀市」；代客存款的櫃坊等等。[204]

宋元二代，信貸總量膨脹，金融機構增加，除了質庫、長生庫、抵當所之外，金銀鋪、附寄鋪有一定的金融性質。宋代交子、寄附會子發行初期，依賴的是民間經營的交子鋪等，也具有資金信用機構的性質。民間金融機構多元化：質庫有典當業務，交引鋪買賣有價證券，如買賣「交引」；彩帛鋪是金銀、彩帛的交易之所；寄附鋪已不限於寄集商品，「會子」可能由寄附鋪開出，即客戶先在寄附鋪存款，寄附鋪再為客戶開出匯票；櫃坊不僅保管存款，也開闢借貸業務。[205]

寺院和當鋪。中國歷史上，籌措金錢主要有四種方法：當鋪、合會、拍賣以及出售彩票。[206]這四種辦法分別起源於佛寺，至少與寺院有密切的聯繫。佛教寺院所擁有並經營的當鋪可遠溯至五世紀。合會至遲至唐代就已和寺院密不可分。圓寂憎侶的私人所有物在唐、宋、元各朝已在寺院中拍賣，而其起源或許更早。元朝寺院也已發行彩票來籌措基金。[207]寺院之所以扮演如此重要角色，原因之一是寺院可以豁免財產稅。南宋的富有俗人常合夥在佛寺裡開設店鋪，以規避名為「和買」的財產稅。官府豁免這種當鋪和買稅的理由之一是因為寺院自稱要募款以向官府買度牒。[208]也就是說，官府發行空白的僧尼度牒，並在市場上販售以實現籌措資金的目的。這樣典當業就和寺院結合在一起發展。佛寺以及「叢林財富」在為「融資制度的發展提供了一個很有利的條件，因而對俗界的社會、經濟生活產生不可磨滅的影響」。[209]

明代的當鋪、錢鋪及帳局發展迅速，對工商業的「融資」作用重大。明代當鋪都為私營，獲利豐厚。據萬曆四十八年（一六二〇）的官方估計，「當時全國當鋪有幾十萬戶，大當資本銀萬兩，其次數千兩，小的亦不下千兩」。[210]有些當鋪還吸收存款和經營貨幣兌換業務。明代新的金融機構稱「錢鋪」，「錢店」或「錢肆」。錢鋪的業務最初是經營貨幣兌換。此外，還有「銀鋪」，業務是傾熔銀錠，貨幣兌換，抵押放款。明後期銀、錢並用，匯兌又捲土重來，會票、銀票、錢票的使用日益普遍化。明代還有所謂的「官肆」，為長途販運的商人和遠行官吏提供可兌換的證券，只是，沒有進一步發展。

清代，當鋪、票號和錢莊是金融市場的主要載體。一六八五年全國有當鋪七，六九五家，一七二四年九，九〇四家，一七五三年一八，〇七五家，一八一二年二三，一三九家。十八世紀初，當鋪資本平均約五千兩白銀，一八四〇年約一萬兩白銀，其生息資本通常是自有資本的一倍。[211]「由於銀銅本位貨幣無法適應經濟發展之需要，導致私人經濟部門採用私人信用工具以利交易。在私人信用工具中，錢莊、當鋪以及有實力的商號紛紛發行錢票、私票和私帖，在地方上通行，這在清代是很普遍的事。」[212]錢票的發行自會增加銅錢供給，發揮了補充銅錢供給短缺的作用。錢票、銀票和會票都是非政府的民間紙幣，屬於私人信用，完全是市場需要信用工具的結果，是由市場、而非官府主導。換個角度來看，官府沒有能力決定和影響錢票的流通，聽憑市場調節，「表示當朝所鑄的錢幣不是那麼成為王權的象徵」。[213]

錢鋪與工商業的關係比當鋪更密切，已超過當鋪，成為主要的金融機構。舊日錢鋪的主要業務為買賣金、銀、錢，辦理存款放款，兼出銀票、錢票，不設爐化銀。北京的錢鋪甚多，其資本多少不等，營業範圍則大致相同。至於附帶經營銀錢業的錢臘鋪，家數更多。[214]銀鋪向銀號過渡，其業務同於錢莊，也可以歸入錢鋪一類。又由於匯兌的發展，產生了專營匯兌業務的金融機構，亦稱「票莊」，「匯兌莊」或「匯號」。嘉慶年間（一七九六—一八二〇），山西平遙富商雷履寬開設的「日升昌」票號是中國第一家票號。光緒二十八年（一九〇二）以後，匯款多由錢莊承擔，票號漸趨衰落。錢莊又稱銀號，業務範圍比票號廣泛。清初的錢莊最初主要以經營不同貨幣間的兌換為主，逐漸發展成以存放款和匯兌為主。其匯兌則先採用同業往來制，即委託異地同業辦理匯解業務。後來逐漸打破了同行業的界限，形成獨立的行業。

- 中國金融機構
  - 舊式
    - 錢莊
    - 票號
    - 官銀號
  - 新式
    - 外國銀行
    - 本國銀行

明、清兩代，各種商鋪，如布鋪、綢緞鋪、雜貨鋪、鹽鋪等，以及一般

商人、地主、貴族、官僚家庭，常以閒置資金及家財對商人放貸。放貸包括開辦資本及流動資金放貸。「一般商業鋪店及地主、商人及其他富豪之家也對商人放貸，同城商人經營資金形成某種固定的供需關係。除了這種直接的貨幣供應以外，商人還通過其他形式獲得商業信用，從而有效地擴展信用圈子、擴大了資本規模。在一些商業發達的城市，店鋪及私人放貸者商人之間結下了比較穩定的資金供需關係。」[215]

鴉片戰爭以後，中國的貨幣金融機構增加了銀行，開始是外國銀行，之後有了本土銀行。民國建立後，廢兩改元之前的金融機構種類雜多，傳統的舊式金融機構和新式金融機構有典當、錢莊、票號、官銀號、局、銀爐、信用合作社、銀公司、托公司、銀行等等。[216]

「資本市場」業務[217]

中國資本市場業務經歷了由單純的放款到存款，再到貨幣匯兌的演變過程。

質庫典當。在中國的傳統貨幣經濟體系中，典當業地位重要。質庫、典當鋪具有早期銀行機構的特色。典當業是以貨幣經營為主體的特殊貿易形式。每當社會處於危機和混亂時期，貨幣經濟衰退，促使「以物質錢」式的典當貿易發展。當然，典當因有實物作抵押，風險次之，所以利潤也次之。典當業對典質者的無情掠奪，對社會經濟有破壞作用。[218]戰國、秦漢以來，動產抵押借貸的發展是形成質庫、典當業的基礎。抵押包括房宅田地、奴婢、借貸者家庭成員，或衣物、首飾、農具等，還有信用抵押，即不用提供抵押物品，只憑擔保人或借貸者本人的信用進行借貸。宋以後還有預押、預購，即生產者以未完成的產品為抵押，向商人借貸成本，生產完成後以產品償還。宋元時期這種預押多限於糧食生產及家庭手工業。明清以後，私人放貸業務的期限延長，私人、商鋪兼營的匯兌業務逐漸普遍，質庫、典當業務發生變化，由單一業務向多種業務轉化，包括存款業務，以及始於宋、興盛於明清的動產抵押放貸業務，還有清代以後錢帖的發行。到了十八世紀和十九世紀，甚至公共資金都交給當鋪來投資。當時，當鋪的作用幾乎等於商業銀行，發放以商品作抵押的貸款，成為了中國利潤最豐厚的買賣之一。到了一八五〇年後，當鋪的許多功能才逐漸被銀行取代。

兌換業務。其一，國內不同貨幣兌換，例如銅幣與實物幣兌換，宋元的錢楮兌換；明清的金銀之間和銀錢之間兌換。明中葉白銀貨幣化之後，銅幣和白銀有相對固定的比價，貨幣兌換業務始於錢桌、錢鋪。一開始是單純兌換，資本規模擴大之後，大致在明後期，對商人與城鄉居民進行資金的放貸，多與兌換結合。清代中、後期，錢鋪（包括錢莊、銀號）開展了存款和錢票發行業務，錢票發行與放款結合，即以錢票向商人放貸，所以又稱「放票」。放票擴大了錢鋪、錢莊的資本規模和信用範圍，創造了新的信用，使資金市場與商品交換暨生產過程形成聯繫。其二，國內與國外的貨幣兌換。貿易發展，外國貨幣流入，兌換業務自然發生。近代洋行主要透過錢莊的成熟金融網路所提供的便利，購買中國的土特產品和推銷外國工業品。所以，洋行自然接受中國商人或掮客委託錢莊開出的莊票，把各種洋貨賣給他們。

信用放貸。明代之後，官吏放債日益普遍，成為清代帳局的基礎。早期帳局以對舉人、候選官員放貸為主，後來對行商及各類鋪商放貸，尤以北方各地城市最為有名。直至咸豐年間，帳局在資金市場上勢力仍大。

票號業務。匯兌源於唐代飛錢、宋代便錢。明中葉以後，貨幣資本積累形成規模，資金往來於全國或區域性經濟中心城市，且推動了匯兌業務發展。清乾隆年間，資本業務主要由殷實之家或商鋪兼營，兌現者也限於私人之間。道光以後，資本業務普遍化及其他技術條件的發展，隨著民信局的產生，專營匯兌的票號應運而生。票號的出現便利了商人的交易活動，解決了運現的困難和危險，還與匯兌相結合向商人放款，接受商鋪及居民存款。但是，這種匯票還沒有透過背書承兌轉變成信用貨幣在市場流通。除了這種匯兌之外，還有一種匯借亦值得注意。其業務是某人在某府城經營典當，想要擴大資本，便央人從省城匯借銀子若干，並承諾一段時間後，連本帶利償還。徽州文書中有不少借券亦名「會票」，可能是這種與匯兌結合的異地借貸的契約。

拆借。清中晚期，錢莊因為資金有限，開始開出莊票向外國銀行拆借款項。與此同時，洋行也將莊票委託銀行代收，洋行在收購中國土產商人絲茶等貨物時，便可向這些商人開出支票，再讓土產商把支票解入錢莊，錢莊就從外國銀行處收款。銀行則透過對各方來往資金互相軋抵，而避免以現銀清算，既擴大了信用，又節省現銀，加速商品流通。這些事實雖然反映了外國銀行對中國金融業的控制，也說明了清代以後的錢鋪、錢莊、銀號的業務已具有相當濃厚的近代化氣息。在建立資本和貨幣的交易中心方面，中國比西歐國家落後。

利息和高利貸

曾有西方學者概括中國利息史：「中國含息貸款的做法至少可以追溯到西元四百年。有關最高利率和貸款期限的政府規定每個朝代都公之於眾，但是常常被忽視。貸款一般都是短期性質，利率很高，並用於消費者的開銷；商業賒銷非常罕見。貸款常常是通知償還，不過一般都是三—六個月的期限。在出現違約情況時，債務人的財產可以被沒收、出售。複利一般屬於違法。」此外，最終債權人常常是政府。「政府將自己的資金託付給『捉錢令史』，由他們將資金貸給公眾。政府收取的利息被分配用於具體的公共目的。利率往往非常高。」[220]

中國利率自古就高於外國。古羅馬法定最高利率為一分二厘，實際通行的資金貸款利率只有每年四%。同時代小亞細亞一帶的利率不過是一分二厘，最高的曾到過四分八厘。[221]中世紀的歐洲禁止高利貸。到十二世紀，中斷了一千年的利率得以恢復。事實上，其間的公共典當和私人典當始終存在，所以利息關係沒有真正消亡。公共利息率是六%，私人利率為三二・五—三〇〇%，是顯而易見的高利貸。[222]

在實際經濟生活中，高利率和高利貸難以區分。高利貸一直是民間借貸的基本形式，是利率的一種極端形式。中國關於高利貸的文字記載始於春秋戰國。在《管子・治國》中，年息在一〇〇%以上的就是高利貸。晉國大夫欒恆子就放過高利貸，戰國的孟嘗君田文也放高利貸，一年利息收入超過十萬錢。蘇秦的家人說：周地的人「力工商」，「逐什二之利」，雖說是一般工商，也在一定程度上反映了當時的借貸利率水準。秦至西漢初期，高利貸和放款事業比戰國更發展。高利貸貸款期限大約只有半年，而其利息大約相當於本金的數額，即年利率為一〇〇%。[223]西漢司馬遷與東漢的桓譚談到貨幣借貸時，都傾向合理年利在二〇%左右。王莽變法，年利在一〇—三六%之間。說明秦漢社會一般貨幣借貸利率是比較低的。東漢財政經常窮困，政府、貴族、官員也向民間借債。一般富商大賈收入可比封君。魏晉南北朝，高利貸盛行。

魏晉南北朝至唐初，利率水準上升。從吐魯番出土的高昌國及唐前的借貸契約看，絕大部分實物借貸利率都在年利一倍之上，貨幣借貸月利都在六分以上。開元（七一三—七四一）之後，政府有「私債五分」的法令，未必都能遵守，利率趨勢走低。這個趨勢一直保持到宋代。唐代，官府公開放高利貸，或直接放債，或透過富人間接放債。貴族和官僚也放高利貸。以貨幣借貸為例，每月十分之一的利率在唐西、沙洲地區貨幣借契中很常見，內地官僚、貴族私債也多是什一之息，如唐前期「公主之室」、「勳貴之家」、「放息出舉，追求什一」。中唐以後，利率水準開始下降，至宋代，貨錢月息以三分至五分為適中。

宋代，熙寧、元豐（一〇六七—一〇八五）之後，利率下降之勢明顯，在官私借貸中出現一分、一分半的低利，這種低息狀態持續到南宋以後。宋代，高利貸大為發展，覆蓋面廣，「民之缺乏而借貸於人者，天下固長半矣」。[224]「放款有『出舉』、『舉放』、『舉錢出息』、『貸息錢』、『貨子錢』、『出息錢』等名稱。在某些地區，利息『有一倍至五倍者』」。[225]十世紀左右，在以銀為本位貨幣的西亞東部發生嚴重的白銀不足。

元代的利率陡升，利息總體很高。元代的雜劇反映了元代一般銀鈔借貸，其利率幾乎都是年利翻一翻，且不說元初那種年利倍稱、利上取利的「羊羔兒息」。元代中、後期，貨幣借貸年利一〇〇%的情況司空見慣。元末，借貸利息高漲之勢有所緩解，部分地區質庫恢復了三分之息，也出現了貸穀五〇%的較低年利率。元朝蒙古統治階層與斡脫合作，吸走南宋江南之地的金、銀，[226]這種稱為斡脫錢的高利貸存在於社會各個階層。除了西域商人之外，猶太商人也在中國放高利貸，甚至扣押債務人的家屬和財產，以致元朝需要以法令來限制。從事中國與西亞貿易的西域商人，向蒙古統治階層借錢，「將其作為資本，以實際上最高年利十成的複利貸給華北民眾。利息的一成左右還給出資者，剩餘的都運往西方以高價出售，通過不等價交換牟取暴利。與蒙古統治者階層勾結，使用銀放高利貸的西域商人稱為『斡脫』，這已是周知的事實。對於這樣熱衷於從中國吸取銀的斡脫來說，南宋領地的銀無疑也是充滿吸引力之物。」

明清利率以二分三分為多，一分五厘、一分甚至九厘、八厘等低利率也流行起來。顯著低於唐宋的四、五、六分的法定利率。但是，明代大城市中放高利貸的人很多。高利貸利率一般依然是一年收息一倍。明初巨富沈萬三就是有名的高利貸者。明中葉以後雖然不乏高利，隨著經濟的恢復和發展，利率重新出現下降之勢。永樂、宣德時期（一三九二—一四三五），在紹興、新昌，借穀、借銀加五、加六或取對合（即倍稱之息），至成化時期（一四六五—一四八七）以後，則加五、加三而已（即五分、三分）。貨幣借貸中三分或三分以下的利率非常普遍。尤其是質庫、當鋪利率下降明顯，弘治（一四八八—一五〇五）以後，典當一、二分之息成了一些地區最一般的利率。

清代利率的整體水準比明代又有所下降，大體保持在一個借貸者可以接受的低水準，其中有大量一分、一分半的利率。「穀典」及地主開設的穀押業務得到進一步發展，穀物借貸利率顯著低下。在商品經濟較發達的東南地區更是如此。清代，資本性借貸普遍存在於各地區、各行業，借貸關係成熟，形成了抵押借貸和信用借貸兩種類型。其中的抵押包括動產抵押，不動產抵押，甚至人身抵押，具有明顯的高利貸性質。至於「期買」和「預押」則是純粹的高利貸、或高利貸與商業資本結合形式。清代後期，二分之息就被視為重息，十分之息則是帶盤剝性質的利率了。光緒年間的樊增祥說：「月利十分，聞所未聞。」又說：「事在光緒十二年，迄今八載，現負二分重息，何得彼此均不籌還。」清朝名義利率的下降反映了當時實際利率的下降，說明中國長期存在的資本短缺情況趨於緩和。[227]

但是，即使十八世紀後期清朝的利息趨於緩和，商業利息仍然高於西歐國家，也高於日本，政府和少數非常可靠的商人可以收取一〇％，甚至一二％的年利。[228] 這樣的利率是否屬於高利貸，需要比較當時的通貨膨脹率。還要注意到，「在中國，沒收用作抵押品土地極為困難；如果借款人拖欠債務，債主可以讓他成為一個繳納地租的佃農，但很難把他從土地上趕走，或取消他可以在某一天歸還債務贖回土地的選擇權。從一般人的角度評判，這種（習俗）慣例代表了財產權的一個嚴重缺陷，無疑提高了出借人要求的利息率。」同時，對於大部分借款人，更願意在幾乎不會喪失他們對土地的全部權利的條件下冒險嘗試高利息率，而不喜歡利息率較低但對拖欠的處罰更為嚴格。[229] 但是，利息率的差異對宏觀經濟歷史的影響不可忽視。比較西北歐比較廉價的資本和更為複雜的資本市場對工業化的積極作用，中國比較高的利息率和較高資本成本很可能「對核心地區的農業或原始工業發展構成致命的差異。」[230]

在中國歷史上，正統儒家和史學家對於高利貸始終持批評態度。[231] 孟子說：「又稱貸而益之，使老稚轉乎溝壑。」[232] 司馬遷在《史記．貨殖列傳》中認為各行各業都應有兩成的利潤，放債利息應在兩成為合理。從兩漢到清的歷代政府都試圖控制高利貸，對利率上限有立法限制。明朝尤為嚴厲。《明會典》卷一六四《錢債》規定，「放債及典當財務每月取利不得過三分，年月雖多，不過一本一利。」不論借款時間長短，利息總額不得逾本金之半。[233] 清代繼續打擊高利貸，「違禁取利」政策。《大清律例》第一四九條，明確規範存借貸，借貸市場以及現行利率，每月取利不得超過百分之三，而利息總額不得超過本金。定義為年利率超過三六％。[234] 清代還禁止為了私債，強奪負債人的財產或妻妾子女，顯示了清代法典和官方有保護弱者的立場。從總量來看，清代中後期的有關債負案件，主要是一分、一分半的利率，高於五分不及前者的一半，反映出清代利率大體保持在一個借貸者可以接受的水準。清代進一步發展了明代興起的「穀典」及地主開設的抵押業務，使穀物的借貸率下降。[235]

但是歷朝限制高利貸的法律在民間從未得到真正執行，法律無法消除產生高利貸的基礎，官府要不斷對高利貸讓步。高利貸難以壓制，主要因為：一，市場利率的高低決定於資本的供需關係。

借貸資本借給與需求大體均衡，高利貸空間很小，甚至消失。在中國在傳統貨幣經濟下，對資本和貨幣的需求長期超過供給，是形成高利貸的深層原因。二，借貸需求具有剛性。三，沒有成熟的存款系統，社會貨幣不能得到有效使用。在沒有一個正式的信貸儲蓄機構的歷史條件下，高利貸不是好辦法，卻是調節資金供給與需求非均衡關係的一種方式。四，借貸要承擔較大風險。在多數情況下，貸款難以償還，必然尋求風險溢價。在那個時代，借款方無力償還，抵押的田產即為貸方接管的情形相當普遍。

關於中國歷代利率額，國外學者做過比較具體的研究：漢代，貸款的回報範圍率每年二〇—三三．三％；唐朝的私人利率在四八—七二％，政府利率在六〇—八四％；宋代的法定年利率為四九—六〇％；元代是三六％。事實上，這些法定上限還是沒有落實。發放給農民的政府種子貸款是中國儲備計畫中常見的組成部分，其利率高於貨幣貸款利率。它常常得到從播種到收割季節期間若干個月共五〇％的利率，相當於大約一〇〇—一五〇％的年利率。改革計畫有時可能將這些利率壓低。根據一〇六九年的「青苗法」，春季貸款給農民，秋季收取一〇—二〇％利息，相當於年息二〇—五〇％。從七世紀到十四世紀，私人借款契約與利率的下跌趨勢，見表。[236]

中國十四至十九世紀利率的下跌並不局限於「法定」利率，私人貸款利率也呈現相同趨勢。利率相對低落，少有應用消費信貸或大城市以外的

從七世紀到十四世紀私人貸款合約利率變動

世紀	私人貸款合約（年利率%）
7-10 世紀	72-120
12 世紀	50-70（有時達 100%）
13 世紀	36-60（有時達 120%）
14 世紀	36-60（有時達 100%，即「羊羔兒息」）

其他貸款紀錄。也就是說，現代商業信貸形式在華東的發展，與較低的利率有很深的關係。

總而言之，中國的利率史顯示了兩個基本特徵：高利率長期存在和歷朝歷代對高利率採取事實上放任自流的態度。在中國傳統貨幣經濟中，利率居高不下是貨幣供給低於需求的集中反映，是利率高度市場化的常態。但是，高利率意味著資本成本過高，導致民間社會追逐回報率高的投資方式，而短期借貸和土地投資就成為主要投資方式。由此也可以解釋為什麼土地交易頻繁，土地價格居高不下。如果進一步分析，不難發現，因為資本成本和土地價格高，即使勞動力便宜，也很難出現英國工業革命所需要的歷史前提。

中國利率史，從古代到近代，還存在借貸利息逐漸下降的趨勢。這種趨勢的形成是貨幣供給增加，商品經濟和市場發展的結果。隨著存款及高利貸資本放款中資本性、經營性放貸的增加，一些經營較為固定的高利貸機構（有些早期是貨幣經營機構）已經開始向銀行業轉化。[238]可惜因為西方現代銀行進入中國，直接創立中國現代銀行，這種轉化過程中斷。

明代到二十世紀「法定」利率走向[237]

年代	法定年利率（%）
1368 年	36
1644 年	36
17 世紀後期	18-36
18 世紀	10-36
19 世紀	24
20 世紀	20

土地、勞動力和產品的貨幣化

長期以來，中國經濟史的研究因為受馬克思經濟史觀的影響，誤以為市場經濟是現代資本主義所特有的，其實不然，「只要私有制度發生，經濟財貨的所有權分散在眾多的單元中，就會形成市場經濟。……從戰國時期開始，中國經濟已經是一個市場經濟」。或者說，中國的古代社會是農業社會，但卻是商品交易活躍的農業社會，將個體農民結合在一個龐大的經濟網路之中。「因此，這種情況完全不同於對古代中國農業社會的一般印象，後者認為它是由分散的、孤立的、自給自足的農戶構成的」。[239]而貿易和市場的存在，意味著貨幣經濟的存在。

市場、商人和商業

從一開始，商業經濟就是使用貨幣的經濟。[240]中國的市場經濟成熟得早。商與西周的商業活動活躍而發達。《易．繫辭傳》稱神農氏：「日中為市，制天下之民，聚天下之民，交易而退，各得其所。」[241]這裡的「日中為市」，說明市場的設置已經相當規則。據《周禮》的「司市」：「大市：日而市，百族為主；朝市：朝時而市，商賈為主；夕時而市，販夫販婦為主。」[242]可見市場交易相當規律，不僅商賈和小商販都各得其所。此外，根據《禮記．王制》，「廛市而不稅」，市場之外，還有貨棧。[243]西周的私有財產制度已經基本完備。「起碼從戰國開始，中國已經形成一個以私有產權及小生產單位為基礎的小單元經濟。」[244]春秋後期，新興自由工商業者階層已出現，而後地主制經濟崛起，並與民營手工業和私營商業構成一個相互關聯的穩定體系。

一般來說，中國古代市場經濟是個人、家庭、家族和宗室組織生產和交換的商業活動使然。

一，周朝的井田制以小農戶為基本生產單位。「中國的小農生產制度先天無法自給自足，所以食品交換與市場制度發展極早。」[245] 二，統治者推行社會分工的原則。三，幅員遼闊，各地需要物貨流通與交換。四，秦以後，使用共同語言，大體統一了度量衡和貨幣制度。五，明清之際，農村過剩人口增多，普遍從事副業生產。於是許多非農產物品的生產就更趨農村化、家庭化、零細化。商人收購這些產品，也要深入農村，從散佈各鄉村的眾多小農戶手中一點點收買。[246] 也有人認為，在中國古代，農業生產的勞動需求並不均勻，多餘的勞動力就去生產手工藝，所以農舍工業就使得精耕細作農業有配套，進而發生貨品集散，而集散必須要有市場網。鄉村市集與市鎮的交換網縱橫交錯遍佈各地，構成一個籠罩全國的巨大網路。[247]

中國傳統商業向來都是官營與私營並存，此消彼長。私商不僅沒有為官營所吞噬，反而始終處於主導地位，商業和商人資本具有獨立和先發優勢。私營商業和私人商人是推動中國國內市場發育和國際貿易擴展的主力。[248] 一般以為商人的社會地位低下，乃是誤解。秦漢至清，除了在漢武帝時期，出現過「抑商重農」的嚴厲舉動，歷朝歷代都沒有真正執行所謂抑商的傳統政令，商業活動並沒有受到長期和全方位的壓制。[249]

十六世紀以後，商品自由交換的市場體系更加充實，市場體系不再需要與官府朝廷有所聯帶。人民能買賣土地，靠提供勞動與勞動產品換取貨幣。明、清兩代，除了官方壟斷的企業外，政府並不影響商品的價值、契約的執行、度量衡的標準，商業交易的媒介。「政府在建立信用制度，開創商業保險，決定可接受的利率方面，甚至在回收流通的紙幣方面都未扮演重要的角色」。不干預商業組織規則、市場運行。[250] 帝制政府沒有做的，商人團體都做了。商業交易的技術，商業慣例的建立與執行，市場的整頓，商業參與的規範等，都在由地區性商人結社所提供的經濟基礎上進行。特別是在各地都有依靠以同地區同鄉為基礎的結社和商人團體，形成所謂的「地方—體系忠誠性」（local-system loyalities），以及鄉親、信賴與市場的互動關係，以維持全國龐大商業體系的經濟制度。[251]唐代商業網遠達全國各處，出現按照貨物種類劃分的商幫，如鹽商、茶商、米商、木材商、南北雜貨商。為了便利日趨發達的遠途販運，邸店與飛錢等服務性機構與制度隨之興起。宋、明以後，商人人數膨脹，社會影響力加強。宋朝交子之所以得以發行，歸功於成都十六家富商的推動。進入十五世紀下半葉至十六世紀，不晚於十七世紀上半葉，資本積累達到從未有的水準，貨幣經濟更加成熟，以同鄉關係結合成的龐大商幫興起，例如徽、晉、陝、閩、粵、寧波等商幫。中國的商業獲利者其組織之強大，是全世界所僅見，這些組織的自治幾乎不受任何控制。[252]商人行會階級劃分明確，規章制度公開，成員的商業行為受到規範。例如，銀號的行會對銀的「硬度」有明確的規定：銀兩的標準成分為千分之九百九十二的純銀加千分之八的合金，任何人不得以其他成分、比例鑄造。[253]但是，中國的行會與西歐的基爾特（Guild）制度區別很大，因為，中國行會不是完全自由形成，無法追求團體利益最大化。

城鎮是貨幣經濟和貨幣流通的中心。春秋戰國時期，思想學術開放，經濟開放，每個國家都是一個經濟實體。儘管各國之間在度量衡，貨幣體系上有差異，市場被分割，並沒有因此割裂和隔絕中國境內市場。南北各地，不乏名城大邑，經濟上互通有無。漢、唐的京城在人口數量、市區面積、商業規模、都達到了古代世界的頂峰。隋唐，城市出現了「行」的組織。唐宋以降，商品市場急劇擴張，城市的結構和特徵與近代城市比較基本相同，市場交易大體沒有時間限制，不局限於市區。從宋仁宗（一〇二三—一〇六三）起，工商業者可以在城區內外到處沿街開店設鋪，商業繁華，城市市場規模化，工商業城市勃然興盛，農村集市貿易遍佈不同區域。隨著商品經濟的發展，商路與市場擴大，商業資本得以壯大。明代，商業城市的分佈則奠定了近世中國、乃至現代中國的經濟格局。

在漢代，因為精耕農業與農舍手工業生產消費品的發展，必須有市場網為全國物資提供運輸的功能，人才與物資的流通周轉，使漢代的中國結合為一個龐大的複雜體系。[254]到了宋代，中國的農業主體已經從自給自足經濟轉型為交換經濟。自宋代以來，中國的經濟在工業化、商業化、貨幣化和城市化方面遠遠超過世界其他地方，經營結構趨於複雜，介入地區貿易的錢莊、票號和商會的成長，地方市場網路的密度增加。尤其鄉村工業透過日益細密的市場網路而得以協調，城鎮工業透過這個網路而獲得原料和顧客，並形成管理大批雇傭工人的新結構。[255]從十六世紀到十九世紀中葉，多層次的經濟網路逐漸成形。商賈收集農村生產的地方性產品，運入市鎮，再分散運銷於其他地方。包括農舍手工業的日用品的各地特產也經過同樣的網路，分銷到農戶。食品集散的經濟網路經由轉集大路、小路與鄉間小徑，編織為覆蓋全國的交通網。這是一個有自我調節彈性的經濟網路。[256]我們也可把傳統經濟的中國市場體系分為四個層次：地方小市場，城市市場，區域市場和突破區域範圍的大市場。[257]到十八世紀中期，嶺南的農業經濟體系已經高度商業化，農民生產的商品糧比差很大，而且也有更多的自由參與面向市場的手工業生產。這個時期，中國農民把商品投入市場的比例高於西歐農民，而且中國的財產權和土地買賣自由比西歐多。[258]此時，商品流動、勞力流動、資金流動和資訊流動已經出現跨區域的態勢，初步具備了形成全國市場的基本條件：一，貿易的政治和社區環境改善，內地極少貿易障礙，一套正式的（或者說標準的）度量衡制度已在全國普遍通用，貨幣制度「白銀化」，國家很少干預國內貿易，鼓勵糧食和其他一些商品的長途貿易。二，商人集團與商人資本的成長，創建跨地區商業網。例如徽商、晉商兩大商幫建立的商業網幾乎涵蓋全國。這時還出現了商業資本加速集中到大商人手中的趨勢。明代後期，大商人的資本通常是五十萬兩（銀）級的，最高為百萬兩水準。清代中期，大商人資本已達到百萬兩級，擁有資本數百萬兩已屬尋常，多者進入千萬兩。商路網路高度密集和交織，商品流通繁榮。商路擴展、商鋪數目增長又使新的城鎮、村鎮勃興。三，交通運輸發展，包括內河航運和沿海航運在內的巨大水運網覆蓋了中國的大多數經濟區。在水運里程增加的同時，航運能力也提高了。十九世紀初，中國形成了一個由十二條商業幹道組成的陸運網，不僅連接了各個內地省份和大多數主要城市，還將蒙古、新疆、西藏、青海等邊疆地區和內地連接了起來。四，遠途販運利潤高，行商業、批發商和收購商構成銷售鏈。五，地區專業化與勞動分工發展，形成三個不同發展水準的地帶：東部發達地帶、中部發展中地帶和西部不發達地帶。這三個地帶之間的關係頗類似二十世紀發達國家與發展中國家、不發達國家之間的關係。以這種地域分工為基礎，形成了一個以長江三角洲為核心、上述三個地帶為腹地的經濟整體，有如三個同心圓圍繞著核心，人口與財富集中的程度依次遞減。長江三角洲不僅是中國水運系統的中心，而且是貿易、工業、商業、金融乃至文化的中心。六，許多地區的農村出現商業化與工業化的趨勢。鴉片戰爭之後，傳統市場經濟逐漸陷入危機，不得不向現代市場經濟轉型。中國的全方位轉型愈來愈受制於西方社會與國際經濟環境的演變。

在中國，市場體系不僅屬於經濟範疇，而且也是重要的社會範疇，其功能還包括資訊傳播，文化繼承、社會控制。中國的鄉紳、士大夫力圖以控制市場來控制基層社會。所以，在傳統社會結構中，「除了行政體系之外，還包括不同層次的市場這一非行政體系」。[259]除了戰爭和動亂時期，各地城鎮市場和農村集市貿易從未停止擴展。[260]戰爭和動亂之後，由於文化的一致性，經濟市場網路很快復原。[261]

土地貨幣化

中國形成「早熟的高度發達的貨幣經濟和金屬貨幣流通」，是以私有制為基礎的。[263]產權私有化、自由市場和貨幣經濟互相促進，相得益彰。中國產權私有化傳統的集中反映就是土地私有制、土地貨幣化、土地自由買賣，這是中國形成地主制經濟的歷史前提。

中國地主制度不同於西歐封建領主制度：一，中國土地私有制度早熟，使得土地買賣成為可能。土地買賣就是地權買賣。土地價值透過貨幣價格實現，土地貨幣化，土地交易達到相當規模，形成地區性、連續的土地買賣，即形成土地市場。中國的傳統是「各地大多數的土地或多或少都可以自由轉讓」。[264]西歐的領主制土地，王侯按每人所處等級分封土地，實行嚴格的領主長子繼承制，等級所有制穩定。[265]所以，西歐農田

中國傳統經濟的商品生產主體結構與社會生產關係 [262]

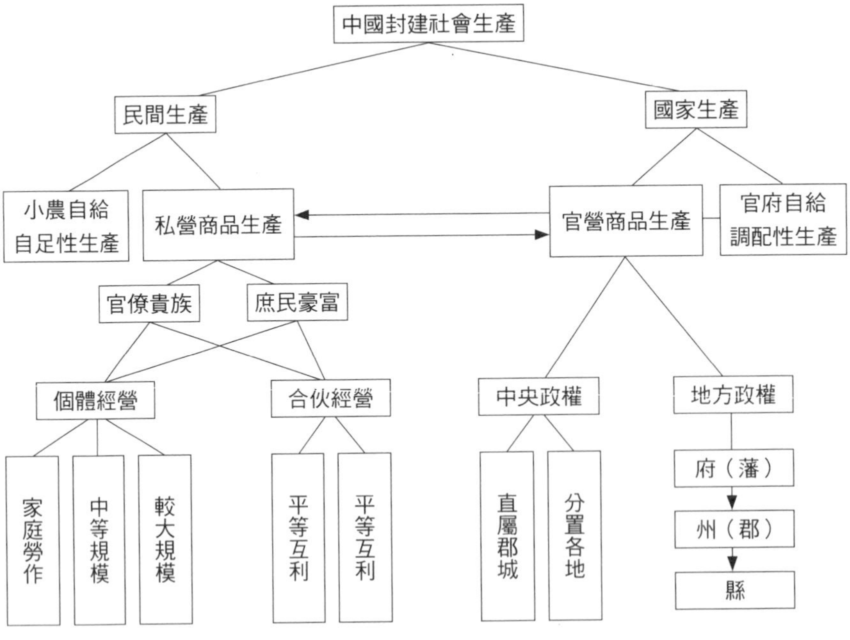

遠比中國的農田買賣困難。幾乎到了工業革命前後，在西歐才形成土地市場。儘管十七和十八世紀西歐一些地方確實存在真正自由的土地市場——荷蘭、倫巴第和瑞典——但僅英格蘭和西班牙限定繼承權的地產在西歐土地中所占的比例就比中國不能進入市場的土地比例大很多。[266]「甚至在十九世紀，英格蘭全部土地中仍有約五〇%由聚居的家族佔有，這使土地幾乎不可能被出售」。[267]二，在中國，土地可以買賣，地權不斷再分配，幾乎每個朝代都要經歷由地權分散，土地買賣兼併，地權趨向集中的過程。地主階層中不乏由農民晉升到中小庶民地主的成員；地主田園只是經濟實體，政治上受制於地方政權。在西歐，土地制度僵化，封建領主莊園是經濟實體和政治實體的統一。三，在中國，「由於土地產權經常變動，尊卑貴賤等級關係不是同土地產權連生的，租佃農雖由於佃種土地對地主發生人身依附關係，但對封建地權來說它是外加的，土地主權可脫離人身依附關係而獨立存在，就是說人身依附關係不是地權的固有屬性。」[268]西歐封建領主所占土地產權穩定不變，在封建領主範圍內的農民，也是世代相傳，具有強烈的人身隸屬關係，這種農民近乎農奴。四，在中國，地主制經濟既要向國家交納田稅，又可以收取地租。西歐領主制既沒有與國家清楚的田稅關係，也沒有與有轄農民的地租關係。五，地主制經濟在中國的運行，包括地主階層、自耕農、半自耕農和佃農的參與。自耕農和半自耕農是指既不佃種他人田地、又不出租田地給他人的農民。至於佃農，則是以租種地主田地而向地主交納高額地租的剩餘來維繫生計的農民。在西歐封建領主制經濟下，不存在自耕農和半自耕農。

在中國，「土地私有制一般定位西元前四世紀中葉，那時候晉國開始廢除所謂的井田制，並允許百姓買賣土地。在中國，這一經濟革命在一兩個世紀內完成，大地主開始出現。」[269]新型地主不僅不受制於領主，甚至與領主相對立。井田制破壞是土地私有化、土地自由買賣、土地「兼併」的歷史前提。秦孝公（前三八一年—前三三八）年間，商鞅變法，廢井田，開阡陌，政府正式認可私人的土地所有權。從此，土地私相授受、交換，或土地可以作為賠償他人損失的物品，土地私有化時代的來臨。公地私有化和土地買賣普遍化。一些貴族將其長期佔有的土地轉為私有土地，農民發生嚴重的貧富分化，庶民地主出現。至秦始皇「令黔首自實田」，中國土地私有制度至此確立。

自秦漢開始，土地買賣公開而合法。「土地私有制的產權，原則上應該包括自由使用權（出佃或自營），自由買賣及遺贈之權。不過有些朝代的法律對於上述產權之行使曾多少設有一些限制，……土地買賣或轉移時，雙方立有契券，以證明產權之轉讓與歸屬，這也是自漢以來即有之慣例。」[270] 漢文帝（西元前一八〇年—西元前一五七年）時，土地兼併開始盛行，漢武帝時已有相當發展。只是，西漢時期的土地市場比較小，土地買賣還沒有成為人民佔有土地的主要途徑。官僚貴族可以透過賜田和其他名義，如假、借、請、射等向國家申請公田，而不一定通過購買來獲得土地。因為王公貴族和豪強的土地佔有量失控，王莽建立新朝之後的第二年（初始元年，公元九年），立即推行中國歷史上第一次土地國有化，但是只維持了三年，就遭到廢除。

魏晉南北朝盛行以各種名義佔有公田，實行均田制時期仍有侵占公田的現象。西晉企圖透過實行的蔭客制度對貴族加以限制，但是，貴族仍舊可以通過蔭客佔有土地。北魏至唐實行均田制，國家向官吏和農民分配土地，實行限田，不許商人占田，土地買賣受到限制。

漢代到唐中葉是土地市場發展的初級階段。唐以前，均田制下的口分田，政府有權收回。土地是不完全的商品，唐代中期，均田制崩潰，土地國有制再也不占統治地位，代之以土地私有制。初步形成土地市場有三個條件：一，確立土地私有制。二，土地價格貨幣化。三，土地交易形成一定規模。土地買賣不再是稀疏現象。有些君主對市場活動不僅在心理上接受，而且加以實踐。西漢的成帝與東漢的靈帝，都私自到民間去置田買地。

宋代不立田制、不抑兼併，土地私有產權顯著成熟，土地成為比較完全意義的商品。土地買賣不受任何限制，不但地主買田，農民也買田；不但私田交易，公田也加入交易。作為不動產的土地，立即成為商品領域流通頻繁、最主要的大宗商品。「古田千年八百主，如今一年換一家。」[271]「只要買賣雙方將契約呈報官府，得到官府認可，向官府交納契稅和鈔旁定帖錢，官府在契約上用印變成紅契，土地所有權的轉移就合法地完成了。」[272]官府介入土地買賣，主要是因為取得契稅，保證賦稅收入不致因土地所有權轉移受到損失，或是為私人土地產權提供法律保證，減少糾紛，或是為了發生絕戶時，該戶所擁有的土地轉歸親屬或收歸國有。法律對於保護逃戶的土地所有權也有詳盡規定。[273]所以，「千年田，八百主」的諺語出現在宋代，反映了土地交易的頻繁、經常與日常。各朝代建立了各種形式的公有土地，雖然數量都遠不及私有土地，但都還能維持，此時則走向衰敗。此外，出現集體土地私有制，如學田義田等。

明、清兩代，官田數量在土地總數中的比例下降，民田比例上升，土地商品化和土地買賣基本自由化制度化，再無可能發生逆轉。土地買賣已經從明、清以前的外延式轉變為內涵式。更多的土地和不動產進入市場，成為商品，按照市場價格買賣，就是土地和不動產貨幣化水準提高過程。當更多的土地和不動產進入市場，成為商品，按照市場價格買賣交易，又反過來加深土地和不動產的貨幣化程度。政府對土地買賣的限制進一步寬鬆，「親鄰優先權」在法令上名存實亡。[274]根據明、清大量的土地買賣契約，土地和不動產交易案例不斷增加。賣主對貨幣的需求就是交易的前提，市場的地價彈性很大，在土地買賣中誰出的價格高，就賣給誰。土地市場是一個從買方市場到賣方市場轉化的過程，乾隆年間就已經過渡到賣方市場。此外，土地所有權與經營權的分離，使土地的經營權也成了商品，進入市場，土地開始在生產者之間流動，有利於土地資源優化配置。土地經營權主要有四種形式：一，押租制；二，佃農的佃權可以出賣或出典；三，田面權（包括經營權和部分所有權）的出賣；四，加押減租（主要發生在湖北、四川），實際上是分期付款的賣地。

中國土地市場的成熟，引發商業資金持續流向農村，等於增加了一批土地的需求者或購買者，這種需求的加大提高了賣方的講價能力。從貨幣經濟角度來看，地價上升，購置土地的貨幣需求擴張。此外，一些失去土地的農民可以到城市去小本經商，賺了錢之後再回鄉買地。土地始終是最重要的投資選擇，不論資金與人力經過多少迂迴，最後集中在農村土地。今天，雖然沒有足夠的歷史數據證明究竟土地交易在貨幣供給量中占多大的比重，從邏輯上說，土地對資本的需求是貨幣供給量中的一個重要組成部分。商人，商人地主是庶民地主的主體，也是土地買賣和兼併土地的主角。土地買賣繼續發展，導致了中小地主大量湧現。

在史籍中，關於土地和不動產價格的記載非常有限。中國的農田價格首先取決於農田數量的供需狀況。而供需關係與人口密切相關。每當開荒墾植，增加新的農田，農田價格都會降低。漢代，與其他生產要素相比，土地的價格相對低廉。是因為人口稀少，土地數量充裕。隨著人口增加，大量閒置可用之地減少，土地需求擴張，刺激土地市場發展，土地交易頻繁，土地價格上漲。從明末到清末不到三百年的時間，中國地價急劇上升。不同的是明代地價，因為存在邊際效益，價格過高，就會抑制買方，漲幅有限。清朝前期，主要是十八世紀上半葉，地價上漲加速，需求擴大是主要原因。清代中葉以後，銀價變動成為推動地價上升的新因素。土地價格形成機制發生演變。當然，地理條件、年成豐欠、賦稅輕重也都會影響地價。

根本而言，地價是由地租來決定。土地是農業生產和經營活動的基礎，土地本身不能無限供給和流通。土地價格決定於土地好壞（豐度）、位置以及投資報酬率。在商品經濟不發達的情況，土地的收益有時以實物的形式來衡量，反之，則以貨幣的形式來衡量。中國從戰國時代開始，地價就有差別，城市周圍的土地價格比一般的土地價格要高，因為它可以帶來更高的收益，這就是級差地租。明、清時期，種植棉花等經濟作物的土地地價較高，因為種植經濟作物的土地能獲得較高的貨幣收益。由於土地出產品的商品化比率不是很高，所以衡量土地收益主要還是看土地產品的實物形態，即在一般情況下，「地租決定地價」，地租收益率對地價起著決定作用。由於單位農田產量有限度，地價不可能無限提高。市場調配靠價格，價格有限度。關於地價和糧價（米價）的關係，受制於田地和米的不同性質：「田價與米價的相對運動仿似一對蝴蝶互逐留下的飛行軌跡，其中田價是一動的雄蝶，米價卻似若即若離的雌蝶。因為米價關係到田地的收益，田價追隨米價並不奇怪。關鍵的是，由於田地是資本品，它的價格漲落受通貨狀況的影響遠大於米價。」[275]

在傳統經濟下，農田價格與社會的安定程度極其相關。頻繁的戰亂和改朝換代，對地價影響很大。例如，清朝在順治年間的地價最低，其後逐漸上漲，至乾隆和嘉靖年間達到高峰，之後太平天國興起，田價再度下跌。值得注意的是，在這樣的背景下，米價呈現與田價相反的變動方向。「米價賤時總是國家承平日久，而米價貴時則在國家遭遇喪亂。」[276]

在土地商品化和貨幣化的歷史過程中，土地典押有重要功能。土地典押即土地如同其他有價值的物品，用以抵押與典當。自南北朝始，土地的典押不僅是合法之事，而且逐漸制度化了。「土地抵押是農民在借貸時將其土地私產提供作抵押品。債務人在借款後仍照樣耕其田地，無須繳出土地使用權。但是如果他無法依限清償其借款之本利，最終便要喪失土地所有權。典當則是借款時要把土地的使用權轉移給債權人，由其自由使用。債務人在清償債務以後可依約收回土地的所有權。不過，如果債務人未能依限清償債務贖回土地，便將喪失土地所有權。因此典當可視為臨時性的出賣土地，而以不同形式或條件為賣主保留贖回權，故往往又稱之為典賣或活賣。」[277]明、清土地「活賣」的方式更發達而靈活，有效期限大為延長。土地的典押涉及法律、金融信用制度，更重要的是反映了土地作為一種高價值商品在市場交易中的多樣化。

土地交易稅構成政府財政收入的主要來源。唐代實施「據地出稅」，宋代從法律上確認土地產權的標誌之一是納稅。[278]作為完整的商品交易，土地買賣要交納稅款。一種是按價徵稅，一種是按出賣土地數量多少徵稅。[279]所以，土地登記制度是政府稅收的依據。晉代以後開始實行土地所有權的登記制度和田產過戶制度。唐代建立了文牒制度，證明合法買賣的私產，包括土地。南宋創造的魚鱗圖冊制度沿用到清。魚鱗冊是土地登記制度，所有私產田地都要逐一登記，並取得編號。土地買賣交易都要先核對魚鱗冊上的登記，並更換新業主的姓名，產權轉移程式才完備。私人地契也需標明魚鱗冊上的編號。魚鱗冊制度為土地私有化提供了以政府為背景的法律保證，利於政府統計耕地的真實數字，是當時的「統計數位」管理方式。

凱恩斯在《就業，利息和貨幣通論》中，有一段很少有人引用的觀點：「人類經過了幾千年連續的儲蓄，資本的積累還是如此之少，原因何在?依我的看法，既不是因為人類節儉不夠，也不是因為戰爭的破壞，而是因為以前持有土地的流動性貼水太大，現在是因為持有貨幣的流動性貼水過高。」[280]這個看法解釋了關於在中國歷史社會財富和資本不斷積累，又不斷流失和消失的現象。每個朝代興起，先是重新分配土地，唐朝還試圖推行「均田制」，形成土地私有化新格局，從商賈、官僚到農民開始購田置宅，守產為要，土地買賣逐漸增加規模和頻率，土地價格上升，吸納愈來愈多的貨幣財富，土地高度兼併，大量農民喪失土地所有權，於是政治動盪和農民起義，原有土地所有者或死亡、或逃亡，土地荒蕪，其代表的財富隨之消失。然後，改朝換代，周而復始。土地既是貨幣財富的象徵，又是吞噬貨幣財富的「黑洞」。這是中國財富不斷積累和不斷消失的基本原因，以致工業革命所需的資本積累始終沒有完成。

需要提及的是，窖藏和隨葬也是中國歷史社會財富不斷流失和消失的重要原因。貨幣具有儲藏功能，故從正式貨幣產生之日起，人們就將之視為財富儲藏。自商周至明清，金屬貨幣窖藏的數量不可低估，以隨葬的形式對貨幣財富的存量和流量影響重大。

勞動力貨幣化

與西歐相較，中國雇傭勞動源遠流長，雇傭勞動發生時間很早。「中國歷史上一開始有私產制度，就有了大規模、活躍的勞工市場，這是極自然的現象。」[281]《左傳》記載春秋時期，雇傭勞動已經出現在各行各業。到了戰國，有關雇傭勞動的文獻記載很多，有秘書、帳房、採買、收債、刺客、農業等。主家除了供飲食之外，「還要支付現金工資。雇主與受雇者可以講價還價，勞動生產力之高低取決於工資。」[282]「市場上的工資水準也隨供需要變動而有升降。」[283]《韓非子．外儲篇》和《管子．後用篇》對此都有描寫。西漢私產制度完全合法化，國民經濟活躍，雇傭勞動人數顯著增加，勞工市場作用明顯。官府不但不限制勞動力市場，還以雇傭方式取得所需的人力和人才。受雇工人可以得到工資收入。例如官營紡織工業每個生產中心就有數千人，每年支出五千萬的工資。[284]

魏晉南北朝，「傭」字很少出現，代替的是「客」字，含義相同。這期間，還出現了一種新的雇傭方式，即「部曲制」，雇傭的勞動力既用於農業生產，也在戰時用於軍事目的。唐代中葉以來，雇傭勞動再度復興。例如唐代共有六百四十口鹽井，雇傭工人三萬人以上。[285]

雇傭勞動在宋代發展至新的高峰。「宋代都市中，工商業十分發達，各種專業的作坊材料主，規模不小，分工很細，早已超過家庭手工業的規模，而是依靠雇傭勞動的手工業工廠，產品行銷全國各地，區近知名。」[286]城市為近代雇傭關係的成長提供了沃土，城市中日趨普遍的雇傭關係必然會向農村地區遷延滲透。冶金、陶瓷、井鹽以至茶、桑、果、蔬菜行業中，普遍存在雇傭關係。雇傭關係又與工資、待遇不可分割。那時的鹽工，一不如意「則遞相扇誘，群黨嘩噪，算索工值，偃蹇求去」，此處的工值就是工資。[287]宋代形成固定的雇工市場，有的行業每天早晨雇主與結雇工人齊集特定的勞力市場，直接交談，進行雇傭。」[288]宋朝政府也是雇傭勞動的大雇主。

元代、明代上半葉，工商活動不如宋代，雇傭勞動市場萎縮。明中葉以後，隨著民營手工業的專業化和規模經營，雇傭經濟全面回升。農業領域出現了經營地主經濟和雇傭勞動。明朝中後期，江南地區農業勞動力開始向規模手工業轉移，勞動力市場相當發達，城鄉勞動力市場已經出現。清代前期，北到盛京，南到廣東都出現了地區性的勞動力市場，勞動力成為商品，勞動力市場價格初步形成，受市場供需關係支配，工資的高低決定應勞動力創造的價值多少，一般用計時工資制度，也有用計件工資制度。

歷朝雇傭勞動的總體數字很難蒐集，只能從某個朝代的某些行業加以觀察。可以肯定，從宋朝中期經明代至清代，雇傭工人數量全面增加。中國很早就有工資的觀念。《九章算術》就有關於雇工人數和日工資的計算題。[289]以明朝為例，「嘉靖三十年合工工錢每日是白銀三分，技術工匠每天大概可以拿到六七分，當時米價每公石值銀六錢，所以他們的工錢是可以買到大米一石五斗到三石多。萬曆年間，傭工的工錢每天自二十四、五文到三十文，每月可以買到一兩公石的大米；崇禎年間每天工錢可以拿到六十文，這時白銀一兩值八百萬到一千六百文，每月可少買到大米一公斤三四斗。」其收入與同時代的英日雇傭工人相當，英日工人每星期可以有六千金的收入，每月合得小數一公石二斗。290

中國勞動力的工資在清代趨於停滯，十九世紀之後甚至出現下降趨勢，與英國的差距急劇擴大。291 雇傭工人的工資水準和絕對額的變化直接影響貨幣需求。中國在雇傭勞動的現代化進程遲緩，主要原因是：一，中國人口相對於自然資源與生產力，數量充裕且增加得快，歷史上少有勞動力普遍缺乏的情況。戰國時期，秦軍一次坑殺趙國降卒達四十萬，這是古希臘、羅馬完全不可想像的，他們會設法將戰俘驅回國內作為奴隸之用。二，在傳統經濟的大部分時間中，勞動生產率並沒有完全停滯，剩餘勞動逐漸增多。因為剩餘勞動數額與人身佔有或依附關係強度成反比，剩餘勞動逐漸增多，有利於勞動者實現由人身被佔有到人身依附，進而到人身自由，支配自身勞動的自由度較高，對土地所有者的人身依賴關係弱化，個體家庭經營及其再生產能力增強。三，中國的物價長期基本穩定，沒有發生價格革命和工業革命，沒有工資和物價的互動關係，民眾的生活水準起伏不大。

生產產品貨幣化

在中國的傳統經濟中，各類物質生產部門產品的商品化時間早，且有相當高的商品率。雖然商業需要農業和手工業為基礎，但是，商業始終具有相對獨立性。即使在農業和手工業衰落的情況下，商業依然需要運行，市場不可以關閉，人類不可以離開交易。元代至明朝前期，儘管手工業生產出現停滯，商業還在不斷發展。

中國傳統社會的商品生產，幾乎包括那個時代生產和生活資料的所有部門。見圖：292

農產品。農產品關係國計民生，涉及產品繁多，包括糧食或穀物、家禽、家畜產品。許多自耕農在從事農業生產之餘，也進行一些小商品生產，或交換為貨幣，或換取必要的生活品。商品化的農產品向來是傳統市場經濟和貨幣經濟中的主要組成部分。中國在過去兩千餘年的傳統社會中，雖然人口總量不斷變化，或降或升，但是農民占總人口的比重曾長期維持九〇%以上，農民能出賣的農產品也長期穩定在一〇%左右。只是，秦漢至明清，農產品商品化有個發展變化的過程。農產品商品化滯後於土地商品化，到隋唐之後，速度加快，進入明、清，農產品商品化和土地商

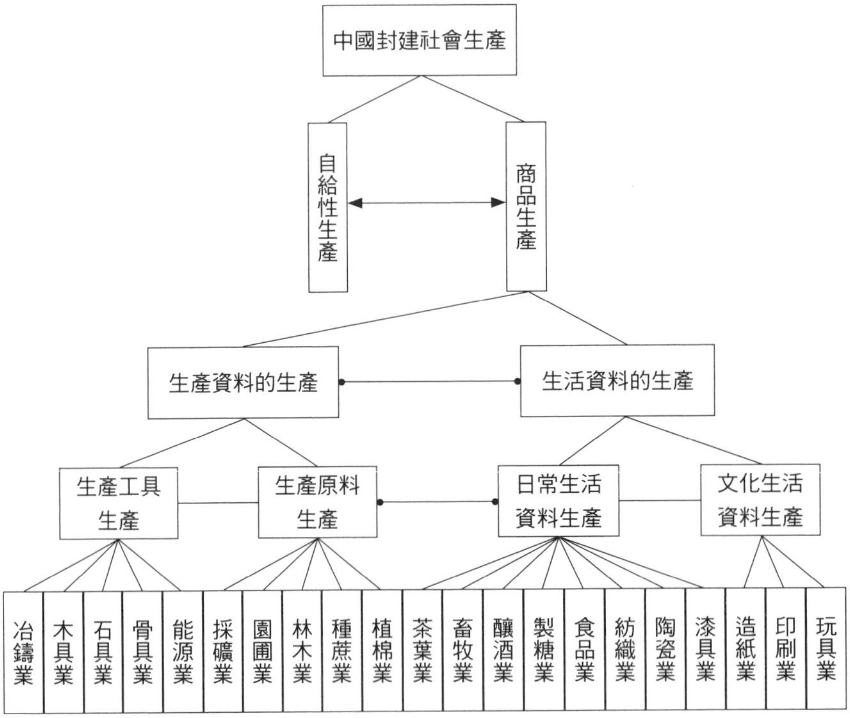

品化的深化趨於同步。

秦漢時期，地主階層出售多餘農產品，直接從事農產品與布帛的賤買貴賣交易。「大體上都是糧食收成時糴進糧食，青黃不接時糶糧；入夏時收布、帛、棉絮等，待入冬時出售以牟利。這說明整個秦漢時期地主與市場的關係非常密切。」[293] 漢代，農產品商品化已達相當程度。按《漢書》所引李悝的計算，當時一個「五口百畝之家」的標準小農在種植糧食而不是經濟作物的情況下，產品商品率達三〇%，而消費商品率達三六．四%。[294] 也就是說，中國在兩千多年前，標準小農在種糧食而不是經濟作物的情況下，三分之二都要進入市場流通領域。

三國時劉備就有過「販履織席」的經歷。對於一家一戶農民，所出賣的農產品固然有限，猶如滴水，匯入市場之後，可以成溪流，累積相當的數量。既使在隋末動盪年月，農產品的商品化也沒有完全中斷，受制於供需關係及貨幣幣值。

唐初，農產品供給富足，錢幣健全，糧食價格穩定。政府市價商品名目中有糧食、果品和食品類，穀麥、米麵是糧食類的重頭。在各地商鋪中，涉及大米的就有米行、白米行、大米行、粳米行。唐史已經相當詳細地記載米價的波動，反映了唐朝糧食商品化程度不僅很高，居民糧食有相當比例要依賴市場購買。

宋代的糧食市場更發達。農民每年種植大米，扣除口糧，餘米盡以貿易。糧食商品化是因為：一，大量的農業經營者為了交換，被迫或自願出售糧食；二，為市場生產的農民增多。

明代，農業經濟進入整體商品化，農業生產與市場聯繫普遍而深化，形成了江南長江三角洲為中心的商品化農業經濟的基地。同時還出現農業生產的集約化，以市場為生產目的經營式地主。萬曆十年（一五八二年）前後，番薯和玉米的引進與推廣，有效增加了糧食的供應，提供了明代農產品商業化的重要基礎。一六〇〇年的商業用糧占糧食總產量的一五%，約一四三億斤，價值六千兩百萬兩白銀。[295]

在十八世紀，中國大約有三千萬石糧食進入長距離流通，足以養活一千四百萬人。「農產品商品化的提高不僅表現在經濟作物的大量種植，還表現在農業生產有了一定的區域分工，既有經濟作物專業區，又有糧食主產區。」[296]除了糧食之外，商品化的農產品還有棉花、桑蠶、煙草、茶葉、甘蔗、藥材、水果、花草。農產品商品率提高，專業化深化，推動手工業和商業的發展，以及農業經濟與市場經濟一體化進程。十八紀中葉，嶺南農業體系商品化，與英國、美國和法國相比，「有很大比例的糧食進入市場，市場也運轉得更加有效。」[297]一八四〇年，中國商品糧約兩百四十六億斤，占總產量的一三．六%，價值三．八五億兩白銀。[298]由此可見，把中國傳統農業簡單理解為「男耕女織」、「自給自足」的小農經濟恐怕是片面而偏頗的。

農產品商品化和貨幣化的關係是互動的。一，農產品商品化提高，就是農產品貨幣化水準的提高，農產品商品率的絕對值構成了對貨幣的需求。二，貨幣購買力的變化，反過來又會影響農產品的價格。中國古代的物價數字已是很難蒐集，人民的貨幣對更不容易估定，明朝以後物價記錄漸多，尤其是最重要的米價，而且多以銀為標準。從十七世紀後半到十九世紀上半葉，白銀輸入增大，造成米價上升。[299]

十七至十九世紀白銀輸入和米價指數

期別	白銀輸入數（單位：兩）	米價指數
十七世紀後半	331, 467	100
十八世紀前半	12, 630, 767	117.1
十八世紀後半	33, 216, 724	198.9
十九世紀前半	24, 562, 130	246.0

鹽。民以食為天，而食不可無鹽。在中國，鹽的重要地位從未發生動搖。鹽是中國商業史中最早的大宗商品。《鹽的世界史》對中國鹽史有詳盡的描述：鹽始於黃帝，西元前六〇〇〇年已經從陝西的湖中提取。關於製鹽的文字記載則始於西元前八〇〇年。它解釋為什麼鐵的發明和使用對鹽的開發關係重大。特別說明了李冰、都江堰和鹽的開發史的聯繫。是李冰發現了天然的鹽水，在西元二五二年命令開掘了世界上第一口鹽水井，達三百英尺深。之後，特別是十七、十八世紀以後，四川自貢成為生產鹽的重要基地。[300]鹽的篆字是「鹽」，下面是器皿，左上是「臣」（政府官員），右上則是鹽井生產，概括了中國古代鹽業的基本特徵。因為：一，鹽利是財政重要來源，歷代政府高度重視。二，食鹽是民眾生活必需品，鹽價的穩定關係重大，漢代到清末，歷朝沿襲著食鹽專賣制度，實施食鹽官營。進入二十一世紀的中國，還是繼續實行食鹽專賣制度。食鹽專賣制度和官營，並沒有改變食鹽的商品性質。鹽價最終還是受制於市場機制，以及與其他商品的比價。由於鹽與民生、財政休戚相關，價格波動似乎比其他商品小。

秦代，私人可以經營鹽鐵，只要向政府納稅。漢武帝基於財政困難，實行鹽鐵專賣。漢昭帝始元六年（前八一）朝廷召開著名的「鹽鐵會議」，鹽鐵官營受到批評。但是這一政策並未改變。魏晉南北朝無法徹底壟斷鹽業。唐代比較特殊，前一百年沿承隋制，對鹽商大體採取自由放任政策，不僅未實行鹽業的專賣制度，基本上也不向鹽商徵稅。唐朝天寶、至德（七四二—七五八）年間，鹽每斗十錢，算是便宜。[301]不到三十年，到了建中三年（七八二），「鹽每斗價皆增百錢。」[302]安史之亂後，回歸食鹽專賣制度，唐後期則實行鹽業的「官商分利」體制。宋代鹽業專賣，在各類專賣收入中居於首位。在明代，從政府每年的財政總收入來看，鹽課僅次於田賦，所以從皇帝到戶部都十分重視官鹽生產。政府強化對鹽業的控制範圍包括從燃料、資源、勞動力到銷售。《大明律》

對販私鹽者懲治嚴峻。但是，實際上官府對鹽商採取禁而不止、姑息包容的政策，以中飽私囊。到了萬曆末年，主持兩淮鹽業公然實行商人專賣制。當時鹽商以徽州人最多，他們以長途販運為主，財力雄厚，利潤極高。「據宋應星對萬曆年間僑居揚州的徽州鹽商貿易的精確估計，其利潤率約在百分之三十左右，即資本總額達三千萬兩，年利九百萬，比國庫的全部稅收還要超出一倍之多。」303

清朝中期以前，政府還能有效實行鹽業專賣。清朝後期，鹽業急劇私有化，官方設店銷售無法滿足人民實際生活需要，最終還是要透過市場的零售管道供給百姓，私人商販介入鹽業自然不可避免。鴉片戰爭前，中國的鹽產量保守估計約為三二．二億斤，其中官鹽二四．二億斤，私鹽十億斤，價值銀五八五二．九萬兩。304私鹽至少佔三分之一。

絲、絲織品和棉布

絲和絲織品向來是生活中的重要商品。絲織品為高檔衣料，平民百姓的衣著主要是麻、葛等。絲織品的商品化起源於春秋戰國時期。桑蠶業繼續發展，成為中原地區農民家庭的主要副業。那時，華北平原地區絲織業最為發達。秦漢時期，個體農民作為家庭副業生產的絲織品，絕大部分進入市場。至於紡織專業戶與紡織作坊生產的紡織品，就是作為商品生產的。自然絕大多數供給市場。魏晉南北朝時期，紡織業擴展，桑蠶絲織業繼續發展，麻布成為主要紡織業產品，棉織業開始發達，毛織業也在北方形成規模。隋唐五代，南方紡織後來居上，開啟南方紡織佔據優勢的新時期。宋朝（尤其是南宋），絲織品的生產和銷售已相當繁盛。明朝中葉，以民營主導絲織業生產快速發展，產量大幅增長，在兩京和江南都形成了絲織巨鎮，品種豐富，價格也因勞動生產率提高而下降，交易額大增，絲織產品源源流向全國各地，直至僻遠之鄉。棉織業從西域向中國內地擴展，改變了中國人的衣飾結構。明代中後期，棉花和手工業品的棉布成為又一大宗運銷的商品。這一行業的顯著特徵是「北棉南運，南布北銷」。

如何解釋明朝中晚期的絲織業和棉織業高速發展，一直是中外學者探討的課題。一些中國歷史學者的解釋是：因為資本主義手工業作坊的出現，可以剝削勞動者的剩餘價值（獲利五分之一），不斷擴大再生產，增置織機，最後由小商品生產者逐漸上升為資本主義作坊主，或者就是資本家。[305]更多學者相信，中國的社會分工和商品交換始終沒有停滯，明朝中葉以後，中國的市場經濟相當成熟，紡織產業產品則是交易額最大的商品。松江地區因此成為紡織業的中心，「松江棉布，衣被天下」。[306]

清代中期，紡織業是國民經濟的支柱行業。中國學者在推算江南地區棉布產量上不盡相同。有的學者認為蘇松地區年產四千五百萬匹，進入長距離運銷的有四千萬匹；也有學者加上蘇松以外的江南地區，推算江南的年產棉布可達七千八百萬匹，進入市場的商品量在七千萬匹左右；有的學者推算清代中期（一八五〇年前），江南棉布年產量大約是一億匹，年輸出量為四千萬匹。[307]如果加上其他地區的棉布產，可以推算中國每年生產約幾億匹棉布。如果中國棉布產量的百分之五十左右在市場出售的話，當時棉紡業商品化規模極為可觀。此時，中國的「土布」出口也具有一定規模：「在十九世紀前三十年從廣州運出的土布，最多的一年（一八一九）曾經達到三百三十萬匹，價值一百多萬元；長期以來，幾乎每年平均在一百萬匹以上。」[308]所以，以單項產品的市場而論，明清時期的棉布市場可說是舉世無匹。[309]

當時中國還沒有建立紡織棉布的手工工場，棉布大體都由農戶以農村副業的方式生產出來。商業資本以「帳房」（即包買商）的形式逐漸滲透、控制棉紡織業。清前期，帳房在生產中取得支配地位；到了清後期，帳房控制了主要的生產和經營環節。「帳房」於是具備了產業資本的性質。[310]

茶。在中國兩千餘年的市場經濟中，茶不僅是主要商品，而且具有獨特的地位。茶來自中國的西南深山，所流傳之處，皆受歡迎。茶循著「茶馬古道」傳入西部邊陲，成為中央政權與少數民族政權之間的紐帶。茶的普及不僅關乎風俗之變，還牽涉到民族關係和國家安危，這也是中國歷史上特有的現象。中唐以後，中原和處於西部邊陲的遊牧民族，一度形成茶馬互市，甚至有過「以茶治邊」的時期。宋朝曾試圖中斷茶葉供給，迫使與之作戰的昌夏國王元昊（一〇〇三—一〇四八）投降而未果。

唐代開始，茶不僅是生活必需品，且飲茶日益盛行。《舊唐書》記載，當時民眾以「茶為食物，無異米鹽，於人所資，遠近同俗。既祛竭乏，難舍斯須，田閭之間，嗜好尤切。」歷朝統治者看到徵收茶稅可以構成重要的財政稅收，就制定了茶法，對茶葉貿易採取收稅和專賣制度，禁止民間自由買賣和享用茶葉。宋、元、明，茶禁很嚴。明朝《大明律》中專門有《茶法條例》，規定「凡販私茶者同私鹽法治罪」、「私茶出境與關隘失察者並淩遲處死」。明、清時期，朝廷設置專門的茶政管理部門。

法律條文與茶商的實際作用以及茶的交易方式大相逕庭。政府的管制無法消除茶的商品特質，茶的專賣制度跟鹽一樣難以為繼，終究要依靠私商，依靠市場的零售系統。清朝中葉，官府不得不廢除對茶的專賣制度。茶商的社會地位看似低下，在經濟上茶商和鹽商一樣，可以獲得高額利潤。一八四〇年，茶的產值約為三千兩百萬兩，是絲產值的二．五倍。[311]十八世紀到十九世紀中葉，中國國際貿易的巨大順差主要來自茶的出口。茶是鴉片戰爭和美國獨立戰爭的重要成因，但是到今天，充分理解、重視茶的中國歷史學者、經濟史專家並不多。

鐵。鐵礦石的分佈相當廣泛。人類發現鐵、冶鐵和使用鐵器比發現銅、冶銅和使用銅器要遲，這是因為自然界中幾乎沒有天然純鐵。鐵容易氧化生銹，冶鐵和鑄造鐵器的技術，又比冶銅和鑄造銅器更難。春秋時期發明了生鐵冶鑄技術，冶鐵技術迅速發展，鐵器工具迅速普及。到了秦漢，冶鐵業已經成為規模較大的手工部門，分佈地區相當廣泛。此時鐵是兵器的主要原料，是生產工具的原材料，也是「鐵錢」的幣材，從漢到宋，鐵錢已經多次出現在貨幣舞臺上。因為鐵是關係國計民生的戰略資源，所以官府重視、控制和經營鐵器冶鐵業。

但是，官府絕無可能壟斷冶鐵業，杜絕民間經營鐵業開採、生產和銷售。礦產資源和冶煉製品勢必成為市場交易的重要的商品，否則無法加快鐵器鋤耕普及。在春秋戰國時期，不乏因冶煉鐵器而富甲天下的人。[312] 漢代，「販賣鐵器的為當時贏利最多的手工業部門之一，因此冶鐵商很多。……當時鐵製生產工具和生活用品在邊疆少數民族地區流行，而且行銷到中亞、羅馬和歐洲地區。」[313]

一般觀念受《鹽鐵論》影響，以為自西漢以降，中央政府對鹽業和製鐵業實行統制，專營專賣。其實不然。西漢初年沿襲秦制，國家對製鐵業實行聽任政策。後來實現國家壟斷，導致鐵器價格高，鑄造品質低劣，購買不便。東漢章帝駕崩（八九）時，遺詔廢除鹽鐵官營，和帝（八九—一〇六）即位，鹽鐵官營終於正式廢除。其實，這是中國經濟史上的一件大事，在冶鐵業上歷時多年的市場與政府，私人經濟與國有經濟博弈，以政府和國有經濟的全面退出告終。此後，終東漢之世，一直實施允許私人生產銷售鐵和鐵製品，國家徵收稅金。漢以後少有關於對鐵製商品壟斷的記載。但是，西漢對於鹽鐵業實施國有化，對中國後來影響深遠。

宋代的冶鐵業和工具製造業已經發展成重要產業，產量迅速上升。鐵具有天然的高商品率。一九六〇年代，一位美國學者以宋代的武器製作、鐵器鑄造和農具使用等方面的消耗為據，估計宋神宗元年（一〇七八），人均產鐵一．六七公斤，鐵產量為七萬五千噸到十五萬噸之間，[314] 這是一七四〇年英國產業革命時的二．五到五倍，同時還可與十八世紀歐洲（包括俄國歐洲部分）諸國十四萬噸到十八萬噸相比。這還沒充分考量農業上的需鐵量。當時，「如果每戶用鐵每年平均十斤，包日農戶所需即達一億四千萬斤，即七萬噸了」，這樣，「把宋代鐵產量提到十五萬噸上下，或許更能接近實際情況。」[315]水漲船高「宋代鐵產量的快速增長，必然導致鐵增多。宋代鐵的產量，相比較於唐代，至少增長了二至三倍。」[316]官方對原鐵的管理辦法與對銅鉛錫有較大差異，在多數情況下，官方鐵礦產品沒有採取購統銷的「禁榷法」。

明初實行鐵礦官營，但實際上民間鐵礦開採從未完全禁止，光是廣東一省的民營的鐵產量就達到兩千餘萬斤。明政府承認了現實，任由礦冶業民營化和私有化。洪武二十八年（一三九五），民間礦業開採合法化，官府只是按比例抽收鐵課，到萬曆九年（一五八一年），官營鐵冶最終結束。新的體制刺激了鐵產量逐漸增加。永樂初年（一四〇三），鐵產量達九千七百噸，其時俄羅斯產量在歐洲最高，不過兩千四百噸。製鐵廠可擁有六、七個冶鐵爐，需要雇用上千名工人。到嘉靖年間（一五二二—一五六六），光是廣東一省的鐵產量就達到兩千餘萬斤，[317]一度供過於求，刺激鐵製品市場的發展。

清初，官府對於鐵礦業時禁時開。乾隆八年（一七四三），鐵礦業向民間全面開放，在冶鐵業產量和地域方面都超過明朝。「關於清代的鐵產量沒有確切記載。有研究估計為年產鐵四千—五千萬斤。這一數字中沒有充分估計到湖南、山西、雲南、安徽等產區產量，實際的鐵產量應當更高。」[318]冶鐵業的勃興，鐵製品——特別是由鐵製的生產工具——必然創造出巨大的貨幣需求，刺激貨幣供給量的加大。

煤。中國古代什麼時候開採地下煤的？沒有定論。明代學者顧炎武（一六一三—一六八二）考證過這個問題，他認為採掘地下煤是從兩漢開始的。學者估計，煤在礦業中是僅次於鹽的第二大行業，占礦業總產值的二七%。一八〇〇年左右，中國煤產量超過兩百億斤，若按煤價每斤折銀二厘五毫計，產值約在五千萬兩。[319]

宋代，煤炭任人採掘，朝廷不加干預，因而在煤炭產區亦不設置管理採掘煤炭的機構。[320]煤的開採有了飛躍，大批的煤炭轉化為商品，而對煤炭是要徵收商稅的。煤炭可以作為家庭燃料，還可以用於冶鐵業，在宋代的北方已經逐漸取代木炭，成為一項重要的能源了。[321]煤炭價格記載不多。宋哲宗年間（一〇九四—一〇九八），用於取暖的煤炭在京師是一秤（十五斤）六十文。[322]明、清兩代，煤礦的開採和廣泛應用於冶鍛、燒造等生產部門，而且深入百姓的日常生活。民營的煤礦開採已是主體，這個趨勢一直延續到十九世紀中葉大型和近現代煤炭企業的出現。煤作為宋以後的能源，雖然在能源中的比重很低，還是能影響當時的貨幣經濟。

其他商品。包括陶瓷、農具及其生產工具，交通工具、建材、酒、糖、煙等，無須詳加敘述了。

貨幣供給長期不足

在中國超過兩千年的貨幣史中，「錢荒」不斷。所謂「錢荒」主要是指相對於貨幣需求，作為主要貨幣形態的銅錢供給不足。在中國歷史上，從漢代開始，直到清朝中後期，多數朝代都發生過程度不同的「錢荒」。所以，「錢荒」是中國傳統貨幣經濟時代的一種常態。

歷朝受制於「錢荒」

西漢，鑄錢的數額史無前例。在漢武帝至漢平帝的一百二十年間，前後一百二十餘年，每年平均的鑄錢規模大約是二—三億枚。如果按照宋代每千錢為一貫折算，則平均每年鑄錢二十萬—三十萬貫。[323]儘管如此，到了西漢末年，貨幣供給顯然無法適應經濟增長，所以，發生了王莽的所謂「幣制改革」，實行黃金國有政策，黃金和銀成了法定貨幣的一部分。其間，利息暴漲。在《王莽傳》中，未區分賒和貸，將賒貸利息定為月息三分，年息則為三六%，比《食貨志（下）》所記要高得多。[324]東漢期間，貨幣經濟——主要是錢幣流通範圍——無法適應實體經濟發展，形成了銅錢和穀帛長期雜用的局面。

唐朝創立了對中國貨幣經濟體系影響深遠「開元通寶」鑄造制度。但始終唐之世，歷年課銅多不過六十五萬斤，一直面臨銅錢資源短缺，盛唐時歲鑄銅錢最多時才達三十二、三十三萬貫，受困於為流通手段不足。[325]所以，唐朝只得沿用南北朝以來的「錢帛兼用」的貨幣制度。唐武宗時期（八四一—八四六），發生「會昌法難」，即「會昌滅佛」，直接原因之一是唐政府為支持進行平藩伐叛戰爭，更深刻的原因是為了打擊過份膨脹的佛教寺院經濟，收穫大量財物、土地和納稅戶，增加國庫收入。特別是從寺院收繳的銅、鐵，增加鑄錢的原料，緩解「錢荒」。「武宗會昌五年（八四五），並省全國佛寺，拆寺四千六百餘所，拆招提、蘭若四萬餘所。當時用廢寺的銅像、鐘等鑄造開元通寶，俗稱『會昌開元』。先由揚州節度使李紳在所鑄錢的背面加一『昌』字代表年號，進呈朝廷。朝廷下令，各州鑄錢都鑄一字代表鑄地，計有京、洛、益、梓等二十多種。會昌六年二月下令自十月起只用新錢。」[326]唐代中後期以及五代，禁止銅錢外流、銷毀、儲藏，都是針對當時「錢荒」的舉措。

宋代初期，商品經濟發展和絹帛貨幣產量急劇衰退，「錢荒」問題的嚴重局面超過唐朝。政府的對策是大力開拓銅資源和鑄造銅錢。北宋時，「一般年份，歲鑄銅錢額都超過一百萬貫，鐵錢額超過五十萬貫。南宋時大幅減少，但一般歲鑄銅錢仍有十五萬貫，鐵錢仍有四十萬貫。「年鑄造量最高時，曾達銅錢五百萬貫，鐵錢九十萬貫，這是中國歷史上的最高峰。」[327]北宋自鑄錢幣，連同前朝舊幣，「全部貨幣流通量當在二億五六千萬貫」。[328]換算成重量大約是十三億斤，六十五萬噸。如果加上約一億貫鐵錢，總重也有億斤，數十萬噸。以當時有一千萬戶計，平均每戶可支配近三十貫。總之，宋代是中國歷史上鑄造銅、鐵幣最多的歷史時期，任何朝代不能與之相比。但是，偏偏是宋朝，卻一而再、再而三地發生「錢荒」，錢幣短缺和錢幣不敷使用，影響商業活動和民眾生活，政府不得不實行了「銅禁」，「錢禁」等極端措施。

元初，白銀用於與西亞貿易，銅錢嚴重短缺。針對傳統的「錢荒」，元政府繼承並完善了南宋和金朝的紙幣經濟傳統，建立了以「中統鈔」為中心貨幣的貨幣體系。

明初禁止金銀，甚至銅錢的使用和流通，一步建立了沒有貴金屬儲備支持的和不可兌現的紙幣體系。官府很清楚，經過元代，民間的金屬貨幣資源幾近枯竭，如果依靠金屬貨幣，無法逃脫「錢荒」的陷阱。明中葉之後，紙幣貶值，銅錢短缺。明朝為了緩和貨幣供給不足，又不可進一步濫發業已貶值的紙幣，只得接受白銀貨幣的流通。形成了紙幣和白銀貨幣共存的「過渡時期」。十五世紀上半葉，白銀貨幣化已是既定事實。萬曆（一五四七—一五七五）初年，「中國苦於銅錢不足」，政府也無力支付發行銅錢的經費。銀作為一種貴金屬稱謂貨幣，價值高，是緩和當時「錢荒」的唯一出路。但是，白銀貨幣化導致白銀供需失衡，加之紙幣的信用幾乎蕩然無存，在日本和南美白銀輸入中國之前，唯有訴諸銅錢彌補部分不足。因為銅錢鑄造需求增大，銅價隨之上漲。此時，銅已經高度商品化和貨幣化，它可以體現為銅器和銅錢，其價值既可以體現在國內市場，也可以體現在國際市場。銅的價格透過銀價表現，其比價又取決於市場。「由洪武元年的一比三百二十，變成永樂年間的一比一百一十二」。[329]這是銅貨幣化程度進一步的提高，根本原因還是供需失衡，中國當時產銅有限，而銅的市場需求供給提升有限。除了銅本身的價格上漲之外，「制錢對白銀的價格點很高的。」[330]從宏觀經濟的角度，明朝的貨幣供給，包括白銀和銅錢，銅的總價上升，意味著貨幣供給加大。直到明末，朝廷始終未能扭轉制錢供給嚴重不足的局面，整個貨幣體系倚重白銀貨幣，一旦白銀的供給發生問題，「銀貴錢賤」嚴重，出現通貨緊縮和通貨膨脹並存，極為危險。成也白銀，敗也白銀，明朝覆滅的主要根源在此。

與前朝比較，清朝「錢荒」不甚嚴重，貨幣供給與貨幣需求矛盾緩和。清朝前半葉幾乎不存在制錢危機。只是在順治年間（一六四四—一六六二），官府違背市場規律，沒有提高銅對白銀的比價，「值銅錢的買價超過比價，毀錢為銅，獲利幾倍」，出現短暫「錢荒」。[331]直到十九世紀中葉，再也沒有出現「錢荒」或「銀荒」。鴉片戰爭前後，「銀貴錢賤」，這是白銀外流之後的短期現象。後來的白銀存量穩定增加，銀銅比價波動基本合理。但是，自十九世紀中葉以降，至少發生了三次比較嚴重的「錢荒」：第一次是一八五〇年代至一八六〇年代中期，其間因為太平天國起事，軍事開支暴增，引發財政危機，貨幣供給嚴重不足，咸豐朝（一八五〇—一八六一）一度「形鈔」和「鑄大錢」。一八五六年至一八六六年間，為了解決幣材不足，中國從海外（主要從日本）進口大量銅錢。據海關統計，一八六六年進口的錢文計七十六萬多串（七六五，二五九串），值銀六十餘萬兩之多。[332]第二次是一八八〇年代至一八九〇年代。滇銅生產衰落，制錢供給不足。加上一八九〇年代，國際銀價持續下落，推動（以銀價計算）銅價上漲，使得國內錢荒嚴重。第三次是從一八九四年至一九〇三年，主要表現為銅鐵原料昂貴，私販私銷漫延全國。之後，因為銅錢迅速退出歷史舞台，再無「錢荒」。

錢荒和制錢的供需不平衡，刺激私鑄來填補供應缺口，導致劣錢充斥，錢法敗壞，加速從流通領域剔除分量較重和較為完好的銅錢，嚴重妨礙貨幣制度的正常運行。當然，「錢荒」還可以逼迫民間不得不自發、自主地創造、引進新形式的貨幣。對民間的變革，官府基本上採取「聽從民便」的不干預政策，這個政策在鴉片戰爭之前便已確定。

關於「錢荒」的解釋

貨幣供給量自西漢以降呈擴張趨勢。這些數字不是很精確，西漢沒把黃金計算在內，明清兩代卻把白銀計算在內。另外，西漢的黃金同明清的白銀性質不同，明末的白銀同清末的白銀衡量的方法也不完全一樣。明末用銀是憑重量，清末則用銀鑄幣，明末的各種數字應當還要打個折扣，才能同清末和前代比較。同樣是銅錢，流通速度也不會相同。可以肯定，中國貨幣供給是逐漸增長的。但是，各個朝代卻沒有因為貨幣供給增加而真正擺脫貨幣供給不足或錢荒的壓力。漢、唐如此，宋、明也是如此。清朝略為特殊，錢荒次數少，程度不甚嚴重。

歷代錢荒的根本原因是：中國的農業、手工業的進步、商業成熟，特別是土地交易量的增大，對貨幣需求擴張；而貨幣供給，主要是銅幣

西漢至清末貨幣數量擴張趨勢

朝代	貨幣數量（貫）	每人攤得數（文）	折合大米（公石）
西漢　末年	35, 000, 000	587	0.90
唐開　寶間	42, 600, 000	720	2.14
宋熙　豐間	190, 000, 000	2, 436	2.44
明　末	200, 000, 000	3, 333	2.87
清　末	2, 097, 031, 508	7, 326	1.33

不足。宋代十分典型，市場開放，商業和國際貿易繁榮，貨幣需求高速增長，貨幣供給滯後。造成中國歷史「錢荒」的原因，至少包括：

和銷。中國銅錢幣材的市場價格常常是超過其面額。錢荒導致「銅貴錢賤」，幣材價值比朝廷決定的面額高，銷熔銅錢製造銅器，可以得到五倍、十倍的豐厚利潤。民間追逐利益，鎔化幣材，鑄造銅器。南宋幾乎各主要城市，包括行都臨安在內的市場上都銷售經過熔化幣材製造的銅器。

儲藏。首先是政府儲藏：在十一世紀，現錢的移動要耗費大量的成本，以授權證明書之類的東西支付便成為必然的趨勢。為了使轉賬成為可能，宋朝構築巨大的銅錢庫存，分散於各地政府機構。尤其紙製通貨的流通，必須要有相應的銅錢庫存作為支持。問題是，紙製通貨一旦被接受，很快就沒有必要受耗費成本的銅錢鑄造所束縛，銅錢便被代替。還有民間儲藏：歷朝歷代，金屬貨幣儲藏於豪族家室以及百姓家中。[333]唐宋兩朝立法限制私家藏錢。

鑄造和回籠成本。明朝萬曆年間，「鑄造銅錢五元要耗銀一分的成本，銀一分按當時的比價相當於銅錢七文，也就是說，每鑄五文必須分擔二文赤字費用。」[334]零細面額貨幣一旦發行出去，回收成本高，回收極其困難。銅錢愈是大量散佈，地域流動性大，區域經濟對銅錢的依存度愈高，回籠就變得更加困難。

外流。對外貿易規模擴展，導致銅錢通過陸路和海路外流。唐代，日本主要依賴中國銅錢作為主要的支付手段。宋代，透過宋船帶給日本的大量銅錢，支撐日本平氏政權，成為促使日本社會改變的主要原因。[335]在日本出土的錢幣中，中世前期約有八八%，後期約有六七%是宋錢。宋代，銅錢還外流至東南亞地區，甚至東非地區。宋朝政府已經明白：錢幣與四夷共用而致錢荒。宋代與周邊各少數民族的貿易包括與契丹、黨項西夏、女真金國，以及與西北西南諸族的貿易則以銀為主要媒介。銅錢在宋朝境內購買力低下，到了境外——特別是海外——購買力大大提高。[336]換一個更宏觀的視角，中古時代的中國已經納入亞洲的經濟網路，在中亞—東亞長程貿易居於商品的供應者地位，而在海運方面的國際經濟，中國貨幣更是國際貨幣。[337]「從十三世紀也就是南宋時代起，福建商人的海外貿易活動活躍起來，可以看到以錢為共同特徵，以閩南為基點向東北，從江南向西到日本，南面從交趾支那直到馬六甲、爪哇的經濟空間形成了。如果長期來看，這種情況從九世紀後半葉一直持續到十七世紀末。[338]中國銅幣的外流造就了一個東亞的方孔錢體系，或者一個以銅錢為主體的貨幣經濟共同體。

稅收制度。宋朝稅收中錢幣所占比例不斷增大。官府規定納稅不能用金、銀，也不能全用紙幣，一般是銅錢、紙幣各半，有時則全要銅幣，拒收紙幣。所以，在日常商業交換時，不少東西都能代替銅鐵幣，納稅唯有銅（鐵）幣不可，所以，紙幣發行愈多，銅錢「荒」就愈明顯、愈嚴重。這說明了市場上短缺的並不是一般的貨幣，是人民用於完納稅務的銅錢或鐵錢。在實際經濟生活中，銅錢擁有者與需要銅錢納稅人之間關係失衡。那些出賣產品或貨物以求換取銅錢的人，往往找不到買主，得不到銅錢；而那些銅錢擁有者，為了套利，寧願把錢銷毀製為銅器、或向外商換取奢侈品，致使銅錢大量儲藏和外流。

中國歷史上，持續不斷的錢荒和饑荒經常互為因果。一般說來，因為「天災人禍」，糧食供給嚴重不足，形成「饑荒」。深入分析，為數不少的「糧荒」並不是因為糧食真正減產，而是因為貨幣供給不足，政府的庫存官錢不能滿足市場對糧食的交易需求，通貨緊縮，糧食供應管道堵塞。朝廷為了救濟饑饉，不得不增加鑄幣，加大官錢供給。否則，民間只得自行鑄錢，創造購買能力。如果政府沒有增加官錢投入，又禁止私錢，民眾或罷市、或鋌而走險，「錢荒」、「饑荒」引發經濟蕭條和社會危機。

財政改革和貨幣經濟

貨幣經濟的流通結構可分解為縱向的政府行為和橫向的民間市場行為。政府的貨幣行為其實就是財政行為，兩者是一體的兩面。政府發生財政危機之時，也就是貨幣供給不足之時，錢荒嚴重，通貨緊縮。在金屬貨幣制度下，通貨膨脹時有發生，但是與通貨緊縮比較，並非「主旋律」。所以，政府歷次針對財政危機的財政改革，其實都是貨幣改革。核心內容就是如何增加貨幣供給，刺激經濟景氣，緩解通貨緊縮，自然增加政府財政收入，克服財政困難。

最能顯現與貨幣經濟緊密關係的財政改革，主要有四次：唐代中後期楊炎（七二七—七八一）的改革；北宋朝後期的王安石（一〇二一—一〇八六）「青苗法」；晚明的張居正（一五二五—一五八二）「一條鞭法」；清代前期推行的「攤丁入畝」。

中唐楊炎改革。西元七八〇年，唐德宗李適（七四二—八〇五）即位，楊炎為宰相。楊炎面對土地兼併嚴重，吏治敗壞，農民負擔沉重，國家財政面臨危機等情況，拋棄了西晉以來「計丁而稅」制度，即以人丁為課徵標準的租庸調制，改為根據土地和業產等財富多寡，按每戶的貧富差別進行課徵，在全國推行「兩稅法」，開中國費改稅之先河，影響深遠。

「兩稅法」將以往繁雜的稅種規併為「戶稅」和「地稅」兩種。一年的納稅時間分為夏秋兩次，收費全部改為正稅。「兩稅法」以錢定稅，除谷米外，均按田畝計算貨幣繳納，反映了唐代中葉貨幣經濟的發展。計資而稅的兩稅法簡化了稅制，便利了租稅的徵收，削弱封建人身依附關係，免去了許多稅吏催索的苛擾，增加國家財政收入，減輕人民負擔，適應了當時社會經濟發展的需要。「兩稅法的頒行標誌著土地私有制的重新確立，這一變化從兩方面促進商品經濟的發展。一方面，按照法令，土地可以重新作為商品進入流通，而衰落了的世族已沒有力量像在魏晉南北朝那樣把土地長期掌握在手中。在農業社會，進入流通的土地是高價值的商品，這就大幅增加了流通中的商品價值總額。」另一方面，經過長期開發，以長江流域為主體的南方經濟已有長足進步，南方的產業結構也已開始改變，經濟作物普遍種植，這也大幅增加流通中的商品價值總額。[339]

北宋王安石改革。北宋發生農業革命和商品性農業成長，民營礦冶業大幅發展，煤、鐵產量增長，紡織業勃興，陶瓷業商品程度提高，市場國際化。特別是製茶、造紙、印刷、紡織業發生從依賴民營作坊，轉變到手工工廠化，擴大雇傭勞動規模，從事商品生產，擁有可觀的市場。原來自給自足體制中的封閉型農民，愈來愈多被捲入商品經濟中，加速部分農民向小商品生產者轉化，人身依附關係鬆弛。城市數量激增、城市人口膨脹，都市化進程加速，城市性質嬗變，市民階層初興。政府財力富裕。如果以一貫等於一兩銀子再換算為三百元人民幣，真宗天禧（一〇一七—一〇二一）末年，總歲入是一．五八五億貫；仁宗皇祐元年（一〇四九），歲入一．二六二億貫；英宗治平二年（一〇六五），歲入一．一六三億貫。[340] 折合二〇〇〇年後的人民幣，在三百五十億元至四百五十億元之間。但是，由於人口、國民經濟、市場、都市化發展過快，貨幣供給勢必滯後，國家依然有錢荒的壓力。

中國在十二世紀之前，白銀還沒有普及為貨幣。王安石（一〇二一—一〇八六）變法，就是解決財政制度如何適應貨幣經濟的新階段問題，透過推動白銀貨幣化，改善貨幣供給量。[341] 王安石變法，始於北宋神宗熙寧二年（一〇六九），神宗駕崩不久的元豐八年（一〇八五），新法大體停止，前後約十五年。王安石變法的核心內容是「青苗法」和「免役法」，此二法與貨幣體制和貨幣流通關係直接而重大。「青苗法」是國家貸款，一年兩次，隨兩稅歸還青苗錢時，需要補交二分（二〇%）的利息，借錢還錢，增加貨幣需求；「免役法」改原來的差役為募役，也增大了對貨幣的需求。透過變法，朝廷府庫空前充盈，熙寧九年（一〇七八），僅免役錢一項收入就達兩千多萬貫。王安石完成了以非貨幣的形式向貨幣的轉化。王安石變法對改善中央政府的財政貢獻甚巨。王安石在位期間，貨幣稅收占全部稅收的四〇%。增加了政府的貨幣財富庫存。王安石及其繼承者為朝廷儲備了巨額的鑄幣。宋末的財政收入不會低於一億貫，相當於現代三百億人民幣，或者三十六億美元，可以說是當時天下第一富國。

王安石變法對貨幣經濟的影響，正反皆有。正面是可能抑制通貨膨脹：新法將民眾之役折成現錢來徵收。反過來，國家需要擴大銅錢的生產，在稅收中不斷增加對貨幣的要求，可以抵消因為銅錢數額擴大所帶來的潛在通貨膨脹壓力。負面是可能加劇錢荒：因為新法刺激貨幣需求，民眾銷毀銅錢打造銅器，利潤較高；北宋的廣大農村貨幣經濟落後，農民沒有足夠的錢幣納稅，只得「伐桑棗，賣田宅，鬻牛畜」換取貨幣，加劇農民貧困。

北宋「亡於」富有，而不是貧窮。北宋一朝，沒有發生過歷代末年赤地千里、民不聊生、烽煙四起的慘狀。北宋的「靖康之亂」實與貨幣財富直接相關。欽宗靖康元年（一一二六），金兵圍攻開封，議和時要宋朝提供金五百萬兩，銀五千萬兩及絹一千萬匹犒軍。據說，當時的朝廷內藏庫存有金一．五億兩，銀四億兩，絹五千四百萬匹，足夠支付。但是，由於宋廷捨不得用府庫中的金銀支付，而是用搜刮民間財富支付金朝，相距甚遠。後果是發生了第二年的「靖康之變」，徽宗和欽宗成了金國的俘虜，北宋滅亡。可見白銀在宋代不僅與國計民生，而且與社稷安全相關了。史書記載，金朝軍隊在一一二六年佔領了北宋的都城開封之時，光是在開封就獲得白銀六千萬兩（兩千噸）。還有一種說法，一一二七年，當金國佔領宋朝首都開封時，國庫的貨幣儲備達到九千八百萬貫。這個數字相當於市場所需貨幣流通量的三倍。且不論其數字是否有所誇張，北宋朝廷有巨額的白銀儲藏，似乎沒有疑義。

晚明張居正「一條鞭法」改革。雖然相隔幾乎整整五百年，張居正變法其實是王安石變法的繼續，因為這兩個變法的共同特徵都是透過貨幣政策與財政政策的融合，尋求國家稅收體系的貨幣化。張居正變法的最大經濟背景是貨幣白銀化。「一條鞭法」的實行，既是白銀貨幣化完成的標誌，也是白銀貨幣化的結果。推行「一條鞭法」，將稅收白銀化，是實現銀本位的初始步驟。晚明所徵收的「錢糧」，實際上大都已是白銀。但是，政府稅收白銀化，導致大量白銀退出流通領域，庫存於中央政府，結果是經濟生活中流通白銀數量減少，經濟蕭條，稅收減少，政府更加「惜銀」，形成惡性循環。在一五五〇到一六五〇年的「白銀世紀」，中國貨幣體系徹底變革，白銀成為主體貨幣，貨幣供給不足，就是白銀供給不足。白銀對經濟、政治和社會關係重大。因為一六三〇年代世界性的白銀供給不足，導致了明朝的全面危機和覆滅。類似的情況，在元朝末年就已經發生了。

清代「攤丁入畝」改革。清初繼續施行明代的「一條鞭法」，部分丁銀攤入田畝徵收，部分丁銀按人丁徵收。康熙年間（一六六一—一七二二），舊有的丁銀編徵制度已經不能適應新的經濟狀況，逐漸自下而上形成主張實施「攤丁入畝」的輿論，最終得到上層官僚集團和朝廷的注意和認可。所謂「攤丁入畝」，地丁合一，丁銀和田賦統一，以田畝為徵稅物件，簡化了稅收和稽徵手續。雍正開始推行攤丁入畝，乾隆年間，已經通行全國。

攤丁入畝制度的社會效果是多樣化的。攤丁入畝廢除人頭稅，無地農民和其他勞動者擺脫了千百年來的丁役負擔，是對底層農民人身控制的放鬆；少地農民的負擔則相對減輕、限制或緩和了土地兼併；對於地主，則會加重賦稅負擔；政府放鬆了對戶籍的控制，農民和手工業者可以自由遷徙，出賣勞動力。有利於調動廣大農民和其他勞動者的生產積極性，促進社會生產的進步。但是，實施攤丁入畝制度，取消丁徭，助長人口增殖。人口忙於生活消費資料的生產，農產品的商品部分就必然降低。而且，農民的賦役負擔大致變得普遍而均衡，阻礙了小生產者的分化。

貨幣供給長期不足，導致價格水準上升緩慢。中國沒有發生過西歐工業革命之前的價格革命。價格上升緩慢，對民眾而言，似乎錢有所值，但是，從國家宏觀經濟發展的角度看，則反映了商業、手工業、農產品利潤空間小，最終影響了資本的原始積累，拖累了貨幣金融市場的發育，使中國的信用規模長期停滯。這是中國在十九世紀全面衰落的重要原因。

中國傳統貨幣經濟和國際經濟

中國傳統經濟與國際經濟密切相關，有時還受制於國際經濟。中國對外經濟貿易的源頭已不可考。周穆王曾經西行至吉爾吉斯坦草原，這有文字可查；《山海經》可能是先民四出探險的實錄。中國與中亞的貿易可以追溯到至少西元前六至四世紀，二十世紀考古發現已經證明這點。[342] 中古時代的中國已經納入亞洲整體性經濟網路，在中亞和東亞長程貿易扮演商品供應者的角色，中國貨幣在海運貿易更是國際貨幣。

自秦、漢至清中葉，農業和手工業是對外貿易的堅實基礎，在世界處於領先地位。對外貿易有官營和私營，私營是主體。私營受政治、政權變化的影響較小。中國之所以持續對外貿易，固然有對產品的需求，更重要的原因是換取境外的黃金和白銀。

秦至南北朝：中國與羅馬帝國及拜占庭

根據先秦和古希臘、古羅馬文獻，在商朝的中晚期至周朝，就有了以巴蜀為中心，經中國西南至緬甸、印度、伊朗、中亞和西亞，再到古羅馬的「南方絲綢之路」。這是古代歐亞大陸最長、歷史最悠久的交通大動脈。中國在周代用於貨幣功能的海貝，主要來自印度。三星堆出土的海貝就是一種「環紋海貝」，只產於印度洋的深海水域。[343]

漢武帝時代開闢「北方絲綢之路」，從長安到羅馬，這是漢代和羅馬的中間商道。在漢朝和羅馬之間有眾多的國家。兩漢的對外貿易國家包括大宛、康居、大日氏、龜茲、鄯善、安息、身毒（印度）、錫金及秦國。在中國與羅馬的絲綢貿易中，安息人比較是中間人的角色，而不是消費者。[344]漢代還有一條南方「蜀身毒道」，起自四川，經雲南的保山出境入緬甸、泰國到印度，再從印度翻山越海抵達中亞，然後直至地中海沿岸。在這條古商道上，中國輸出的是精美的絲綢、瓷器等製成品，輸入的是金、貝、玉石、琥珀、琉璃製品等。金屬貨幣是「蜀身毒道」貿易的重心。[345]

不論是「北方絲綢之路」，還是南方的「蜀身毒道」，最終的貿易對象其實是羅馬。中國當時主要出口的商品是絲綢。絲在西方古代是極珍貴的奢侈品。據說凱撒穿一件用中國絲綢縫製的衣服，曾被批評太過奢侈。[346]埃及格婁巴女王也以穿中國的絲袍為時尚。

羅馬購買中國絲織品要支付黃金，而羅馬並不產黃金。有人認為在西元初年，迦納產的黃金運到摩洛哥換取鹽、貝殼和來自中國的絲織品。[347]當時非洲迦納黃金很可能是經過羅馬交換中國的絲織品。[348]所以，西元前二世紀後期，義大利的黃金和白銀快速增加。這個資金充裕、利潤豐厚的時期在西元前九十年後結束，利率上升到一二%以上。西元一世紀，羅馬錢幣的金屬含量降低了大約二五%。西元二世紀，銀幣已經降低到了象徵性貨幣的地位。當時在羅馬市場，絲與黃金價值相同，一斤黃金換一斤絲。「羅馬在共和時代（西漢及以前）雖然不以黃金鑄錢，但對外支付是用黃金。在帝國時代（相當於東漢）更是使用金幣。所以當時的世界貨幣，即中國同西方的交易媒體，自然是黃金。」[349] 一世紀後半期的羅馬史學家普里尼（Pliny）對這種情況焦慮不已，他認為：「羅馬帝國每年至少有一萬萬塞斯（Sestrece）流到印度、中國和阿拉伯；又說單是印度每年就要獲得兩千五百萬，則其餘的七千五百萬以上約合黃金五千多公斤，應當是流到中國和阿拉伯了。這數目並不大。有人說：也許是指羅馬帝國的純入超，並不是說中國和阿拉伯轉入商品的總值。但我們不能根據這種話就說中國是出超，每年有黃金收入。」[350] 逆差過大和黃金持續外流，必然造成了國內經濟危機。[351]

雖然沒有足夠的史料，卻可以推論：「實際上恐怕中國和羅馬雙方都有黃金流出。」[352] 西元初年，漢朝和羅馬有著幾乎相當的黃金儲備。王莽在西元八年稱帝，西元二三年被推翻，那時「政府所儲黃金以七十匱計算，計七十萬斤，約合一七九，二〇〇斤，這數字可以代表中國政府在一世紀的儲金量。羅馬帝國的貴金屬儲備量據估計約值一百億金馬克。其中金銀數量大約相等，可以推算出羅馬帝國的黃金儲量是一七九，一〇〇公斤，和中國可以說完全相等。這是一個有趣的巧合」。[353] 這種巧合可能是雙方貿易均衡的結果。

東漢和帝永元九年（九七），班超派遣甘英出使大秦（羅馬帝國）。甘英沒有完成使命，只抵達「大海」，也稱「西海」，也就是今天的波斯灣一帶。甘英所以沒有抵達羅馬帝國，原因有二：一，甘英聽信安息船人所言海上艱難兇險。而安息船員之所以阻撓甘英前行，是出於壟斷絲路貿易的商業目的。二，甘英入海準備不足。甘英雖沒有到達大秦，但是出使大秦之舉將絲路延伸到波斯灣。根據《後漢書・西域傳》記載，漢延熹九年（一六六年，此時羅馬處於安東尼統治時期），大秦（羅馬）派遣使者從埃及出發，經印度洋，到達東漢統轄的白南郡，然後北赴洛陽，標誌羅馬與中國正式通商，以及橫貫東西的海上絲路的形成。[354]遺憾的是，此時的東漢在宦官和外戚控制之下，處於黑暗時期，西方世界的第一波衝擊效果甚微。[355]西元二二六年，羅馬商人秦論經交趾到武昌見過孫權；西元二八四年，晉朝一統的第四年，羅馬使臣到中國；北魏時期，羅馬來華的商人增多。一九四九年之後，在新疆、陝西、內蒙古、河北，陸續發現的東羅馬金幣就是歷史的見證。[356]西元四一〇年，西哥德攻入羅馬城。而此時是東晉末年，經濟政治不穩定，所以雙方貿易沒什麼起色。只是「自羅馬帝國滅亡之後，黃金的流入便中斷了，直到蒙古帝國時期，通貨的狀況方才好轉」。[357]後人在總結羅馬滅亡的原因中，確有一種說法和貨幣經濟有關：羅馬帝國毀滅不是源於貨幣財富的短缺，而是因為貨幣財富的膨脹以及相應而來的腐敗。從西元前二世紀到西元前一世紀，羅馬軍團征服東方的重要戰利品就是白銀等貨幣財富。貴金屬貨幣大量流入，導致羅馬消費奢靡，道德淪喪。西元一世紀中葉，每年有兩千五百多萬德納累斯用於購買來自中國、印度和阿拉伯的奢侈品。其結果是白銀外流，加之白銀來源枯竭，銀幣和銅幣的成色急劇下降。西元三、四世紀，繼續依據從前的方式製造金幣，相對於德納累斯和其他賤金屬的價值，急劇上升，以至德納累斯成為了虛擬的計價單位，主要貨幣貶值，導致通貨膨脹，為了制止通貨膨脹，實施物價管制，停止生產低面額青銅幣，又引發貨幣供給不足，削弱貨幣凝聚力，加大貧富差距、經濟衰退和蕭條，最終是皇權崩潰和西羅馬帝國覆滅。[358]

從晉到隋的三、四百年間，中國金銀（特別是白銀）的使用再次興盛。兩晉南北朝的金銀被鑄成餅和鋌，鑄成錢形，這似乎與當時的國際經濟貿易直接聯繫。拜占廷金幣的貢獻可能性很大。拜占廷帝國的主要貨幣包括金幣、銀幣、銅幣。拜占廷的金幣如同之前的羅馬金幣一樣，出自國家的需要，而非源於商業上的考量。價值穩定的金幣，可以保證國家順利運作，透過稅收積聚現金，支付常備軍和國家各類行政支出。有文獻記載，西元四世紀到六世紀之間，即中國的南北朝時期，「拜占庭帝國轉入大量的中國絲，在君士坦丁堡織製後運往歐洲高價出賣」，他們支付黃金。[359]「因為使用金銀的地方，是以交廣和河西為主。交廣是中國海人貿易的集中地點，波斯等國人很多，他們是使用金銀的。河西則為中國陸路貿易大門，同拜占庭、波斯等國的關係很密切。」「北國時，河西各郡公開使用西域金銀幣，政府不加禁止。」[360]近年來，在中國的內蒙古各地，曾多次發現東羅馬帝國的金幣、波斯薩珊王朝的銀幣，就是一種證明。

隋、唐、宋：中國與阿拉伯的貿易

西元七至十世紀，世界經濟的中心在亞洲，特別是在中國。白銀貨幣地位在唐代日益重要，而唐代的白銀產量十分有限，「元和初每年只產一萬兩千兩。宣宗時每年也只有一萬五千兩」。[361]唐代「金賤銀貴」，金銀比價一度與阿拉伯和印度差不多，在一比五到一比六左右。在邏輯上，唐朝只能依賴國際貿易獲得白銀。

七世紀，歐洲「金貴銀賤」，金銀比價是一比十，九世紀，威尼斯是一比十一。阿拉伯人的利潤來自歐亞的金銀比價差額。進入十世紀，中國和歐洲的貿易結構仍舊是歐洲進口中國絲絹，中國需要白銀。而西歐因為白銀產量有限，常年短缺白銀。歐洲人解決貨幣短缺問題的選擇有限：一，以奴隸和木材到巴格達交換白銀，或到哥多華和開羅交換非洲的黃金。二，透過與伊斯蘭世界宣戰掠奪貴金屬，十字軍東征除了有要異教徒改信基督教的信念之外，另一個重要動機就是奪取貴金屬。

因為中亞一帶是產銀區，加之中國銀價高於歐洲，中亞和歐洲進口中國絲綢，支付銀比金合算。歐洲使用中亞的白銀支付中國的絲織品。西亞對中國產品（以絲綢為代表）的需求，形成了白銀由西向東的流動。值得一提的是，白銀流入中國引發中亞白銀缺乏，銀價偏高。於是，反過來刺激中國白銀再回流西域。[362]

此時處於南地中海和近東地區的伊斯蘭帝國商業發達，包括金、銀、銅三種金屬貨幣供給充足。黃金供應來源是拜占廷的金幣，麥加東南的一座金礦，以及來自非洲的資源。跨越撒哈拉沙漠的黃金交易主要掌控在迦納國王手中，大部分原料是以金粉的形式運往北非，成為「第納爾」（Dinar）金幣的原料。十世紀末，一位地理學家估算出來，光是處於西北非貿易路線的樞紐城市西吉爾馬撒，統治者每年收益可多達四十萬第納爾，相當於一．七公噸黃金。十至十一世紀的埃及，從非洲輸入黃金，其中，經蘇丹流入的黃金所打造的第納爾金幣數量，足以滿足地中海沿岸的需求。

中國發展與西亞和阿拉伯人的貿易關係是大勢所趨。海路逐漸取代絲路，成為聯接中國和阿拉伯世界的主要路線。此時被中國稱為「黑衣大食」的阿巴斯王朝正是鼎盛。中國和大食帝國的貿易中，與貨幣有關的白銅和生銀是中國進口的重要貨品。波斯灣的撒拉威是商貿中心。順風時，大食商人乘三角帆船從波斯灣航行到廣州約需一百二十天。阿拉伯人壟斷歐亞貿易（包括中國），吸納貨幣能力強。[364]近幾十年在西安、咸陽、陝縣、庫車、吐魯番、呼和浩特、洛陽、廣州等地的唐代墓葬中發現大量的阿拉伯金幣，就是證明。[365]

阿拉伯商人的海路[363]

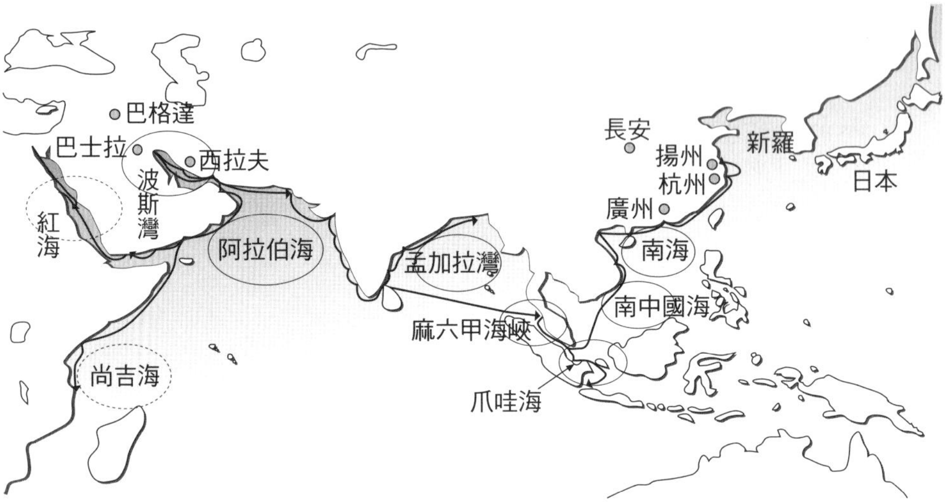

唐朝設置「市舶司」，徵收十分之三的官稅。官府規定外來的貨幣都要先賣給「市舶司」，再由「市舶司」或官府轉賣，官方在買賣差額上有很大的利益。後來的宋、元、明各代仍設有「市舶司」，宋代徵收十分之一至十分之四的稅。[366]

廣州和揚州是中國主要對外貿易口岸。在阿拉伯世界金銀不足時，日本被視為充滿黃金的國度，揚州成為中國—日本—阿拉伯貿易的新中心。在八七〇年代，外商（包括大食商人、波斯商人、猶太商人、歐洲商人）在華人數，光是廣州就有約十二萬之眾。波斯語是通商語言。後來，唐末黃巢起兵佔領廣州時（八七九），絕大多數的外商遭到殺戮。[367]

宋代創造了物質財富生產和積累的「神話」，成為世界中古史最富庶的國家。「市列珠璣，戶盈羅綺」，「販夫走卒」之輩也能穿上絲鞋，以至現代外國學者感歎當時西歐貴族實際生活水準只不過相當中國開封府守門士兵。以農業為主體的傳統經濟結構發生質變，在很多方面已經相當接近近代工商社會，國民經濟貨幣化程度提高，政府財政收入七〇％來自工商稅收。絲路在宋代隔斷，中國貿易路線不得不轉向海洋。大食國、日本，東南亞地區還是主要的貿易夥伴。宋代出口的商品主要有瓷器、陶器、漆器、書籍、藥材、茶葉、各類絲織品等。在輸入品中，來自日本的有沙金、木材、砂金、珍珠、硫磺、水銀、漆器、扇子、刀劍及其他手工藝品，來自高麗的有人參、藥材、扇子、紙筆等；來自南亞和阿拉伯各國有藥材、香料、象牙、珠寶。

宋代三百餘年的國際貿易與銅錢和白銀關係重大。宋代的銅錢流通於東亞，甚至印度洋地區，出現在各種貿易方式中，成為「國際貨幣」。由於銅錢外流過大，導致了一次又一次的「錢荒」。白銀不是只有單向流動，有輸入、也有輸出。北宋以熙甯、元豐朝（一〇六八—一〇八六）為界，之前，海外貿易中白銀流動以輸出為主；之後，直至紹定間（一二三一—一一六二），白銀輸入和輸出都有較大增長，輸出似乎超過輸入。到了紹興中期，對外貿易的白銀流向發生了轉變。白銀輸入顯著增加，輸出明顯減少。[368]南宋後期，在市舶貿易中，民間直接貿易比重上升，白銀輸入和銅錢輸出雙雙增加。南宋的白銀化為當時的經濟繁榮，提供了貨幣經濟基礎。南宋白銀化的原因並不單純，十二、三世紀歐洲的白銀產量大增，中國銀價恰巧也在這段期間跌落。[369]因為蒙古人建立元朝和明朝初年實行紙幣貨幣體系，南宋啟動的貨幣白銀化中斷了近兩百年。

在宋代，政府重視外商權益的保障，外商人數再次上升。其中，大批猶太人受商會指派，攜帶棉布到中國貿易，最初在廣州、揚州、寧波，再經運河到開封，開封也成了猶太人駐地。從九六〇到一五七三年，開封的猶太人最盛時達到七十三個姓氏，五百餘家。[370]有的大食商人，世代為商，累資巨萬，富甲一方。

元代：中國、蒙古帝國和白銀流動

阿拉伯世界在十一世紀末發生過白銀短缺；進入十二世紀末，貨幣需求大，白銀再度取代黃金；十三世紀前半葉，穆斯林世界的白銀優勢超過黃金。阿拉伯世界在白銀嚴重不足時，嘗試模仿伊兒汗國發行紙幣，以失敗告終。一二五八年，巴格達城被蒙古大軍踏為廢墟，大商國徹底衰亡。元朝禁止商人以私人資本對外貿易，而由官府自備資本交由商人貿易，分給商人三成的利潤。元朝依然優待在中國的大食國商人，授予阿拉伯商人鹽的專賣權，容許用銀兩支付款項。當時的鹽稅占總稅收的八〇%。

十三世紀後半葉至十四世紀前半葉，伴隨蒙古帝國擴及歐亞大陸，白銀從地域間結算通貨，轉變成世界性通貨，白銀的流通量大幅增加。白銀是基本貨幣，也是一個有巨大利益的商品交易仲介。通過白銀的流動，縮小了歐亞全體的地域流動性的商品貨幣領域，降低了交易成本，跨地區交易飛速發展。此時，錢幣、貝幣，乃至劣質銀幣也加入地域間的流動，彌補白銀的不足。金朝滅亡後，蒙古帝國控制的華北一度成了以西亞為中心的金、銀通貨體系中心。[371]

作為蒙古帝國的一部分，元朝貨幣體系受制於世界性的貨幣流動。元朝繼續金朝的遊牧民族傳統，透過戰爭手段，將存留各地的白銀集中到大都，讓大汗有充足的銀兩支薪給歐亞大陸各地的蒙古人。政府為了積聚白銀，要求稅收銀兩化。雲南開採銀山，挖掘銀礦。中國白銀透過阿拉伯商人流入嚴重不足的阿拉伯世界。[372] 中國白銀帶動了從十三世紀後半葉至十四世紀中葉歐亞大陸的經濟繁榮。下一次繁榮則是兩百年後的十六世紀。[373]

黃金在十四世紀初也是重要貨幣。熱那亞商人在北京（大都）以金幣八枚的價格購進一磅絹，再以三倍的價格出售。[374] 從一三五九年開始，埃及市場上的白銀急劇減少。倫敦鑄造所的銀幣鑄造量，從一三五〇年代的一〇，三二四公斤，銳減至一三六〇年代的九七一公斤。白銀價值迅速上漲。中國白銀停止外流。十四世紀的史家就說過：如果埃及和敘利亞發生白銀短缺，印度和中國就會白銀充足。[375]

元朝提供豐富的白銀，成為橫跨歐亞蒙古帝國的貨幣經濟基礎。由於元朝對中國白銀資源實行「竭澤而漁」式的掠奪，導致作為紙幣準備金的白銀儲備流失，紙幣發行與白銀儲備分離，使得經濟中心江南走向衰敗，造成蒙古帝國經由中亞的貿易額縮小，蒙古帝國因為失去貨幣和商品財富而徹底崩潰。遍及十三世紀歐亞大陸的白銀流通，對於各地域經濟來說，形成了過剩的地域間流動性，結果失去控制，與蒙古帝國一同崩潰。「因為，在沒有邊界的廣大蒙古領域，在降低交易成本的同時，完全允許白銀無限制地流出流入。相對於此，在十六世紀走上舞臺的以西歐為中心的世界經濟，以利用邊界制度體系的形式出現了。那便伴隨著控制地域間兌換性和地域流動性之間的本位制的制度。」[376]

遍於歐亞的白銀流通停滯和中斷，出現兩個動向。第一個是試圖獲得具有地域流動性的貴金屬；第二是採取多種形式，以維持地域流動性。這又有三個可能的方向：轉向白銀貨幣之外、難以流通的零細面額通貨；回歸到物物交換；改變封閉性地域團體內部的債權債務關係為開放交易。[377]在西方，被迫產生白銀收縮的對策；在東方，則留下了使用白銀徵稅的歷史。十四世紀後半期開始，伴隨著蒙古帝國的崩潰，元朝發生惡性通貨膨脹。

明代：中國與日本，西歐和美洲

十四、十五世紀，一個以中國為中心的東亞貿易圈形成。明初，國家戰爭狀態沒有結束，財政拮据，一度施行海禁。但是，即使在所謂的「海禁」時期，對外貿易也沒有真正停止。其間最著名的歷史事件是永樂、宣德年間（一四〇三—一四三五）的「鄭和下西洋」。鄭和七下西洋時，西歐剛剛走出中世紀，經濟和文化尚未復興，貴金屬貨幣嚴重短缺。鄭和遠航的重要動機還是增進貿易，尋求適當的國際貿易夥伴和地區。據說，鄭和的遠航造成了銅鐵的流失。[378] 明朝為防止黃金和白銀外流，停止了鄭和出海遠航。

明代以東經一一〇度（相當於雷州半島、曾母暗沙以及加里曼丹西岸）為界，東海域包括了菲律賓群島、加里曼丹島、爪哇島、蘇拉威西（Sulawesi）島及馬魯古（Maluku）群島；西海域包括馬來西亞半島、蘇門答臘島、印度、斯里蘭卡、阿拉伯海、波斯灣、紅海、地中海沿岸等。中國與周邊國家的關係是一種宗藩關係，周邊國家向明朝征藩納貢，接受冊封與印璽、大統曆等。朝鮮、日本、安南、真臘、鮮羅、占城、蘇門答臘、爪哇、白花、三佛齊等「十六國」被明朝列為不征之國。十五世紀，明朝允許「朝貢貿易」或「納貢貿易」，朝貢的國家和地區幾乎涵蓋了今天的日本、韓國、菲律賓、印度支那、孟加拉和部分的印度、馬來西亞和印尼。[379] 明朝並設立市舶司專門管理朝貢貿易。[380] 這種納貢關係的基礎其實也是商業交換，是與貿易相聯繫的一種共生關係。隆慶（一五三七—一五七二）以前主要實行貢舶貿易，市舶貿易被視為走私貿易；隆慶以後，海禁開放，貢舶貿易衰落了，市舶貿易成為主要的經營方式。明代的私人市舶貿易按資本構成及身份，可分為獨資經營和合資經營兩種形式。在海禁時期，除了官府直接控制的貢舶貿易之外，一直有私商經營的市舶貿方式。貢舶貿易當時是合法的官府經營方式，私商經營是非法的市舶貿易方式。事實上，在海禁期間，華南民間與東南亞之間的來往——尤其是民間走私——從沒停過。總之，因為地緣經濟，形成了一個以中國為中心，與東南亞、東北亞、中亞和西北亞為範圍，以內部的納貢關係和納貢—貿易關係為特徵的經濟貿易體系。[381]利瑪竇曾說過，而明朝官方檔也承認，中亞商人經常帶著仿造的公文，冒充政治使團去「朝貢」，其實從事的是貿易活動。

中國人與其他貿易民族一樣有著從事遠洋貿易的衝動和能力。明代大部分時期，以商業和貿易為標的，以民間主導的海外移民潮，構成所謂的「南洋中國人」的群體。從一六〇四到二九年，每年到東南亞的朱印船平均為十艘，每艘平均運載白銀兩噸，大部分用來採購中國商品。[382]

明朝白銀貨幣化和白銀貨幣合法化早於開放「海禁」。中國歷來需要日本的白銀。日本是產銀國，足利時代（一三三六—一四三五）以當時的先進技術在石田等地開採銀礦。[383]一五二六年，九州博多商人神谷壽禎開始開發石見銀山，一五三三年，他從朝鮮引進白銀精煉法，白銀的生產量暴增，白銀已經成為了日本的硬通貨。十六世紀末，日本的白銀總產量達到美洲大陸的三〇%，占世界總產量的四分之一。十七世紀上半葉，日本輸出的產品中，有九五．一%為可鑄幣用的金屬，即銀，八五．八%；銅，七．九%；銅幣一．三%；鐵，〇．一%。德川幕府統治時期（一六〇三—一八六八），日本的白銀產量和儲備巨大，可以購買任何國內需要的外國貨。這時的日本白銀不僅產量高，而且銀質可靠，幾乎沒有假幣。[384]中國需要日本白銀，日本需要中國產品，刺激中國和日本貿易。

但是明朝實行海禁政策，壓抑中日貿易，明朝走私和倭寇問題惡化。[385]其實，倭寇以明朝人為主。十六世紀上半葉，一些中國商人與倭寇合作，透過對日走私貿易換取日本白銀。我們很有理由認為，正是自日本湧入中國的白銀推動了當時中國白銀貨幣化和白銀貨幣合法化的歷史進程。十六世紀中期，形成包括中國本土商人、日本博多商人，葡萄牙商人以及日本雇傭兵的走私網路。在日本德川家康的極力鼓勵和招徠下，明朝商人為利所誘，無視禁令，湧向日本貿易。在福閩浙建立了走私貿易中心，走私貿易規模化、公然化和武裝化，官府不得不予以打擊。[386]後來，走私貿易的中心移往日本的平戶。隆慶元年（一五六七），官府開放海禁，福建月港為合法的貿易港，外國船隻可以入港。只是繼續禁止對日貿易。但是，萬曆三十八年（一六一〇），對日本的海禁政策已名存實亡。自此至明亡的三十多年裡，到日本貿易的明朝商船數有增無減。倭寇的問題在一五九九年終獲解決，但與其說是軍事力量，不如說是經濟力量所致。

由於中日兩國之間無法互通有無，使得葡萄牙、西班牙、荷蘭商人成為中間人。大部分的日本白銀經過澳門進入中國市場。到一六〇〇年為止，日本以銀錠的方式，每年為葡萄牙人提供二十六噸白銀，其中絕大多數馬上被用來採辦中國黃金、絲、瓷等商品，只有一小部分從澳門再出口到果阿。日本鎖國後，中日貿易量已達三五，六二五公斤白銀，到一六四六年則幾乎翻了一倍，達到了七萬公斤。

十五世紀末，國際環境發生巨變，歐洲航海能力提高，從海洋走向世界，發現新大陸，增加白銀的供給。歐洲購買能力突然大增，刺激對亞洲產品的需求。中國的國際貿易從此進入全新的階段，對外貿易對象從以東亞地區為主，轉向以歐美國家為主。西班牙捷足先登，所鑄的銀幣首先成為真正的全球通貨。一四九七年到一七九五年，經過好望角的新路線，不僅連接了歐洲和亞洲的貿易，而且減少了運輸的成本與貿易赤字。在這個時代，是歐洲的船隻航行到亞洲，而不是亞洲的船隻航行到歐洲，歐洲是歐亞貿易的主導力量，決定多少白銀送往亞洲，購買什麼樣的亞洲產品（包括絲綢、瓷器），或對哪些商品進行投資，實現了對人類資源、原物料、貨幣資源的連接。[387]當時歐洲工業革命尚未發生，歐洲需求上升，享用亞洲產品，而中國商品具有競爭優勢，價廉物美。中國從各國輸入最多的是銀元、毛織品和棉花，此外還有皮貨、香料、藥材、鴉片、玻璃器皿、玻璃鏡、自鳴鐘等。總體來說，歐洲與亞洲的貿易處於逆差狀態，且持續了若干世紀。

這個時代的「馬尼拉大帆船」（The Manila Galleon）扮演了要角。這是西班牙人雇用中國工匠建造的一種木製帆船，一般載重量在幾百噸到一、兩千噸左右。大帆船貿易自一五六五年開始，到一八一五年結束，每兩年往返一次。航道東起墨西哥西岸的阿卡普爾科，西至菲律賓的馬尼拉。大帆船載著亞洲商品到墨西哥，再從阿卡普爾科把這些亞洲特產用大輪車運往其他地方，部分貨物甚至轉運到瓜地馬拉、厄瓜多爾、秘魯、智利和阿根廷。在回程中，這些大帆船運回墨西哥產的銀元、銀錠、可哥子、羊毛等土特產。一五七〇年以後，西屬美洲的白銀主要經馬尼拉抵達中國。388 從隆慶五年（一五七一）到崇禎十七年（一六四四），從馬尼拉經中國商人之手輸入中國的白銀約為二，八七〇萬披索至二，九四二萬披索，經由葡萄牙人之手的約為二，〇二五萬披索，經由西班牙人手的約為四百萬披索，共計五千三百萬披索。此外，日本、印度、越南、荷蘭、西班牙等國也有大量白銀通過商貿流入中國。389

福建月港是明朝商品運往美洲墨西哥、秘魯、巴拿馬、智利等地的主要港口。馬尼拉大帆船抵達墨西哥的阿卡普爾科港後，就在當地舉辦盛大的集市，明朝的生絲、絲綢生產技術進步，成本低廉，加之海運運費比較便宜，具有價格優勢。一六〇〇年，西班牙殖民當局對當地的養蠶戶加以限制，斷絕了本地蠶絲的供應，由源源不斷輸入的明朝蠶絲為墨西哥的工廠提供原料。一六三七年，墨西哥一家以中國生絲為原料的絲織廠擁有一萬四千名工人，由此可見運抵墨西哥的中國生絲數量是何等巨大。亞洲產品價廉物美，在美洲曾一度排擠了西班牙產品。西班牙商人與中國貿易利潤豐厚，可獲得至少一〇〇—三〇〇%，甚至高達一〇〇〇%的回報率。390

澳門也很重要。嘉靖三十二年（一五三三），葡萄牙人租居澳門，葡萄牙商人利用官府允准廣東市舶司開放對外貿易的機會，在中國的商品出口和輸入白銀方面曾起過作用。中國海外貿易航線都要經過澳門：航線一：廣州－澳門－望加錫－帝汶；航線二，還形成了廣州－澳門－果阿－里斯本；航線三：廣州－澳門－馬尼拉－墨西哥的阿卡普爾科（Acapulco）；航線四：秘魯的利馬（Lima）航線、廣州－澳門－長崎航線。來自美洲的白銀，一部分由美洲新大陸運到西班牙，再由葡萄牙人賺取之後轉運到中國；另一部分由西班牙人自美洲運往菲律賓，再由葡萄牙人運到澳門，然後流入中國。[391]

十六世紀末，世界年產一百五十噸以上的白銀，大部分以支付生絲絹織物等費用的方式流入中國。經由馬尼拉輸入中國來自美國新大陸的白銀每年約二十五噸到五十噸。白銀大量流入中國，徹底改變了元代白銀大量流往西亞的局面，變成白銀淨輸入國家，加速明朝中葉白銀貨幣化。十五、十六世紀以來，中國經濟與世界經濟形成新格局，中國成為世界白銀的樞紐。如下

白銀世紀中國在世界的地位

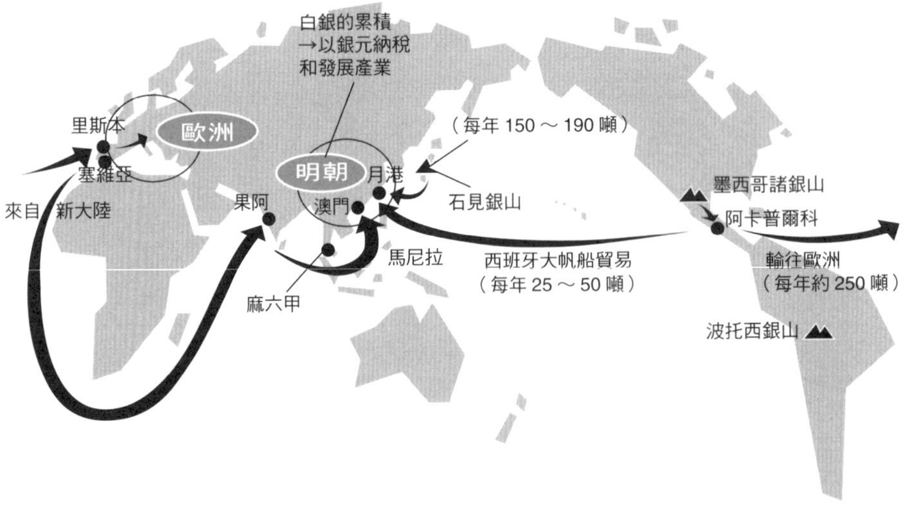

圖：392

此時，中國和俄國的貿易也得以發展。國際貿易的擴張，加速了國內貨幣經濟和商業資本積累，不但沿海蘇、浙、閩、粵的商人資本得以膨脹，進行較大規模的國內、國際經營組織，刺激了海外華商的遷徙和在東南亞的商業滲透。

明朝滅亡，中國與歐洲之間的海上貿易中斷，荷蘭人開始在遠東尋找替代品，將目光投向與中國只有一海之隔的日本。同時，歐洲人紛紛踏上仿造中國瓷器之路，從化學角度開始了工藝革新，使得製瓷技藝更精良、外觀更細膩，各國陸續建立了自身的國民陶瓷工業體系，民眾對於中國日用瓷的依賴程度銳減，改寫了數百年來中國壟斷外銷瓷世界市場並換取白銀的歷史。

清代：中國走向全方位國際貿易

清代實行「海禁」，其實只有順治十二年（一六五五）至康熙二十二年（一六八三）比較嚴格。康熙五十六年（一七一七）至雍正五年（一七二七），只在部分地區「海禁」，總計不過四十年，其餘時間基本開放海外貿易。即使在禁海期間，也沒有完全斷絕與外國的貿易往來。若說清代實行一條閉關鎖國政策，這是嚴重的誤解。從國際背景來看，中國在十六、十七世紀已經進入全方位國際貿易時代，不能獨立於世界的金融環境之外。例如在一六八四年，為緩和中國銅幣原料短缺，清朝放鬆海禁，鼓勵民眾赴日本貿易，將日本銅輸入中國。393

清初對開海貿易和設關實行嚴格管理。一七二〇年，在廣東設立「公行」，作為法人實體擁有政府授予的一切絕對權利，與外國商人進行交易。乾隆二十二年（一七五七），撤銷江、浙、閩三海關，廣州成為唯一的對外通商口岸，規定洋船「止許在廣東收泊貿易」。官府沒有全面開放全國港口，但規定海外貿易在當時最大的港口廣州進行，至少是一種開放。此後八十多年，對外貿易從未停止，廣州在對外經濟聯繫中地位至為重要。[394]此時，除了俄國商隊跨越北疆，葡萄牙和西班牙的商船往來澳門之外，中國與西方各國的貿易都匯於廣州。中國各地物產都運來此地，各省的商賈貨棧在此經營買賣。外國商船以英、美、法、荷等國居多。東京、交趾支那、柬埔寨、緬甸、馬六甲或馬來半島、東印度群島、印度各口岸、歐洲各國、南北美各國和太平洋諸島的商貨，也都匯聚廣州。運往歐洲的商品以茶葉、瓷器和絲綢為大宗，歐洲支付白銀。廣州成為流入紋銀的重鎮。清代前期廣州對外貿易有官府經營和私人經營兩種方式。官府在廣州委託具有官商性質的廣東十三行商為代表同外國商人進行貿易。[395]

此外，仍有貿易透過蘇州、寧波、廈門、青城進行。日本白銀主要是從寧波進入中國。馬尼拉港則是兩大經濟活動的交匯點：一個是西屬美洲銀礦出產的白銀大量流入，另一個是華人的門類齊全的製造業和富有活力的商業。每年都會有一兩艘西班牙大帆船，從阿卡普爾科穿越太平洋，把新世界產出的白銀運到馬尼拉購買中國絲綢、中國和印度的棉織品，以及新世界需求量甚大的其他精美消費品。[396]中國人帶著西班牙屬美洲銀圓（鷹洋，也稱「馬尼拉帆船」銀）返回中國。那時還有巴達維亞（Batavia，雅加達），中國船舶也從那裡運走銀洋，其中大部分都是西方錢幣。

一八三四年，英國廢除了「東印度公司」對華貿易的壟斷權，希望中國也廢除「公行」的壟斷制度，遭到中國拒絕。第一次鴉片戰爭之後，「公行」制度因為所謂不平等條約的簽訂而自然消亡，中國的通商口岸被迫全面打開，開海設關，嚴格貿易管理。清代繼續明代傳統，輸出以絲綢、茶葉、瓷器為主，其中，絲貨貿易仍占很大比重。輸入以白銀為主，只是規模比明代大為增長。[397]

清代除了海上貿易之外，還開闢經過北方陸路與俄國和歐洲的貿易路線。一七二〇年代以前，晉商就已經建立了北京—張家口—庫倫的通商管道。從一七二〇年代到十九世紀下半葉，一個名不見經傳的小村落恰克圖成為俄國對中國貿易的中心，[398] 見圖[399]

從西漢到清代，中國建立了陸路和海路的對外貿易通道，其規模經濟從來沒有與世界經濟相隔絕。明、清兩朝代實行的「海禁」、「錢禁」之類的政策，維繫的時間都不長，執行從來不徹底。明朝中葉以後的白銀貨幣化，形成了中國與世界貿易和國際貨幣經濟相結合的趨勢。受主流意識形態影響的中日學者由此認為：十九世紀以後，中國從「重農輕商」轉為「國家重商主義」，向「重商主義」的轉化，且「是一個比一九一一或一九二八年那些變化更重要的政體轉變」。[400] 於是，中國不得不受制於「帝國主義」主導的「國際金融秩序」。[401] 這種看法過於膚淺和主觀。中國至少從漢代以降，向來具有「重農輕商」和「重商主義」兩個面向。明代中葉開始的貨幣經濟白銀化，對白銀貨幣需求的膨脹刺激了近現代「世界經濟」的形成，中國不是受制

恰克圖與中俄貿易

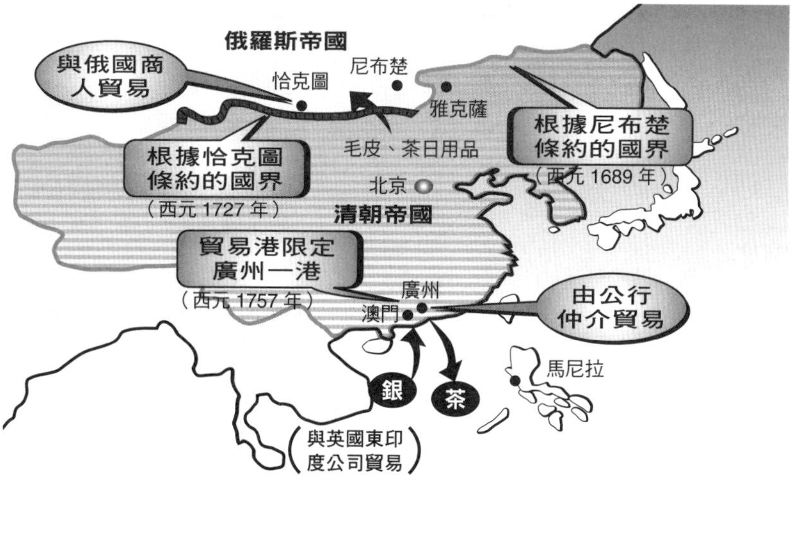

於既定的所謂「國際金融秩序」，而是參與建立近代的「國際金融秩序」。只是在歐美工業革命成功，殖民主義體系建立之後，特別是二十世紀世界建立了現代金融貨幣體系，強化中國經濟對世界經濟依存度，傳統貨幣經濟全面受制於世界變動的貨幣體系。

結論：中國傳統貨幣經濟，市場經濟和私有制相互依存

「馬克思經濟史觀造成的重大誤解之一是：市場經濟是現代的經濟制度。其實不然，市場經濟並不限於十九世紀或二十世紀這個年代，也不以民主的政治制度為先決條件。只要私產制發生，經濟財貨的所有權分散在眾多的單元中，就會形成市場經濟。可以有古代的市場經濟，也可以有現代的市場經濟」。[402]中國歷史就是明證。從戰國開始，中國經濟已是市場經濟[403]，「已經形成一個以私有產權及小生產單位為基礎的小單元經濟。這些小生產者個別地在現有的自然及人為制約之下，比較各種可能方式與途徑的相對利益，作一抉擇，以求最大經濟利益。」[404]在過去的兩千多年中，不斷發生改朝換代，社會動盪，政治變革，但是由私有制、市場制度經濟、開放經濟組成的經濟構造沒有真正動搖和解體。特別是傳統貨幣經濟（貨幣原料、供給總量、儲備比重、流通速度）對經濟持續運行的影響，超過了其他文明。那種認為中國貨幣制度因為交易成本過高，幣制不穩定、信用缺少而抑制商業貿易發展的看法，並不符事實。[405]

中國傳統經濟制度體系：

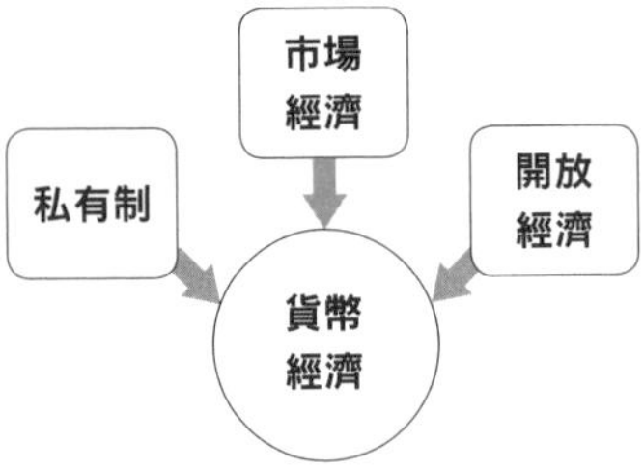

一七七六年，亞當·斯密在《國富論》中，推斷中國經濟之所以「似

乎處於停滯狀態」，是基於中國勞動力的貨幣價格比歐洲便宜，歐洲勞動力的真實報酬比中國昂貴。[406]其實不盡然，明朝中葉以後，中國勞動力的價格緩慢持續上升。清朝替代明朝，加劇了這種趨勢，否則就無法解釋十七、十八世紀中國手工業的全面繁榮。直到十九世紀，中國經濟依然有增長的空間。只要比較《國富論》和《資本論》涉及關於中國經濟的章節和篇幅，就不難看出馬克思對於中國經濟的理解深度與廣度不如亞當・斯密。

註釋

1. 亞當・斯密，《國富論》（北京：華夏出版社，二〇〇五年）。
2. 查理斯・古德哈特，《貨幣經濟學文集》（上卷）（北京：中國金融出版社，二〇一〇年），頁二一九—二二一。
3. 全漢昇，〈從貨幣制度看中國經濟的發展〉，《中國經濟史研究》（香港：新亞研究所，一九七六年三月），頁一八一。
4. 司馬遷，《史記・平准書》卷三〇，《史記》（上海：上海古籍出版社，二〇〇六年）。
5. 中國最早的貨幣是由天然海貝加工而成的貝幣，出土於河南殷墟婦好墓等地，年代為西元前十九至前十六世紀，距今三千五百年以上。
6. 《尚書・洪範》成書的雛型應在夏商。殷人有冊有典；從文獻記載來看，夏代有文字應該是無誤的。
7. 《國語・周語》：「景公二十一年，將鑄大錢。單穆公曰：『不可』。」《國語》（上海：上海古籍出版社，一九八八年）。
8. 李駿耀，《中國紙幣發行史》，一九三三年，轉引自中國貨幣史銀行史叢書編委會，《民國小叢書》第二冊（北京：書目文獻出版社，一九九六年），頁一二四五。
9. 宋敘五，《西漢貨幣史》（香港：中文大學出版社，二〇〇二年），頁一。
10. 趙立行，《商人階層的形成與西歐社會轉型》（北京：中國社會科學出版社，二〇〇四年），頁一九一。
11. 尼爾・弗格森，《貨幣崛起》（臺北：麥田出版公司，二〇〇九年），頁三二。
12. 湯因比，《歷史研究》下冊（上海：上海人民出版社，二〇〇五年），頁二二九。
13. 約翰・喬恩，《貨幣史》（北京：商務印書館，二〇〇二年），頁四七。
14. 馬克斯・韋伯，《經濟通史》（上海：三聯書店，二〇〇六年），頁三八。

15.《貨幣史》，頁五七。

16. 馬雷，《西方大歷史》（海南出版社，二〇〇八年），頁一三八。

17. 艾茲赫德，《世界歷史中的中國》（上海：上海人民出版社，二〇〇九年）。

18.《經濟通史》，頁一五二。

19.《貨幣史》，頁二一。

20. 漢斯．豪斯赫爾，《近代經濟史》（北京：商務印書館，一九八七年），頁四五—四六。

21. 大英博物館，周全譯，《金錢的歷史》（博雅書屋有限公司，二〇〇九年），頁一一三—一二三。

22. 費爾南．布勞岱爾，《十五至十八世紀的物質文明、經濟和資本主義》卷一（臺北：左岸文化出版社，二〇〇六年），頁五七一—五七七。

23. 同前引。

24.《貨幣崛起》，頁三二。

25.「任何單一貨幣沒有可能代表貨幣的流動性，但是，組合的貨幣則是可以的。……儘管在這種共存多種貨幣中的每一類都有其獨立性，但是，在整體上卻可以強制商人發明如何客觀衡量它們的方法。」Akinobu Kuroda, "Concurrent but non-integrable currency circuits: complementary relationship among monies in modern China and other regions", *Financial History Review* (2008.04).

26.「在古代斯巴達人之間，鐵是普遍的交換媒介，古代羅馬人之間用銅；所有富裕的商業國家使用金和銀。」《國富論》，頁二〇—三一。

27.《國富論》，頁二〇—三一。

28. 西元前七世紀的里底亞王國都城薩德斯發行一種橢圓形、像蠶豆的「白金」鑄幣，向來被視為金屬鑄幣的肇始。其實中國商代銅貝的出現，要比里底亞人的鑄幣早上幾個世紀。

29. 之前由於在中國找不到銅礦產地，許多學者認為中國青銅文化是外來文化。這種推斷被愈來愈多的、遍佈中國不同地區古代銅礦遺址的發現所推翻。一九七三年秋發現了大冶銅綠山古礦冶遺址，分佈範圍約二平方公里，地表遺留的古代煉渣在四十萬噸以上。據推斷，該遺址所生產的銅應在十萬噸左右。這個數字非常驚人，如果以重達八百多公斤的司母戊大方鼎為參考，那麼銅綠山古銅礦生產的銅至少可以鑄造十萬個司母戊大方鼎。一九八八年，在西昌市黃聯鎮東二十多公里的螺髻山，發現六個漢代銅礦礦洞遺址。光是從遺存的數十萬噸銅礦渣估算，這裡至少冶煉了二至三萬噸銅或鑄造了同量的五銖錢。

30. 李錦彰，《貨幣的力量》（北京：商務印書館，二〇〇四年），頁三二。

31. 楊寬，《戰國史》（上海：上海人民出版社，一九八三年），頁一一三。

32. 那時十六兩等於今天的一斤，即五百克。〇．五兩，相當於三〇餘克。

33. 按此權錢標準，一枚權錢應當等於八枚「半兩錢」的重量，如果八枚「半兩錢」不等同於一枚權錢的重量，那就說明不符合標準。可知這種權錢的鑄造，在監督、規範當時全國錢幣的流通，用以保證「半兩錢」的質量和獨尊地位。

34. 《西漢貨幣史》，頁三四。

35. 石俊志，《半兩錢制度研究》（北京：中國金融出版社，二〇〇九年），頁二五三。

36. 前引書，頁二四〇。

37. 前引書，頁二四五。

38. 《西漢貨幣史》，頁三四。

39. 一兩等於二十四銖，十六兩等於今天的一斤，一斤等於三八四銖。換算成克，一銖不過一克多，五銖是四克多。

40. 《漢書．食貨志》云：「自孝武元狩三年，三官初鑄五銖錢，至平帝元始中，成錢二百八十億萬餘。」據考證，漢書中的「億萬」應該是萬萬，即億，故兩百八十億萬就是兩百八十億。

41. 馬飛海主編，《中華錢幣論叢》（上海：上海書店出版社，一九九六年），頁一四五—一四六。

42. 《西漢貨幣史》，頁一〇一。

43. 林劍鳴，《秦漢史》（上海：上海人民出版社，一九八九年），頁三三二。

44. 一九六六年四川郫縣發現東漢墓殘碑記載了土地、房舍、奴婢、牛等均以錢計價。在《居延漢簡》，《買地券》和《約束石券》等文獻中更不乏用錢實例。

45. 馬克思，《資本論》第一卷（北京：人民出版社，一九六三年），頁一一八。

46. 二〇一〇年十二月二十日，陝西華縣縣城發現一座巨大宋代錢幣「錢窖」，洞內已經挖出的銅錢高度一米，寬度超過兩米，深度超過兩米。光是第一天就挖掘出最少兩三噸古錢幣。主要是宋代崇寧重寶、崇寧通寶、千禧通寶、咸平重寶等錢幣。在這座「錢窖」中還發現了景元通寶、淳化通寶、大觀通寶等存世較少的錢幣。這次發現的銅錢以崇寧通寶、崇寧重寶銅錢最多，錢上的文字為宋徽宗親筆所寫，其中偶見開元通寶，但不見宋代以後錢幣。

47. 《中華錢幣論叢》，頁一四五—一四六。

48. 汪聖鐸，《兩宋貨幣史》（北京：社會科學文獻出版社，二〇〇六年），頁二五一，頁二四二。

49. 高聰明，《宋代貨幣與貨幣流通研究》（河北：河北大學出版社，二〇〇〇年），頁一〇三。

50. 高橋弘臣，《宋金元貨幣史研究》（上海：上海古籍出版社，二〇一〇年），頁三〇七。

51. 貨幣發行者的權力大時，貨幣授受之際不允許拒收，結果發生了支付方處於優勢，支付方將原料值較高的貨幣（良幣）留在手中，使用劣幣。反之，如果接受方較支付方具有優先權，則出現排出劣幣，選取良幣局面。即面額值優先於原料價值，這是「撰錢」現象。

52. 「制錢」一詞出現與明朝，指本朝政府監製的銅錢，以有別於前朝舊錢或者本朝私錢。

53. 黃仁宇，《十六世紀明代中國之財政與稅收》（北京：三聯書店，二〇〇一年）。
54. 孫承澤，《春明夢餘錄》，卷四七（工部），二（寶源居）（臺北：大立出版社，一九八〇年），頁一一。
55. 邱澎生，〈十八世紀雲南銅材市場中的官商關係與利益觀念〉，《中央研究院歷史語言研究所集刊》（二〇〇一年三月，臺北）。
56. 童書業，《中國手工業商業發展史》（北京：中華書局，二〇〇五年），頁二五五。
57. 前引書，頁九〇。
58. 傅漢思，〈清代前期的貨幣政策和物價波動〉，《中國錢幣》（一九九五年第三期，北京）。
59. 鑄造制錢的貨幣材料主要是銅和鉛，其中鉛的比重約占百分之二、三十，而且每百斤鉛的價格在乾、嘉、道、咸年間，大體穩定在庫平銀五兩上下。一般不會對銀錢比價產生重大的影響。
60. 王德泰，強文學，〈雍正朝貨幣制度改革的背景、內容和意義〉，《中國錢幣》（二〇〇六年第四期，北京）。
61. 周勤淑，〈試論清末越南銅錢在中國的流通範圍〉，《新疆石油教育學院學報》（二〇〇五年第四期，新疆）。
62. 黑田明伸，《貨幣制度的世界史——解讀「非對稱性」》（北京：中國人民大學出版社，二〇〇七年），頁九一。
63. 《貨幣的力量》，頁三一—三四。
64. 古埃及最大金礦在現在蘇丹的努比亞。在西元前二〇〇〇—西元前一八四九年，先後對努比亞發動了四次戰爭。
65. 伯恩斯坦，《黃金的魔力》（臺北：商周出版，二〇〇二年），頁一五。
66. 《資本論》第一卷。
67. 迄今已知最早的黃金是飾品是一九七六年在甘肅玉門火燒溝遺址發現的金耳環，經碳十四測定約當西元前一九〇〇—前一七〇〇年。
68. 〈黃金礦產的開發與性質特徵介紹〉，《中國地質人網》，二〇〇八年一月十日。
69. 還有一種說法，一鎰等於二十四兩。
70. 戰國時期的一斤大約等於現在三兩左右，黃金值萬錢，即一兩黃金等於三千錢，可以購買十石糧食，與近代的糧價和金價的比例相差不大。
71. 春秋戰國時期，流通金屬貨幣主要是銅質的蟻鼻錢、銀質的鏟狀布幣、金質的郢爰。金幣是楚國的主要貨幣形式之一。史稱楚金幣為印子金、版金、金版、餅金等等。現在一般將楚金幣稱做爰金。在已發現的爰金中，鈐印有「郢爰」的占絕大多數。因此通常又以郢爰指稱爰金，也就是楚金。
72. 《漢書．食貨志》。
73. 李祖德，〈試論秦漢的黃金貨幣〉，《中國史研究》（一九九七年第一期，北京）。
74. 《西漢貨幣史》，頁一六。

75. 王莽聘皇后，用黃金三萬斤；及其將敗，府裡尚藏黃金六十櫃，萬斤位一櫃。

76. 《後漢書．光武帝紀》，《後漢書》（杭州：浙江古籍出版社，二〇〇六年）。

77. 馬大英，《漢代財政史》（北京：中國財政經濟出版社，一九八三年），頁三五七。

78. 柏楊，《中國歷代年表》（海南：海南出版社，二〇〇六年），頁二五一。

79. 黃金在經歷了漢代後退出貨幣行列的原因和具體過程，即所謂的西漢黃金消失之謎，學者探究多年，至今還沒有令人滿意的答案。提出的推測和解釋大體上包括佛教耗金說，外貿輸出說，黃金為銅說和地下窖藏說。有史以來，人類共開採了黃金九萬噸，流通的只有六萬噸，其餘三萬噸窖藏於地下。這裡需要說明的是，黃金退出貨幣行列使秦代正式形成的貨幣體系發生結構性變化，由黃金和銅錢構成的貨幣體系就這樣缺了一環。中國的黃金自西漢曇花一現，喪失了施行金本位的可能性。西漢是一個歷史的岔口。

80. 《漢代財政史》，頁三五八。

81. 《當代中國的黃金工業》編委會編，《中國古近代黃金史稿》（北京：冶金工業出版社，一九八九年），頁二五。

82. 前引書，頁七〇。

83. 張家驤主編，《中國貨幣思想史（古代卷）》（武漢：湖北人民出版社，二〇〇一年）。

84. 鄒逸麟編，《宋會要輯稿（食貨二十三「金」）》，轉引自《中國歷史地理概述》（上海：上海教育出版社，二〇一〇年），頁三〇八。

85. 《中國古近代黃金史稿》，頁一〇六。

86. 布爾努瓦，《西藏的黃金和銀幣——歷史、傳說與演變》（北京：中國藏學出版社，一九九九年），頁二七四。

87. 前引書，頁一一六。

88. 加藤繁，《唐宋時代金銀之研究》（北京：中華書局，二〇〇六年），頁五八六—五八七。

89. 耿愛德（Edward Kann），《中國貨幣論》（北京：商務印書館，一九三三年），頁一五〇。

90. 《國富論》第五章。

91. 「白金幣」係用銀和錫鑄成的合金幣

92. 《西漢貨幣史》，頁八二。

93. 中國內陸始終有開採礦山的經濟活動，但是歷代政府更傾向於用茶葉、絲綢、瓷器和其他物產的出口，換取充足的白銀。「根本沒有必要開礦，因為開礦會冒有導致經濟和社會失去平衡的危險（也可能有一種贏利多少的問題，銀礦史證明了許多礦的開發價格昂貴）。」所以，即使到了一七三〇年左右，中國可能只生產七萬兩白銀（約二六四五公斤）。這種情況到了十八世紀也沒有多大變化。中國愈來愈依賴透過國際貿易進口白銀。「在杜赫德神父的著作中，可以發現中華帝國在十八世紀前四分之一的白銀資源。他提到了雲南羅羅人（Lolos，彝族）地區、江西的銀礦。此外還有福建省，禁止開礦山，達者處死；湖廣省（包括今湖南和湖北省）南部的衡州府，有大量不允許採掘的銀礦；同樣位於該省南部的辰州府也有銀礦；廣西蘊藏著各種金屬礦，尤其是金銀礦，但中國的政策卻嚴禁開採，害怕這種開採會變成動亂的機緣。」在桂林府卻有一處礦山被開採，其四〇%的產品進貢皇帝；貴州蘊藏金屬礦；仍在雲南中部的楚雄府和景東廳有礦，但此二地均未被開採。」

94. Akinobu Kuroda, "The Eurasian silver century, 1276-1359: commensurability and multiplicity", *Journal of Global History* (2009.04).

95. "The Eurasian silver century, 1276-1359: commensurability and multiplicity".

96. 王文成，〈宋代白銀貨幣化研究〉，《中國經濟史論壇》，二〇〇四年十一月十三日。

97. 鮑海春等主編，《金史研究論叢》（哈爾濱：哈爾濱出版社，二〇〇〇年），頁二五八。

98. 劉新鳳，《中國歷史通鑒：明代卷》（北京：中華書局，二〇〇一年），頁一五九—一六〇。

99. 全漢昇，《中國經濟史研究》（臺灣：崇文書店，一九七六年），頁二〇九。

100. 清末的市場上流行至少十餘種「銀角」，各地市價互有出入，其性質屬於白銀輔幣。

101. 在很長的時期內，對於進口的銀幣，一旦被定價和接受之後，為了重新在貿易中流通，這些銀幣都要重新熔化成銀錠，這就是所謂的馬蹄銀。它具有官定的含量。一六二六年，一個外國傳教士記下這樣的情節，「中國的孩童都會估計銀錠的重量及成色。中國人在腰帶上繫一個類似銅鈴的東西，裡頭裝著蠟塊，主要用於收集鉸下來的銀屑。銀屑積到一定的數量，只要熔化蠟塊便能收回銀子。這個記載也反映了中國傳統貨幣經濟的多層次。

102. 千家駒、郭彥崗，《中國貨幣演變史》（上海：上海人民出版社，二〇〇五年），頁一八〇。

103. 《唐宋時代金銀之研究》，頁五八七。

104. 中國是世界上最早發明紙幣的國家，宋代發明和流通紙幣，但是缺乏宋代紙幣的實物資料。

105. 「鈔」字原只有掠奪和謄寫的含義，自從用作貨幣名，成為專門用字之後，原有之義漸漸湮滅。

106. 候家駒，《中國財金制度史論》（臺北：聯經出版公司，一九八八年），頁三五二。

107. 前引書，頁三六五。

108. 高橋弘臣，《宋金元貨幣史研究》（上海：上海古籍出版社，二〇一〇年），頁四三。

109. 吳籌中，《中國紙幣研究》（上海：上海古籍出版社，一九九八年），頁一—三。

110. 一千錢稱緡，同貫（一千錢稱貫）。

111. 《簡明中國經濟通史》，頁三一八。

112. 傑克．魏勒福特，《金錢簡史》（商業週刊出版公司，一九九八年），頁一四七。

113. 《宋金元貨幣史研究》，頁一〇六—一一〇。

114. 南宋花了很大的力氣進行回收。整個南宋時期，銅錢鑄造成本增加，規模縮小，一年只有十萬貫的水準，但是，南宋不時投入二十萬貫的銅錢致力於會子的回收。南宋、元的史實表明，大面額的紙製通貨以限定的枚數發行，其相當部分透過財政業務回收。在維持發佈新鈔的過程中，姑且不論兌換可能性，紙製通貨還是被接受了。
115. 《宋金元貨幣史研究》，頁二三九—二四〇。
116. 〔宋〕范大成，《攬轡錄》（上海：上海古籍出版社，一九八八年）。
117. 《金史研究論叢》，頁一〇七。
118. 一三四五年，在馬可孛羅來中國半世紀之後，摩洛哥商人穆罕瑪德．伊班．巴圖塔前往中國經商，稱每個外國商人都必須把錢都交給官員，兌換成紙幣，中國市場上根本無法用金幣或銀幣支付。「由於嚴禁私有金銀元寶，商人就將違禁的錢幣熔成金錠或銀錠，藏在屋椽上。」這可能是中國形成銀兩熱度的最初動力之一。
119. 元朝多次禁用、多次解禁金與銀。但是自一三一一年直到元朝覆滅，金、銀未再被禁用。
120. 《宋金元貨幣史研究》，頁三一九。
121. 同前引。
122. 李躍，〈略論元代流通紙幣〉，《經濟史》（二〇〇四年第五期，北京）。
123. 李逸友，〈元代草原絲綢之路上的紙幣〉，《中國錢幣》（一九九一年第三期，北京）。
124. 明代的大明寶鈔，自始至終名稱未變，沿用洪武年號面值一貫，是中國迄今為止票幅面積最大的紙幣，明寶鈔高有三百二十毫米、寬有二百一十毫米，簡直是一張小報。
125. 吳承明，《中國的現代化：市場與社會》（北京：三聯書店，二〇〇一年），頁二一一。
126. 到洪武末年，兩浙地區市民以鈔一貫折銅錢二五文，幣值比官方規定下降了七五%。洪武二十七年（一三九四）在浙江、江西、閩廣一帶，寶鈔一貫僅值一六六文。
127. 黃仁宇，《十六世紀明代中國之財政與稅收》（北京：三聯書店，二〇〇五年），頁八六—九三。
128. 同前引。
129. 《中國紙幣研究》，頁二四。
130. 前引書，頁一四七—一四八。
131. 《中國貨幣演變史》，頁一三二。
132. 彭凱翔，《清代以來的糧價：歷史學的解釋與再解釋》，經濟發展論壇工作論文，二〇〇五年。
133. 宓汝成，〈嘉道年問的中國〉，《太平天國學刊》第三輯（一九八七年，北京：中華書局）。
134. 楊聯陞，《國史探微》（臺北：聯經出版公司，一九九一年），頁二三七。
135. 《貨幣經濟學文集》（上卷），頁一八二、二一九—二二一。

136. 哈耶克，《貨幣的非國家化》（北京：新星出版社，二〇〇七年），頁三一。
137. 賈誼，《新書．鑄錢篇》《新書．銅布篇》，《新書》（上海：上海人民出版社，一九七六年）。
138. 馬克斯．韋伯，《中國的宗教》（桂林：廣西師範大學出版社，二〇〇四年），頁三七。
139. 《中國貨幣演變史》。
140. 李祖德，〈試論秦漢的黃金貨幣〉，《中國史研究》（一九九七年第一期，北京）。
141. 何清穀，〈秦幣探索〉，《陝西師範大學學報（哲社版）》（一九九六年第一期，陝西）。
142. 臧知非，〈漢初貨幣制度變革和經濟結構變動〉，《經濟史》（二〇〇六年第五期，北京）。
143. 《西漢貨幣史》，頁一。
144. 賈誼奏書：「銅布於下，為天下災」。朝廷把採銅鑄錢的權力下放到民間，會給整個社會製造無盡的災禍。
145. 《中國貨幣演變史》，頁一一九。
146. 胡適，《胡適文存》第二集卷一《王莽》及第三集卷七《再論王莽》（上海：亞東圖書館出版，一九三〇年）。
147. 毛澤東，《毛澤東點評二十四史》（北京：中國檔案出版社，二〇〇九年）。
148. 《中國財金制度史論》，頁三三二—三四五。
149. 同前引。
150. 同前引。
151. 鄭永昌，〈清代乾隆年間的私錢流通與官方因應政策之發現〉，《臺灣師範大學歷史學學報》（一九九七年第二十五期，臺北）。
152. 鄧亦兵，〈清代前期政府的貨幣政策〉，《北京社會科學》（二〇〇一年第二期，北京）。
153. 《中國財金制度史論》，頁一九八。
154. 尚綬珊，〈北京爐房、錢鋪及銀號瑣談〉，《文史資料選輯》第四十四輯（一九六四年，北京：文史資料出版社）。
155. 黑田明伸，〈乾隆の錢貴〉，《東洋史研究》第四十五卷四期（一九八七年，京都）。轉引鄭永昌，〈清代乾隆年間的私錢流通與官方因應政策之分析——以私錢收買政策為中心〉，《國立臺灣師範大學歷史學報》第二十五期（一九九七年，臺北）。
156. 王文成，〈結語：交換的發展與白銀貨幣化的時間和範圍〉，《中國經濟史論壇》，二〇〇四年十一月十三日。
157. 到元武宗和元順帝之後，大約一三五〇年以後，才實行錢、鈔兼行的政策。元代實行寶鈔制度，曾以銀為鈔本，對外貿易也以銀為貨幣。元朝複滅根源於財政危機，而財政危機的不可挽回又是因為紙幣制度的徹底崩潰。
158. 萬明主編，《晚明社會變遷問題與研究》（北京：商務印書館，二〇〇五年），頁一四五—一四七。
159. 同前引。

160. 同前引。

161. 轉引劉翠溶書評，載《新史學》第九卷第三期（一九九八年，臺北）。

162. 每一個地區出現各種各樣的虛銀兩。「京師和各地的官爐以及私爐自行鑄造各種銀兩，名目紛雜。「在乾隆以來，各地通用的銀兩，其名稱，種類已極複雜。清中葉以後，名稱之多，不可勝數。」清代銀錢平行本位制表現為大客交易通常用銀，小客交易通常用銅錢，政府稅收和記賬規定用銀兩。政府對銀兩鑄造和發行採取自由放任政策，只是對涉及政府收支的專案規定了庫平、漕平和關平等由一定重量和成色構成的銀兩單位（虛銀兩）。銀兩單位在不同地區沒有統一標準，如上海規元、天津行化、漢口洋例等，這些都是各個地方在貨幣使用過程中逐步形成的區域性標準。至於銀兩的實物形態（實銀兩）同樣五花八門，按每錠相對紋銀申水數（按百分之百純銀計算，價值比同等重量紋銀高出的部分）劃分，有所謂二四寶、二五寶、二六寶、二七寶、二八寶、二九寶，不一而足。

163. 馬儒翰（J. R. Morrison），《中國商務指南》（*A Chinese Comercial Guide*）（S.W.Willams,1844）.

164. 〈北京爐房、錢鋪及銀號瑣談〉。

165. 清代的十兩不是今天的一斤。清代一兩等於三七．五克，一斤等於十六兩，相當於今天一．二市斤。

166. 老北京民間藏銀頗多。捐一個道台的明碼標價是一三一二〇兩白銀。可見當時白銀流通量之大。

167. 「規元」計算方法是先換算成紋銀，再除以〇．九八：$(98.60 \div 93.5374 \div 2 \times 100) \div 0.98 = 53.78$ 兩，五十兩二七寶銀記帳時就計作五三．七八兩。寶銀變為規元，不僅重量（平砝標準）發生變化，成色也發生改變，每百兩的成色降低為九一．六六兩，規元的重量和成色都不是二七寶固有的，所謂虛銀兩。

168. 《簡明中國經濟通史》，頁四五八。

169. 王業鍵，《清代經濟史文集》（臺北：稻鄉出版社，二〇〇三年）。

170. 戴建兵，《中國錢票》（北京：中華書局，二〇〇一年）。

171. 冷鵬飛，《中國古代社會商品經濟形態研究》（北京：中華書局，二〇〇二年），頁三〇三—三〇四。

172. 蕭清，《中國古代貨幣史》（北京：人民出版社，一九八四年），頁三二六。

173. 《貨幣制度的世界史——解讀「非對稱性」》，頁八七。

174. 同前引。

175. 《唐宋時代金銀之研究》，頁七六—七八。

176. 彭信威，《中國貨幣史》（上海：上海人民出版社，一九八七年），頁七七七—七七八。

177. 《貨幣的力量》，頁九二。

178. 《兩宋貨幣史》下冊，頁四六三—七六〇。

179. 《清代經濟史論文集》。

180. 趙岡、陳鐘毅，《中國土地制度史》（北京：新星出版社，二〇〇六年），頁一三四—一四四。
181. 《貨幣制度的世界史——解讀「非對稱性」》，頁一〇〇—一〇一。
182. 彭凱翔，〈近代北京貨幣行用與價格變化管窺〉，《中國近代史研究》（二〇〇〇年第三期）。
183. 張寧，《近代貨幣史論》（武漢：湖北人民出版社，二〇〇七年），頁二〇三、二五二。
184. 這三十個省為江蘇、浙江、安徽、湖南、湖北、河南、河北、山東、山西、廣東、廣西、江西、陝西、福建、四川、雲南、貴州、遼寧、吉林、黑龍江、綏遠、熱河、察哈爾、甘肅、青海、寧夏、西康、新疆、西藏、臺灣。
185. 《中國紙幣研究》，頁一四四，二〇四。
186. 中國人民銀行總行參事室編，《中華民國貨幣史資料（第一輯）》（北京：中華書局，一九六四年）。
187. 許倬雲，《歷史大脈絡》（桂林：廣西師範大學出版社，二〇〇九年），頁一八五。
188. 《中華錢幣論叢》，頁一七五。
189. 薛冰，《錢神意蘊》（山西：書海出版社，二〇〇四年），頁二二二。
190. 《中國貨幣演變史》。
191. 前引書，頁二四二—二四三。
192. 甘末爾（Edwin Walter Kemmerer, 1875-1945），美國經濟學和國際金融教授，在一九一七年至一九三四年，是世界知名的「貨幣醫生」，這期間，擔任過墨西哥等南美洲和亞洲國家的金融顧問。
193. 《清代經濟史論文集》，頁一六七。
194. 《中國貨幣論》，頁一。
195. 劉秋根，〈關於中國早期銀行的幾個問題〉，《河北大學學報（哲社版）》（一九九五年第四期，保定）。
196. 韓格理，《中國社會與經濟》（臺北：聯經出版公司，一九九〇年），頁二四〇。
197. 楊聯陞，《中國制度史研究》（南京：江蘇人民出版社，二〇〇七年），頁一五九。
198. 《中國古代社會商品經濟形態研究》，頁二五四。
199. 《中國貨幣史》，頁三八一。
200. 日本學者加藤繁、日野開三郎曾對唐、宋時期專營存款的櫃坊進行深入細緻的考證論述，認為中國早期銀行制度即源於此。
201. 劉秋根，〈對十五—十八世紀資金市場發育水平的估計問題〉，《中國經濟史研究》（二〇〇三年第一期，北京）。
202. 葉茂，《中國歷史上的要素市場與土地買賣——「中國歷史上的商品經濟」系列研討會第四次會議紀要》，《中國經濟史論壇》（二〇〇三年第四期）。
203. 《中國紙幣研究》，頁二九四，三〇〇，三一六。
204. 在櫃坊，可將錢鎖在櫃坊出租的櫃子中，鑰匙由自己保管。唐後期櫃坊已有相當發展，收取保管費，存款可持「帖」取款或取物。由此看來「櫃坊有些類似西方早期的銀行——金匠——接受存款，但收保管費，存款人取錢之帖，則類似今日的支票。」

205. 吳籌中，《中國紙幣研究》（上海：上海古籍出版社，一九八八年），頁五三七。

206. 根據楊聯陞的《國史探微》：在這四種辦法中，拍賣似乎可以確認來自印度。「其他三種制度則可以說是中國人的發明。因為借貸、互助、拈鬮等一般概念和方式在佛教傳入之前，中國人無疑已是相當熟悉了」。

207. 《國史探微》，頁二六七—二六八。

208. 前引書，頁二七三。

209. 前引書，頁二八九。

210. 葉士昌、潘連貴，《中國古近代金融史》（上海：復旦大學出版社，二〇〇四年），頁一一六。

211. 劉逖，〈一六〇〇—一八四〇年中國國內生產總值的估算〉，《經濟研究》（二〇〇九年第十期，北京）。

212. 潘敏德，〈中國近代典當業之研究（一六四四—一九七三）〉，國立臺灣師範大學《歷史研究所專刊》第十三期（一八八五年，臺北）。

213. 林滿紅，〈嘉道年間貨幣危機爭議中的社會理論〉，《中央研究院近代史研究所集刊》第二十三期（一九九四年，臺北）。

214. 尚綬珊，〈北京爐房、錢鋪及銀號瑣談〉，《文史資料選輯》第四十四輯。

215. 〈對十五—十八世紀資金市場發育水平的估計問題〉。

216. 王俊元，《白銀問題與法幣改革之研究》（臺北：全民出版社，一九七八年），頁一七。

217. 「『資本市場』業務」和「利息和高利貸」兩節的主要資料來源：劉秋根，〈中國封建社會資本市場分析——以高利貸為資本中心〉，《中國經濟史論壇》，二〇〇五年五月二十四日。

218. 《中國古代社會商品經濟形態研究》，頁二五九。

219. 西歐國家的資本和貨幣市場設立時間：巴塞隆納的兌換銀行（一四〇一年）、布魯日交易所（一四〇九年）、里昂交易所（一四六二年）、阿姆斯特丹交易所（一五三〇年）、倫敦交易所（一五五四年）、巴黎交易所（一五六三年）、阿姆斯特丹銀行（一六〇九）、威尼斯的流通銀行（一六一九年）、萊比錫交易所（一六三五年）、英格蘭銀行（一六九四年）、第一個法國商會（一七〇〇年）、紐約交易所（一七七二年）、法蘭西銀行（一八〇一年），「普魯士銀行升級為中央銀行」（一八七一年）。

220. 悉尼・霍默、理查・西勒，《利率史》（北京：中信出版社，二〇一〇年），頁六四九—六六〇。

221. 《中國貨幣史》，頁二一〇。

222. 《利率史》，頁六四九—六六〇。

223. 《半兩錢制度研究》，頁二八八。

224. 〔宋〕鄭俠，《上王荊公書》，《西塘集》卷六（臺北：臺灣商務印書館，一九七三年）。
225. 葉士昌、潘連貴，《中國古近代金融史》（上海：復旦大學出版社，二〇〇四年），頁一一三。
226. 《宋金元貨幣史研究》，頁二九〇—二九一，二九九。
227. 方行等主編，《中國經濟通史：清代經濟卷（中）》（北京：經濟日報出版社，二〇〇〇年），頁一三七七—一三七八。
228. 十七、十八世紀的荷蘭利息率大概是全世界最低的，條件最好的借貸人的利息率是三%；英國的利息率則在十八世紀降到了四—五%。至於日本的利息率低於中國，很可能和當時日本的儲蓄率較高有關。一項對一八四〇年代日本兩個市鎮和二十九個村莊的研究顯示，農民中的儲蓄率約為二〇%。彭慕蘭，《大分流》（南京：江蘇人民出版社，二〇〇三年），頁一六八。
229. 同前引。
230. 前引書，頁一六九。
231. 在基督教文明中，加爾文解釋上帝和希伯來人以高利貸給異教徒。
232. 《孟子．滕文公》。
233. 《中國古近代金融史》，頁一一三。
234. 《中國金融通史》，頁五六八。
235. 〈中國封建社會資金市場分析——以高利貸資本為中心〉。
236. 《利率史》，頁六四九—六六〇。
237. 同前引。
238. 劉秋根，〈關於中國早期銀行的幾個問題〉，《河北大學學報》哲社版（一九九五年第四期）。
239. 許倬雲，《漢代農業》（桂林：廣西師範大學出版社，二〇〇五年），頁一四八—一四九。
240. 約翰．希克斯，《經濟史理論》（北京：商務印書館，一九八七年），頁五八。
241. 《易．繫辭傳》。黃壽祺、張善文，《周易譯註》（上海：上海古籍出版社，一九八九年）。
242. 楊天宇，《周禮：二十七司市》，《周禮譯註》（上海：上海古籍出版社，二〇〇四年）。
243. 《禮記．王制》：「古者公田藉而不稅，市廛而不稅」。漢鄭玄注：「廛，市邸物舍；稅其舍，不稅其物」。潛苗全，《禮記譯註》（杭州：浙江古籍出版社，二〇〇七年）。
244. 趙岡、陳鐘毅，《中國經濟制度史論》（臺北：聯經出版事業公司，一九八九年），頁三。
245. 前引書，頁四四六。
246. 前引書，頁五三九—五四〇。
247. 許倬雲，《許倬雲自選集》（上海：上海教育出版社，二〇〇四年），頁四六八。

248. 秦與西漢，商人分為有市籍與無市籍兩種。有市籍的商人社會地位低下。漢初法律規定，「賈人不得衣絲乘車」，對商人的社會地位加以壓抑。但是，在實際經濟生活中，與前朝相比，對商賈的商業活動不僅沒有限制，反而更寬鬆。西漢中期以後，商人的社會地位提升，所謂「市籍」的觀念逐漸淡化。《漢書》和《三國志》都有富商大賈的專傳。在商業繁榮的唐朝，也試圖壓抑商人，曾規定商人不能做官。但是，富商在唐代的社會地位並不低下，他們謀求入仕，亦官亦商，結交王侯官吏，與達官貴人平起平坐。宋朝，商人的勢力增長，思想界出現了重視商人、為商人辯護的思想與主張。宋朝的大商人已經成為統治階級的一部分，儘管中等商人和小商販社會地位還受到壓抑。

249. 自西周至清末，私人商業的功能之一就是向國家納稅。商稅是歷朝財政收入的重要組成部分。宋代徵稅制度完備，且商稅收入數額龐大，增長迅速。明朝商稅逐漸上升。據不完全統計，弘治時全國商稅共四，六一〇，〇九〇貫，至嘉靖時增長至五，二六八，一〇九貫。商稅的增加一定程度上是商品數量增加，市場繁榮和私人商業壯大的反映。

250. 《中國社會與經濟》，頁二四〇—二四一。

251. 前引書，頁二四二。

252. 馬克斯．韋伯，《儒教與道教》（南京：江蘇人民出版社，一九九五年），頁一一五。

253. 《中國社會與經濟》，頁二五一。

254. 《許倬雲自選集》，頁一七四。

255. 貢德．弗蘭克，《白銀資本》（北京：中央編譯出版社，二〇〇〇年），頁二九八—二九九。

256. 《中國古代社會商品經濟形態研究》，頁一七六。

257. 《中國的現代化：市場與社會》，頁一一二—一一六。

258. 《白銀資本》，頁三〇〇。

259. 《簡明中國經濟通史》，頁五一九。

260. 宋代的商品交易量應在八千萬到四億四千萬貫，商品稅率在五%，按當時人口以一億計算，人均商品交易量應在〇．八—四．四〇貫。

261. 《歷史大脈絡》，頁一九一—一九二，四四。

262. 《中國古代社會商品經濟形態研究》，頁一七六。

263. 《中國古代貨幣史》，頁三二四。

264. 《大分流》，頁六六。

265. 亞當．斯密認為：長子繼承制，除了維持家族顯赫和驕傲，並不合理，特別是阻止了分割土地。《國富論》，頁二七九—二八〇。

266. 《大分流》，頁六八。

267. 同前引。

268. 李文治、江太新，《中國地主制經濟論——封建土地關係發展與變化》（北京：中國社會科學出版社，二〇〇五年），頁二。

269. 《中國制度史研究》，頁一〇八。

270. 趙岡、陳鐘毅，《中國經濟制度史論》（臺北：聯經出版公司，一九八六年），頁四〇—四五。

271. 〔宋〕羅椅，《澗谷遺集》卷一《田蛙歌》，《續修四庫全書》（上海：上海古籍出版社，二〇〇二年）。

272. 《簡明中國經濟通史》，頁二五〇—二五一。

273. 同前引。

274. 親鄰優先權最早出現在北魏均田令中，第一次提到了「親」。分配的次序先親屬，是和當時聚族而居、政府的戶籍控制有關。唐實行均田制，不提倡土地買賣，故無親鄰優先權的立法。唐中葉實行兩稅法後，才在雜令中出現親鄰優先的規定。《宋刑統》、《元典章》加以保存。以前把「親鄰優先權」的問題看得過於嚴重，實際上法令中已經留了一個大的口子：價格優先否定了親鄰優先。「清代庶民地主增多，儘管以強權，暴力霸佔或強買土地等現象並未根除，『先盡親鄰』的傳統習俗依然存在，但土地轉移中的經濟力量逐漸加強，所謂『田地無定主，有錢則買，無錢則賣。』經過對康嘉時期七二八件檔案資料的統計分析，土地買賣在同姓間進行的有兩三七件，在異姓間進行的有四九一件，分別占總數的三二．六%與六七．四%。」

275. 彭凱翔，《清代以來的糧價——歷史學的解釋與再解釋》（上海：上海人民出版社，二〇〇六年），頁九八。

276. 魏建猷，《秘密結社與社會經濟》（上海：上海書店出版社，二〇〇七年），頁一九二。

277. 《中國經濟制度史論》，頁四八—四九。

278. 同前引。

279. 《中國地主制經濟論》，頁三三七—三三九。

280. 凱恩斯，《就業，利息和貨幣通論》（北京：華夏出版社，二〇〇五年），頁一八五。

281. 前引書，頁二六七。

282. 《中國經濟制度史論》，頁二六八。

283. 同前引。

284. 前引書，頁二七〇。

285. 前引書，頁二六八—二九八。

286. 同前引。

287. 葛金芳、顧蓉，〈我國資本主義萌芽出現於宋代〉，《中國經濟史論壇》，二〇〇六年六月七日。

288. 《中國經濟制度史論》，頁二六八—二九八。

289. 同前引。
290. 《中國貨幣史》，頁七二一—七二二。
291. Robert C. Allen and etc, "Wages, prices and living standards in China, 1738-1925: in comparison with Europe, Japan and India", The Economic History Review (Oxford: Basil Blackwell, 2011.02).
292. 《中國古代社會商品經濟形態研究》，頁一八三。
293. 前引書，頁一〇一。
294. 秦暉、蘇文，《田園詩與狂想曲》（北京：中央編譯局出版社，一九九六年），頁三三四—三三五。《後漢書》卷三二《樊宏佳》提供了一個案例，其家有田三百公傾，以畝產一石計，年產糧當為三萬石以上。三十稅一，交租三千石。其家三室同堂，加上童隸，假設五百人，人均年食糧以十八石計，年耗糧九千石，再減去魚類、六畜耗糧油二千石，餘糧仍約一萬八千石左右，占其全部糧產的五八％以上。在漢代，這種情況絕非少數。《齊民要術》中頗有記載。
295. 劉逖，〈一六〇〇—一八四〇年中國國內生產總值的估算〉，《經濟研究》（二〇〇九年第十期）。
296. 《簡明中國經濟通史》，頁四九五—四九七。
297. 《白銀資本》，頁三〇〇。
298. 〈一六〇〇—一八四〇年中國國內生產總值的估算〉。
299. 《中國貨幣史》，頁十七，二六七。
300. Mark Kurlansky, "Salt: A World History", Penguin Books (2002), pp.18-28.
301. 《簡明中國經濟通史》，頁一九四。
302. 《中國經濟史研究》，頁三三。
303. 劉新成，《中國歷史通鑒：明代卷》（北京：中華書局，二〇〇一年），頁一五九—一六〇。
304. 吳承明（一九八五），轉引自劉逖，〈一六〇〇—一八四〇年中國國內生產總值的估算〉。
305. 尚鉞，《中國歷史綱要》（河北：河北教育出版社，二〇〇二年），頁三七六—三七七。
306. 李伏明，〈明清松江府棉布產量與市場銷售問題新探〉，《史學月刊》二〇〇六年第十期（二〇〇六年，河南）。
307. 余同元，〈明清江南早期工業化社會的形成與發展〉，《史學月刊》二〇〇七年第十一期（二〇〇七年，開封）。
308. 《中國歷史綱要》，頁五八九。
309. 吳承明認為：中國當時棉布產量可以達到六億匹以上，其中五二．八％是以商品在市場出售的，計三億一千五百萬匹。此數已經超過英國同時期棉紡工業在全世界的銷售量。
310. 方行等主編，《中國經濟通史：清代經濟卷（上）》（北京：經濟日報出版社，二〇〇〇年），頁六〇七—六〇八。
311. 吳承明（一九八五年）。轉引自〈一六〇〇—一八四〇年中國國內生產總值的估算〉。

312. 戰國時期，宛縣的孔家，魯地的家，都是靠冶煉鐵器發家的，財富多達萬萬錢。
313. 林甘泉主編，《中國經濟通史：秦漢經濟卷（下）》（北京：經濟日報出版社，一九九九年），頁四二五。
314. Robert Hartwall（郝若貝），"A Revolution in the Chinese Iron and Coal Industries during the Northern Sung, 960-1126", *Journal of Asian Studies*, 21(MI, 1962).
315. 漆俠，《中國經濟通史．宋代經濟卷（下）》，（北京：經濟日報出版社，一九九九年），頁六二一，六二五。
316. 同前引。
317. 《中國經濟通史．清代經濟卷（上）》，頁七四七。
318. 前引書，頁七五五。
319. 〈一六〇〇—一八四〇年中國國內生產總值的估算〉。
320. 《中國經濟通史．宋代經濟卷（下）》，頁六六二。
321. 前引書，頁六一八。
322. 前引書，頁六六二。
323. 葉世昌，《中國金融通史（第一卷）先秦至清鴉片戰爭時期》（北京：中國金融出版社，二〇〇二年），頁五三—五四。
324. 前引書，頁七七。
325. 張峨建，〈北宋韶州永通監建置時間新證〉，《嶺南文史》（二〇〇六第一期，廣州）。
326. 《中國金融通史（第一卷）先秦至清鴉片戰爭時期》，頁一四三。
327. 汪聖鐸，《兩京夢華》（香港：中華書局，二〇〇一年），頁一五二。
328. 《中國貨幣史》。
329. 前引書，頁七一五。
330. 前引書，頁八二三。
331. 前引書，頁八二〇。
332. 鄭友揆，〈十九世紀後期銀價、錢價的變動與我國物價及對外貿易的關係〉，《中國經濟史研究》（一九八六年第二期，北京），頁七二。
333. 《人民日報》（二〇〇三年七月六日）：四川綿陽市安縣發現埋藏地窖的南宋錢幣，全部是鐵錢，重約七噸。
334. 《貨幣制度的世界史——解讀「非對稱性」》，頁九〇。
335. 宮崎正勝，《圖解東亞史》（臺北：易博士文化出版，二〇〇四年），頁一四四。
336. 「十一世紀銅錢鑄造的最盛時期在一〇七五年，有這樣的記載，『銷熔十錢，得精銅一兩，造作器物，獲利五位。』在十三世紀的南宋，也有這樣的說法，『而費近二十文之本，方得成一文之利。』即使可以與十一世紀並列為銅錢鑄造最盛期的十八世紀，也產生了良幣私銷問題。宋朝多次頒佈銅禁、錢禁法令，嚴格禁止銅製品和銅錢外流，禁止私人鑄造銅器（特別是熔化銅錢鑄造銅器），又禁止大量儲藏銅幣。這類詔敕真可謂史不絕書，大約不下幾十次。有關的刑罰也相當嚴厲，例如《嘉祐編敕》規定，將銅錢一貫以上攜出西北邊境以外，或將銅錢二十貫攜出其他邊界，為首者處死，私熔煉銅九斤以上處以刺配。然而，令人不解的是：儘管市場上已經出現了錢幣短缺現象，宋朝很早就頒佈法令，嚴禁銅錢的外流、銷毀。據記載，有時一次私自用船運往海外的銅錢就達十萬貫以上。《兩宋貨幣史》，頁二四二，二五一。

337. 許倬雲，《萬古江河》（香港：中華書局，二〇〇六年），頁二二九。
338. 前引書，頁一三四—一三五。
339. 李槐，〈中國古代貨幣體系的結構變化研究〉，《雲南教育學院學報》（一九九七年第三期，雲南）。
340. 《宋史（食貨志會計下一）》，《宋史》（上海：上海人民出版社，二〇〇三年）。
341. 如果一兩銀等於一貫銅錢，一貫銅錢等於三百元人民幣。根據《水滸》具體事例，這個兌換率比較合理。第十五回，吳用勸說三阮入夥劫生辰綱，讓阮小七用一兩銀子買了一甕酒，二十斤生熟牛肉，一對大雞。一兩銀子差不多等於三百人民幣。第四十四回，戴宗和楊林請石秀吃飯，一兩銀子讓店家隨便上酒菜。根據宋史職官志，宰相的本俸是月薪三百貫，折合人民幣九萬元，年薪一百零八萬。普通從八品的縣令月薪十五貫，合人民幣四千五百元，年薪五．四萬。宋代一個縣令不過管幾千戶人家。宋代除了職務本俸外，還有名目繁多的津貼。
342. 一九二八年，在前蘇聯戈爾諾阿勒泰省烏拉干區烏拉干河畔，發現了屬於西元前六到四世紀的巴澤雷克墓，舉世震驚。巴澤雷克墓的隨葬品奢侈豪華，包括大量中國製品：絲織品外衣、玉器、漆器、金器、青銅器和整塊的絲綢、布匹、銅鏡等。這個考古發現證明了中國與該地區的貿易。可參見王治來，《中亞史》（北京：中國社會科學出版社，一九八〇年），頁四二—四三。
343. 段渝，〈中國西南早期對外交通〉，《歷史研究》（二〇〇九年第一期，北京）。
344. 余英時，《漢代貿易與擴張》（上海：上海古籍出版社，二〇〇五年），頁一三〇。
345. 蜀身毒道開建於秦統一前的李冰父子時期，真正大規模的兩次開發則是在漢武帝在位期間。古蜀身毒道的路線與今天川滇公路、川緬公路、緬印公路的走向大體一致，且有不少路段完全重合。
346. 《漢代貿易與擴張》，頁一三〇。
347. 沈光耀，《中國古代對外貿易史》（廣州：廣東人民出版社，一九八五年），頁三四一。
348. 羅馬的黃金主要來自埃及。西元前四七年古埃及被羅馬帝國佔領，羅馬大帝凱撒凱旋羅馬時，展示了從埃及掠奪的二，八二二個金冠，每個金冠重八公斤，共計二二．五八噸；還展示了白銀一，八一五噸。抬著遊行的金銀重達六萬五千塔蘭特，約一九五〇噸。金銀的積累使羅馬帝國的國力大增。研究黃金的歷史學者格林就指出：「古埃及和古羅馬的文明是由黃金培植起來的。」

349.《中國貨幣史》，頁一四五—一四七。
350. 同前引。
351.《漢代貿易與擴張》，頁一三二。
352. 前引書，頁一四五—一四七。
353. 同前引。
354.《中國古代商品經濟形態研究》，頁三五〇。
355. 近年來，中國有的學者提出：最早到達中國的羅馬使團是西元一〇〇年。林梅村，〈西元一〇〇年羅馬商團的中國之行〉，《中國社會科學》（一九九一年第四期，北京）；楊共樂，〈誰是第一批來華經商的西方人？〉，《世界歷史》（一九九三年第四期，北京）和〈「絲綢之路」研究中的幾個問題〉，《北京師範大學學報》（一九九七年第一期，北京）。前者首先提出西元一〇〇年羅馬商團到達過中國的問題並加以論證，後者對前者論中的一些觀點提出商榷。
356.《中國古代商品經濟形態研究》，頁三五一。
357. 馬克斯．韋伯，《中國的宗教》（廣西：廣西師範大學出版社，二〇〇四年），頁三二。
358.《金錢的歷史》，頁六三—七五。
359.《中國貨幣史》，頁二三一—二三五，頁三二四。
360. 同前引。
361. 同前引。
362. 前引書，頁三二七。
363.《圖解東亞史》，頁一〇九。
364.《金錢的歷史》，頁一四五—一四六。
365.《中國古代商品經濟形態研究》，頁三五四。
366. 蔡暹，《商業的起源、發展和消亡》（上海：上海人民出版社，一九五四年），頁二四。
367.《圖解東亞史》，頁一〇八。
368. 王文成，〈從輸出到輸入：宋代海外貿易中的白銀流向考述〉，《中國經濟史論壇》，二〇〇四年五月九日。
369.《圖解東亞史》，頁五一一。
370.《金史研究論叢》。
371.《宋金元貨幣史研究》，頁一五九。
372.《圖解東亞史》，頁一六一。
373. "The Eurasian silver century, 1276-1359: commensurability and multiplicity"

374.《貨幣制度的世界史——解讀「非對稱性」》，頁五九—六〇。

375.《白銀資本》，頁一八八。

376. 劉秋根等主編，《中國工商業、金融史的傳統與變遷》（保定：河北大學出版社，二〇〇九年），頁三四八。

377. 前引書，頁三二三—三二九。

378.《十六世紀明代中國之財政與稅收》（二〇〇一年），頁一〇六。

379. 根據申時行《明會典》（卷一〇五—一〇六；成化廣州志，卷一三二）：當時的朝貢名單由安南（越南）；暹羅（泰國）；琉球；日本；爪哇（印尼）；蘇門答臘；汶萊；高麗（朝鮮）；真臘（柬埔寨）；呂宋（菲律賓）；錫蘭（斯里蘭卡）；榜葛剌（孟加拉）；滿剌加（麻六甲）；古裡（印度科澤科德），等等。朝貢期限有一年一貢，三年一貢，十年一貢，以及不定期。

380. 程琥，《全球化與國家主權》（北京：清華大學出版社，二〇〇三年），頁一〇二。

381.《白銀資本》，頁一六四。

382. 同前引。

383. 日本使用的是一種用吹溶的辦法使得銀和礦渣分離，稱「銀山銀吹法」。

384. 李德霞，〈日本德川幕府與明朝的貿易關係論斷〉《中國社會經濟史研究》（二〇〇八年第四期，廈門），頁五八—六二。

385. 明太祖首先對日本實行羈縻政策，准許他們入明朝貢，企圖通過外交活動抑制倭寇侵擾，未果，轉而加強海防，積極防禦倭寇。明成祖之後，恢復其朝貢貿易，且賜予「百道勘合」。但是，日明雙方對朝貢貿易的理解有很大差異，明朝將之作為羈縻海外國家的政治工具，日本卻認為是一種營利的商機，形成了矛盾。日本等國和中國之間的貿易長期是靠納貢使團獲得的利潤來維持的。明朝為了控制大量入貢的日本商人，實行限制政策，遂使日本各大名、寺社為爭取入明朝貢而劇烈競爭，引發了寧波的拼殺事件：「爭貢之役」。明朝以此罷市舶，嚴海禁，斷絕與日本的朝貢貿易關係，終於釀成了震驚中外的「嘉靖倭患」。之後，明政府採用軍事和政治手段，打擊倭寇。

386. 代表人物是王直，從中國向日本走私產品是生絲，換取日本白銀。一五五七年王直投降明政府，條件是容許自由貿易，但是，兩年後，仍舊被明政府處決。

387. Edited by Dennis O.Flynn, Arturo Giraldez and Richard von Glahn, *Global Connections and Monetary History, 1470-1800*（Los Angeles:University of California, 2003.）

388. 十七世紀初後還有兩條路線：西屬美洲→西班牙塞維爾→葡萄牙→中國；西屬美洲→西班牙塞維爾→荷蘭、英國→中國。

389.《簡明中國通史》，頁四五八。

390. 同前引。

391. 全漢昇，《明清經濟史研究》（臺北：聯經出版公司，一九八七年），頁二四—二七。

392. 《圖解東亞史》，頁一九五。

393. 根據〈財稅與貿易：日本「鎖國」期間中日商品交易之展開〉（劉序楓，《財政與近代歷史論文集》）在一六八四—一六九五年間，日本銅對中國輸出，每年均有三百到四百萬斤的輸出；一六九六—一七一〇年間，日本銅年產量達到最高點，每年輸出中國四百到七百萬斤；一七一五年因日本銅產量減少，且國內需求增加，限制對中國的輸出為一年三百萬斤，其後就逐年減少。

394. 乾隆二十年（一七五五），發生英國人洪任輝（James Flint）駕船闖入寧波、定海和天津事件。

395. 康熙二十五年（一六八六），兩廣總督吳興祚、廣東巡撫李士禎和粵海關監督宜爾格圖商議，將國內商稅和海關貿易貨稅分為住稅和行稅兩類。住稅徵收物件是本省內陸交易一切落地貨物，由稅課司徵收；行稅徵收對象是外洋販來貨物及出海貿易貨物，由粵海關徵收。為此，建立相應的兩類商行，以分別經理貿易稅餉。前者稱金絲行，後者稱洋貨行，又稱之為「廣東十三行」。「十三行」之名是沿襲明朝。名義上雖稱「十三」，其實並無定數。只是「廣東十三行」代表的是最有實力的經營外貿的專業商行。一八二二年，十三行失火，有四千萬兩白銀被烈火鎔化，史稱「洋銀熔入水溝，長至一二里」，可見十三行何等富有。一八五六年，第二次鴉片戰爭期間，十三行及其包括黃金，白銀和珠寶在內的「中國式財富」毀於戰火。

396. 小約翰．威爾斯，《一八六六年的全球史》（海南：海南出版社，二〇〇四年），頁五一。

397. 根據李慶新：《海上絲綢之路》（北京：五洲傳播出版社，二〇〇六年）：（一）絲貨。一六九八—一七二二年，僅廣東輸往歐美的生絲為一，八三三擔，一七四〇—一七七九年，增加到一九，二〇〇擔。一七八〇—一七九〇年，為二七，一二八擔。一八二〇—一八二九年，更增至五一，六二二擔。絲貨在英國對華貿易中占舉足輕重地位。乾隆、道光間，英國東印度公司每年在廣州採購價值二十萬到五十萬兩白銀的生絲。道光十四年（一八三四），英國政府撤銷東印度公司對華專利權，絲的出口大增。一八三三—一八三七年，每年達到一萬擔。十九世紀初葉，美國對華貿易有後來居上之勢。有些年份，美國商船運走的絲綢占全部輸美商品的三分之一，數量超過英國。如一八三二年，英國商人購買中國絲綢五四，六八三匹，美國商人在廣州就採購了二一五，二一九四匹。（二）茶葉。十七世紀以後，飲茶之風在西班牙、法國、日耳曼和斯堪的納維亞地區普遍興起。在葡萄牙，甚至貴族、宮廷也流行飲茶。十八世紀，英國家庭和咖啡店普遍把茶作為飲料，在美國也習以為常。歐美龐大的茶葉消費需求反過來又帶動中國茶葉的出口。中國外銷茶葉主要有紅茶和綠茶，而以紅茶為多。紅茶主要產於福建、廣東，綠茶產於安徽、浙江、江蘇。一七六〇年代以前，荷蘭人是最大的茶葉經銷商。十八世紀最初十年，荷蘭東印度公司通過前往巴達維亞的中國帆船進行茶葉貿易，每年獲利十萬到五十萬荷盾。一七二八—一七三四年，荷蘭派出十一艘商船前往廣州，其中九艘共購買茶葉一三五荷磅（一荷磅＝一擔），價值一，七四三，九四五荷盾，占全部貨值的七三．九%。一七三四年以後，荷蘭東印度公司茶葉貿易有所起伏，但仍然是對貨貿易的最重要商品。一七二〇—九〇年代，茶葉占荷蘭東印度公司輸入中國商品的七〇—八〇%，有時超過八五%。英、法、美對華茶經營不斷增長，尤其是英國東印度公司，十八世紀中葉以後幾乎壟斷歐的華茶市場。一七六五—一七七四年，公司購買的茶葉在絕大多數年份都占中國進口貨物總值的五〇%以上；十九世紀以後，這個比例超過九〇%，茶葉貿易為英國東印度公司帶來巨額利潤。從一八一五年，東印度公司每年從茶葉貿易中獲利超過一百萬英鎊，占其商業利潤的九〇%，為英國國庫提供一〇%的收入。（三）瓷器。十七、十八世紀，中國瓷器在歐洲不僅是名貴的生活器皿，而且也是時尚的藝術珍品，頗受上層社會的歡迎。中西瓷器交易額雖然不如絲茶，但仍然是重要商品。明清之際，每年運到巴達維亞的中國瓷器就達到十五萬件。一七五三年，英、法、荷、丹麥等國五艘商船運回到歐洲的中國瓷器大約有一百萬件。一七五二年，荷蘭東印度公司的商船「海爾德馬爾森」號（Geldermalsen）在駛離中國返回歐洲途中沉沒，船上價值八十萬荷盾的船貨，包括兩〇三箱二十三萬九千件瓷器、六十八萬七千磅荷葉、一四七件金條或金元寶及一些紡織品、漆器、蘇木、沉香木，全部沉沒。一九八四年，英國潛水夫哈徹爾（M.Hatcher）從沉船中撈起十五萬件青花瓷器和一二五塊金錠，並在阿姆斯特丹拍賣，三千件瓷器以三千七百萬荷蘭盾成交，琳琅滿目的瓷器讓求購者目瞪口呆。

398. 一七二七年，中俄簽訂《恰克圖條約》，兩國以恰克圖為界，舊市街劃歸俄國，清朝於舊市街南別建恰克圖新區。一七二九年，清朝立市集於恰克圖。一七三七年，對俄貿易統歸恰克圖辦理。一七六二年，置庫倫辦事大臣，專理俄羅斯貿易。其後，因俄國屢次違約恣行，失和絕市。一七九二年中俄訂立《恰克圖市約》，重新通市。現在，俄國境內之恰克圖，仍名恰克圖；當時中國境內之恰克圖，即今蒙古人民共和國阿爾丹布拉克。

399. 《圖解東亞史》，頁二一五。

400. 薩米爾．阿明，《不平等的發展》（香港：商務印書館，二〇〇〇年），頁七二。

401. 韓毓海，《五百年來誰著史》（北京：九州出版社，二〇〇九年），頁三九，四四。

402. 《中國經濟制度史論》，頁五五二。

403. 同前引。

404. 同前引。

405. 《貨幣的力量》，頁一三七—一三九。

406. 《國富論》，頁一四七。

第二章

過渡

——從白銀貨幣化、「銀錢複本位」到「多元本位」

（一四三六—一九一一）

中國的貨幣經濟始終苦於通貨不足的錢荒，
進入明朝之後，隨著工商業的復甦與發展，
開始進入白銀為主體貨幣的「白銀世紀」。
隨著歐洲的全球大發現，在南美洲開採白銀，購買中國商品，
中國納入全球經濟體系中，
而明朝的繁榮、衰落與覆滅，都與白銀貨幣的供給息息相關。
到了清朝，白銀的全球供給更牽動帝國的治亂。

美洲與日本銀礦減產加劇了「康熙蕭條」。
鴉片戰爭之後用於戰爭、賠款、治河的支出，
造成朝廷的財政危機與通貨膨脹。
在市場經濟與國際環境的壓力下，
在重商主義與民族主義的推動下，光緒年間開始推動貨幣改革，
加強國家對經濟的干預、著手統一貨幣發行權。
然而，弔詭的是，貨幣改革加速了清朝的滅亡，
同時也將貨幣本身的進程推遲了三十年。

「正是中國對白銀的公共需求、中國經濟的巨大規模和生產力以及由此產生的出口順差，導致了對世界白銀的巨大需求，並造成了世界白銀的上漲。」

——貢德．弗蘭克，《白銀資本》

明英宗正統元年（一四三六），白銀貨幣合法化，自此在貨幣體系中始終處於主導地位。如果沒有自十五世紀中葉開啟白銀化，明、清兩代的經濟擴張和社會發展將黯然失色。從一四三六年至一九三三年「廢兩改元」，中國始終處於從銀兩制度和銀錢複本位向銀本位的轉型過程，向近現代貨幣經濟過渡。[1]這種情況實為世界經濟史所罕見。在這四百九十七年間，這兩個階段既有聯繫又有區別：明代的過渡屬於自主型過渡，是西方貨幣經濟如何適應中國貨幣經濟，不存在以西方貨幣經濟為標準的問題；而清朝的過渡則是不得不以西方貨幣經濟為標準。可惜，明代貨幣經濟的近現代化因明末全面危機而中斷；清末，貨幣經濟現代化逐漸展開，但因一九一一年的政治大變局，而沒有足夠的時間完成貨幣經濟轉型。

明朝的貨幣經濟：從紙鈔到白銀化

元朝破壞了宋代建立的白銀、銅錢和紙幣並存的貨幣體系，在不到一百年間，掠奪白銀，廢止銅錢，紙幣成為唯一的合法貨幣。一旦元朝滅亡，缺銅少銀，幾乎沒留下任何金屬貨幣資源。明朝面對的是元朝留下的爛攤子：人口銳減，經濟凋敝，市場體系瓦解，貨幣經濟殘缺不全。明初的

五、六十年，金屬貨幣奇缺，通貨緊縮，經濟蕭條。

但明朝在短短十年中，大體恢復了國民經濟，重建市場體系，創造了「大明寶鈔」。伴隨農業、手工業和服務業的發展，商品經濟的成熟，白銀貨幣取代紙幣。明朝成為佔有世界白銀資源最主要的國家。中國貨幣經濟從此走上一條以白銀為主體貨幣的不歸路。白銀的存量和流量關乎國家的貨幣供給和需求，乃至國民經濟可否正常運行，甚至政權存亡。明末的種種危機都可用白銀經濟來解釋。

貨幣制度的選擇：從行鈔到接受白銀貨幣化

明朝初建，在貨幣制度方面的初衷是恢復銅錢。但是因為幣材短缺而選擇「行鈔」，推行紙幣。紙幣若沒有足夠貴金屬為儲備貨幣，必然走向貶值。明朝寄望於銅錢，困難太大。此時，民間貨幣白銀化已成氣候，明朝接受了這個既成事實，化解了貨幣經濟的深刻危機，一如錢荒嚴重的北宋，是民間發明「交子」緩和了貨幣供給不足的困境。

以「銅錢」為法幣的過渡期。從明朝開國（一三六八）至洪武七年（一三七五），國家以銅錢為法幣，這七、八年時間是確立貨幣制度的過渡時期。之所以如此，有三個原因：中國有使用銅錢的傳統，實施起來輕車熟路；民間——特別是在江南——還存留大量的前朝銅錢；民間有數量可觀的銅製品。

明朝確定銅錢為法幣，不等於貨幣資源充分，所以，對民間交易中使用各類通貨未加干預，容許繼續使用宋朝的銅幣，特別是在地方性的小型市場。如果可以解決銅錢的幣材問題，就會繼續銅錢作為法幣的制度。反之，則著手發行紙幣準備。而發行紙幣，有元朝的前車之鑑，風險很大。選擇何種幣制，明朝進退維谷，但很快就發現銅材難以解決，在產量和技術層面停滯不前；而進口日本「東夷銅」，缺乏足夠的白銀支付能力；勉強鑄幣的成本又居高不下，逼迫官府不得不中止。一三九〇年，很多製幣廠關門。[2]「由於缺乏原料，鑄錢量便不可能無限制擴大，國家能夠從中獲得的好處便有限」。[3] 明朝的鑄錢量落後於社會經濟的發展。

還有一種原因，在明朝前期（即行鈔的黃金時期），「由於提留用鈔的政策，使銅錢鑄造從一開始就發展遲緩，政府不願意造就銅錢，以避免共同推行的法定貨幣相競爭。」[4] 明代中後期，鑄造銅錢成為官府的重要貨幣政策，從嘉靖、萬曆、天啟到崇禎年間，中央與地方政府多次購買銅材、開局鑄幣，希望透過擴大製錢來增加國家在貨幣經濟中的影響力。

但是，明朝終究沒有扭轉在製錢上的被動局面。與宋朝比較，整個明代的銅錢供應量大幅減少。在兩百七十六年間，官府只鑄錢四十次，平均產量不超過兩億文。粗估整個明代的銅錢產量只有八十億文，相當於北宋兩年的鑄錢總數。[5] 甚至有人認為，明代近三百年所鑄貨幣總量還不到北宋元豐時期一年所鑄銅錢數量。一般的看法是，明朝在一五五〇年以前的貨幣供給，大約在四千萬到六千三百萬貫銅錢左右。還有一種算法：在十六世紀白銀大規模進口之前，明朝貨幣供給總量是一千五百萬到兩千五百萬白銀，加上三千六百萬到五千四百萬貫銅錢，相當於四千六百五十萬到七千一百五十萬貫。這個數字只相當於宋朝在一〇四三年以前全部貨幣供給的二分之一。與宋朝比較，明朝不僅疏於製錢數量，而且疏於製錢的質量。明錢的質量大多比十一世紀宋朝所鑄造的錢幣低劣，在民間交易引起混亂。明朝沒有能力解決製錢，又不允許民間插手，直到王朝覆亡，仍沒有根除因為銅資源供給不足所形成的負面影響。

大明寶鈔的實施和廢止。「如果金銀短缺，則可以由紙幣補充」。[6] 洪武八年（一三七五）至宣德十年（一四三五）是大明寶鈔推行流通的期間，此時官府嚴禁金銀和銅錢流通。實際上是以大明寶鈔為主，銅錢為輔。明朝不管在決策、實施或廢止大明寶鈔，都是不得已的選擇。明代從元朝的經驗中，當然知道大明寶鈔需要貴金屬儲備作保證。但是，朝廷自始至終都沒有能力解決這個問題。沒有貴金屬作儲備支援的大明寶鈔，自然逃不掉貶值的命運，六十年中貶值千倍。隨著商品交換和市場經濟的發展，紙幣的局限與弊端日彰。到了十五世紀初，紙幣已經無以為繼，明朝的信用體系也因此無法穩定。若要繼續支撐紙幣，必然動搖國本。明朝只得放棄大明寶鈔。明宣宗三年（一四二八）下令停造寶鈔，此後未見有印鈔記錄。[7] 放棄大明寶鈔，以白銀為主體貨幣，銅錢繼續流通，與其說是官方法令，不如說是百姓早已放棄，使之在市場交易中無立足之地。

白銀貨幣的興起和合法化。元代的白銀大量流向中亞，造成明初白銀稀缺，銀荒嚴重。明朝上半葉，國內銀礦資源和供給並無突破，銀礦開發落後，白銀產量比宋朝少很多。從洪武二十三年到正德十五年（一三九〇—一五二〇）的一百三十年中，全國徵收銀課總額為一千一百萬兩。明成祖至武宗朝（一三六八—一五二一），銀課收入有限，總計不過一千一百三十九萬兩。[8] 按明代每年的銀課約等於當年銀產量的三成計算，明代在正德以前的每年白銀產量只有三十萬兩左右。[9] 不僅如此，明初承襲宋以來的貿易模式，對外貿易以進口奢侈品為主，大量購買海外珍寶、香料、藥材，貿易逆差，金、銀、銅錢也大量外流，加劇明初金屬貨幣短缺。所以明朝直到十六世紀中葉，都嚴禁金屬出口。[10]

進入十五世紀之後，明朝白銀供給不足的情況開始改變，主要有三個來源：其一，民間沉澱和積存白銀的釋放。早在弘治年間（一四八七—一五〇五），隨著白銀流入，民間開始積累白銀，到了嘉靖年間（一五二二—一五六六），浙江沿海商人和城市工商業者已經擁有相當數量的白銀財富。浙閩商人和東南沿海的白銀財富與海上貿易有關；其二，政府藏銀錠投入市場。明初禁止白銀在民間流通，但是，官庫藏銀和以鈔兌換的銀兩不少，開放銀禁之後，部分官庫藏銀以俸銀、軍餉、賞賜的形式投放到社會；其三，政府開採。明朝中葉以後，隨著白銀需求量劇增，官府加強開發銀礦。歷朝皇帝（一五七三—一六二〇）很重視白銀收入，曾親自主持過一些銀礦開發，直接任命宦官主持礦務的日常業務。由於白銀供給增加，白銀對黃金的比價下降：明初，金一兩定價換銀四兩，洪武十八年（一三八五）之後，換銀五兩，永樂年間（一四〇三—一四二四）換銀七兩五分。[11] 白銀價值的下降，有利於白銀貨幣功能的形成。

自十五世紀中葉，貨幣經濟呈現出不可逆轉的白銀化態勢。白銀成為貨幣的主要載體，既是價值儲備，大宗交易的結算基礎，又是政府的支付手段。這種貨幣經濟的新格局並不是國家設計或用國家力量支持的，而是民間使用白銀的習慣和貿易需要白銀結算使然，是財富增長導致「貴」金屬貨幣替代「賤」金屬貨幣的結果。「財富發展了，比較更不貴重的金屬，會為比較貴重的金屬所排擠，因而失去價值尺度的功能。」[12] 於是，銅為銀取代，銀為金所取代。「隨著流通中商品價值總額的增加，各個國家都覺得用銀計算比用銅計算方便，用金計算比用銀計算方便。隨著國家日益富裕，國家就使價值較低的金屬變為輔幣，使價值較高的金屬變成貨幣」。[13]

明朝雖然沒有放棄限制白銀流通的法令，卻容忍民間的白銀使用規模擴大。這是因為：一，大明寶鈔為核心的貨幣體系完全不能繼續適應手工業和農業分工，農業和非農業間交換，區域和部門間交換，商品經濟和市場的擴張和膨脹；二，無法阻止大明寶鈔持續貶值；三，白銀可以填補紙幣真空和緩和銅錢供給不足的壓力；四，早在張居正改革之前，社會對貨幣——主要是對白銀的需求——已出現相當的增長，一部分罰金已依賴白銀支付，為私人市場接受，在國民經濟中的地位不可替代，白銀取代紙幣是大勢所趨。

在明朝的皇帝裡頭，英宗（一四三六—一四五〇，一四五七—一四六五）不算明主，但他卻當過兩次皇帝。[14]明英宗正統元年（一四三六）是貨幣經濟從傳統走向近現代的里程碑：「政府徵收金花銀，就是在長江以南，水稻交通不便的地方，讓人民用銀代替米，麥來交納田賦，……人們既然可以銀代米，交納政府做田賦，其大前提是把農產品運到市場出賣，一定可換得銀，人們才有銀來交納租稅」，所以一四三六年是百姓以銀作為貨幣來交易，變為合法化的開始。[15]正視白銀化進而賦予白銀貨幣合法地位，緩和了長期金屬貨幣嚴重不足和紙幣喪失信用基礎的矛盾，避免經濟蕭條的威脅，有利於國民經濟維持運行，說明了明朝皇帝和精英集團的明智。

進入十六世紀後的明代，向白銀經濟的過渡速度加快，如火如荼。雖然白銀還不能完全當成貨幣來使用，只占支付手段的三分之一。嘉靖年間（一五二二—六六），「鈔久不行，錢已大壅，益專用銀矣。」[16]明朝貨幣供給不足的局面逐漸緩解，主要因為與世界經濟接軌，受惠於對外貿易的發展和海外白銀資源的流入。當時，日本、馬尼拉、澳門、歐洲是向中國輸入白銀的主要基地。如果從中國內在動力分析，中國向白銀本位過渡並不是被動的，與其說是世界白銀流入中國的結果，不如說是世界白銀流入中國的前提。一四三〇年的一條鞭法改革，用白銀支付稅款，就是採用白銀制度的關鍵因素。

明代白銀化並不意味著銅錢地位的下降，銅錢部門在物價變化中扮演的角色並不下於白銀。在實際經濟運行中，因為銅錢與白銀的需求同步擴張，就會發生銀和銅之間的匯率問題，貨幣供給和價格水準的關係就不再是簡單的線性關係。如果「銀貴錢賤」，以白銀表現的價格顯現的是通貨緊縮，以銅錢代表的價格上漲；反之，「銀賤錢貴」，以白銀表現的價格指數上漲，而以銅錢表現的物價跌落。這種多元價格結構的困擾，到清朝尤其嚴重。

明朝物價的總體趨勢是低下而穩定的。如果比較宋朝的價格水準，最高差距可能超過三倍。明朝開國頭十年（一三六八—七八）的價格水準只有一一二〇年的七五%，一四五〇年價格只有一三七〇年價格的五〇%。[17]十三世紀初，江南的米價是一四三〇年代的十倍。從一四〇〇年到一四三五年，糧食的價格下降，而貨幣供給實際上是增加的。白銀貨幣化之初，白銀大量流入，對價格影響並不強烈。這是因為相較於對白銀的需求，供給量並沒有超過平衡點。直到一六六〇年，價格還是相當穩定。名義和實際工資幾乎沒有變化。[18]

長期以來，學界的主流對於明朝貨幣政策的評價相當負面。一些學者在比較了之前宋朝，以及之後的清朝得出的結論是：明朝幾乎沒有作為。[19]例如，「宋代政府為促進貿易發展而積極保證貨幣供應的種種努力，正可以反襯出明代貨幣政策的完全失敗：所謂白銀經濟實際上道出明代政府無所作為的態度，最後竟然靠殖民主義才渡過危機」。[20]這種看法太過粗糙簡化。明朝在貨幣經濟方面的被動，受制於金屬貨幣資源不足，而解決之道是加快中國經濟與世界經濟的融＊合。

對外貿易擴展和「白銀世紀」

「馳用銀禁」始於一四三六年，在貨幣白銀化的實施百年之後，世界在一五五〇年至一六五〇年進入了「白銀世紀」。在這一百年間，白銀貨幣化更進一步，與全球的「白銀世紀」重合。期間發生了新世界地理大發現，南美開採的白銀湧向歐洲和亞洲，西歐經歷了價格革命，完成了原始積累，奠定了金融革命和工業革命的基礎。一五二〇年代到十七世紀初的明代經濟，正是國民經濟發展和擴張最快的時期。傳統經濟史研究認為工商業活躍，經濟商品化程度高。這就是說，從宏觀歷史來看，中國白銀貨幣化進程，市場經濟的成熟，與白銀的全球性流動，以及「白銀世紀」存在互動關係。

在白銀化之初，政治和商業精英就深知，白銀貨幣需要依賴進口。當過宰相的徐階（一五〇三—一五八三）對江浙沿海經濟和倭寇問題有深入瞭解，明確主張「開礦不如市舶」。十六世紀末、十七世紀初，朝廷已經明白經濟需要白銀，白銀需要外貿出口，於是逐漸改變對對外貿易的消極和輕視。將白銀貨幣資源與國際貿易掛鈎，成了事實上的國策。明朝很快陷入一個「身不由己」的邏輯：貨幣經濟依賴貨幣白銀化，白銀資源依賴進口，為此，必須開拓海外市場和擴大出口，形成「出口導向」型經濟，進入「重商主義」時代。與十八世紀西歐流行的精典「重商主義」（mercantilism）比較，明朝的「重商主義」的基礎是民間主導對外貿易，而不是國家干預和參與，甚至加以壟斷的對外貿易，是一種以自由貿易為基礎的「重商主義」。

西歐在一五五〇—一六五〇年間的「白銀世紀」崛起，但還沒有形成對全球經濟的支配力量。此時的中國在國際競爭中具有自然資源、勞動力以及生產技術的優勢。中國作為全世界最大的生產基地，出口產品工藝精湛，質量優良，價格低廉，在國際市場上的份額不斷擴大，貿易構成發生本質變化。包括日本、歐洲、西屬美洲在內的全球市場，對中國的瓷器、絲綢、棉布、茶葉以及日用品有強烈的需求。其中的絲織品更是長期居於中國對外貿易的榜首。當時，中國絲織品價格是西班牙同類產品的三分之一，在秘魯是九分之一，在東南亞是荷蘭同類產品的三分之一，在歐洲是歐洲同類產品的四分之一至三分之一。[21]在墨西哥市場，歐洲麻織品幾乎比中國同類產品貴八倍。到了十八世紀末，中國絲綢等商品仍占墨西哥進口總值的六三%。[22]在秘魯的利馬，甚至連大戶人家的奴隸都穿中國絲綢。[23]十六世紀中後期之後，中國的絲織產業成為出口和創造白銀的支柱產業。

相比之下，中國對購買歐洲產品的偏好低，歐洲產品進口微不足道，只能透過向中國出口作為「平衡項目」的貴金屬來彌補國際收支赤字。西班牙人、葡萄牙人和後來躋身對華貿易的荷蘭人、英國人都不得不用硬幣購買中國商品。中國主導全球貿易，外貿出超，擁有巨額對外貿易順差，是世界上最大的白銀輸入國。美洲白銀流入中國數量之大，一度使歐洲貴金屬輸入量銳減。美國經濟史學家漢密爾頓曾指出，一六四〇年代美洲黃金輸入歐洲數量比一五九〇年代少了九二%，白銀減少六一%，這種減少與中國與美洲貿易擴大有關。[24]因為美洲白銀經菲律賓大量流入中國，十七世紀上半葉曾有西班牙人建議放棄菲律賓殖民地。那時的中國被描寫為吸納世界的巨大白銀「吸泵」。[25]或者說，中國是「歐洲錢之墳墓」。[26]這是因為除了白銀，歐洲商人幾乎沒有任何東西可以賣給中國，它是唯一的當地產品用來交換的高價值物品。其次，白銀在亞洲經濟體所能買到的黃金，多於在歐洲所能買到的，差價達五〇%。換句話說，來自歐洲的白銀，在中國所能買到的東西，兩倍於在歐洲本土所能買到的。白銀購買力在中國高於西班牙。

中國無疑是「白銀世紀」的主要受益國。此時的中國不僅影響和改變了國際貿易的格局和走向，推進世界貿易以白銀作為結算貨幣的時代到來，還參與了近代國際金融體系的形成。從經濟的互動關係分析，中國對白銀的需求，使作為白銀生產地的新大陸和日本，獲得更多的利潤；刺激和推動歐洲人瘋狂開採和運輸美洲銀礦；西班牙人開闢墨西哥—馬尼拉—福建的「太平洋航線」。日本則成為亞洲白銀生產和出口國。這些事件的發生具有時間的偶合性。日本白銀出口，大多經荷蘭商人之手，因為日本只准荷蘭人與其通商。但是，那些白銀幾乎都沒運回歐洲。荷蘭人買進的日本白銀都在亞洲市場轉手圖利。[27]在一五二一年到一五四四年，世界白銀產量是兩百九十萬盎司，隨後十五年，增加到一千萬盎司，到了一六二〇年代，達到一千三百六十萬盎司。[28]日本是十七世紀白銀生產大國。十七世紀上半葉，中國輸入的白銀五千萬噸。其中一半產自日本，另一半產自美洲。美洲生產的白銀，一部分往東運到歐洲，再經印度洋運到中國，但是，大部分由美洲直接橫跨太平洋而來。於是以白銀的供需結構為基礎，形成了包括美洲、歐洲、亞洲的貿易網絡，將分處異地的地區性經濟連接成一個全球模式的跨地區交易網。從波托西（Potosi）到歐洲，再到亞洲，西運，先抵達南美洲沿岸，北抵達阿卡普爾科（Acapulco），再橫越太平洋抵達菲律賓的馬尼拉。「一道銀河將美洲的殖民經濟和華南的經濟連成一氣，從一個大陸開採出白銀，被用來購買在另一個大陸製造的商品，而那些商品則運到第三個大陸消費。」[29]

美洲白銀產量的擴張導致白銀對黃金的價格下降。中國首當其衝。一五六六年到一六〇八年之間，世界市場的白銀兌黃金的比價是十二・一二比一，中國的比價從五・五比一貶值到八比一。白銀貶值刺激了中國出口，也給進口商帶來了巨大的利潤。[30]這是引發了人類歷史上最大的採礦業投機，以及白銀成為「白銀世紀」國際貿易主要產品的真正原因。[31]

一六〇〇—一六五〇年，銀等價物流向圖[32]

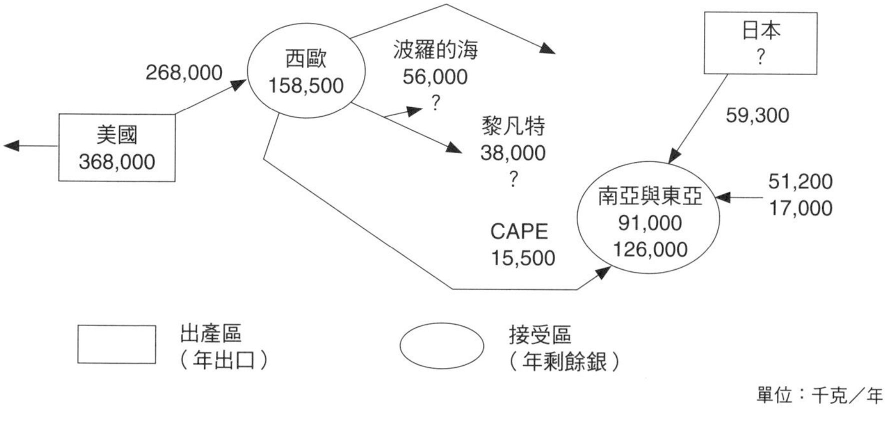

西歐和北美對中國輸出的白銀都來自西屬美洲。美洲白銀生產集中於兩個地區，即上秘魯（今天的玻利維亞）和新西班牙（今天的墨西哥）。從一五七〇年代到一六三〇年代，秘魯所產白銀占西班牙屬美洲輸出白銀總量的六五%。在一五八一年到一六〇〇年，光是秘魯波托西銀礦每年就生產白銀兩百五十四噸，約占全世界產量的六〇%。

十八世紀後，世界銀等價物流的規模顯著膨脹，美國似乎增長幅度最大。

在「白銀世紀」，中國對歐洲商人採取相對寬容態度。一五四〇年代，葡萄牙人東來，到達日本，立即發現中日之間的絲銀貿易可以獲得巨大利潤，於是將絲銀貿易擴展到歐洲。一五五七年，中國正式允許葡萄牙商人居住澳門。一五六七年至一五七二年間，明朝事實上開放海禁。葡萄牙成為中國最初的貿易夥伴，開闢了出地中海，經大西洋到印度洋的「東印度洋航線」。一五七一年，西班牙艦隊攻佔馬尼拉，不久正式展開殖民統治。近代世界貿易格局從一五七一年開始。此後，中國出口海外不再只經過日本，馬尼拉成為中國產品出口和獲得白銀進口的新中心。值得注意的是，早在一五七一年之前，中國人就已

一七二五－一七五〇年，銀等價物流向圖 33

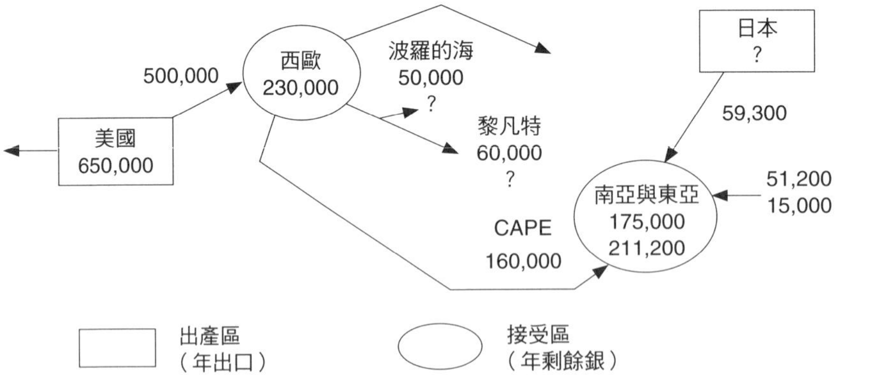

單位：千克／年

在馬尼拉定居，所從事的職業囊括了幾乎所有的產業。[34]「從一五七二年到一五八八年，馬尼拉自中國進口貨物的九五%是絲織品，以此換取充實國庫的白銀。」[35]由於對華貿易興盛，太平洋區域貿易量一度超越大西洋貿易。一六一八到一六二一年間，美洲投入對歐貿易資金為一百五十萬披索，而對東方貿易資金則為一百六十五萬披索。[36]

明代白銀流入數量和存量

明代白銀流入數量和存量不易準確統計。學者的估計方法和結果很不相同。但是，對於這個計算公式卻少有爭議：明代白銀最終存量＝（明代以前，主要是唐、宋、元三朝白銀產量＝明朝國內產量＋明朝自海外白銀淨流入量）－（鎔鑄的損耗和轉而鑄造銀器＋白銀窖藏）。唐、宋、元三朝的白銀產量約在三．七億兩以上，明朝平均年產量為三十萬兩，整個明朝（一三六八－一六四四）共出產了八千三百一十萬兩白銀。若不考慮再次鎔化，到了明末中國累計共生產了約四．六億兩白銀。[38]

關於明代白銀流入數量：有一個比較有影響的估計，從萬曆元年（一五七三）到崇禎十七年（一六四四）的七十二

學者對明代流入白銀數量估計表[37]

來源	日本		西屬美洲		流向中國總計
	產量／輸出額	流向中國	產量	流向中國	
莊國土		175		87	280
Von Glahn		99		94	213
Yamamura & Kamiki		224		35（經菲律賓）	259
Brading & Cross			645	193（作者以產量 30%推估）	
Atwell Reid	254	180（作者以 70% 推估）			
Kobata	266				

單位：百萬兩

年間，中國從葡萄牙、西班牙、日本等國輸入的白銀超過一億元。[39]還有一種估計，從一五五六年到一六四五年近一百年間，中國輸入白銀七千兩百噸，甚至達到一萬噸。一萬噸白銀等於當時中國的三．二億兩白銀。每年平均輸入至少八十噸，大約折合一．四億兩。[40]從一六八一年至一八三三年，輸入白銀純七千萬兩，一八七一年至一九一〇年，輸入白銀四千兩百萬兩，總計一．一二億兩。[41]

若取以上各家平均值，明代從日本流入中國的白銀為一．七億兩，西屬美洲流向中國的白銀為一．二五億兩，合計二．九五億兩。就是說，在明代——主要集中在明中葉（一五三〇）後——由海外流入中國的白銀至少達到三億兩。其中，日本白銀占五成多。整個明代從國外輸入的白銀總計大約三億兩，相對於唐、宋、元、明四朝國內產量的六成左右，似乎不是很多。但是，如若考慮這是在一百年之內的白銀流入，且是同時期國內產量的近四倍，就不再難理解它對明朝的重大影響了。[42]

進一步計算，明代進口白銀總量三億兩，加上明末累計生產了約四．六億兩白銀，總計七．六億萬兩，再扣除再次鎔鑄的損耗，轉而鑄造銀器的部分，以及窖藏的百分之三十，約二．二萬兩，由此可以得出明朝的最終白銀數額是在五億至五．四億兩。以這個數字為基數，減去中國在明代的白銀流出數量，明末的白銀存量不會低於二．五億兩，這應該是最保守的估算。所以，明朝滅亡時是有相當的白銀家底。

值得注意的是：一五八〇年後歐洲輸人中國的大量白銀，只相當於北宋一個多世紀鑄造的銅錢數量。直到一六〇〇年，明朝貨幣存量才真正超越宋朝。這不是因為銅幣有效增加，而是因為白銀大量輸入。白銀向來具有儲存功能，明朝也不例外。一般情況下，估算白銀存量時，不僅要注意市場上流通的白銀數量，也需要考慮到窖藏白銀。否則，就會低估正常的白銀存量。

貨幣白銀化的影響

巨額海外白銀流入中國，成為明朝經濟發展的發動機。貨幣經濟的白銀化，深深影響了明朝後半期的國民經濟結構和運行機制。

「天下之勢偏重在商」。[43] 嚴重衝擊傳統家長式的農業經濟以及社會等級制度。「十六世紀前期以後，從歐洲和日本不斷流入的白銀，進一步刺激了長江地區經濟的發展。誠然，長江地區和東南沿海不能代表整個中國，但當東南沿海被納入世界規模的商業革命時，其影響就遠及於中國內地。到一六〇〇年遍及全國的以錢代役制度，就是貨幣影響增加的一個強有力的證明。雖然絕大多數人，如同現在一樣，從事於維持生存的農業生產，但很少有地方不在一定程度上依賴鄰區或遠地的貨物及產品。」[44]

出口地區和部門的擴大。自明朝永樂年間（一四〇二—一四二四）開始，冶鐵、造船、建築等重工業部門，絲綢、棉布、瓷器等輕工業部門都遙遙領先世界各地。棉布取代麻布，成為紡織業中的主流產品。工業產量占全世界的三分之二以上，比農業產量在全世界的比例還要高得多。明朝手工業發達的直隸南部（今蘇南、上海）、浙江、廣東、福建、江西等地，成為當時「出口加工」的基地，是經濟發展最快的地區，也帶動了北方和廣大內陸的經濟發展。其中蘇州成為商業、金融業和產業加工（特別是紡織、印染業）的中心。[45] 此時的西歐處於「價格革命」時期，以白銀為價格計量單位的中國商品，具有強大的價格優勢。所謂「資本主義萌芽」以及可能發生的中國式「工業革命」是以貨幣經濟白銀化為前提的。

進口結構變化。白銀貿易的影響不是單方面的，在中國進口產品中，西歐軍火產品佔有重要位置。透過進口先進的軍火產品，提高了明代水師的火器裝備，擴編了相當數量的「神機營」。此時，馬尼拉大帆船進口了美洲的農作物，如玉米、紅薯、花生、土豆、辣椒等。這些看似貿易價值不高的美洲農作物進入中國後，引發了「第二次農業革命」。

人口增長和「高水準均衡陷阱」（high-level equilibrium trap）。「中國和其他地方一樣，新增的貨幣造成了有效需求的增長，刺激了生產和消費的增長，從而支持了人口的增長。」中國的人口在十六世紀從一億增長到一．六億。因為人口過快增長，勞動力供給增大，勞動力趨向廉價，資源價格趨向昂貴，對勞動替代型技術的需求降低，導致用於節約勞動的技術性投資缺乏，中國由此掉入所謂「高水準均衡陷阱」。[46]

與墨西哥經濟互動。墨西哥經濟與中國經濟互補。中國對墨西哥出口生絲，換取白銀進口，支持了墨西哥紡織業；出口水銀刺激了墨西哥銀礦業。中國對白銀的需求，還使西班牙人竭澤而漁地開採銀礦，印第安人為危險而有毒的白銀開採付出了巨大的生命代價。[47]

在「白銀世紀」的大背景下，明朝中晚期的科學技術飛躍發展，出現方以智、李時珍、徐光啟、徐霞客、宋應星等科學巨人，對中國古代的科技成就進行歷史性總結。同時，西方傳教士帶來大量書籍，不少被譯成中文。徐光啟受教於傳教士利瑪竇，翻譯了《幾何原本》。《幾何原本》和亞里士多德的《邏輯學》都是西方科學的基礎。李約瑟認為，近代科學在歐洲崛起與耶穌會傳教團在中國的活動，存在一種歷史的巧合。

白銀貨幣化和「通貨緊縮」

「白銀世紀」的西歐則發生了「價格革命」。「大概從一五五〇年到一六〇〇年這一段時期，是物價發生天翻地覆變動的時期，到了一六三〇年，貨幣史上這種特殊局面就告終了。」[48]西歐物價漲了幾倍。西班牙物價水準在十六世紀上漲三倍半，法國生活資料價格上漲四倍，在日耳曼和英國，穀物價格上漲兩倍，紡織品上漲五〇％以上。[49]

造成西歐「價格革命」的根本原因是金銀貴金屬數量的激增，其本身價值大幅降低，相對於其他商品的購買力大為縮水，引起價格飛漲。歐洲高速增加的金銀資源，主要來自三個方面：其一，中歐。一四五〇年代起歐洲中部的白銀產量增加了。一四六〇年至一五三〇年，中歐的銀產量增加了五倍以上；其二，非洲。一四八五年以後，非洲的黃金通過葡萄牙人之手大量輸入西歐；其三，美洲。「從一五〇〇年起，西班牙人從美洲運入了大量金銀，其數量大大超過了歐洲自產的和非洲輸入的金銀總和。」[50]歐洲的「價格革命」和高速通貨膨脹，導致地租貨幣化，封建主實際收入減少。而佃戶通過擴大農產品產量，增加貨幣收入，贖得人身自由，成為受益者。這是歐洲後來的產業革命和商業革命的歷史前提。但是，伴隨「價格革命」的就是十七世紀危機。一七七六年，亞當·斯密深入分析了在一六三〇至一六四〇年間，因為白銀供給的增長快於其他商品供給，導致白銀供給衰退，通貨緊縮。正是這樣的情況，促進了西歐開始建立近代資本市場和金融體系，一六九四年，英格蘭銀行的成立，就是這個時期的一項金融創新。

與歐洲相比，這個時期的中國沒有發生「價格革命」，或持續高倍數的通貨膨脹。價格水準上升也是緩慢而溫和的。「民以食為天」，大米是最主要的「食」。米價在中國的價格史上自然具有指標性。洪武二十八年（一三九五），一兩白銀購大米二石；正統年間（一四三六—一四四九）也有一兩白銀買四石的光景；晚明有過一兩白銀買一石，到了崇禎末年，二兩白銀買一石。也就是說，明朝的米價最低點是一兩白銀買四石，最高點是二兩白銀一石。取平均值，大約是一兩白銀買一石。明代江南的平均米價就是每石約值一兩白銀。約為宋、元時代平均價格的一半。因此，總體來說，明代的食品是便宜的。[51] 就米價來說，明代白銀的購買力約等於宋、元的兩倍。如果與歐洲通貨膨脹比較，即使明代米價在十六世紀翻了一番，依然低了百分之五十。[52]

明朝官府是有指導價格的，按照戶部規定：「鈔一錠，折米一石；金一兩，十石；銀一兩，二石」。[53] 從中可以得出一系列的比價。金銀比價是一比五；一錠紗價格是半兩白銀；一石米也是半兩白銀，所以一錠紗等於一石米。至於絹價，明代絹一匹的平均價格只值〇．六兩銀，約只為宋代平均價格的三八％左右。「如果把宋至明以銀表示的金價、米價和絹價下降的程度計算在一起，我們可以斷定，明代白銀的購買力，約為宋、元時代的兩倍左右。」[54] 明朝的低檔住房是便宜的。[55]

除了考察明朝的物價，也要瞭解百姓的貨幣收入。街頭挑擔賣油的小販一年收入約二十兩白銀。國家資助考上的秀才，廩膳生可以拿到每月一兩白銀的「食廩」，不工作也可以生活。再以公務員為例：柴薪皂隸年收入二十兩；九品官員的月俸是五石，或一年三十兩白銀；正七品每月俸祿七．五石，或一年四十五兩白銀；正一品官員月俸八十七石，或一年五百八十七兩白銀。[56] 按二〇〇六年大米價均價一．七五元／斤計算。一兩白銀折合人民幣六六一．五元。明代社會不同階層的收入，不論是按名義或實際購買力計算，都超過了中國今天的「小康」水準。[57] 明朝昇平時期，每個縣都有養濟院，免費收留，基本上沒有叫化子和流浪漢。遇水災旱災，流亡的人，凡有力可耕者，國家給田，給牛和農具。貧民沒錢買地葬的，國家給地。[58]

總之，明朝中後期，大量白銀流入中國，但白銀始終沒有貶值，是值錢的硬通貨，物價便宜而平穩。這種情況持續到清初。一六九五年用一塊那麼薄的銀可以買到足夠吃六個月的世界上最好的麵包；當然是供一個人吃。說這句話的是一個西方旅人，中國麵粉價格低廉，中國人不愛食用，他就占了便宜。他雇了一名中國廚子，每月只付給一塊銀洋工資；他另出一兩銀子（一兩即一千文，當時的價值約與一塊鐵洋相等）又雇傭中年的中國人為貼身僕人。此人跟他到北京，全程一次付了四塊銀錢的安家費。[59]

從理論上說，中國在十六世紀下半葉至十七世紀中葉，沒有發生「價格革命」的跡象。「通貨膨脹」現象微弱的根本原理是：儘管流入的白銀和本國生產的白銀數額巨大，依然無法滿足當時中國經濟和社會對貨幣的需求。市場經濟和商品經濟急速擴張，生產要素貨幣化，所需要的貨幣數量是超常的。所謂「白銀化」並沒有造成白銀供給的增長快於其他商品供給的局面。貨幣總需求大於貨幣總供給。中國在宋、元、明三朝，白銀需求增長一直快於供給增長，明代白銀供需的差額更是大於宋、元，所以明代的白銀購買力相當於宋、元時期的兩倍。[60]

從明開國以來，銅幣鑄造大體停滯，民間大多不用政府的銅幣；金屬貨幣長期短缺，百姓苦於沒錢，欠債過多。所以，一旦白銀作為流通貨幣，必然觸發把白銀作為財富貯藏手段的需求，白銀遊離流通領域，沉澱於民間。其次，貨幣白銀化和白銀資本化幾乎同步發生，投資擴大了貨幣需求：江南作為主要出口地區，成為發達的商業地區，吸納了大量白銀，加上土地所有權交易擴大。明朝初年（集中在一四一〇年代），土地交易還有實物交換因素，百姓需要用衣服、糧食加白銀完成土地購買。白銀貨幣普及後，土地交易是重要的貨幣行為，而白銀區域性分佈並不均勻。種種因素致使生活資料市場的貨幣供給量相應下降，因而出現相對高的貨幣供給與相對低的通貨膨脹並存。明末是多事之秋，東北邊關的戰事、持續不斷的農民暴動和起義導致朝廷的軍費持續增長。

張居正改革的本質是幣制改革

在一五七〇年代之前，明代對財政管理持自由放任的態度，這與元、宋很不同。元朝的田賦最初按銅錢來估算。當國家需要糧食時，就依據銅錢反向進行折算。在宋朝，財政官員發現要不斷調整政策以利經濟增長，在不增加人民稅負的前提下增加國家的收入。王安石變法就是典型的案例。

張居正改革，表面是財政改革，其實與貨幣經濟有直接關係。[61] 張居正所面對的狀況是一方面，白銀貨幣已是主要貨幣，伴隨白銀貨幣化，經濟繁榮，民間白銀的交易量顯著上升，民間財富增長。另一方面，國家的財政形勢不但沒有顯著起色，反而趨於惡化，「民富國窮」。更嚴重的是，寶鈔沒有完全退出經濟生活，國家稅收以寶鈔為基礎貨幣，且政府對寶鈔高度貶值無能為力。如此下去，等於動搖中央政府稅收的貨幣基礎。所以，張居正改革的目的就是保證政府獲得經常性的白銀收入，穩定國家的貨幣儲備。

萬曆九年（一五八一），張居正變法正式推行「一條鞭法」。這是明朝歷史上的大事。一條鞭法最早試行於閩浙，這也最早的白銀貨幣化地區，民間白銀積累豐厚。張居正實施變法時，已經明瞭多年白銀財富的沉積和分佈，致使其大規模的折銀納稅的改革水到渠成。一條鞭法的本質是統一全國新賦役制度，以田為綱，以銀代稅，賦役合併，出錢就可以免除力役，從而使戶丁具有一定程度的人身自由。還有鹽課白銀化、茶課白銀化、關稅白銀化，以及手工業者（即工匠）以銀代役。一條鞭法顯現了賦稅和白銀貨幣化的統一，既是白銀貨幣化發展的結果，又進一步推動了白銀化。[62] 銀兩代替實物繳納賦稅，擴大了貨幣流通，有利於商品經濟發展，南京、蘇州、松江、寧波、漳州、廣州等城市經濟繁榮，在江浙地區出現了數十個新的鄉村市鎮，大多以絲織業、紡織業和製陶業的專業化生產馳名。在這些手工場中，出現了雇主與雇工之間簡單的雇傭關係。

一條鞭法對財政狀況的改善影響甚巨。嘉靖末年（一五六六）國家糧倉不足一年之儲，財政空虛，入不敷出，赤字超過三分之一。改革後，雖然從貨幣化角度來看，軍事開支規模仍遠低於北宋，但是「是時，帑藏充盈，國最完備。」如果以隆慶元年（一五六七）稅收二百萬兩為基數，萬曆二十年（一五九二）的稅收增長到四百五十萬兩，指數為兩百二十五·六。「萬曆時期成為明王朝最為富庶的幾十年決不是偶然的」。[63] 一五七七年，馬尼拉開始中國和西班牙貿易，明朝馳海禁四年後，政府的銀庫收入為十六·三四萬公斤，是一五六〇年代的兩倍。從此直到明亡，朝廷每年的白銀收入從沒低於十萬公斤。國家儲糧可支十年，國庫積銀四百萬兩。[64] 到萬曆中期後期，「世間已無張居正」，白銀貨幣化的潮流已不可逆轉。明代財政不僅不能回到以實物為主體的財政，也難以回到賤金屬的財政，只能走向貴金屬，即白銀的財政，這離「銀本位」的觀念其實只是「咫尺之隔」了。明朝終於可以放棄明初建立的自給自足的世襲軍戶，以及依賴軍屯、實物徵收土地稅和徭役體制，能夠在全國的規模推行雇傭兵制度。

張居正推行一條鞭法與開放海禁，以及所謂的「萬曆新政」幾乎同時，且有明顯的邏輯聯繫：開放海禁是國際貿易和白銀輸入的必要條件。一條鞭法將中國對白銀積累數世紀的需求，世界白銀資源的大環境聯繫在一起。

張居正改革的遺產非常複雜。一條鞭法的稅制系統，用銀兩來繳納賦稅和地租，償還貸款，增加了國家的貨幣稅收。此外，推動江南地區經濟和生產活動向著專業化、商業化、跨國、跨區域的方向發展。國內市場對於棉布需求的增長，導致愈來愈多農民放棄農業，改行從事紡織和棉布貿易，對國家的糧食生產造成重大影響。曾是自給自足的江南，糧食生產大幅下降。萬曆以後，即使在豐收的年份，安徽，江蘇和浙江的很多地區，民眾還要靠出售生絲、原棉、棉紗和棉布來購買糧食。明代中國本質還是農業國家，在交通運輸手段比較落後的時代，糧食生產的區域化，糧食供應貿易的跨地區化潛伏著糧食危機。一旦發生天災人禍，糧食危機會總爆發。[65]明末清初的顧炎武（一六一三—一六八二）「認為賦稅徵銀是一個錯誤，贊成恢復實物納稅。」[66]但顧炎武沒有認清明朝貨幣化是歷史潮流，此議並不可取。

由於張居正改革創造了一個對白銀需求永無休止的體制，白銀漲價，銅幣走貶，發生通貨膨脹，高價值的土地和關係民眾生活的米價交互漲價。一六三〇年代以後尤其顯著。明末的運作建立在白銀基礎之上，一旦白銀供給不足，貨幣供給不足，通貨緊縮就會接踵而來。十七世紀的明朝經濟有來自通貨膨脹和通貨緊縮的雙重威脅，有時通貨緊縮的危害更大，後果更嚴重。遺憾的是，當時無人察覺，當然也無從提出對策了。

張居正之後，如果明朝只面對通貨膨脹和通貨緊縮，那還有迴旋餘地。但若同時還發生財政危機，那就捉襟見肘了。自一五九〇年代，因為日朝戰爭激增的軍餉、公共工程的高額支出、帝國的鋪張，消耗了一五七〇年後注入國庫的財富。朝廷苦於金屬貨幣嚴重短缺，紙幣已經徹底退出貨幣體系，又沒元末透過發行紙幣緩解「赤字財政」的勇氣。於是，朝廷面對白銀庫存減少，只有兩種選擇：一，過分珍惜萬曆朝的存積庫銀，但是白銀儲備在崇禎朝（一六二八—一六四四）還是急劇流失，構成經濟衰退的根源之一。二，透過加重民眾負擔，增加白銀稅收。結果是加劇通貨緊縮。在一六二〇年到一六四二年，政府的白銀稅收確實增長了五倍，但後果卻是崇禎朝經濟，政治和社會危機的總爆發。

「晚明之謎」

中國經濟發展到明朝萬曆（一五七三—一六一九）期間達到高峰。一六〇〇年的GDP大約是九億兩白銀。當時一兩白銀購買力相當於一九九〇年的八十五．七美元。九億兩白銀等於七百八十億美元，占十七世紀初世界GDP的四分之一，人均GDP為三百八十八美元。[67]

當時的中國是主要的白銀輸入國，無疑也是全世界最富裕的國家，白銀的價值自然高出歐洲，「黃金和白銀在富國更昂貴」是那時的規律。[68]貨幣白銀化帶動了手工業，商品經濟和市場經濟發展。利瑪竇在《中國箚記》這樣記載：「這裡物質生產極大豐富，無所不有，糖比歐洲白，布比歐洲精美……人們衣飾華美，風度翩翩，百姓精神愉快，彬彬有禮，談吐文雅。」[69]但是，在繁榮的背後，國民經濟運行已經失去章法，經濟開始低落，經濟、社會和政治危機的各種因素已經播下。「明之亡實亡於神宗」。一六四四年，萬曆皇帝死後二十四年，明朝覆滅。明朝為何從高度繁榮，急劇走向衰敗到滅亡，成為了困惑學界的「晚明之謎」。

白銀流入銳減和明朝覆滅

明朝國民經濟走向衰落的分水嶺是在一五九〇年代、十七世紀初。出問題的不是實體經濟部門，而是財政部門和貨幣經濟部門。萬曆（一五七二—一六二〇）年間已經形成財政危機。「所謂財政危機是指白銀危機，中央所徵以實物為多，並無危機」。[70]萬曆皇帝好聚斂財富，奉行「實物財政」觀念，一再否決將內廷不用庫存摺銀的建議，以致發生「京倉積米足資八九年」而黴爛，市場米價「騰貴」局面。[71]

此時對白銀需求繼續增加。朝廷鑒於貴金屬貨幣供給不足，順應不可遏止的「開礦之風」，徹底否定明代初年開採金銀的禁令，大力開發金資源。但是，金銀礦業效益低微。[72]國內白銀供給有限，對海外白銀資源愈加依賴。從一六〇〇年至一六四五年，中國流入白銀每年平均為一百一十五噸，人口增長，價格上升，整個國民經濟對海外白銀供給變得更依賴、更敏感，白銀需求已經和日本、西班牙、葡萄牙，甚至美洲連在一起了。

從一六二〇至四〇年代，流入中國的白銀減少。雖然在一六三〇年代，白銀流入數量曾有回升，但之後再次持續下降。到了一六四〇年前後，海外對中國的白銀供給嚴重阻斷，甚至完全停止，導致金融波動，觸發財政危機，貨幣體系危機，形成蔓延全國的通貨緊縮和經濟蕭條。如果白銀進口曾刺激中國在十六世紀的通貨膨脹和經濟擴張，那麼，發生在一六四〇年代的白銀供給縮減，必然造成負面衝擊，引發經濟、政治和社會危機。

海外白銀流入在一六四〇年代驟然銳減，是當時國際大環境使然，崇禎皇帝（一六二八－一六四四）回天無術，這是所謂「晚明之謎」的要害。

世界白銀形勢逆轉。世界的白銀生產在一五七〇年左右走向高峰。進入一六三〇年代後，白銀生產開始過剩。亞當・斯密說過：「在一六三〇年至一六四〇年期間，即大約一六三六年，美洲銀礦的發現對降低白銀價值的效果似乎已結束，這種金屬的價值相對於穀價價值的比例，自那時起就從未降低過。」[73]白銀開採利潤急劇下降，白銀開採量減少，白銀年出口量自然更是大幅減少。十七世紀前半葉，美洲向西班牙輸出的白銀量下降了三分之二，在一六四〇年前後尤其惡化。[74]從一五九〇年代，中國的銀價比日本和印度幾乎高出一倍，至十七世紀初繼續上漲，此時「中國的銀價是西班牙銀價的兩倍」。[75]

歐洲市場危機。一六一八年至一六四八年的「三十年戰爭」徹底削弱了神聖羅馬帝國，確認了歐洲主權國家體系，促成近代國際法體系的誕生，對近代歐洲國際社會的形成和發展意義重大。三十年戰爭也對貴金屬的供給發生影響。在一六二〇年至一六六〇年間，歐洲爆發貿易危機，國際性的白銀短缺傳到中國，中國同時出現了嚴重通貨緊縮和經濟蕭條。

世界性的政治和社會危機。進入十七世紀後，特別是一六四〇年代，自然環境異常，氣候惡劣，太陽黑子紊亂，火山爆發頻繁，夏天氣溫下降，全球氣候變冷。[76]有一種理論說這個時期是「蒙德極小期」的前夜。[77]暴亂、革命和政治動盪集中在一六三五年至一六六六年之間的西歐和東亞地區。[78]英國清教徒革命爆發（一六四〇），愛爾蘭起義（一六四一），法國、義大利和俄羅斯暴亂（一六四八），墨西哥起義（一六四一），英國在北美殖民地的戰爭（一六四二），巴西反對荷蘭的動盪（一六四五）都發生在一六四〇年代。國際市場萎縮也導致明朝的國際貿易的衰退。

中國和馬尼拉之間貿易衰落。中國和馬尼拉之間的貿易是當時白銀供給的生命線，在一六二〇年代歐洲貿易衰退之前，從中國開往馬尼拉的船舶數量至少維持在一百艘以上，歐洲貿易衰退之後，減至二、三十艘。[79]中國在一六三〇年代末、一六四〇年代初物價上漲，不是因為白銀供應長期增加，而是因為短期緊縮。癥結就在馬尼拉。一六三四年，西班牙國王菲利浦四世限制船隻從墨西哥的阿卡普爾科出發，導致了一六三七年的中國與西班牙在太平洋的貿易幾乎停止，再加上海盜猖獗，這條貿易通道實際處於關閉狀態。馬尼拉貿易基本停擺，白銀在太平洋兩岸搭起的橋樑垮掉。根據統計，匯集馬尼拉的「各種來源的白銀的總供給量（幾乎都轉入到中國），在十七世紀頭十年平均每年為一百五十噸，在二〇年代為一百七十八噸，在三〇年代為一百六十二噸。然後，這種供應在四〇年代突然下跌到每年八十九噸，在五〇年代下跌到每年六十八噸，在六〇年代回升到每年八十二噸（其中百分之四十是由歐洲商人供應的）。」[80]

中國和馬尼拉貿易的快速衰落，與在馬尼拉的中國商人狀況有很大關係。在明朝後期的一六〇三年、一六三九年，西班牙人和土著多次大規模屠殺馬尼拉的中國商人。[81]自一六三〇年代，馬尼拉華商的處境惡化，不再可能期望透過「賒賣」的方式維持貿易。從一六三八年十一月到一六四〇年三月，據說武裝精良的西班牙人在全島屠殺了兩萬中國人，這無疑也導致了一六四〇年和一六四一年馬尼拉貿易的瓦解。[82]明朝鑒於對日戰爭剛剛結束，西班牙是中國白銀的主要進口國，只在口頭上對西班牙「議罪以聞」。倒是鄭成功（一六二四—一六六二）無法忍受，計劃南下菲律賓興師問罪。[83]對於菲律賓發生屠殺華人事件，中國學者還有一種更宏觀的解釋：當時中國經濟的海外擴張，必然引發市場、資源的競爭，西班牙國王下令對中國商品徵收高額的貿易稅，中、西（班牙）兩大帝國的衝突中心就在菲律賓。[84]

日本白銀輸入銳減。從十五世紀中葉到十六世紀中葉，中國和日本都處於白銀成為主體貨幣的創建期。因為中國經濟規模大，所需的白銀數額多，這對日本是發展的良機，從十六世紀末到十七世紀中，日本進入白銀生產的高速期，大量的日本白銀流入中國。在一六二〇年左右，金銀比價在中國是一比八，在日本是一比十三。所以，日本對中國的白銀出口利潤很高。[85]

進入十七世紀，日本統治集團改變了以往的白銀政策，開始控制銀礦，壟斷國內貨幣發行。一六〇一年日本第一次出現了自己的金元和銀元。一六三三年二月到一六三九年七月，德川幕府連續頒佈五次所謂的「鎖國令」。其中主要內容是：貿易活動也由幕府進行嚴格管制，禁止日本船出海貿易和日本人與海外往來，對駛抵日本的外國船隻實行嚴密的監視。荷蘭、中國和朝鮮同日本的貿易活動只能在長崎進行。崇禎後期，日本白銀幾乎成為中國最後一條白銀海外流入管道。一六三九年，日本停止對華白銀輸出，一六四〇年，日本斷絕與澳門所有貿易往來。一六四一年，馬六甲落入荷蘭人手中，果阿（Goa）與澳門的聯繫也切斷。[86]一六三九年至一六四〇年日本停止對華白銀輸出，明朝的白銀海外流通管道徹底斷裂，這對明朝是致命一擊。如果崇禎末年白銀的海外流入沒有中斷，政府財政收入大體穩定，明朝或許還能繼續統治。

顯然，明朝從「白銀世紀」的受益者變成「十七世紀危機」的犧牲品。白銀貨幣既是明朝後兩百年經濟運行的根本條件，又是解釋明朝滅亡的鑰匙。明朝的經濟已是世界經濟的一環，一六三〇年代西屬美洲和日本的白銀出口的衰減促成明朝的衰亡。[87]

近年有中國學者雖然承認明朝興也白銀，亡也白銀。但卻以意識形態和引入極端民族主義解釋明朝覆滅：是嘉靖、隆慶和萬曆三朝的「改革開放」過度依賴「世界市場和貨幣進口」，忽視了「國家組織建設和社會『保護』；特別是忽視了貨幣金融安全和糧食生產安全」，最終造成「國家能力的持續下降」，經濟崩潰。不僅如此，因為明朝隆慶元年開放「海禁」所奠定的白銀貨幣體制，是明朝滅亡的原因，「自一五六七年以降實施長達三百年的貨幣政策，其實才是導致中華帝國從內部崩潰的最根本原因。」是因為「三百年來中國將貨幣委之於外國」。[88]這是用今天的概念和理念來要求古人，中國經濟包括貨幣經濟從來不可能獨立於世界經濟之外。明清兩朝加起來五百餘年，之所以有這麼長的國祚不是因為「貨幣政策」，而是因為自由市場經濟和少有政府干預，以及經濟的對外開放。

白銀短缺和「銀貴錢賤」

晚明的貨幣體系是，紙幣煙消雲散，只有白銀部門和銅錢部門。在理想狀態下，白銀部門和銅錢部門並存，白銀和銅錢「平行」，形成白銀和銅錢的依存和互補關係，有利於貨幣系統的穩定。但是，大量新大陸白銀流入中國，白銀貨幣在整個貨幣經濟中的比重快速擴張，壓縮了本來就狹小的銅錢空間。明朝的銅錢在數量上沒有顯著增加，質量上沒有顯著改善。白銀部門和銅錢部門失調，兩個部門不成比例。銀的權重太大，銅錢太小。

但是，儘管白銀形成如此規模，白銀和銅錢繼續維繫各自的功能，白銀終究無法取代銅錢。高價值商品、規模性投資、國際貿易、批發貿易、長途交易用白銀；低價值商品、零售商業、區域交易、勞動力的工資等以銅錢為主。

還有更複雜的情況：白銀數量增加，按理說購買力會下降，但是實際經濟生活不是這樣：銅幣購買力降得更嚴重。一六二〇年，銅幣大幅貶值，銅幣代表的名義價格比白銀代表的名義價格上升得更快，動搖了原有經濟結構和貨幣秩序。

崇禎末年（一六六〇—一六六四），白銀驟然短缺，但需要指出的是：此時的白銀供給問題其實是白銀的「流量」問題。至於白銀的「存量」未必那麼嚴重，更沒有枯竭。問題是明朝多年來所積累的大量白銀到底在哪裡？是在宮廷還是在民間？雖然崇禎之前的皇帝，「依銀富國」。但是，到崇禎後期，內廷府庫白銀所剩無幾似乎是事實。歷史記載崇禎把宮中內帑看作「千年必不可拔之基」，不可分毫取用，但是這不等於說崇禎不會將最後「家底」用於國家。[89] 一六四三年秋季，崇禎皇帝打算清點寶庫，巨大的寶庫後室內空空如也，只有一隻小紅箱，盛著幾張早已褪色的收條，此時的內廷府庫已經虛竭。歷史也有不同的記錄，稱崇禎自殺之前的紫禁城內仍有巨額白銀儲備。李自成攻破北京後，在內廷府庫發現了三千七百萬錠白銀，皆有永樂年號鐫注。[90] 這個說法有違實情。每錠就算是五十兩，三千七百萬錠也遠遠超過明代白銀數量的總和。如果是如此的話，崇禎年間不會有財政危機。

明末所積累的白銀財富，主要流落在民間。只是這個「民間」不是尋常百姓，而是富商大賈、官僚、地主。明代始終存在朝廷官吏聚斂金屬貨幣財富的傳統。明代正德五年（一五一〇），朝廷對權宦劉瑾伏誅，財富至少有黃金兩百五十萬兩，白銀五千餘萬兩，珍寶無算。如果黃金按當時的常規一比七折為白銀，總值為六千七百五十萬兩白銀。如果一兩銀子可以買兩石米，按照米價折算，相當於兩百五十四點八八億人民幣。[91] 劉瑾的時代距離明朝的「白銀世紀」還有三、四十年時間。嘉靖四十五年（一五六六），抄沒嚴嵩，財富有「黃金可三萬餘兩，白金二百萬餘兩」，以及珍寶古玩和土地房產。[92] 所以，李自成農民軍佔領北京之後，可以輕易從明朝官僚手中收繳大量的金銀財寶。數額高達七千萬兩白銀，相當於明朝十年稅收。[93] 只是李自成失敗之後，這些白銀大部分又成為了滿清入關之後的新政權財政基礎。

對於明末的崇禎皇帝，貨幣經濟和財政形勢嚴峻：白銀斷流，對於民間白銀儲存又無計可施。日益嚴重的白銀短缺導致「銀貴錢賤」，惡性通貨緊縮和通貨膨脹並存。

白銀價值高昂和通貨緊縮。白銀從流通領域中大量消失，處於短缺的白銀價格不僅相對於黃金上漲，而且相對於銅錢上漲。直接以銅價計算白銀價格，在天啟元年（一六二一），銅錢六百文等於一兩白銀；崇禎初年（一六二八），銅錢一千二百文等於一兩；至崇禎末年（一六四四），銅錢二千五百文等於一兩白銀。白銀價格上揚，導致與白銀相關的部門生產和投資行為萎縮，轉入蕭條。對於政府來說，白銀稅收減少，政府缺少白銀，國家無法運行。

銅錢貶值和通貨膨脹。白銀短缺，銅錢的相對價值下降，銅錢不值錢。其時的鑄幣貶值已是不可逆轉。一六四四年，明朝最好的鑄幣價值不過是一六六〇年價值的二〇—二五%。[94] 這個時候，偽造銅錢在市場中氾濫，火上澆油，加劇銅錢比值的低落。以銅錢衡量的物價上漲幅度，遠遠高於以銀價衡量的物價上漲幅度。以銅錢為價格的糧食和生活必需品價格暴漲，使得民不聊生。米價在一六二八年到一六三二年漲了九倍，一六四二年達到高峰。在長江三角洲等人口稠密地區，穀價暴漲尤其嚴重。一六四〇年代，蘇州地區每斤大米的價格升到一百個銅錢。富人可以賣豪宅買米吃，雖說是「時弊」，還可以活下去。但對於一般百姓來說，由於市場上糧食的價格太高，買不起糧食，就只能餓死。糧價歷來是中國物價的基本指數，糧價失控，標準農業、經濟作物和手工業商品市場就會瓦解。

「銀貴錢賤」，銀錢比急劇拉大，加速明朝財政惡化。為了化解「銀貴錢賤」，通貨緊縮和通貨膨脹交互存在的局面，只有兩種選擇：或者通過增加白銀供給，白銀本身貶值，銅錢相對價格上升；或者增加銅錢供給，使得以銅錢計價的部門發生價格跌落。顯然，增加白銀供給不取決於朝廷，朝廷無能為力。至於增加銅錢供給，自天啟和崇禎年間（一六二〇—一六四四），朝廷多次企圖用恢復鑄幣，以應付對滿州的軍費，舒緩財政壓力。但是因為涉及多年無法根本解決的幣材問題，遠水解不了近渴。而且鑄幣本身就需要先有國家財政的投入。那麼，唯一出路似乎就是發行無成本的紙幣了。一六四〇年左右，崇禎皇帝和大臣曾考慮重新發行紙幣，寄望幣制變更，實施「重行鈔法」。只是有多位大臣反對，加之「重行鈔法」已不具備任何客觀條件，勢必徒勞無益，弊大於利，崇禎皇帝只好下旨停止造鈔，此時是崇禎十七年（一六四四），國家信譽已蕩然無存，根本不具備重行鈔法的任何經濟、政治、社會條件了。[95]不久，李自成農民軍攻進北京，明朝的鈔法自然成為一去不復返的歷史。

關於白銀化對明朝歷史，特別是對明朝覆滅的影響，一直是中外學者關注的課題。明末清初的三大思想家——黃宗羲、顧炎武和王夫之——都把白銀貨幣視為明朝覆滅的重要原因之一，且都是「廢銀論」者，黃宗羲說得最直接，銀為貨幣「為天下之大害」，因為「百務並於一途」，最終會導致「銀力竭」，所以「後之聖王而欲無下安富，其必廢金銀乎！」[96]他們看到了問題，但沒有明白中國經濟與世界經濟融合的歷史趨勢。類似的狀況也發生過，譬如「貴金屬的缺乏」在羅馬的衰亡中的作用。[97]

明末是否存在挽救經濟的轉機？

發現美洲新大陸並非必然事件，具有相當的偶然性。大量美洲貴金屬湧入西歐，再分流到中國。對西歐和中國而言，美洲貴金屬都是「外生貨幣」，其影響的過程和結果卻大不相同。

在十五、十六世紀，西歐主要國家因為貿易逆差，硬幣長期短缺，特別是為了籌措戰爭費用，已經運用公債手段。義大利人在民間國際金融方面扮演了領先角色。荷蘭人善於抵押國家資源、甚至城鎮和省，發展了有效的國家財政。當美洲的貴金屬貨幣引進西歐之後，導致「價格革命」，發生貨幣財富的重新分配，民間擁有大量的金融貨幣資產。接著，刺激貨幣金融制度突變，造成「金融革命」，形成一套複雜的銀行業務和信貸系統，建立以政府信譽支撐的金融市場。西歐貨幣金融制度近現代化的歷史過程是：美洲貴金屬→外生貨幣→金融貨幣資產民間化→金融制度變遷。西歐歷史證明，在一定的歷史前提下，貨幣的作用完全是「非中性的」，是導致經濟制度突變的關鍵因素。[98]正是在這樣的大背景下，才可能發生一六三六年至一六三七年的「鬱金香泡沫」。說到底，這是西歐金融創新、證券交易和期貨交易的一種失敗試驗。

用這時的英國來和中國相比，反差尤其明顯。「十七世紀初葉，斯圖亞特王朝不斷發生的財政危機，迫使他們採取強迫貸款、出售壟斷權以及從事大量出租那些不甚穩定的產權的措施（其中包括沒收財富），保守黨和共同法法院與王權進行了不斷的鬥爭，最終導致內戰，隨之是進行了幾次有關可選政治制度的失敗試驗。」[99] 一六三九年，蘇格蘭農民軍迅速佔領了英格蘭北部。但是，英國的經濟、政治和社會危機透過「光榮革命」得以化解。之後是「金融革命」：資本市場快速發展，改革金融體系，強化銀行地位，規範國家債券，倫敦形成貨幣市場，擴展資金來源，避免紙幣發行造成嚴重通貨膨脹，利率持續下降，英國公債吸引了愈來愈多的外來投資者。「金融革命不僅使政府建立在強有力的金融基礎上，而且也為私人資本市場的發展打下基礎。」[100] 政府在經濟上有償付能力，而且所獲得的資金也達到前所未有的水準。在一六六八—七七年期間，信貸的增長使得英國資金增加「政府的借入資金增加到一個量級。出借者供應資金意願的急劇變化反映出的一個明確概念是政府會信守協議。」[101] 金融革命是英國在與法國的戰爭中取得成功以及在接下來的一段時期（一七〇二—一七一四）成為世界主宰的重要條件。

中國在十六世紀以後，貨幣經濟白銀化，市場經濟發達，私營經濟成熟，經濟開放；此外，還有錢鋪、錢莊、銀號、帳局等金融機構或早期形態的銀行。似乎與西歐當時的情況類似，但這是表象。與西歐比較：中國的這些金融機構的經營活動局限於地區，不是類似近代銀行業那樣的全國性金融機構；北京、蘇州等城市具有金融中心的某些功能，卻缺少沖帳、拆借等業務；合夥經濟有了長足的發展，卻沒有建立董事會和股東大會等固定權力結構；有股份買賣、轉讓，並未形成社會化、價格收益可預期的股票交易場所。特別是國家財政系統依賴的文官系統和吏役系統直接徵斂實物、貨幣、勞務等，行政手段超過信用工具，減緩了向國債信用化過渡的進程。中國貨幣金融資源分佈嚴重不平衡，沉澱在民間的貨幣財富個人化、分散化、非機構化、非市場化。當時貨幣市場中唯一存在的民間機構是典鋪。[102]這些都加速了原有經濟、政治和社會制度的「解構」，以及原有的貨幣經濟體系的失序，但是並沒有帶來具有歷史意義的「制度創新」，沒有完成市場化改革，金融部門未能走向近代化之路，也沒有出現和形成足以同原有統治集團分庭抗禮的新興階級。後果是造成過快的白銀貨幣化和「解構」的經濟制度之間的嚴重失衡。在一定程度上，當時中國情況和法國頗為相像：沒有一個公共財政體系。其財政工作由地方政府、士紳「經營」，他們專職徵集賦稅，督辦皇家專賣，獲得報酬；沒有資本和貨幣市場，經濟活動告貸無門，或被迫接受高利率貸款；沒有真正的自由企業；嚴重的貪汙腐敗的制度。「賣官鬻爵」吞噬了大量原本可以投資於貿易的資金，專賣限制了企業自由。[103]

明朝必然會喪失利用近代金融工具的機會。崇禎初年，朝廷還具有一定的公信力和權威。發行政府公債還具有可行性。但是，崇禎皇帝和臣僚沒有借款意識，既不如同時代的英國國王，也不如南宋的皇帝。南宋後期為了抵抗女真和蒙古而軍費大增，正常的賦稅收入根本無法滿足預算支出，就發行具有國債功能的「會子」、「錢引」來籌措戰爭經費，依賴公共財富資源維繫國家財政運轉，與強大的蒙古帝國二十餘年的抗爭之後終告滅亡。「這些債券進入市場流通，甚至具有某些貨幣的功能，導致貨幣存量激增，也直接造成十三世紀上半葉嚴重的通貨膨脹。」[104]晚明在貨幣金融和公共財政方面思想僵化，實踐貧乏。

廢除「鹽引」也是明末喪失金融創新的典型案例。明洪武四年（一三七一）創立「開中法」，鼓勵商人輸運糧食到邊塞，充實邊境軍糧儲備，以換取「鹽引」。後來，官府不僅繼續實施以「糧」換取「鹽引」，還容許以布絹、銀錢、馬匹等也能換取鹽引。[105]鹽引本質是可以買賣、有市價的證券，是具有「期貨工具」特徵的有價證券，自然會成為投機的對象。朝廷的權貴和鹽官因為鹽引價格不菲，常在正常額度之外取得鹽引，並在市場上出售。但是，鹽引還具有國債的潛在功能。一六一七年，正是明朝財政開始惡化的關鍵時期，朝廷因噎廢食，正式廢除了鹽引，因而喪失了挽救財政危機的絕好機會。關於這個問題，有的學者做過深入分析：如果明朝在一六一七年不是只廢除「鹽引」，而是建立食鹽期貨市場，還有可能緩解財政危機。「當時皇帝需要把糧食運送到駐守北方的邊防部隊，但財政上又有困難，只好把對食鹽的生產與運輸的壟斷權抵押給商人。具體做法是商人先幫政府把一定數量的糧食運到北方的軍隊駐紮處，交糧後他們便會得到一張收條，憑此收條可以在南京換回經營食鹽的特許證鹽引，這樣商人就能靠買賣一直由政府專賣的鹽獲利了；同時，政府的財政壓力也得到緩解。在這個過程中就會出現分工，一部分商人專門運糧，另一部分商人專門購買『鹽引』」。[106]

總之，明末確是有挽救經濟的機會，卻沒有把握這樣機會的制度條件。晚明的根本問題是經濟制度和政治制度嚴重遲鈍，落後於實體經濟和貨幣經濟的快速發展。「晚明時期中國的經濟規模是巨大的，而且在這個時候白銀的使用也在擴大。在任何特定時期進入帝國的金屬貨幣量和當時共存的經濟和政治不穩定的程度之間建立一種因果關係是很難的。」[107] 近年又有一種將明朝覆滅歸結於過度市場化和國家失位的理論，反映了對市場經濟偏見和對國家權力崇拜，也不符歷史事實。一六四四年之後，南明政權前後延續了十八年左右，發行鑄幣，質量良好，也為民眾接受，品種變化不亞於整個明朝，算是為明朝貨幣經濟劃下一個特殊的句號。

明朝覆滅的其他原因

明朝的崩潰除了白銀貨幣嚴重不足之外，還和一系列錯綜複雜、陰差陽錯的事件相關。

農業和糧食危機。天災人禍造成農業和糧食危機。「第五個小冰川時期」也恰恰發生在萬曆二十八年（一六〇〇）至崇禎十六年（一六四三）之間。[108]嚴寒來得更早，導致莊稼的生長和收穫期縮短。米穀等實物匱乏不僅遍及華北，而且還蔓延江南富庶地區。一六四〇年前後，乾旱，洪澇和蝗災等罕見的自然災害席捲。一六四〇年，北方出現五百年未遇的乾旱；一六四一年，中原發生兩百年未遇的旱災；山東段的大運河因乾旱而斷流。[109]西北地區的農業受災最重，糧食極度匱乏，農民饑寒交迫。官府為了應付各類戰爭，提高白銀的稅收。西北因長期沒有白銀的收入，卻要用白銀繳稅，導致社會動盪，爆發農民起義，出了李自成。其次是人禍。晚明，長江下游稻米高產區的農民從生存農業轉到對現金增值的追求，糧食生產和供給的專業化和跨區域化，農業基礎相當脆弱。在發生天災的時候，過度市場化的糧食供給體制放大了糧食短缺問題。那些不生產糧食、跨區域購糧、市場化比較徹底的富裕地區（主要是江南），遭受打擊最為嚴重，極易發生糧食匱乏。此外，農村的地主士紳逃避賦稅徵收，政府財政惡化，沒有財力疏通灌溉系統淤泥，疏浚運河，加固大河堤堰。這些天災人禍導致農業破產，「自由」佃戶淪為農奴，糧食大面積持續減產，糧價騰貴。接踵而至的就是饑荒。

江南衰敗。「明代是中國封建社會歷史中唯一一個成功地以東南為根據地，逐步擴展勢力到達中原、西北，最後完成統一的朝代。」[110]明朝建立之後，江南畢竟受益於貨幣白銀化，是經濟最發達的地區，是所謂「資本主義萌芽」的發源區。「江南賦稅奇重」，長期支持國家財政稅收，是國家財政輸出中心，當北方滿洲人入侵，農業生產遇到災荒時，向江南收取大量白銀成為平衡國家財政的主要方法。一六四〇年前後，由於海外白銀供給急劇減少，朝廷為了支付邊防軍費，將江南已經逐漸短缺的白銀調到西北和東北，於是江南的銀價飛漲，資本短缺，工商業破產，物品囤積，經濟衰退，大面積蕭條，甚至還波及廣東。江南陷入破產境地，加速了國家經濟和財政的惡性循環。在財政上既要支撐鎮壓李自成反叛，也要阻止滿洲人入侵。

國際貿易萎縮。絲綢貿易是明朝國際貿易的支柱。崇禎朝後期，以養蠶為生的農民處境艱難，浙北的湖洲等絲綢產地迅速衰落。一六四二年，絲綢貿易基本上已告停頓。

白銀貨幣與實物經濟脫節。在十六世紀末，原來南方各省每年向北京及北方邊鎮輸入銀五百萬兩，再用此數購買棉花、棉布以及其他產自南方的物品，使銀兩回籠。至崇禎末年，因為戰爭需要，政府從江南徵收的北運銀兩突增，一度每年達到二千萬兩。結果南方的相關物品，民間經濟無法滿足因為北運白銀產生的需求；而北方經濟簡單，不可能有資本市場，巨額白銀不僅造成白銀貶值，物價上漲，而且難以被市場消化，「縱有銀兩亦無法買得所需之衣服裝具」。[111] 一旦白銀貨幣與實物經濟嚴重脫節，依存於貨幣經濟的明朝就陷入雙重危機：北方軍民有錢沒物資。南方有生產能力，卻喪失了貨幣資本。隨著運往長城沿線及塞外衛所的糧食不斷減少，國家傳統的軍事招募制度也動搖了。軍隊的登記簿是假的，地方將領組建向個人效忠的軍隊，前線的將領則向滿族投降。甚至半軍事政府的郵傳制度也崩潰了，那些曾經送遞快信的信差成了騎馬強盜和起義軍，佔領了明朝北部和西部的大部分地區。

社會財富分配兩極化。根據現代基尼係數原理，係數愈大，則收入分配愈不平均。崇禎末年，李自成起事時的基尼係數高達〇．六二。遠遠超過了所謂的基尼係數〇．四的國際警戒標準。清末太平天國起義時，基尼係數情況類似，達到〇．五八。[112] 收入差距懸殊，社會財富分配嚴重兩極化，流民人數暴增，成為北方農民起義的主力。

人口減少。「中外學人一向以為人口過多是朝代衰亡的基本因素。但是明朝的覆亡肯定不是由於人口過多。」[113] 從一五八五年到一六四五年，中國人口可能減少了四〇%。這個時期的人口嚴重下降，恰恰與全球性經濟衰退同步。造成人口減少的主要原因是：戰爭死亡、饑荒死人、疾病暴增。明末流行鼠疫，[114] 崇禎十六年秋（一六四三），鼠疫已出現。來年（一六四四）三月春暖花開，跳蚤、老鼠活躍，鼠疫爆發，民眾和士兵大量死亡，崇禎的御林軍很快就失去戰鬥力，李自成在幾乎沒有抵抗的情況下輕取北京。之後，李自成起義軍也為鼠疫所害，無力抵抗，滿清順利入關。[115]

滿族興起、入侵和征服。東北地區滿族部落的經濟和中原的貨幣經濟不相關聯，在明朝主要區域成為白銀短缺受害者時，沒有損失的滿族就成了受益者。同時，他們對朝鮮的侵襲不斷擴張，透過朝鮮進口日本白銀，形成自身的貨幣財力。此外，滿族軍隊多次越過長城，尋求戰利品、貢物和奴隸，也加大了經濟實力。

明代士大夫精英分裂。正統的程朱新儒家與王陽明心學直覺論者之間的分歧長期存在，朝廷官僚政治的黨派之爭、裙帶之爭，對明朝的覆滅有毀滅性的影響。[116]

中國在一六四〇年代的危機，以明朝覆滅，政府、官僚、精英、商人階層和民眾的同歸於盡而告終。英國在一六四〇年代也發生了經濟和政治總危機，但是經過四十四年的過渡期，完成了一六八八年的「光榮革命」。一六四〇年代是分水嶺，西歐納入現代資本主義的進程，全面崛起。而中國不但沒有實現向現代化過度，甚至出現了長達至少半世紀的歷史倒退。

清代：貨幣部門、貨幣供給和通貨膨脹

清朝取代明朝，滿族統治者選擇透過儒家正統維持統治的合法性。在經濟，特別是貨幣領域，繼續明代中葉以來的自由化傳統，政府少干預。「聽從民便」、「不與民爭利」是主流觀念，國家的貨幣權長期處於退縮狀態。在貨幣制度方面，清朝統治階級並非完全處於被動。基於明朝「寶鈔」的教訓，對於發行紙幣，慎之又慎，只有短期的試驗性發行。清朝君主都很重視制錢，從立國到鴉片戰爭的近兩百年間，白銀和制錢並用的貨幣體系與整個國民經濟運行大體適應，沒有發生過長時間的貨幣供給不足和通貨緊縮，物價溫和上漲。自十九世紀中葉之後，接踵而來的鴉片戰爭、太平天國起義、甲午戰爭、庚子之亂，引發傳統貨幣經濟的全面和深刻危機，清朝不得不對貨幣經濟實行改革。

清代的政治周期和經濟周期

清朝自一六四四年至一九一一年，共兩百六十七年。在政治和經濟週期中，貨幣經濟是愈來愈重要的一個變數。

康熙蕭條。[117] 康熙在位長達六十二年（一六六〇—一七二二），一般以為康熙年間，國泰民安，並為後來的乾隆盛世奠下基礎。其實，康熙在位的頭二、三十年，一直是經濟蕭條，穀賤，布帛賤，農民不堪重賦，商賈虧折，民情拮据，社會購買力嚴重低下，國民經濟凋敝，百姓生活困苦。以米價為例：在一六四六年到一六五五年，順治前期穩定於接近三兩水準，一六五六年開始跌價，未有超過二兩者。一六六二年後，遞降至一兩以下，最低〇．五兩。「從經濟發展說，這是一種倒退現象，也反映市場危機。」[118]至於田價，順治朝仍是每畝十二兩餘，至康熙劇跌至七—八．五二兩，康熙五十年（一七一一）始恢復。至於科學文化的倒退及其後果則更為嚴重。[119]這些都是「康熙蕭條」的表徵。

造成「康熙蕭條」的主要原因包括：一，滿清大肆破壞。戰火破壞是一方面，更嚴重的是放任北方落後的單一農業經濟結構壓抑中國廣大地區業已形成的農、工、商經濟結構。作為最為富庶的江南在明末發生經濟危機，從順治朝（一六四四—一六六二）到康熙前半期，不但沒有得到緩解，反而徹底摧毀了江南的複雜商業社會。二，自然災害。清康熙十七、十八年，全國連續兩年大旱。大江南北，赤地千里，京師尤甚。三，人口下降。中國人口從一六〇〇年的一．六億下降到一六五〇年的一．二三億。人口如此大規模的減少，導致全社會總需求急劇萎縮，拉動價格水準下降。四，「十七世紀危機」影響繼續。清朝建立，美洲、日本銀礦減產和厲行海禁，白銀流入減少的情況繼續到十七世紀最後三十年。特別是在一六五六年至一六八〇年前後，白銀短缺，白銀增值，在白銀支付的部門通貨緊縮，導致企業破產，農民租稅負擔增加。以為這個時期的「銀荒」是因為「禁海」，是不對的。[120]五，資本稀缺。明末清初利率長期維持在三〇—五〇％，反映了貨幣和資本的稀缺。六，銅錢需求不足。在康熙早期，增加銅供應較容易。當時社會集聚了大量廢銅和明朝廢錢可以用來鑄造清朝制錢。一六八五年至一七一五年間，來自日本銅料也相對豐富。[121]但是銀貴錢賤，錢賤穀賤，壓制了農民對銅錢貨幣的需求。七，對價格下降的預期。因為持續的價格走低，社會富裕階層也寧願儲備增值的白銀而抑制消費。八，康熙實行儉約治國和緊縮財政政策。

「康熙蕭條」至少持續到康熙三十六年（一六九七），國民經濟好轉，康熙平定了準噶爾可汗噶爾丹。

「乾隆盛世」。歷經順治、康熙到乾隆三十一年（一七六六）前後一百年的時間，耕地面積才恢復到明末崇禎的規模，以及晚明的經濟規模。所謂「乾隆盛世」其實是清朝立國之後，經過生產力大幅度倒退，恢復到晚明水準的經濟現象。[122]

乾隆朝（一七三六—一七九六）長達六十年，其間因為中國再次出現白銀流入高潮，徹底消除「銀荒」，造成生產和交易的增長，市場發展，商品化程度提高，重新形成農、工、商的國民經濟結構。此時雖然湧入大量白銀貨幣，卻沒有引發通貨膨脹，所謂的「十八世紀價格革命」，言過其實。乾隆中葉人均每年承擔的賦稅不到半兩白銀，約合三十公斤米，[123]出現了「民富國強」的局面。

「縱觀明清時期的貨幣購買力，不論從銀、錢比價，還是從米價看，由於白銀的供給充分，直到乾，嘉時期，白銀購買力是一直呈現下降的趨勢的。」[124]一七七六年，亞當．斯密出版《國富論》時，乾隆皇帝還在位。亞當．斯密注意到：中國的大米和歐洲的小麥相比，相當便宜。生存費用為尺度的勞動力報酬，中國也比歐洲便宜。在十八世紀，歐洲的倫敦、阿姆斯特丹是高物價的主要城市，生活水準高於北京和廣州。中國的貨幣工資比歐洲低。直到一八七〇年以後，中國以白銀衡量的工資才有微幅上升。同一時期，白銀價格在歐洲的波動遠遠超過在中國，歐洲和中國的物價差別因而擴大。[125]十八世紀最後十來年，國際環境發生天翻地覆的變化：法國革命引發的歐洲戰爭影響了白銀往東方輸送，廣州屢次出現白銀短缺。北美獨立戰爭導致從中國進口的減少，減少了中國白銀收入。[126]白銀流入量下降，銀錢比價確曾上升。[127]這是白蓮教起事的經濟背景。[128]

道光蕭條。道光皇帝於一八二一年登基。清朝經濟也在一八二〇年代進入由盛而衰的轉折期，外貿格局開始逆轉。一八三〇年代至一八四〇年代，即第一次鴉片戰爭前後，中國長期以來維持的貿易出超和白銀入超的局面發生逆轉，屬於歷史上少有的白銀流出期。全國各地銀價漲了一倍左右，利息也是「水漲船高」，導致按白銀金屬計算部門的價格瀕於崩潰。道光二十四年（一八四四）下半年，蘇州借貸市場放款月息，由五厘上漲至六厘至八厘。為謀取高息，在京的日升昌等票號數次向蘇州調運大量銀兩。結果又引起京師月息上漲，京師月息從四厘至四厘五之間上升為五厘五，隨後一路上揚，最高九厘五，直至十一月底仍高達八厘。[129]道光帝推崇節儉，卻不能扭轉低迷的規模經濟，也無法避免貨幣和財政危機。國家每年用於戰爭、賠款、治河的支出合計將近七千萬兩白銀，而國家每年的總收入僅有四千多萬兩。史稱這個時期為「道光蕭條」。

由於中國實行銀銅複本位制，「銀貴錢賤」有兩個負面後果：一，銀減少，白銀升值，物價低落，經濟蕭條，銀票收縮，民眾儲存白銀保值。在商品市場上，銀的購買力增加，以銀表示的物價，呈現下落。與一八三〇年比較，一八五〇年左右的全國物價指數下落了三分之一。物價下跌，經濟緊縮，出口銳減，反過來進一步減少白銀流入。二，銀和制錢的交換比例愈來愈高。加之私毀制錢，清政府歷來規定的紋銀一兩兌換制錢一千文的標準，遭到一次又一次的突破，從一兩白銀換到制錢一千兩百文左右，上升到兩千文以上。制錢制度動搖，以制錢為價格的農產品和日用品價格上漲。也就是說，上述產品按制錢計的價格，如果換成銀價來折算，即使稍有提高，也不足以補償銀價增長的損失；如果說沒有提高，則屬下跌了。[130]見圖[131]

銀價升值和物價低落，對農民產生三大不利影響：一，農產品供需缺乏彈性，價格漲落比非農產品價格強烈。當一般物價下跌時，農民必須賣出更多的農產品，才能交換和以前一樣多的非農產品，以供消費和生產；二，經濟緊縮，農家來自副業和短工的收入也顯著減少；三，因為田賦額以白銀計算，銀價上漲導致田賦加重。例如，銀價計算的米價跌落百分之五十，意味著納稅人需要出售雙倍的米，才可能支付和從前一樣多的稅額。

北方貨幣以銅錢和錢票為主，白銀絕大部分存留在南方，所以白銀升值和銅錢貶值對南方影響劇烈。這種情況在長江中下游尤為嚴重。長江下游的農民對市場依賴性最大。大部分的產品都要送到市場出賣。物價低落、市場緊縮，使得他們的產品必須廉價而沽。強制人民以昂貴的白銀納稅，陷農民於破產境地，沒有活路，便鋌而走險。一八四二年發生了由秀才鐘人傑（一八〇三—一八四二）在湖北領導的暴動。大約十年之後，爆發太平天國革命（一八五一—一八六四），席捲大半個南中國。「鑒於當時江南一代農村受銀貴和市場打擊之大，以及小民田賦負擔壓力之重，太平天國能在長江下游得勢，維持政權達十五年，卻不能擴張到其他地區，難道這是歷史上的巧合嗎？」[132] 太平天國革命是中國歷史少有的大規模社會動亂，是最慘烈、破壞性最大的內戰之一，摧毀了當時最富庶的長江中下游，尤其是長江三角洲，數百城鎮成為廢墟，至少兩千萬人喪生。長達十餘年的太平天國，是清朝政府財政經濟變化的分水嶺，從此開始財政赤字，實現財政平衡和盈餘，可望不可及。

一八二〇—一八五〇年銀錢比價指數與零售物價指數變化

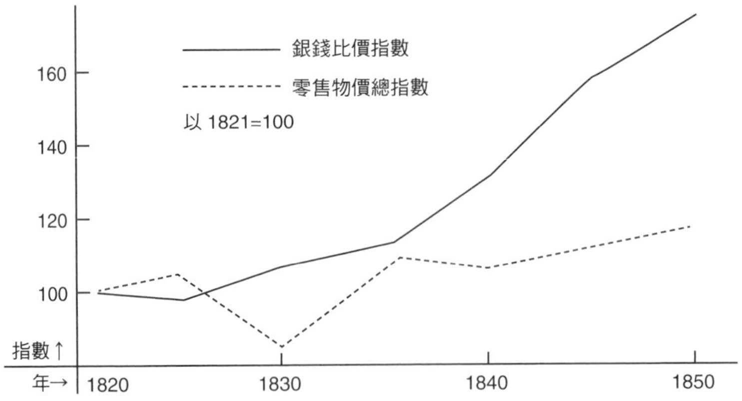

同治中興。同治朝是從一八六二年到一八七五年。太平天國於一八六四年失敗，社會和政治趨於穩定。在國際，從一八七一年開始，德國、英國、荷蘭、奧地利、斯堪的納維亞國家紛紛廢除白銀貨幣。一八七三年，美國通過《硬幣法案》（Coinage Act），金幣成為貨幣中唯一的主宰。西方國家，國際銀行家原企望通過廢除銀幣強化對世界貨幣供應量的控制力，但是卻導致了各個國家的貨幣流通量大幅緊縮，貨幣流通本來已嚴重短缺，如今更是雪上加霜，觸發歐洲從一八七三—九六年的嚴重經濟衰退。[133] 與此同時，國際金融界雖然可以控制相對稀缺的金礦勘探和開採產量，卻沒有能力控制銀幣流通量。發掘的銀礦愈來愈多。歐洲的這次經濟危機和白銀生產規模的擴大加速了銀價崩潰，大量白銀流入中國。中國自鴉片戰爭以來白銀外流的局面至此逆轉，緩和了自咸豐年間以來的貨幣供給不足的情況。

這樣，中國國內白銀流通增多，幣值穩定，物價回落，政府財政情況改善，民間資本積累增加，刺激投資，出現了興辦民間企業的高潮。中國近現代歷史上的著名洋務運動，由此發源。當然，一八七〇年代，上海也多次發生過短期的「貨幣恐慌」，銀根短缺。這種情況沒有影響大趨勢，白銀供給的增加是主流。

「危機和轉型」的光緒朝。光緒朝（一八七五—一九〇八）跨越了十九世紀和二十世紀。這是翻天覆地的時期。對於中國，是皇權衰落，邁向現代憲政國家，傳統經濟農業經濟向現代大機器工業的轉型時期。其間，在貨幣經濟領域，最重要的變化是從白銀與銅錢（制錢）的複本位制轉變為「多元本位制」：白銀、銀元、銅錢、銅元、私票等各類貨幣同時流通於市場；中央政府、地方政府、民間和外國金融機構都擁有鑄幣權和發行能力。

在這種「多元」貨幣經濟體系背後，包含著傳統貨幣形態和新興貨幣形態，以及傳統金融機構和現代金融機構的深刻矛盾。貨幣經濟的轉型是不間斷的，是新的貨幣形態比重上升，舊貨幣形態比重下降，最終新貨幣替代舊貨幣的過程。

「多元」貨幣經濟的重要歷史貢獻是：一，削弱貨幣經濟對白銀的依賴程度；二，充分滿足了迅速擴大的貨幣需求。例如，外國銀元和紙幣緩解中國當時階段性或地區性的貨幣短缺情況，尤其是在東北、新疆、西藏等邊疆地區；三，推動中國進入緩和的通貨膨脹時代；四，有利於復興出口產業和吸引外國資本流入中國。

戊戌變法、甲午戰爭、義和團都發生在光緒年間。在政治和國際關係充滿危機、掙扎和無奈，但在經濟方面卻是完全不同的情節，工廠、鐵路、電報電話、現代銀行、城市化、新式教育遍佈中國，國民經濟持續增長，有進步、有創新、有希望。但是，清朝就在這不斷加快的「轉型」中走向覆滅。光緒皇帝是極具悲劇性的人物，沒有親歷清朝被推翻，在這點上，要比崇禎皇帝幸運多了。

銀銅複本位制和銀、錢貨幣部門

明朝中後期，紙幣退出歷史舞臺，制錢在低水準徘徊，白銀貨幣地位上升。所以，名義上貨幣供給包括銀兩部門和銅錢部門，實際上是白銀一家獨大。貨幣部門的單一化，貨幣供給缺少彈性是明朝衰亡的重要原因。清初，朝廷吸取明朝的教訓，立即處理制錢問題，同時也改變白銀的輸送方向，不再向邊區投散，而集中在內地周轉，以緩和白銀的短期壓力。整個清代，自始至終努力維持銀兩部門和制錢部門的平衡，維繫了白銀和銅錢並存體制。

清朝銀銅並用體制，就是白銀與銅錢（制錢）的複本位制。但是，這種銀銅複本位制並不是西方貨幣學所定義的「雙本位制度」（Bimetallism）。「雙本位制度」是在一種貨幣體系下，兩種貨幣金屬同時充當貨幣材料，並按照國家規定的比價同時流通的制度。清代的「銀銅複本位」特徵是：一，白銀償還能力具有法律保障，國家完全放任其供給和流通。二，銅錢並非輔幣，而是貨幣。銅的鑄造由政府獨佔，銅的生產與貿易也由政府控制，私人不能自由鑄造和自由輸出入。當然，政府也沒有能力剷除私鑄、私銷、私賣等活動。政府對銅錢流通數量的控制有限；三，銀和銅錢兩種貨幣不能完全互相替代。大宗交易多用銀，零星買賣通常用錢，因此即使一種貨幣大量增加，也不能把另一種貨幣驅逐於流通領域之外。四，國家對銀錢比價沒有法律約束，流通的貨幣銀和銅錢的兌換價值，隨著市場上的供需狀況而變動。

在這個「銀銅複本位」之下，一方面，銀銅比價處於不斷波動的狀態，始終無法擺脫因為「銀貴錢賤」和「錢貴銀賤」的交替循環所造成的壓力；另一方面，正是銀銅比價處於不斷變動所產生的張力和彈性，可以緩衝因為其中一種金屬貨幣價格單一變化對國民經濟的衝擊。因為「銀銅複本位」，銀兩和制錢成為清朝兩個基本貨幣部門。

白銀部門。在清代，白銀部門屬於自由而無限制鑄造的金屬本位制。官府之所以對白銀「自由放任」，是因為在中國缺乏富銀礦的情況下，銀的供給主要依賴海外的輸入，對於白銀輸入的數量及價格，官府無力干涉。

儘管如此，白銀卻是第一貨幣部門，在貨幣體中處於核心地位。這是因為：一，在清朝的銀銅複本位體系中，白銀是基準貨幣。相較於銅錢價格，銀價對銀錢比價的影響更大一些。二，白銀是國際貿易的計算貨幣。在中國的主要港口用銀兩結算。三，白銀是國內跨地區貿易的交易貨幣。而國內跨地區貿易的發展是形成全國市場的關鍵。一七四〇年代，白銀本位全面顯現在糧食等大宗貿易批發、收購，甚至零售市場過程中。四，自十八世紀中葉，白銀逐漸成為商業合同和工資的主要形式。五，白銀改變會計制度，在江南如寧波，錢莊記帳改錢本位（過賬洋）為以洋本位（過賬洋）。六，白銀流入的數量以及白銀價格的變化，不僅意味著貨幣供給的變化，會影響到貨幣需求、經濟運行，甚至國家和社會的方方面面。例如十九世紀後三十年，銀價下跌，削弱白銀購買力，支付因多次戰敗所承擔賠款的白銀量上升，而且加劇吏治腐敗。七，銀價是物價的主要機制，在不可能控制白銀流入和流出的情況下，白銀流入量增多，銀價下跌，要求名義工資相應提高，消費需求增長。如果社會供給（包括進口）沒能適應這種局面，物價就會上漲。反之，白銀流入量減少，通貨緊縮，發生經濟蕭條，並引發財政危機、政治危機。八，政府財政稅收以白銀為基礎貨幣，主要稅種與白銀密不可分。九，白銀有窖藏功能，在物價上升時，白銀可能會退出流通，進入窖藏。從微觀上說，金屬貨幣的需求可以分為消費和窖藏兩個部分，都是個人總財富的函數。隨著較長時期的收入增加，經濟繁榮及財富積累，窖藏部分的貨幣需求上升，可以部分抵消貨幣存量增加帶來的價格上漲壓力。

清朝的白銀來源主要仰賴海外進口，國內的白銀產量相當有限。有人估計從十七世紀下半葉至十九世紀上半葉，中國的國內銀產量總計是一．一億兩左右，平均年產量是一百萬兩。還有一種估計數字：一七五四年銀產量達到五五．七萬兩，一八〇〇年下降到四三．九萬兩。每年四、五十萬兩的白銀生產，顯然不能滿足清代人口增長和市場擴大需要。所以，十九世紀下半葉，在大量發行紙幣之前，清代對進口白銀的依賴遠遠超過明代。

清代白銀流入歷史可以分為五個階段：一六四〇年代至一七〇〇年前後，白銀流入繼續下降而短缺；一七〇〇年至一八三〇年代，白銀大規模流入；一八三〇年代至一八四〇年代末，其間發生鴉片戰爭，白銀流出；一八五〇年代前後至一八六〇年代，又進入白銀流入期，西方銀行在此時進入中國；一八七〇年代後，金本位普遍實行，進入白銀流入增長期。[134]至於在清代流入中國的白銀總量，各類資料的數字出入很大。比較公認的是二億兩左右。還有估計清末全國銀兩總額大約二．五億兩（合三．四七億元）左右。清代的海外白銀來源主要是美洲、日本，甚至東南亞。例如越南和緬甸都開發了年產一百萬兩的銀礦，產銀大部分輸入中國，只是為時不久就停產。[135]

伴隨白銀流入數量的增長，白銀貨幣逐漸充裕。白銀沿長江而上，向中游、上游擴散，還向北方、內地普及。白銀貨幣在中國境內的「覆蓋率」得以擴大。白銀貨幣供給增加，供需不均的情況好轉，利率整體水準比明代低，尤其是在商品經濟較發達的東南地區更是如此。貨幣供給增加會導致利率下降，促進信用擴張，儲蓄增加，存款利息下降，貸款成本下降，高利貸基礎削弱。道光至咸豐年間（一八二一—一八六二），北京和蘇州票號放款利率變化反映了利率對貨幣供應狀況的敏感：一八四四年月利在〇．六六％左右，一八五一年降至〇．四三七％。[136]這些事實反映了當時貨幣需求和貨幣關係趨於緩和。至於信貸，在邏輯上對銀根的反應很可能比利率方面還明顯，只不過從現有資料上還難找到這方面的證據。

在清代，地權主要分散在為數眾多的中小地主手中，土地買賣頻繁，土地是吸納貨幣供給的主要管道。從一七六〇年代至一七九〇年代，在山東、長江三角洲、北京地區，土地價格和交易白銀化。[137]農民是買賣土地的主體。農村內部積累緩慢，農業生產積累的資金被農民積攢下來，不再流通，購買土地；還有的農民或是在外鄉做生意賺錢，或透過科舉任官攢錢，最終還是回家購置土地。十八世紀以後，土地價格上升且交易量加大。中國土地供給彈性很低，明朝之後，地價上漲十分快速。清初，良田每畝可售四、五兩銀，到嘉慶年間已上漲到每畝五、六十兩銀，漲幅十餘倍。一畝土地地價優於地租回報率，土地投資實質收益日減，地主和一般農戶要靠農業生產剩餘購買土地，變得愈來愈難。[138]也就是說，糧食價格上升緩慢、停滯，並沒有導致土地價格下跌，這是因為人口壓力持續上升。所以，「從歐洲一方說，貴金屬向中國的流動和向印度的流動之間的差異在於，前者對緩和土地壓力的作用——即使是間接作用——相當小」。[139]在十八世紀，礦業投資也是吸納白銀資本的主要領域。礦產投資風險大，票號不會輕易提供貸款。但是，融資還是相對容易，有官方、有皇親貴戚，也有一般民眾。

從宏觀經濟來看，白銀資本投資於土地、礦業，甚至珍玩奇好等領域，就是投資到風險大和增值空間也大的「資本產品」，增加貨幣資本需求，消化貨幣供給，從而減弱一般消費品價格的升值壓力，甚至導致資本短缺。反映了當時的貿易和商業信貸之間日益的緊密關係，業已存在一個多元、複雜的信用市場，甚至可能的「貨幣乘數」規律放大了白銀貨幣的供需規模。[140]

簡言之，如果清代沒有海外白銀持續大規模輸入，貨幣供給就會不足，不可能形成國內市場。

銅錢部門。清代的貨幣體系，白銀是主體貨幣，制錢始終沒有偏廢。銅錢關乎國計民生，其重要性集中在幾方面：一，自古以來，銅錢被視為政治權力合法性和正統性的一種象徵。二，銅錢一樣參加貨幣再創造。因為銅錢流通速度快，不會低於白銀，在通貨數量中，仍然佔很大比重。三，銅錢適合小額交易活動，方便零售貿易和支付租稅，與民眾生活休戚相關。四，透過制錢賺取「鑄息、錢息」，增加政府財政收入，作為軍餉、官俸等開支。

清朝皇帝對於制錢的管理從未掉以輕心，視制錢為整個貨幣制度的核心，朝廷透過管制銅錢部門，行使鑄幣權，官府背書，建立周密的法律規定，以影響不在官府控制範圍的白銀貨幣。

因為銀銅複本位，管理銅錢部門的關鍵所在是影響和控制銀錢比價。清朝初建就確立了銀錢比價，一千文兌換一兩白銀的官方兌換率，即「定例」。但是在實際經濟生活中，這個「定例」基本不可能嚴格執行，主要因為：一，商品貨幣流通領域的銀錢比價，不可能根據官府的「定例」，而是根據市場供需和白銀流入流出而波動，有時波動的幅度較大。二，制錢重量不穩定，且呈現減輕的趨勢。順治、康熙和雍正年間制錢質量高，但是，制錢重量已經有所下降。其間的雍正時期，實施過包括減輕錢文鑄重、降低鑄錢原料中銅鉛價格、用滇銅、黔鉛代替洋銅、倭鉛幣制改革。乾隆年間的制錢重量有所好轉。到了光緒年間，制錢重量嚴重減少。[141]「制錢」不穩定，各種私鑄小錢就更混亂，再與形形色色的銀兩組合成的貨幣市場，其繁雜程度可想而知。

清朝歷代君主都盡可能控制和縮小「定例」和市場兌換率之間的差距，保證民眾對小額貨幣的需求。從清朝歷史來看，銅錢過於貶值，糧價上漲，都加劇社會矛盾，導致社會衝突。由此，實現對銀錢比例控制的根本出路，或唯一的選擇就是管理制錢的數量和質量。清初，人口回升，百姓使用銅器數量增多，特別是政府鑄造制錢需要，刺激了十六世紀業已擴大的銅材需求。為了解決制錢原料的問題，早在順治末、康熙初年，不得不透過收買舊錢舊銅器皿作為鼓鑄原料，但是還不足以解決銅材嚴重短缺的局面。整個清代，制錢的銅來源始終需要進口「洋銅」。

在一六八五年至一七三五年間，清朝幾乎完全依靠日本銅材的進口。[142]為此，官府網開一面，打破海禁，特別准許官商、民商攜帶中國貨物，到日本售貨易銅，帶回國內以供鼓鑄。自順治十九年（一六六二）到康熙四十一年（一七〇二），日本共出口銅一．一四四九億斤，平均每年出口兩百六十八萬斤；而清朝每年進口在一百五十到兩百萬斤，占一半以上。乾隆年間，日本的銅出口數量達到八百九十萬斤，中國依然是日本銅的主要進口國。[143]到咸豐初年每年購買日本數十萬斤、乃至一百多萬斤銅塊。最初日本政府鼓勵對中國的銅出口。從一六八五年至一七一五年，每年達兩千六百噸。一七一五年日本銅礦產量降低，開始限制紅銅的出口。

但是，進口銅材受制於國際市場上銅價的變化，而銅價的波動又取決於銅材的供需關係和銀價水準。銅材供給不足或銀價升值，銅價就會上漲；反之，銅材供給過剩或銀價貶值，銅價就跌落。從乾隆中期（一七六五）至道光十五年（一八三五），銅價走低，每一百斤「洋銅」的價格從十七．四五兩銀下跌到十二兩，跌幅為三一％。「如果銅價下跌的資料沒有什麼問題，那麼銅制錢也應按照同樣的比率下跌……。這樣一來，由制錢自身的減重變劣和銅價格相對下落所造成的錢賤，不應該是百分之十，而應當是百分之三四十。」[144]但是，自十九世紀中期的相當長時間內，銅價的走勢上漲，一八五三年，每擔銅料價格是白銀十三．五兩多，一八六二年，漲到二十九兩白銀；一八六三年已是三十兩白銀。[145]所以，發生西方人利用中國的「銀貴錢賤」的形勢，走私銅製制錢出境。在中國，銅價過高，會發生私銷制錢的情況。「而錢少是由於制錢私銷，而私銷又是由於銅價上漲，而銅價上漲又是銀價相對下降。歸根結蒂，是銀賤銅貴的結果。」[146]洋銅價格上漲，高出國內舊錢舊銅器皿價格數倍，造成鑄錢成本增加。

為了擺脫中國制錢銅料受制於日本進口的局面，清朝形成積極支持民間採煉銅礦的政策。從一七三〇年起，雲南銀礦開發擴大和產量提高，緩和了白銀短缺的問題。「滇銅在十八世紀，成為中國鑄幣的銅材來源。從乾隆五十年到嘉慶十五年（一七四〇—一八一〇）的七十年間，滇銅每年至少維持一千萬斤的產量，構成當時長程貿易與全國市場的重要一環。」當時，白銀貶值與中國銅幣產量上升三〇〇％同時發生。[147]滇銅產量急速增加，成為全國最佔優勢的銅材供給地，形成雲南銅材交換外省白銀的財貨流動過程，「制錢」的原料以洋銅為主，轉為國內的滇銅為主，緩和了政府對鑄幣銅材的長期擴大需求。[148]

鉅額銅材基本上都是政府和商人用白銀向銅廠商民購得。實施「官本收銅」制度，不同來源的官本銀兩，支付了每年鉅額的銅材交易，保障了政府每年購得的鉅額滇銅。隨著國家對雲南銅礦補貼的增長，鑄錢成本上升，清政府採礦業「陷入了工本不敷—銅材少—利潤少—廠欠的惡性循環之中」。[149] 以致制錢成本居高不下。一七〇〇年以後，錢局沒有利潤，嚴重虧損。其中的北京錢局，虧損達到鑄錢成本的一六—六三%，採辦比較便宜的雲南銅後，才有所改善，利潤仍是微不足道，不到錢局成本的五%。最後出現鑄錢總經費高於鑄錢收益的情況。儘管收益低微，或有時根本就沒有收益，朝廷仍然不願放棄鑄錢業。[150]

清朝中晚期的新增貨幣部門

清代中期以後，因為人口膨脹，經濟發展，市場擴大，貨幣總需求擴大，貨幣部門多樣化。如果按照貨幣形態劃分，除了銀兩和銅錢部門之外，還出現了銀元部門、私票和紙幣部門、銅元部門。如果按照貨幣發行機構劃分，有中央政府、地方政府、本土金融機構、外國金融機構。

銀元部門。自清朝中期以降，外國銀元逐漸成為重要的貨幣部門。乾隆中期（一七六五），銀元已經走出了「銀兩制度」的構架，形成了與「銀兩制度」平行的「銀元體系」。[151] 十八世紀的最後二十五年，銀元在中國市場上成為一種廣泛流通的貨幣，在貨幣經濟中佔據主導地位，在南部沿海省份作用尤其如此。

流入中國的白銀銀元，種類繁多。[152] 主體是「本洋」和「鷹洋」。[153] 這是中國銀元的起源，銀元這個名稱本身並非金屬重量名稱。這就是馬克思所說的「外國貨幣名稱和國內的重量名稱本來就是不同的」。[154] 鴉片戰爭之前，「本洋」屬於西班牙銀元，質量穩定，簡便易用，很快就在兩廣、江浙、閩台、皖、贛等地區建立了穩固的勢力，使用範圍還不斷拓展。「本洋」是當時中國通商口岸唯一承認的外國銀元，然而很快就供不應求，價格也不斷上漲，以致完全偏離了實際價值。「本洋」通常可換得一兩紋銀，但其重量只有〇．七二兩，成色也不如紋銀。於是外國商人乘機套取了大量紋銀，導致一定程度的白銀隱性外流，同時也吸引了世界各地的「本洋」流入中國。太平天國興起後，百姓大量囤積「本洋」作為硬通貨，市面的本洋日益稀少，價格愈高。一八二一年，本洋停止鑄造，中國的本洋價格狂飆。

替代「本洋」的是墨西哥銀元，也就是「鷹洋」。鷹洋是一八二一年墨西哥獨立後使用的新鑄幣，於一八二三年開始鑄造，在鴉片戰爭前已經進入中國。鷹洋含銀量和本洋相同，但是在進入中國之初，市價遠低於本洋。一八五七年，鷹洋在中國已經可以和本洋以同等價值使用了。[155]之後，鷹洋作為外域輸入中國的最主要銀元，佔領了過去本洋在中國的地位。一八六三年，香港總督卡利斯－魯賓遜確認鷹洋是香港唯一的法償貨幣。至於輸入中國的鷹洋數量，沒有具體統計，數量巨大。一八九九年兩江總督劉坤一提到，「中國行用洋元以墨西哥所鑄鷹洋為最多，……前經視察上海進口之數，每年不下千餘萬元。」據彭信威估計，「鷹洋的輸出額，在鑄造總額中大概要占八成以上，約九億六千萬元。流入中國的總不下於三億元。」[156]這裡的「三億元」是什麼概念呢？清末全中國的貨幣總量折合銀元不到二十一億元，三億元占了七分之一左右。還有一個相關數字，在一九一一年時，「中國全國所流通及儲藏的墨幣，總額在四萬萬至五萬萬之間」。[157]如果在中國的墨西哥銀元占外國銀元中的比重約七成，清末的外國銀元總量在七億至八億之間，似乎合理。計算外國流入中國的銀元數額有困難，除了外國銀元的流入沒有完整記錄之外，還有磨損和熔鑄的問題。

私票部門。私票主要有錢票、銀票和銀元票。錢票介於實貨幣和虛貨幣之間，多是各種經營性或行政部門發行的小區域流通的貨幣，多在縣或縣以下的鄉村流通。[158]

私票是代用貨幣，具有通貨功能，可視為實貨幣。但是，私票本身不含金屬，沒有金屬貨幣儲備支持，被符號化，其實是「虛貨幣」私錢。「在發行過程中，沒有發行準備制度，更無資訊披露制度，主要的保證就是無限責任和多戶聯保。因此，錢票的基礎全在商人的信用。加藤繁在論交子起源時，稱其與鐵錢不便有關，必須要代表商人的社會信用。錢票也是如此。而在當時的條件下，除了票號，商人信用大抵是地方性的，所以錢票在本地與現錢無差，異地卻幾同廢紙。」[159]

自十八世紀中葉開始，私經濟部門發行私票和使用西班牙銀元，成了貨幣經濟的大勢所趨。十九世紀初，錢票已盛行於廣州及沿江沿海通商口岸。中國有四種信用工具與私票相關：銀票或錢票、莊票、會票、過賬銀。這四種信用工具中以銀票和錢票使用最為普遍。[160]在清朝版圖上，除了西藏之外，省區基本上都有錢票發行，而且在東北、華北、華中、華南基本上每縣都曾有過不同種類的錢票發行。很多西北、西南省份的縣也都發行錢票。而且每個縣都不只是在某一年、某幾個部門發行，而是在很長時間，極多的部門發行無數的錢票。華北、東北及蘇北、福州、廣東潮汕等地更是以私票盛行而聞名。外國銀行在中國境內也發行私票，或從外國流入中國。有的用中國貨幣單位，有的用外國貨幣單位。以英國滙豐、麥加利等銀行所發行的私票行用地域最廣；俄國的私票發行數量最多，主要行用於東北與新疆。

私票的產生增加了清代「銀錢複本位制」的彈性。因為，銀錢鋪或商號以一兩白銀或一串銅錢做準備，通常可發行面額總數更大的錢票。因此，私票部門的出現改變了清代既有的貨幣結構。因為銀元逐漸取代銀錠，銅錢因雲南銅產豐盛而累增，加上私票盛行，即銀、銅錢、私票三個部門的貨幣發行數量同時擴張，造成國內長期的溫和通貨膨脹。從清末至民國初年是私票部門的巔峰，與銀和銅錢在流通貨幣中成鼎足之勢。就錢票的區域分佈來說，北方強於南方，甚至改變了北方的貨幣流通格局。在實體經濟方面，北方落後於南方；在貨幣的信用化程度方面，北方比南方領先。私票的增長使得貨幣供給大量增加。[161]

外國紙幣部門。清末還有巨額的外國貨幣在流通。雖然外國銀行不過十四家，但發行的數量十分可觀。據估計，清末全國貨幣總額中，外國貨幣和私票所占比重超過三五%。[162] 這就意味著外國銀行和金融機構參與了中國的貨幣供給。因此還產生了國內白銀與這類外國貨幣的匯價問題。它依靠的市場機制和民眾經驗確定彼此間的比價，並成為民眾、商人和政府日常生活和經濟活動的組成部分。對於外國紙幣，清朝不僅不可能予以設計，任何干預都無能為力。在世界經濟史中，一些國家的貨幣經濟近、現代化過程初期，都經歷過一個市場驅動的誘致性創新階段，市場化的成功，不僅具有示範效應，還能吸引支持者，減輕變革阻力。

銅元部門。銀元部門大體形成於一九〇〇年前後。光緒三十一年（一九〇五），在全國範圍內，已有十七個省二十二個錢局鑄造銅元。光緒二十八年（一九〇二）以前，中國用於購買銅的經費不過兩百萬「海關兩」，光緒三十一年（一九〇五）激增至兩千一百多萬兩，購買的銅材高達七萬餘擔。銅元的產量因而劇增。據民國政府財政部在一九一三年十二月的調查，大小銅元鑄行之數已達兩百九十億枚，所以清末銅元鑄造額至少應有兩百億枚之多。在清政府鑄造銅元的同時，民間也參與銅元的私鑄。在貨幣體系中的作用徹底替代了銅錢。從一九〇〇年到一九四九年，銅元面值有二十餘種，圖案變化上千種，鑄造數量折合十文，接近一千億枚，廣泛流通於全國各地。銅元供過於求，造成惡性通貨膨脹。據梁啟超統計，光緒二十八年（一九〇二），銀元一元僅能兌換銅元八十枚，至三十四年（一九〇八）兌換一百二十枚，再至宣統二年（一九一〇），銀元一元兌價銅元在一百七十五枚至一百八十枚之間，和四年前的兌價相比，還不到原來的一半。按銀元計算，四年間，銅元價值下跌了五〇%。[163]

在一九三五年施行「廢兩改元」之前，銅元不是作為輔幣鑄造與發行，而是作為一種實幣與銀幣平行。大數用銀、小數用銅。無論是金銀幣還是紙幣，都無法取代其作用。在某些特定時間、地區，銅元甚至充當主幣的角色，超越了其本身的法定地位，成為一種具有特殊價值和歷史意義的鑄幣。[164] 這種情況在中外小額硬幣歷史上，實屬罕見。而當銅元被接受時，傳統的物價波動真正轉變為「物價革命」。[165]

白銀供給和國際貿易

清朝實行「銀錢複本位」，透過控制錢部門來制衡白銀部門，又有新的貨幣部門逐漸增多。但是，白銀貨幣的中心位置，白銀權重大和白銀部門的主導地位是不可動搖的。因為，其他貨幣部門或是依賴白銀部門，或是由白銀部門派生而來。進一步分析，白銀資源來自國內生產和海外進口。在國內白銀生產能力沒有根本改變的情況下，白銀資源愈加依賴換取白銀的國際貿易，以及世界白銀產量的變化。清朝的國際貿易經歷了從順差到貿易萎縮、甚至逆差的階段，其間還發生了對中國歷史影響至深的鴉片戰爭。中國與歐洲、北美和俄國的貿易，以及南美的白銀狀況對中國的白銀供給至關重要。

對英國貿易。英國是清朝最早、最重要的貿易夥伴。十六世紀末至一八三〇年代，英國向中國出口的貨物主要是鉛、錫和棉花；中國向英國出口茶、絹、陶瓷器。絲綢是最受歡迎的中國商品，英國向中國支付白銀。進入十八世紀，西歐（特別是英國）和北美對中國茶葉需求不斷擴大，茶葉替代絲綢，列居西方國家進口中國商品的首位產品。至於為什麼西元前二世紀中國人開始種植茶葉，直到十六世紀中葉為西方人所知，有不同解釋，尚無定論。

英國首先成為中國茶葉的最大買主。從一七二〇年代至鴉片戰爭前，英國為了支付從中國購買茶葉，是中國白銀的主要輸入國。在一七六五—一七七四年間，茶葉占英國東印度公司每年從中國進口總貨值的七一％；一七八五—一七九四年，比例提高到八五％；十九世紀以後，占其總貨值的九〇％以上。在英國東印度公司壟斷中國貿易的最後幾年，茶葉甚至成為唯一的進口商品。據估計，一七〇〇—一八二三年，英國東印度公司為了購買茶葉，共輸入五千三百八十七萬兩白銀到中國。從一八一五年起，英國東印度公司每年在茶葉貿易中獲利都在一百萬鎊以上，占其商業總利潤的九成。值得注意的是：東印度公司的錢幣並不屬於任何自主國，而是由民間商人製造，由英國政府負責發行，並透過英國政府的貿易公司在印度流通。[166] 茶葉貿易不但攸關英國東印度公司的存亡，對英國財政也至關重要。由於英國茶葉進口稅高達一〇〇％，茶葉進口提供了英國國庫全部收入的一〇％。歐陸國家購買的茶葉歷來靠走私進入英國獲利。[167]

一七九〇年代，英國對中國貿易進入逆差。英國為了支付茶葉的進口，不得不將本國黃金在日耳曼換成白銀，再支付中國，以致國際收支惡化。

英國對中國的貿易 [168]

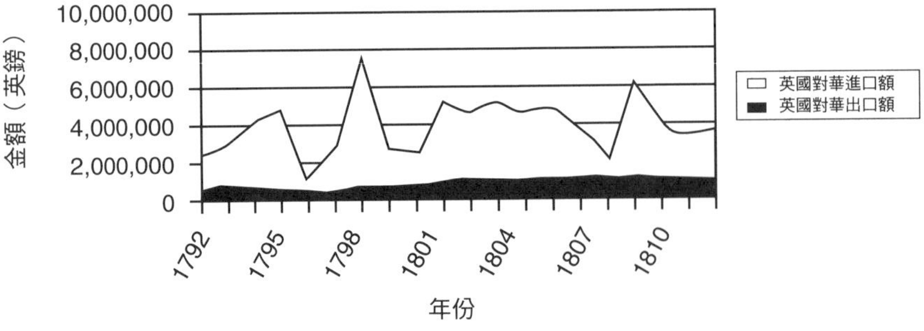

而中國，在整個十八世紀和一八三〇年之前，因為茶葉貿易而形成巨額順差，大量白銀流入中國，國家財富增長，民眾富裕，經濟繁榮，人口「爆炸」，從一億上升到四億左右。一八三三年，是中國貿易從順差到逆差的轉折點。鴉片貿易或一八三〇年代至四〇年代的全球性經濟蕭條，導致了中國自一八三〇年代後期的出口萎縮，對西方貿易負增長，以及白銀嚴重外流。

其實，直接原因是英國引進印度加入與中國的貿易，改變了原本中英貿易的格局。英國因為長期的貿易逆差壓力，利潤喪失，無力進口，無法維持與中國的貿易平衡，於是就靠印度的鴉片來重建其對中國的貿易結構，原本的中、英雙邊貿易轉變為中、英和印度的三角貿易。中國向英國出口茶、絹、陶瓷器和白銀；英國向印度出口機器和棉布；印度向中國出口棉花和鴉片。這就是說，是英屬印度的產品，而不是「英國商品」打開了中國市場。

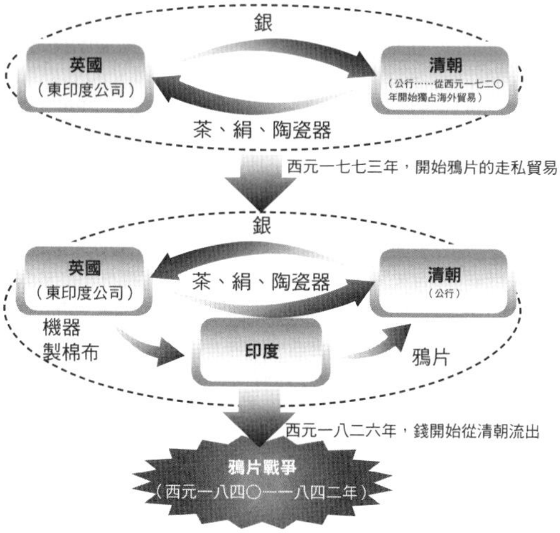

169

從此，市場天平開始倒轉，鴉片戰爭無可避免。鴉片戰爭對中國產生深刻而長期的影響：一，中國市場成為英國－美國－中國之間新三角貿易結構的組成部分；二，西方（主要是英國）確定貿易結算方式和匯兌制度；三，中國金融市場納入以倫敦為中心的國際金融體系之中。四，銀錢比價的上升。其中，中國不得不接受金本位匯兌制，對中國貿易、貨幣經濟和國家財政影響至深。

對歐陸貿易。一七二〇年代之後，茶葉貿易成為歐洲東方貿易公司最重要的商品，為西方貿易商帶來了巨額利潤。美洲白銀持續流入歐洲，並成為歐洲商人對華貿易的貨幣基礎。歐洲從中國大規模進口茶葉，導致歐洲商人向中國支付大量的西班牙銀元。而西班牙銀元大量而持續地流入中國，加速銀元取代銀兩的過程。廣州的商務交易主要用西班牙銀元結算。

十八世紀，在與歐洲的茶葉貿易中，荷蘭是僅次於英國的對華貿易國，茶葉占荷蘭輸入中國商品總值的七〇—八〇%，有些年份甚至超過八五%。在一七二〇年至一七九五年間，荷蘭歐洲運送六，三四四萬兩白銀到亞洲，其中四分之一流入中國。同期購買的中國商品價值三，三七一萬兩，近一半中國商品的貨值是以白銀支付。在其他歐陸國家，如法國、瑞典、丹麥的對華貿易中，茶葉所占的中國貨值比率也高達六五—七五%不等。[170]因為這些國家不像英國、荷蘭擁有熱帶產品的來源地，他們的對華貿易始終建立在輸出白銀的基礎上。

工業革命之前，白銀是西方購買茶葉的主要支付手段。這是因為歐洲產品幾乎在中國找不到市場。那時的中國經濟建立在手工業與農業緊密結合的基礎上，發達的手工業和國內市場使中國在經濟上高度自給自足。一百多年以後，主持中國海關總稅務司的英人赫德（Robert Hart）在《中國見聞錄》中寫道：「中國有世界最好的糧食——大米；最好的飲料——茶；最好的衣物——棉、絲和皮毛。他們無需從別處購買一文錢的東西。」[171]經濟上高度自給自足和相對較低的購買力使歐洲產品的中國市場非常狹小。

一七〇〇—一八四〇年間，從歐洲和美國運往中國的白銀約一．七億兩。即使按當時中國的人均計算，這個數量也相當可觀。亞當．斯密說過，當社會財富增長時，對白銀的需求有兩個層面的動力：作為貨幣促進商品的流通，作為奢侈品的標誌。中國對白銀的需求卻是例外。在當時的中國，對白銀的需求主要源於第一種動力，商品經濟的發展使作為主要通貨的銅錢愈來愈不能適應市場交易，世界上還沒有第二個國家像中國這樣如此迫切需要白銀。

鴉片戰爭之後，中國與西方國家的貿易進入了轉折時期。[172] 一八八五年以後，西屬美洲白銀產量下降以及西方的殖民擴張費用增加，歐陸國家的白銀來源逐漸枯竭，難以繼續支付巨額白銀購買中國茶葉。紛紛退出茶葉貿易和對華貿易行列。之後，歐陸船舶多利用英人的期票匯兌機構，在廣州以倫敦匯票結算，基本上不再直接運白銀到中國。而清朝也在嘉慶道光之際由盛轉衰。[173]

對美國貿易。美國商船遲至一七八四年才到中國，但很快就成為中國第二大茶葉買主和最大的白銀供應者。在鴉片戰爭之前，中美茶葉貿易規模有限。一八三〇年代後期，廣州每年出口茶葉三十五萬擔，價值九，四四五萬銀元，占中國出口貨值的七〇％。廣州的茶葉貿易為英人所支配，小部分為美國商人分享。在十九世紀初到一八三〇年代的大部分年份，美船在華出口貨物中，茶葉價值約占三〇—四〇％。至一八三七年，美船的茶葉貨值首次超過六〇％，達到六五％。一八四〇年，美船購買一，九三三萬磅茶葉，占其在華購貨總值的八一％。[174] 特別是，因為美國商人在南美洲西班牙銀元和中國產品之間的特殊作用，美洲西班牙銀元才可能大量流入中國，在一八二〇年代的中國貨幣體系中舉足輕重，甚至在一些地區和部門成了標準通貨。

因為西班牙與英法的戰爭，南美獨立，美國在南美的優勢持續增強，美國從南美（主要是墨西哥）進口白銀，一八三四年到一八三五年，是美國從墨西哥進口白銀的高峰期。美國商人控制巨大的世界白銀存量，成為中國和南美，中國和加勒比海地區的轉口中心與國際貿易的主體。一八〇九年以後，美國從南美進口白銀，用以大量購買中國產品，再將之分別賣給南美和加勒比海地區，換取白銀。一八〇七年，美國轉口貿易中的四分之一去了加勒比海國家，二分之一去了南美。到十九世紀初，南美的布宜諾斯艾利斯、哈瓦那碼頭的美國商船都超過了英國。美國所控制的白銀經過哈瓦那和加勒比海出口到中國，換取中國的產品，至少是一八四〇年最重要的經濟現象。中國持續到一八二〇至一八三〇年代的白銀順差，美國的貢獻不可忽視。中國在一八二〇年以後，持續進口的是南美的銀元，是因為「美國商人成為南美生產者和中國作為白銀消費者的仲介」，「美國作為仲介，增加了與南美的貿易，得到銀元，然後用以和中國的貿易。」[175]

美國向中國輸入銀元的重要原因是，一八三〇年代的美國，銀元貶值，美國銀元的重量下降，金銀價比例從一七九二年一比十五．五，下降到一比十六。而中國的白銀，特別是銀元價值高於美國。在一八二〇年至一八五六年，中國從美國進口了三千七百萬披索，相當於一千五百三十六噸白銀。美國開始取代英國，成為向中國輸出白銀的主要國家。[176]

鴉片戰爭前後，美國甚至取代了英國，支撐了中國的常規貿易。中國從美國進口的白銀，已經超過英國商人因鴉片貿易從中國得到的白銀。美國從一八四〇年代到一八六〇年代，飛剪船承擔海上運輸，是海運史上的「飛剪船時代」。[177] 鴉片戰爭後的中國，政府除了對進出口徵收不到五％的關稅之外，對貿易很少有其他限制措施，是一個接近於自由貿易的國家。這種情況直到一九三三年因為實現關稅自主，才告完結。

對俄國貿易。清朝對東南沿海一帶的國際貿易，管理嚴格，有很長時間只許廣州十三行對外貿易。實際上，民間的走私貿易是無法根除的。但是，在北部邊境貿易，官府管理向來寬鬆。俄國對中國白銀的輸入是不可低估的。從一七二八年，從北京和莫斯科簽訂貿易協定開始，中俄貿易從未中斷。一八四四年，中國對俄商品輸出入分別占全國商品輸出入總額的一六％和一九％。對俄貿易僅次於英國，占第二位。一八二一—一八五〇年，中國方面向俄輸出每年約在八百萬盧布上下。俄國貿易長期處於逆差狀態。當時俄國禁止輸出白銀，俄國對華貿易的差額，都是由一種粗製白銀「工藝品」的名義支付的。這種「工藝品」大部分是俄國從漢堡或萊茵河上的法蘭克福購買的，稱為漢堡銀，成色很高，流入中國山西後，被鑄成元寶銀，再投入國內金融市場。

南美洲銀元供給。中國從十八世紀末，商業活動愈來愈依賴一定而可信的支付方式。中國作為白銀貨幣的需求方，進口白銀已經不是生銀，而是西班牙硬幣，尤其是西班牙殖民地的披索。所以，中國對白銀需求的增長，其實就是對這種銀元需求的增長。西班牙銀元也就是中國所稱的「本洋」，成為中國貨幣流通的主體。[178]在一八一〇年到一八三〇年，中國外流的白銀主要是紋銀，流入的是西班牙銀元。雖然，流入和流出都是白銀，但是紋銀和銀元在中國經濟中扮演不同的角色。

因為歐洲啟蒙運動思想的傳播、美國的獨立戰爭、法國革命、拿破崙一世佔領西班牙和一八二〇年西班牙發生資產階級革命，以及揭開美洲殖民地獨立革命的序幕海地革命等等，在一八〇八年至一八二六年之間爆發了西班牙美洲獨立戰爭，遍及整個西屬拉丁美洲殖民地，波及人口達兩千萬，是近代史上一次影響重大的資產階級革命。這次西班牙美洲獨立戰爭對世界貨幣經濟體系產生深刻影響。一，摧毀了很多銀礦，美洲的白銀產量大為減少。而美洲白銀產量自一七九〇年已經開始下降。國際白銀生產與分配的格局與十七世紀上半葉，或再早一點的「白銀世紀」很不相同。[179]二，因為前西班牙殖民地分解成不同的獨立國家，每個獨立國家都有自己的財政和貨幣自主權。以前的南美統一貨幣同盟不復存在。鑄幣和鑄幣權分散在愈來愈多的鑄幣廠。銀元和鑄幣權開始全面分解，質量和純度不復統一。簡言之，統一的西班牙披索標準蕩然無存。全世界失去了可以依賴的標準白銀鑄幣。「在國際市場上有足夠的白銀，這些白銀可以滿足當時中國的進口需求。然而至少在一八〇八—一八二〇年期間，南美停止了高質量的鑄幣，而這種情況持續了近一個世紀」。[180]南美獨立，統一的西班牙披索標準瓦解，甚至間接導致了金本位的實現。

西班牙標準貨幣體系在獨立之後的分解，對於中國貨幣經濟產生的影響不可低估。一八二〇—一八五〇年期間，所謂的中國白銀供給不足，不是一般「生銀」或「銀塊」的供給不足，而是曾經長期依賴的標準西班牙銀元銳減，是西班牙標準銀元供給危機導致的結構性失衡。

學術界普遍認為一八二〇、三〇年代的南美地區獨立運動，導致白銀生產減少，進而影響了中國的白銀流入。這種看法過於草率，忽視了兩個事實：當時南美本身已有足夠的白銀儲備；動盪引起的白銀生產中斷是短期的，不會影響對中國的白銀供給。南美白銀在這段期間持續向美國出口，就是證明。進一步分析，如果中國在這個時期減少南美白銀進口，是因為不願意進口在動亂期所生產的低質量的西班牙銀元。這是市場的選擇，造成了對貨幣需求的理性壓抑，絕不是簡單的貨幣供給問題。所以，只是講白銀供給數量，忽視白銀供給結構，忽視中國市場的特定白銀貨幣需求，無疑背離了歷史真相。解釋鴉片戰爭前後的中國貨幣經濟，需要關注到白銀的需求，特別是白銀的需求結構。不是單純的白銀供給不足，而是白銀需求結構發生問題，導致了道光年間的「銀貴錢賤」。

後來，墨西哥銀元（鷹元）填補了西班牙銀元的空白。墨西哥銀元使得墨西哥和中國獲得「雙贏」：墨西哥出口墨西哥銀元，有助於擴大本國的製造業。墨西哥的礦主根據當地經濟和中國的白銀價格信號生產白銀。中國對墨西哥銀元的持續進口，有助於墨西哥銀本位制得以長期實行。[181] 中國因為墨西哥銀洋的流入，擴大了銀元在貨幣經濟中的比重，對中、晚期的清代經濟貢獻重大，還為後來中國的「廢兩改元」奠定了歷史基礎。

貨幣供給、物價上漲和通貨膨脹

清初經濟蕭條，物價水準與晚明相比，不升反降。進入十八世紀之後，隨著經濟恢復增長，貨幣總供給數量和貨幣結構的演變，物價從低迷進入溫和上漲時期，再進入「經典」通貨膨脹時期。

低物價階段。從一六五〇年至一七五〇年期間，物價指數下降。以大米為例，一六四一年至一六五〇的價格是每升四七．一一克銀，一七四一年至一七五〇年，下降到四二．六九克銀。只是米價在一七五〇年之後上漲。一七五一年至一七六〇年，每升六一．〇六克銀。[182]

從十七世紀至十八世紀中後期，銅錢對增加貨幣總供給貢獻很大。一七四〇年至一七八〇年，按照當年的銀銅匯率，銅錢的平均產出相當於每年一百九十噸白銀，而每年流入大約五百萬披索的銀元，相當於一百三十噸白銀。銅錢的比重遠遠超過白銀，如果考慮當時的信用體系，實際的銅錢供給會更多，一度出現對銅錢需求膨脹，銅幣價值上升快於白銀，白銀的作用有所削弱，不再扮演決定性角色，出現從白銀回歸銅錢的傾向，似乎「銀銅複本位」轉變為「銅銀複本位」，甚至銅幣成為本位貨幣。「乾隆盛世」多半是由銅幣所支撐，而非白銀。

因為銅錢產出所引起的貨幣擴張遠遠大於進口白銀，此時的物價變化主要是因為銅錢產出和投入流通數量的增加，而不是白銀進口存量增加。官府能直接控制銅錢的數量和質量，進而影響貨幣的存量和流量，銀錢比價波動幅度有限，「銀錢複本位」處於平衡狀態，物價比較穩定。還有一個因素：銅錢作為一種傳統金屬貨幣，其本身的價值相對於貴金屬貨幣，波動幅度小得多。這種低物價的狀況一直維持到道光、咸豐（一八二一—一八六二）年間。在一八五〇、六〇年代，太平天國起事和其他農民戰爭，「大米、蒲席、白毛邊紙、酒、鐵釘等商品，價格基本穩定，沒有多大漲落，沒有隨著銀價的上漲而上漲，或者雖然有一些調高，而幅度極少。」

物價顯著上漲時期。告別低物價時代，物價上漲明顯加快，甚至出現通貨膨脹趨勢，始於同治年間（一八六二—一九七五）。「以米價為例，咸豐朝每公石平均價格為一．九九兩，同治朝為二．二七兩，宣統達到四．〇四兩。」[183]但是此時的物價上漲仍然不是真正意義上的高通貨膨脹。其根本原因是白銀供給的激增。而白銀供給的激增，不是因為中國自己的白銀生產發生了飛躍，是因為國際白銀流入數額的高漲。「中國物價的上漲，比英法又慢一百年，而且上漲的程度沒有英法那樣厲害。正如英法的上漲沒有西班牙那樣厲害一樣，時空的距離把這種漲勢沖淡了。中國銀價下跌，之所以晚於英法一百年，是因為白銀流入中國，是經由菲律賓華僑和英國東印度公司之手」。[184]在白銀流入數量和中國物價之間，存在極強烈的相關性。十九世紀前半期與十七世紀後半期，因為白銀輸入的增加，米價增長了一．四倍。見表。[185]

理解上述歷史邏輯，需要注意自一八五〇年代至一八七〇年代的世界白銀經濟和貨幣經濟態勢。一，一八四八年美國加利福尼亞，一八五一年澳大利亞墨爾本黃金的發現，被英國和其他歐洲國家直接吸納。黃金替換白銀，造成「過剩」白銀。二，十九世紀末，世界白銀產量急驟上升，達每年平均生產一億兩以上。三，世界各國先後採用金本位；白銀用途大減，地位下降。四，在這個時期內，法國一度是向中國大量出口白銀的主要國家。五，美國長期實行金銀複本貨幣體系，是白銀儲備、生產和消費大國。一八七三年，美國實施《一九七三年鑄幣法案》，立法上宣佈放棄銀本位，實行金本位。白銀本位的取消，使白銀相對美元的價格大幅貶值，一直持續到二十世紀前後。[186]六，因為金本位推動黃金需求膨脹，黃金出現短缺，造成較長時期的通貨緊縮，經濟蕭條和危機。

在這樣的背景下，被拋到國際市場的巨額「過剩」白銀，自然流入各用銀國。亞洲是中心地區，中國和印度都是白銀大國。而中國更是首選，這是因為：一，中國對白銀需求極大，吸納白銀空間大；二，在西方世界，相對於白銀，黃金價格在二、三十年間上升了一倍以上。而在中國，白銀值錢，銀價高於世界。白銀流入中國，可以「套匯」；三，中國因為洋務運動，啟動現代工業化和城市化，以白銀形態進入中國實體經濟的「外資」成本低，獲利率高。在一八七〇和一八八〇年代，中國國內價格與國際價格的靠攏，國民經濟增長明顯，也是政府和民眾日子比較好過的時期，考慮到當時的貨幣經濟和物價形勢，絕非巧合。

簡而言之，自一八七〇年代到晚清，中國貨幣經濟不可能與世界經濟相分離，而且愈來愈受制於西方主導的國際金融體系。因為全球白銀大環境，中國出現了白銀存量和流入量的暴增。「中國白銀購買力在五百年間跌成五分之一以下，即以白銀計算的物價漲成五倍以上。」[187]從此，清朝再沒有遭遇真正意義的白銀短缺，直到一九一一年退出歷史舞臺。

「經典」通貨膨脹階段。自光緒中期，即一八九〇年代，中國開始進入「經典」通貨膨脹階段。物價上升速度遠遠超過中國的所謂十八世紀「物價革命」。[188]這個階段沒有因為中國政治社會大變遷而停止，基本上延續到一九三〇年代初。「傳統社會晚期的兩百年間（一六四〇年至一八四〇年末），物價上漲了不過是一倍，而一八八七年至一九三〇年的近五十年間，中國的物價上漲了三倍有餘。」[189]造成這種「經典」通貨膨脹階段的主要原因是：中國貨幣部門結構的急劇變化，銀錢複本位失調，貨幣供給總量過多和政府基本喪失了對貨幣經濟的干預和影響能力和手段。

因為洋務運動，近現代大工業部門出現，產生了巨大的工業資本需求，打破了傳統的貨幣供給和需求的平衡。原本的貨幣體系不可能滿足中國經濟需要，貨幣結構發生變化，金屬貨幣不再是唯一的貨幣部門，貨幣部門多元化，銀元、紙幣、銅元等貨幣的作用日益增大。在貨幣結構的急劇改變中，各類外幣，特別是紙幣的影響力最為明顯，導致金屬貨幣比重下降，制錢被「稀釋」。一八七〇年代至清末，外幣（包括鷹洋代表的各類外國銀元和紙幣）在中國流通獲更大發展。[190]外國銀輔幣、銅元也流通於中國的一些地區。在大部分情況下，中國更樂於使用外幣，如果某種外幣信用不好，它會很快被拋棄。「在清末的貨幣結構中，外國銀元、中國銀元和銀輔幣合計約占六〇%，銅元和制錢合計不到一五%，其餘為鈔票。」[191]在近三、四十年間，外幣在中國流通的趨勢是從南向北，從沿海到內地，從城市到鄉村蔓延。外國銀元與銀兩、銅錢、私票以及中國新式銀元、銅元、紙幣間的關係複雜，形成交錯流通的格局。紙幣在清朝後期的流通數量開始明顯增多，並沒有足夠的銀幣或銅幣為準備，並不是真正的信用貨幣。因為紙幣的興起，從根本上動搖了「銀錢複本位」基礎，中國貨幣經濟由金屬貨幣主宰的時代不復存在。

進入清末，貨幣供給總量過大，是中國國民經濟的重要特徵。清末的貨幣總量（包括中外銀元、銀錠、銅幣、紙幣等）為二〇．九七億銀元，「全國人口若以四億計，每人約占五元二角四分」。如果以其中三〇%的貨幣在上海流通，光是上海的貨幣流通就高達六億元。[192]問題是清朝在一九〇四年啟動幣制改革之前，對於貨幣供給膨脹束手無策。這表現在外國和地方政府發行貨幣的失控。一，清末外幣在華流通額巨大，銀元超過五億元；外鈔折合銀元超過一億元，兩項合計六億元。[193]有的學者甚至估計十一．九億元。一九一七年，張公權根據宣統二年（一九一〇）度支部的數據，稱清末的外國銀元數額是十一億元。[194]所以，外幣占清末全部貨幣供應的比例十分可觀，大體在三〇%至四七．八%之間。[195]外國銀元和紙幣在中國的發行和流通，政府基本採行放任自由政策。二，在清末的貨幣供給總量中，地方政府的貨幣部門所鑄造的銀元和發行紙幣的後果影響之大，非後人所能想像。自咸豐二年（一八五二），官府為推行官票寶鈔，於京城內外招商設立官銀錢號之後，各省就先後有官銀錢局的設立。到光緒末年，設立銀錢局的有二十一個省區。[196]各省的銀錢局都發行銀元、銀兩、銅元或制錢鈔票。[197] 在光緒二十二年至光緒二十五年（一八九六—一八九九）間，還出現過設立銀元局的高潮，共有廣東等十一個省奏准設局製造銀元。這些銀元局由各省自行管理，不受中央統轄。後來，清廷被迫採取斷然措施，除了廣東和湖北以外各省一律叫停。如今，無法確切統計這些官銀錢行號的紙幣發行總額。但是應該可認為當時各地方政府的發行額不會依據社會經濟的需要，而是依據地方政府的財政需要，沒有準備金的約束，其數量是龐大的。

如何從大歷史看晚清的通貨膨脹？有幾點是重要的：一，晚清貨幣供給總量的增加源於貨幣需求的擴張，和實體經濟關係緊密。「如果中國不用白銀，而用黃金或銅，物價就不會這樣上漲。」[198] 二，經濟規模擴張與貨幣存量增長之間是「非均衡狀態」。[199] 如果貨幣供給滯後於經濟規模擴張，就是通貨緊縮；反之，就是通貨膨脹。當時的清朝經濟，通貨膨脹具有積極的歷史價值。三，貨幣供給總量的增加，意味人均貨幣佔有量的增長。它可以刺激全社會購買力增長，推動通貨膨脹。清末至一九三三年人均貨幣財富的變化與中國通貨膨脹的態勢是一致的。四，貨幣流通速度對推動物價回升，也是需要注意的經濟現象。[200] 晚清貨幣存量和流量高速增長，包含著金屬貨幣和紙幣的不同作用。金屬貨幣（主要是白銀）是透過自身的生產價值下降影響物價水準；而紙幣是通過財政發行貶值而導致物價上升。五，物價上升有利於在生產部門形成利潤。凱恩斯說過，「十九世紀時全世界大大增長的財富，很可能絕大部分是由商品膨脹的過程所積累的。但這也可能是由於以下兩種原因造成的：（一）貨幣不斷增多，同時（二）生產因素的效能增長，使物價在長期內略微高於效能報酬，因而產生了利潤並造成了財富；而不是說，疊加在這一般趨勢之上的信用循環的急劇擺動造成了財富。」[201]

近年來，有些中國學者對明清以降，主要是晚清中國的白銀流入的後果，持相當的批評態度：

「中國輸出的是絕對價值商品，這類商品的生產是以資源的高耗費為前提的，其中既有當代人的生命價值補貼（勞動力），也包含著後代人權益的透支（自然資源）；而西方輸出的是貴金屬，並且這些貴金屬是在殖民地高壓統治下以超經濟剝奪的方式取得的，西方人並沒有為此支付應有的成本——沒有為此耗費自己的生存資源。並且，當它們被運來中國時，占相當大一部分的還是沒有接受商品經濟洗禮的自然物，其價值只相當於它們的使用價值，但卻以貨幣的形式支付給中國——小農經濟為了拓展自己的生存空間而對貨幣產生了強烈的需求，為自然物白銀賦予了額外的價值。這同樣加劇了對中國的剝奪。這意味著白銀流入愈多，中國民眾賴以維持基本生存的資源流失愈多，中國基層民眾往貧困的深淵裡陷得就愈深——正是白銀使中國下層民眾，特別是農民陷入了赤貧之境。」[202]其中理論和邏輯顯然是淺薄的。它根本否定了中國貨幣經濟和世界貨幣經濟不可分割的歷史淵源和過程，以及世界白銀資源對中國從傳統貨幣經濟到近現代經濟漫長過渡中的經濟作用。

人口膨脹和貨幣經濟

關於明末的人口數量，說法不一：少則七千萬至八千萬，多則一億至一．五至一．六億。但是，關於中國人口在十八世紀發生爆炸性增長，少有分歧。從一．六億上升到三．五億，每年增長率是八%。進入十九世紀，中國人口已有三．五億，過了不到半個世紀的時間，在道光十四年（一八四三年）踏進四億人口的門檻。十九世紀最後三十年，中國人口沒有再出現重大的增長。

造成中國人口爆炸的根本原因有：一，引進美洲農作物。玉米大約在十六世紀中期傳入中國，時當「白銀世紀」；甘薯則是在十六世紀晚期進入中國，約與西班牙殖民者進入菲律賓同時；馬鈴薯在十七中葉引進臺灣，之後進入大陸。與種植水稻和穀子相比，玉米、紅薯、土豆等美洲作物，勞動投入較少，產量較大，改變了中國的糧食結構。加之由於高產作物的栽培推廣、耕地面積擴大、單位產量的提高和復種指數升高，形成了提供養活和刺激人口的農業基礎，改變了中國自西漢到明朝，人口長期在幾千萬，最多不過六千萬徘徊的局面。二，社會秩序相對安定和賦稅政策的改變。「清代賦稅制度在明代『一條鞭法』的基礎上，繼續朝向控制生產資料、廢除人丁賦役方向發展。康熙五十年頒佈了「自康熙五十二年後滋生人丁永不加賦」的詔令。到了雍正時代，進一步實行『攤丁入畝』。人口的增殖完全擺脫了賦稅和差役制度的束縛，於是人口的發展就像脫韁野馬似的狂奔起來。」[203]清代的「攤丁入畝」源於貨幣經濟的發展。三，白銀大量而持續流入，中國財富存量和流量膨脹。如果中國農業沒有因為引進美洲農作物的革命，如果中國貨幣經濟沒有白銀化，中國人口不僅不可能發生爆炸性增長，而且經濟的走向可能會很不同。

人口爆炸產生了四個基本問題：一，人均農業用地面積下降。在近三個世紀間，人口從一億多增加到四．五億，耕地從六億畝擴展到十五億畝，人均農田面積卻呈現減少的趨勢；二，人均的貨幣財富佔有量下降。明末中國白銀存量和流量總計七、八億兩左右，人口以一億為準，那麼當時人均白銀擁有量為七、八兩。[204]清末貨幣財富是十一、十二億元，人口按四．五億計，人均在二、三元之間。[205]也就是說，中國國民人均貨幣財富的佔有量是下降的。從一四三六到一九三三年這五百年間，人口增長的速度快於貨幣財富的增長速度。[206]三，人均GDP水準下降。中國人均GDP在一六〇〇年為三八八美元，一六〇〇—一七三〇年在三八〇美元上下波動。之後逐步下降，一八四〇年為三一八美元。[207]四，過剩人口湧向新興城市。

從經濟學的角度來看，人均貨幣財富擁有量的升降可以刺激社會購買力，也可以導致社會購買力的萎縮，因而推動或抑制通貨膨脹。如果上面的數字大體真實，解釋在人口膨脹、人均土地、貨幣財富和GDP下降的背景下，人口數量和物價波動有相關性表現在：一，十八世紀至一八七〇年代的人口數量膨脹過程中，人口結構和人口分佈發生明顯變化：多餘的農業勞動力轉向生產絲綢、茶、糖等經濟作物；多餘農業人口流向城市和非農業部門，手工業、商業和現代機器工業。其結果是中國的自給自足的經濟形態衰落，二元經濟結構逐漸形成。於是，原本的農民加入市場，作為生產者和消費者，與利潤、工錢和貨幣購買力發生愈來愈緊密的關係，直接影響市場的供需均衡。如果人口轉移的速度、勞動力成本增長的速度高於勞動生產率的增長速度和市場擴張速度，不僅會形成對物價的壓力，甚至推動物價的上漲。二，人均貨幣財富的下降，不等於貨幣財富總量的下降。中國的貨幣供給在十九世紀基本充裕。只要貨幣供給總量的增長率高於貨幣總需求的增長率，就會造成物價上漲。而這時的中國經濟發展水準滯後於白銀流入數量和政府制錢規模，多餘的貨幣資源不斷湧入有利可圖的部門和產品，也會造成物價上漲。例如過剩貨幣資本流入農地，地價上升，進而影響農產品成本和價格。三，至少一八七〇年代至一八九〇年代，中國人口增長減緩，而貨幣供給量加快。貨幣增長率高於人口增長率的階段。或者說，相對於人口增長率，中國的貨幣存量和流量有了高速增長。因為經濟規模擴張與貨幣存量增長的需求之間出現了嚴重的失衡。貨幣對物價影響更為明顯。在這三個因素中，人口結構和人口分佈變化對物價上漲和通貨膨脹的影響是長期而不斷加強的。因為，中國的近現代化過程就是人口就業機構和人口分佈結構不斷調整的過程，更多的農村和農業人口轉型為城市人口，進入第二和第三產業，都會推動整個社會的貨幣化水準和貨幣總量的提高。

一七九八年，在乾隆朝結束的第二年，馬爾薩斯發表《人口學原理》。中國人口在十八世紀的膨脹看似證明了馬爾薩斯的理論。實則不然。因為中國十八世紀人口革命，主要發生在農業居民密集的地區，特別是在內陸省份，人口增長在長江下游的核心地區慢於內陸省份，城市人口是增加了，城市化的水準卻在下降。土地、農業產出和人口大體上是均衡的。但是，從十九世紀至二十世紀上半期，中國在很多方面，為馬爾薩斯理論提供了更多的根據。核心問題是人口膨脹，人均資源短缺，生產增長不足以滿足人口增長的需要。在人口、生產、貨幣和價格之間的相關性不僅沒有衰弱的跡象，反而是不斷強化。

清代貨幣體系的複雜機制

在十九世紀中葉以前，清代的貨幣為金屬貨幣，主要是金、銀、銅三個部門，由此形成了金銀、銀銅、銀銀（白銀和銀元）的多層次比價關係。銀是中心。若是沒有白銀，整個貨幣體系必然陷入混亂，甚至倒塌。[209]

中國是開放經濟，中國的貨幣體系愈來愈受國際貿易和國際金融市場的影響，勢必被捲入國際金融網絡，以及以倫敦為中心的國際結算體系之中。國際市場的金屬貨幣的比價，主要國家貨幣價值的漲落，都會傳導到中國，影響中國不同貨幣形態的比價關係，並構成貨幣經濟的機制基礎。

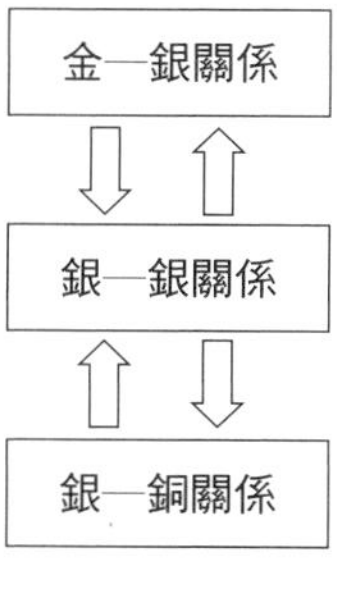

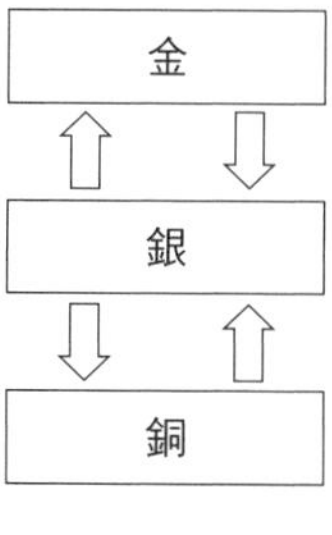

金銀比價[210]

金銀是貴金屬，是硬通貨、貨幣，也是商品。在不同的時代、不同的地區，可能黃金多於白銀，也可能白銀多於黃金。金的價格透過銀實現，反之，銀的價格透過金實現。金銀比價是金融貨幣史中最基本的比價。金銀比價的變化，主要取決於金銀供給數量的起伏，或金銀的相對充裕程度。自唐宋啟動白銀化進程，經過明清兩朝，白銀逐漸成為主體貨幣，需求不斷增長。中國白銀來源以海外為主，世界的金銀比價，對中國的白銀經濟影響至深。

世界金銀比價和中國銀價。從十四世紀下半葉至十九世紀末（自明朝中期至清朝後期），中國是全世界銀價最高的地區。一三六八年至一五二一年，中國金銀比價比同時期的日本、印度、歐洲或美洲的金銀比價都高。

十六、十七世紀，白銀主要生產地的玻利維亞、墨西哥和日本，白銀購買力最便宜；西歐的白銀購買力相對高一些，十到十二盎司白銀等於一盎司黃金。在歐洲，「直到一五五〇年前後，黃金相對充裕；到十六世紀中葉以後，白銀數量急劇增加，黃金就變得相對稀少。這種差距愈來愈大，直到十七世紀中葉，銀對金的比價逐漸下降。從此以後，這兩種金屬數量差不多，並駕齊驅。」[212]地中海東岸和中東的白銀購買力超過歐洲。亞洲白銀產量不足，尤其是中國人對白銀永不知足的渴求，東方某些傳統商品在全球市場上舉足輕重的地位決定了當時國際貿易的格局。[213]中國

十四世紀至十七世紀的金銀比價[211]

期別	黃金一兩合白銀兩數
十四世紀後半	5
十五世紀前半	5
後半	6
十六世紀前半	7
後半	7.5
十七世紀前半	10
後半	10

是白銀購買力最高的地區，五到六盎司白銀就可買到一盎司黃金。例如，一五九二年前後，全世界平均的金銀比例是一比十二；日本卻可換到十二到十三兩；而在廣州，一兩金只能換到五．五到七兩白銀。

從十七世紀中葉到十八世紀中葉，也就是清朝的第一個百年間，中國的金銀比價是一比十，歐洲是一比十五。十八世紀，中國銀價與歐洲金銀比價全面掛鈎，波動日趨顯著。一七〇一－一七五〇年，中國金銀比價是一比十、一比十一左右，歐洲則是一比十五、一比十四左右。中國白銀貴於歐洲白銀。亞當．斯密在一七七六年說過，東印度是美洲銀礦的另一個市場，還有中國和印度（斯坦），這裡的價格是比歐洲貴，而且會繼續下去。[214]亞當．斯密引用了當時的資料，金銀比價在中國和印度是一比十，在歐洲是一比十五。整個十八世紀，金銀比價大體在一比十五左右浮動。[215]十九世紀，世界的白銀價格經歷了兩個階段：一八七〇年前的穩定階段和一八七〇年代之後的跌落階段。一八三三年以後四十年，銀價基本在每盎司約六十便士，或美金一元三角波動。一八七三年至一八九四年，銀價從五十多便士，跌落到四十三便士，再跌落到二十七便士。二十世紀初，銀價繼續下降：一九〇二年平均價是二四．〇六二便士。中國的庚子賠款導致財政負擔沉重，準備採用金本位的輿論導致金價上升；又因為庚子戰亂，購買力減低，商務衰滯，導致貨幣需求減少。一九〇九年，每盎司二三．六八七便士（美金五角二分）。[216]

白銀自身純度影響白銀價格。中國「紋銀」純度高且穩定，是儲備白銀和國庫用銀，是結算的「基準貨幣」。鴉片戰爭前後，世界各國、各種成色的銀幣紛紛湧向中國，市場上充斥著劣質白銀或白銀「劣幣」，「紋銀」價格高漲。投資中國和印度貿易的英國金融家與廣東的買辦結合，利用「紋銀」與各種成色的世界銀幣之間的差價，大量出口「紋銀」到印度和歐洲，以投機獲利。造成了中國「紋銀」大規模外流。「紋銀」的大量外流和劣質白銀貨幣的流入，導致清代貨幣換算關係紊亂，動搖了清代貨幣換算體系和貨幣—稅收體系。[217]

在十六、十七世紀，世界的金銀市場處於分散狀態，比價變動週期較長，幅度有限，頻率緩慢，對中國國民經濟影響還不那麼強烈。十八世紀後，形成了若干全球金銀主要交易中心，掛牌交易。從此，白銀價格呈現頻繁的升降，且幅度加大，比價週期顯著縮短。國際市場上，黃金體現的白銀價格的波動幅度加大，成為影響中國國民經濟運行的重要變數。其中的倫敦和印度的市場金銀比價，對中國國民經濟影響尤其顯著。[218] 例如，當時中國廣東金價受制於廣東的金銀比價，印度與英國的金銀比價，中國和印度間的匯兌市場，中國和倫敦間以及印度和倫敦間的匯兌市場等因素。隨著中國不斷加深對白銀進口的依賴，全球的金銀比價對中國經濟的影響也不斷加深。

金銀和「套匯」。因為金銀比價的消長而產生套匯。所謂套匯就是在甲地低價購買貨幣，然後到乙地高價出售以獲取匯差。套匯是利潤極高的貨幣經濟活動，需要綜合考慮影響金銀進出口的各種變數，以及黃金白銀出口套匯和黃金白銀進口的獲利率。

中國以白銀貨幣為主體，白銀是最有效的保值手段，民間白銀的實際購買力相當穩定，百姓盡可能保存白銀。中國白銀價格高於世界平均或自然價格，黃金價格低於世界的均衡黃金價格，形成中國金銀比價和世界金銀比較的差價。全世界的商人追蹤中國和世界的白銀價差，以白銀作為「套匯」的載體：在國際白銀價格上漲時，將中國白銀運往世界，換取相對便宜的黃金，再換取白銀。[219] 在國際白銀價格跌落時，將白銀輸入中國，購買中國黃金。

一五〇〇—一六四〇年之間，西歐向中國輸入白銀的重要動機是「套購」相對便宜的中國黃金。一七〇〇—一七五〇年間，中國白銀比歐洲貴五〇％，刺激「套匯」，導致中國黃金外流。從一七〇一年至一七六〇年，黃金是中國主要的出口產品，每年出口的黃金少則二十到四十噸，多則八十到一百噸。其間，離開中國的英國船中，黃金占四〇%。「金和銅離開了中國，通常留在歐洲」。[220]「就在白銀流入中國的同時，大量黃金從中國流向了歐洲和印度」。

一八七〇年代開始，全球銀價跌落，金價上漲。同治九年（一八七〇），十五．五七兩白銀折合黃金一兩，到光緒二十六年（一九〇〇），三三．〇六兩白銀等於黃金一兩。[221]也就是說，白銀在三十年內，貶值了一倍以上。因為中國的黃金相對便宜，黃金外流。「例如十九世紀後半期，歐洲銀價大跌，金價上漲，中國的黃金馬上向外流，結果把中外的金價又扯平了。」[222]「就在白銀流入中國的同一時期，大量黃金從中國流向了歐洲和印度。」[223]外流的中國黃金套匯更多白銀，再將白銀輸入中國。中國金銀套匯的模式是：假設中國金銀價比率是一比十六，海外為一比八，於是從海外購買一個單位的黃金，到中國換十六個單位的白銀，然後將十六個單位的白銀運到海外換成兩個單位的黃金，再到中國換三十二個單位的白銀，再將三十二個單位的白銀運出中國換四個單位的黃金，進而在中國換六十四個單位的銀。在這樣無休止的「套匯」過程中，反覆積累利潤。遺憾的是，在十六世紀到十九世紀，到底有多少黃金因為套匯流出中國，沒有完整的數據和資料。

「金本位」的影響。英國在一八二一年採用金本位制，這是沒有選擇的選擇。因為與中國的貿易，採取白銀結算，中國擁有巨額貿易順差，英國貿易逆差過大，大量的白銀流入中國，繼續維持銀本位已無可能。法國自一八〇三年就一直實施複本位制，在普法戰爭戰敗之後，被迫於一八七三年脫離了金本位。德國因為建立聯邦制度，獲得法國戰爭賠款，積累相當的黃金，統一貨幣制度，廢棄銀幣，轉向單一金本位制，賣掉了大量的白銀，造成世界性的黃金價格上漲和白銀價格下跌。一八七〇年代，許多歐洲國家完成從複本位制轉向金本位制。之後，德國、日本、俄國、印度等國家紛紛放棄銀本位制而採用金本位制。[224]其中日本在明治維新的第四年（一八七一）就確認了金本位。[225]此時是同治九年，朝野上下尚無貨幣本位的基本覺悟。一八七〇年之前，只有英國實行金本位，到一九〇〇年為止，世界絕大多數的國家採用金本位。「金本位制保證了貨幣的穩定，這種穩定至多只受到金價貶值的影響，也就是實際上只受到黃金生產的影響。」[226]

金本位制的實行，導致世界對黃金的需求增加，黃金稀缺，黃金價格的漲幅比銀價大。一八八〇、九〇年代，出現世紀性通貨緊縮，美國尤為嚴重。通貨緊縮激發了銀幣自由鑄造運動。一八八七年，三位蘇格蘭化學家發明了一種化學氰化法，可以從低級別礦石中提煉出黃金。這一方法尤其適用於當時在南非發現的龐大金礦。使得非洲的黃金產量上升到一八九六年占世界總產量的二三％。[227]黃金大量湧現，實行單一金本位，在西方和亞洲主要國家普遍拋售白銀的浪潮。意味銀幣自由鑄造運動最終失敗。

黃金供給增大，結果是白銀需求大為減少，但是白銀的生產卻沒有因此有所縮減，而是持續增加。在一八五一年到一九〇〇年間，世界黃金產量從六十三億盎司增長到一百多億盎司，增長了一．五倍多，白銀產量從兩百六十多億盎司增長到一千六百多億盎司，增長了六倍多。白銀生產規模不可抑制的增加，大概是由於生產成本降低，或由於銅錫鉛等礦砂中副產的銀增加的緣故。[228]於是，白銀價格走低，而金價在金本位制下相對穩定，固定在二〇．六七美元的水準上。白銀價格在一八七〇到一八九〇年代，呈現長期下跌的趨勢。以倫敦銀價為例：一八七一年，每英兩銀的平均價格是六〇．五便士，一八九〇年下跌到四四．五便士，一九〇〇年下跌到二八．二五便士，一九〇八年下跌到二四．五便士。[229]其間的一八七三年，因為世界經濟危機和混亂，銀價跌幅極大。進入二十世紀初，歐美各國力求推動亞洲殖民地實行金本位制或金匯兌本位制。在這樣的背景下，從一九〇一年一月到一九〇二年十二月，倫敦市場的銀價暴跌了二三%左右。[230]

一方面全球對黃金需求加大，黃金生產保持平穩；另一方面，對白銀需求萎縮，白銀產量卻迅速上升。總體說來，作為主要貨幣金屬的白銀輸給黃金，在這三十年間，世界銀價下跌五五%左右，其結果自然是白銀相對於黃金的比價迅速下跌。[231]

在亞洲，印度於一八九三年放棄銀本位之後，中國繼續維繫了白銀為主體貨幣的貨幣體系，「除中國外，銀子已降至輔幣的地位，變做其他貨物一樣，其價格隨供求而漲落。」[232] 從十九世紀中後期，流入中國白銀回升。白銀畢竟主宰了世界幾世紀，許多國家仍擁有大量的銀幣。一八七五年以後，歐洲和美國對中國的白銀出口每年上升至六十噸以上。中國重新成為世界主要白銀進口國。

中國學者有一種看法：西方自一五七〇年代開始積累黃金。鴉片戰爭前後，正是世界貨幣金融體系確立「金本位」的重要歷史時期，由於這種貨幣制度的安排，中國與西方在經濟和貿易上形成鴻溝，並日益擴大。西方世界的產品與黃金掛鈎並由黃金定價，所以西方國家生產的商

金銀比價（一八七〇—一九〇〇）

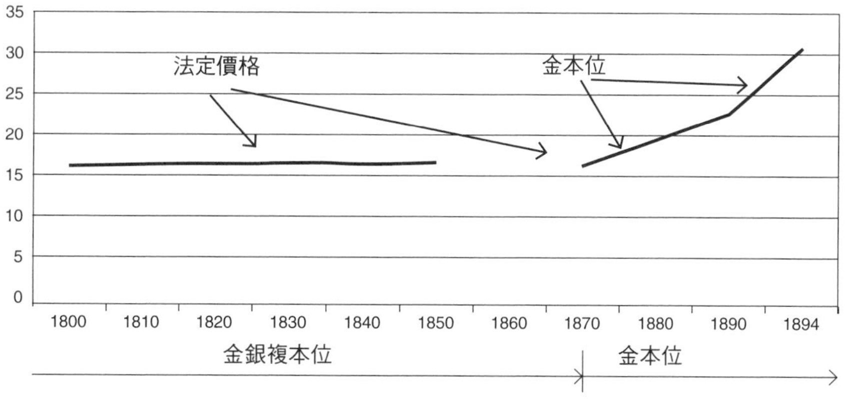

品，就「先天性」地比中國產品更「值錢」；無論中國有多大的生產能力和生產規模，都由於「金貴銀賤」，在國際貿易方面處於下風。自明隆慶元年（一五六七），中國逐步確立以白銀為本位的貨幣金融體系，在一八四〇年代之後逐漸喪失貨幣自主權，由此形成商品生產和貿易的被動、甚至不利局面，其內涵是中國沒有能力影響白銀價格和黃金價格。

上述看法有所偏失，至少忽視了幾個方面：一，在世界普遍實行「金本位」的一八七〇年代至一八九〇年代，世界經濟基本上是自由市場制度，政府干預經濟能力有限，各國都沒有可能主動選擇貨幣體系，也沒有今天所說的「貨幣政策」。二，當時的中國繼續白銀貨幣，符合中國國情。如同當代的匯率制度，升貶都有利弊。相比於「金本位」，白銀貨幣也有利弊優劣。三，一八七〇年代之後白銀貶值，可以推動中國出口和白銀資本流入。四，白銀供給增加，銀價下降，可以推動投資和中國貨幣化深度。五，「金貴銀賤」，投資成本低，刺激西方國家對中國的投資。所以，從一八九五起的二十年間，形成西方國家在中國的投資高潮。六，說中國的白銀貨幣經濟在鴉片戰爭之後已經開始崩潰，為時過早，在一九一四年的危機中，金本位助長了流動性危機。而中國由於使用白銀作為貨幣，在第一次世界大戰期間，避免了金融危機，說明這個貨幣體系在那時仍有生命力。

「銀」「錢」比價

整個清代實行「銀錢複本位制」，白銀和制錢是基本的貨幣形態。白銀是主體貨幣，制錢沒有被偏廢，和白銀貨幣一樣參加貨幣再創造。制錢並不是銀兩或銀元的輔幣。銀和制錢各成體系，各有各的流通範圍，各受獨特的供需規律影響，銀銅比價的變動各有其原因。所以，銀錢比價是不斷浮動的。在不同的地區和不同的時期，銀銅比價有著很大的差異，而且這種差異並不受國家控制。

社會的價格水準，主要受制於銀錢供給的數量以及銀錢比價。如果以S代表銀，以C代表銅錢，S＋C代表銀和銅錢的共同流通範圍。

銀錢比價的意義。從理論上說，由於銀錢之間沒有真正的鑄造比價，加上充當貨幣的這兩種金屬供給彈性相差很大，「銀錢複本位制」似乎難以運行。但是，「在市場上，銀與銅錢有一個共同的流通範圍：在這個範圍中，兩種貨幣都可同樣有效地充當交易媒介。換句話說，它們之間可以彼此替代。超出這個範圍之外，在某種程度上一種貨幣仍可替代它種貨幣，然而前者卻不能像後者那樣有效地完成交易任務。即在一定程度之內，任何一種貨幣都可侵入另一貨幣的適當流通領域，代替另一貨幣執行任務；但是在這種情況下，其交換比率必然增加。」[234]也就是說，銀錢之間的彼此替代關係，有效緩和了金銀比價波動對中國的直接影響。所以，清代重視銀錢比價，堅持「母子相權」銀錢制度，官府以銀權錢，明確規定「每錢一千，值銀一兩」，且「永為定例」。

銀兩與制錢的「分工」範圍。在日常經濟往來中，作為一般商品的等價物，銀和錢在商品交換中具有同等重要的作用，只是大數用銀，小數用錢。在大城市（特別是通商口岸）的大宗貿易，各種批發、對外貿易、田產買賣，以及向中央政府繳納，官員俸祿都用銀；在大多數內陸地區和中小城市，縣以下徵收賦稅，民間的其他交易活動及商品零售使用制錢，以制錢作標準。中國銀元對於日常生活和交易過貴，所以不得不換成銅幣。銅幣是農村市場的貨幣主體，構成了農業社會對貨幣的總需求，創造了地區性的信用，以滿足社會貨幣的總量供給不足。根據清末文人包世臣的說法，「小民計工受值皆以錢，而商

銀和銅錢的關係 [233]

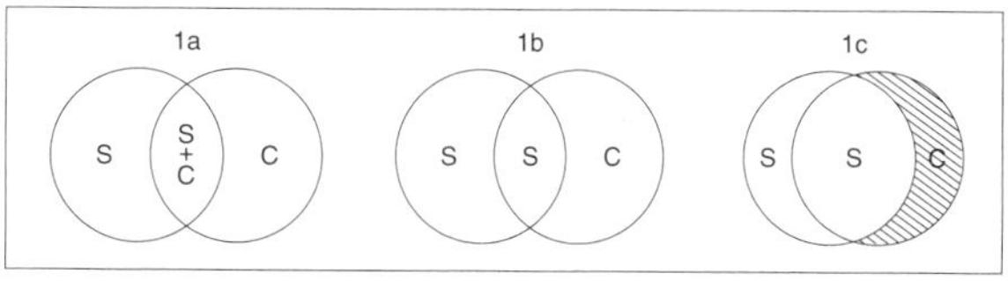

買轉輸及貨則以銀；其賣於市也，又科銀以定錢數。」[235]由於當時升斗小民、廣大內陸及城市中下階層，日用收支多銅幣，銀價、銅價、物價變動對民眾實際購買力影響極大。民眾餘錢不多，手頭上的流轉速度卻比大戶所掌握的銀要快。在通貨數量中，佔了很大的比重。銀號和錢鋪、銀票和錢票並存。錢票並不一定要以銅錢為準備，但是，銅錢占了其中相當比重。同治年間，京師錢鋪的存款「大半為傭工販賈的零星存款，由一兩串到二三十串」。[236]

在十八世紀，市場化擴展大體是在區域水準上。大量的銅幣很難用於長距離交易，銅幣在地方市場上有優越性。十九世紀，逐漸形成區域之間貿易以及國內市場，白銀作為更高層次的市場和區域之間的支付手段。貨幣波動，銀錢比價波動與生產的專業化和國內專業農業市場形成規模，以及諸如大米、棉花、絲織品、茶、糖、煙、瓷器等主要商品聯繫在一起的。

銀錢比價變化的階段。從滿清入關到一七六五年的一百多年之間，制錢穩定，銀錢比價相對穩定，每兩紋銀在市場上大體維持兌換制錢八百枚左右。自乾隆三十一年（一七六六），這一「定例」基本上不復存在，銀錢比價進入波動時期。有時波動的幅度較大。銀錢比價波動困擾到政治經濟生活。[237]從一七六六年至一九一一年，銀錢比價的變化大體分為五個階段。[238]

五個階段總計一百四十年左右，包括十八世紀的後三十年、十九世紀以及二十世紀初。十八世紀的清朝，大抵社會和平穩定，經濟繁榮，人口增加，貨幣需求增長。乾隆中期以前，銀錢比價在七百至八百餘文的範圍浮動，說明鑄錢量的增減與白銀流出入是旗鼓相當的局面。乾隆五十五年（一七九〇）具有標誌性，銀錢比價突破一千文。十九世紀，銀錢比價頻繁波動。一八二〇年代，「銀貴錢賤」成為嚴重的社會問題。嘉慶年間是轉折點，「銀貴錢賤」趨勢加快。[239]進入道光朝，愈發嚴重。鴉片戰爭前夕，時價銀一兩兌制錢一千六百餘文，而折價「竟加至二千四至二千五百餘文」。時價對折收的基礎作用已蕩然無存。[240] 一八五〇年代，「銀荒」和「銀貴錢賤」情況繼續。一八五六年前後，南方各省銀一兩可換制錢兩千文左右，而北方則超過此數，最高達到銀一兩換錢二．七—三文者。[241] 之後，隨著鴉片貿易的減少和正常對外貿易漸次展開，作為平衡國際收支的結算硬通貨之一的白銀大量流入中國，銀錢比價有所縮小。一八七〇年，上海規元一兩可換錢一千五百五十六文，至一九〇〇年則升至一，二二二文。穩定在規元銀一兩折合制錢一千一百到一千三百文之間。[242]

影響銀錢比價的原因包括：一，銀價。國際市場金銀比價決定銀價。白銀供給量影響銀價，進而影響貨幣供給存量和流量。二，銀價和銅價的關係。銀價的變動主要取決於銀本身的生產、供給和需求，以及與金的比價。銀是貴金屬，銅是賤金屬，銀價波動，銅價自然跟進。只是銀錢的比價是反方向的：銀貴則錢賤，銀賤則錢貴。還有一種情況，相對於金價，如果銀的跌落比銅

銀錢比價經歷的五個階段

	階段	特徵	比價	銀價變動
1	乾隆、嘉慶時期 1766-1820	銀價上漲	乾隆 32 年：白銀 1 兩 830 文 嘉慶時期：白銀 1 兩合 1300-1400 文	上漲 60-70%
2	道光、咸豐時期 1821-1854	銀貴錢賤	1830 年代：白銀 1 兩合 2200-2300 文 1854 年代：白銀 1 兩合 2600-2700	乾隆中期 3 倍多； 道光初期 2 倍多
3	咸豐時期 1854-1865	銀價暴跌	1854 年開始跌落。太平天國後期白銀 1 兩合 1500 文上下	比 1854 年下跌 38-42%
4	同治後期 1866-1874	銀價增昂	從同治五年銀價開始上漲	
5	光緒時期 1875-1904	銀價下落	到光緒 29 年（1903 年）下跌到白銀 1 兩合 1300 餘文	相當於嘉道水平

的跌落更多，那麼，「與其說是錢貴，不如說是銀賤，更為恰當。」[243]從咸豐七年（一八五七）到宣統三年（一八五七—一九一一）期間出現「銀賤錢貴」，完全是因為銀價跌落大於銅的跌落幅度和速度。三，白銀貨幣的需求。鴉片戰爭前後，日漸形成了「重銀輕錢」，導致白銀需求迅速擴大。在乾嘉時期，形成了白銀排擠制錢的局面：政府徵收賦稅和財政支出，以及大宗商品交易，制錢均為附屬地位，甚至變得無足輕重；政府庫存、私人財富儲藏都以白銀為對象；制錢在對外貿易沒有任何地位。四，白銀貨幣和制錢之間的比例關係。在清代整個金屬貨幣的供給總量中，白銀和銅錢兩個部門的比例如何，從來沒有定論。但是，銀錢比例的基本規律明顯存在：白銀比重過小，一般會「銀貴錢賤」，反之則是「銀賤錢貴」。五，銅價。銅價可能因為生產成本的波動，也可能因為供需關係而變化。進口的銅鋅相對於白銀的比價也上升，導致銀錢比價上升。[244]六，銅錢供需關係。銅錢需求過大，供給不足，銅錢值錢，購買力就超過自身價值。銅錢供過於求，銅錢貶值，購買力低下。銅錢的供給基本上取決於生產成本，當生產成本過高，得不償失，銅錢的生產就應減少或暫停。[245]七，銅錢鑄造質量。清朝重蹈覆轍，在銅錢供不應求時，或官府制錢質量下降，或民間私鑄嚴重，劣錢氾濫，降低銅錢質量，銅錢購買力下降，不能滿足商業對銅幣的需求。例如鴉片戰爭前後，大量銅偽幣出現，加上雲南銅礦的紅銅產量過剩，激化銅錢貶值。[246]當時的銀錢幣涉及三個價格：政府的「例價」、市場的「時價」，以及政府賦稅徵收使用的「折價」。政府規定賦稅一概徵銀，而地方實際收入為錢，賦戶納稅必須按市場銀錢比價以銀折錢。儘管折價以時價為基礎，但是，碎銀鑄成銀錠所費損耗和運輸途中所需費用等，都要稅戶承擔，折價一定高於時價。八，銀元的作用。十八世紀後，外國銀元在中國擴張，等於增加了白銀供給量，推動「錢貴銀賤」。銀元被認為優於銅幣和銀塊，其價值至少高於銀塊一六—一八%。例如，在廣東、福建，成為和銀兩、制錢並行的貨幣，甚至替代制錢的主導作用，引發銅幣自身貶值。九，錢票的作用。私人錢莊發行紙幣和紙幣過分擴張，在增加貨幣供給的同時，也會導致銅幣貶值。十，窖藏。白銀窖藏的數量和時間的長短，關係白銀流通數量和銀錢比價。

除此之外，農業生產季節性的貨幣需求增加和利率上升，對銀錢比價有重大作用。在一九一〇年前後，在長江中游地區，一千文等於一個銀元的官價變成一千三百文等於一個銀元。地方商人通常用銀兩或紋銀做會計記錄。豐收季節，上海銀元較銀兩是升值的。由於季節引發的貨幣需求波動還導致另一種波動，就是利息在很大程度上是和農民產品銷售週期連在一起。利息在秋季是上升的，豐收後，一般情況下，利息達到高點。現金流入農村的時候，導致城市利息上升。如果把市場以中心城市分成不同的層次，那麼遠離中心的市場，在特定時期更需要貨幣。貨幣從城市流向農村，流向商人，集中在一年中的幾個月裡。貨幣向小的住戶流入是短期的。貨幣的消費基本以月為單位，回籠是從農村市場返回城市，從農民回到商人，相對穩定。商人需要貸款獲得現金購買農產品，在一定時間內這是相當巨大的需求。而對農民來講，所得到的貨幣量是相當小的。

銀錢比價波動的社會後果。因為銀和銅錢在市場上比價不定，增加交易成本。當「銀貴錢賤」時，如果用銀支付，物價至少不會上漲；如果用銅錢支付，則有上漲的趨勢。一般來說，南方，主要是廣東、福建以銀元為主。其他地區，例如在北京和長江流域，銅幣仍然處於主導地位。「錢貴銀賤」，銅元貶值和物價上漲，他們辛勞所得被轉移到用銀者（富人）、用金者（透過對外貿易而被轉移到金本位國）手中，對民眾——特別是勞工階層——傷害最重。農民因為賣糧的收入是以錢計算和支付，納稅用銀，成為受打擊最嚴重的社會階層。銅錢過分貶值和銀價高昂，會引發諸如貨幣市場縮小，通貨緊縮，普遍破產和租稅負擔增加等社會經濟危機。梁啟超就「錢貴銀賤」問題痛切指出：「受害最劇烈者則內地小農小工也，夫小農小工，國之石民也，而且胼手胝足，終歲勤勞之所得，僅數月間而為政府之惡政取其泰半，其禍烈於洪水猛獸，而其慘過於兵燹矣。」[247]這個特定的貨幣體系對歷史走向影響至深。「錢貴銀賤」至少是「太平天國起義爆發的主要原因之一」。[248]中國共產黨在二十世紀上半葉之所以能發動、吸引農民革命，與中國傳統農業和農村金融貨幣體系的衰敗，大量農民的破產有相當的關係。

制錢制度終結。到一九〇〇年為止，白銀在中國的總值在五億元左右，制錢在經濟中所起的作用比白銀大，其價值折算成白銀在六億元以上，且流通速度快，所以制錢在通貨數量上，仍然佔據很大比重，為大多數地區使用的主要貨幣。[249]但是種種跡象表明，制錢的地位如江河日下，難以禁止。其實，制錢危機早已有之。「制錢制度的開始崩潰，可以追溯到咸豐四年（一八五四）的始鑄大錢。」[250]一八七〇年代的銀價下跌，銅價上升，制錢成本上升，清朝的制錢制度發生動搖。一九〇五年至辛亥革命前後，由先前的「銀價日漸下跌」突然轉為「銀價異常飛漲」，再次出現「銀貴錢賤」，波及大部分省份，尤其以江蘇、江西、安徽、直隸，造成財政金融混亂，社會震盪，制錢制度難以為繼，快速衰敗。制錢制度從勢衰到終結主要是因為：一，晚清之後，社會經濟的發展和變革，制錢功能相對縮小，制錢繼續與一般民眾生活休戚相關，但是，在商業和金融活動中，白銀急劇壓縮制錢原有的空間，制錢迅速退居次要地位，其貨幣職能殘缺不全；二，制錢制度本身的問題，包括各地計算方法不一致，種類繁雜，錢值不穩定，價格紛亂，使用繁難，以及偽錢氾濫。

一九一一年元月，度制部奏請將「寶泉局製造制錢即行停止」。制錢歷史徹底完結。不久大清帝國覆滅。一九一一年之後，制錢還繼續在一些農村流通，直到一九四三年國民政府大規模以法幣收兌制錢之後，制錢才告消失。

制錢制度結束之後，中國金屬貨幣體系中的銀錢比價，不再是白銀和制錢的比價，演變成銀元和銅元的比價。進入二十世紀之後，白銀、銀元和銅幣的比價波動加快，兌換率愈來愈取決於每天的匯率。

「銀銀關係」：銀兩和銀元

清代，白銀貨幣以稱量銀為基礎，兩、錢成為衡量銀元含銀量的基本單位。銀兩制度還與稅收制度緊密聯繫，各種稅項以紋銀的兩為單位。[252]銀兩的非標準化特點決定了「平」「色」稱量檢驗的複雜，以及兌換成本的高昂。十八世紀中葉以降，伴隨商品經濟發展，銀兩制度愈發難以適應新的形勢，商業社會不僅要求在更大範圍內、更頻繁地使用貨幣，而且形成對標準白銀貨幣的需求。在這種情況下，外國銀元（洋錢）趁虛而入，突破銀兩制度的藩籬。

對中國經濟影響最大的銀元首先是西班牙披索（即「本洋」），後來是墨西哥銀元（即「鷹洋」）處於長期的壟斷地位。外國銀元之所以普遍被接受，迅速流通於當時東南沿海地區，是因為用機器鑄造的外國銀元，重量、成色標準化，沒有地域色彩，便於交換且式樣精美。

一九〇三至一九二五年上海銀元與銅元比價趨勢[251]

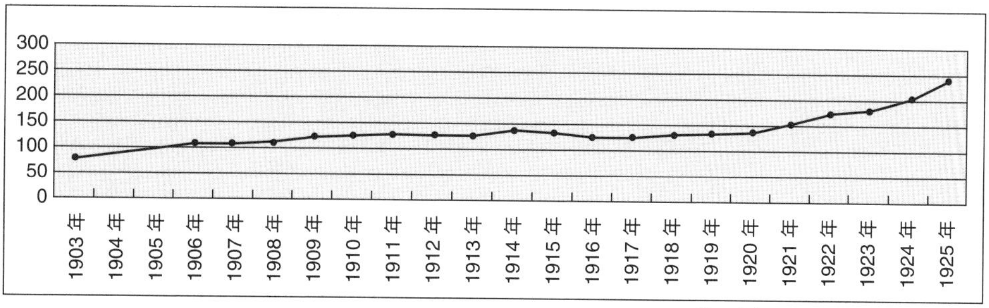

註：銀銅比價指一銀元兌換銅元數

在很短的時間裡，銀元蠶食了紋銀市場，侵佔了銀兩在沿海各省的地位，並滲透到內陸，成為經濟活動中的主要支付手段。不僅如此，銀元甚至成為其他銀幣的價值尺度。這樣，在中國的生銀和銀元之間，就產生了「銀銀」比價關係。在實際經濟生活中，不論本洋、鷹洋或任何銀元，並非按其面值流通，而是按其含銀量流通。民間主要是根據銀元個數交易。外國銀元通常在流通時始終保持一定的「升水」，例如，紋銀一百兩相當於一百一十一．九墨西哥銀元。

為了簡化「銀銀」關係，商人創造了虛擬的記帳標準，從而衍生出「實銀」與「虛銀」的區別。官府在廢除公行組織之後，制定了海關兩，即以「虛」銀兩單位做為貿易結算單位：海關一百兩等於一百一十兩重的墨西哥銀元。[253]「虛」銀兩制度是中晚清白銀經濟的主要特徵。近代中國比較重要的區域性虛銀標準主要有：上海的「規元」、漢口的「洋例」、天津的「行化」等。由於上海在近代內外貿易中的樞紐地位，「規元」不僅在上海地區的商務交易中成為公認的標準貨幣單位，而且是全國眾多的貨幣種類中最有影響的貨幣單位，自誕生到一九三三年廢兩改元，行用七十六年，地位從未發生動搖。規元等虛銀兩的採用，有助於區域性貨幣標準的統一。[254]

隨著銀元流通規模的擴大，銀元和銀兩形成「自然」分工：大宗和批發貿易多使用銀兩，小額和零售交易以及日常生活則多使用銀元；進出口貿易和與外商的交易都使用銀兩，而與內地特別是廣大農村的交易則多使用銀元。人們不得不根據不同的用途而經常進行兩、元兌換，產生生銀和銀元交易需求。但是，因為不同的貨幣形態之間不存在主幣與輔幣之分，沒有法定比價，只能依據市場供需狀況決定價格的上下波動，於是上海在一八五六年自發產生「洋厘」行市。在「洋厘」行市中，最重要的是銀元與銀兩（規元）比價。洋厘每年總有幾次較大的波動。

影響洋厘的因素既有國內外政治經濟情勢的變化，也有季節性的農產品收購和進出口貿易。

「洋厘」行市每日漲落不定。「洋厘」漲，意味著銀元需求增加，銀元對銀兩比價上升；反之，「洋厘」落，意味著銀元供應增加，銀元對銀兩比價下降。「洋厘」行市的存在，給投機提供了空間，引發上海金融界出現一種類似於今天金融衍生產品的投機行為，即針對銀元的買空賣空。多空雙方以「洋厘」漲跌為賭注，到期結算，輸家照差價付錢。錢莊藉「洋厘」漲落，在兩、元兌換中獲利。這可能是世界金融史上最早的貨幣期貨。「洋厘」行市的存在，使得企業會計制度難以準確、計算進貨成本、銷售市價損益得失。為了規避洋厘風險，企業需銀兩和銀元的雙重準備，給工商經濟活動帶來諸多不利影響。「洋厘」行市還對人們日常生活影響深刻，導致人們手中貨幣價值不斷變動，因為人們領取的工資薪水一般是銀元，日常生活的主要支出大都用銀兩支。

十九世紀末，清政府開始鑄造銀圓，民國建立不久，發行「袁大頭」，但是，鷹洋還是中國市場上流通的主要銀製貨幣。一九一九年以前，上海的外國銀行發行紙幣都以鷹洋為兌換標準。一九一四年以前，「洋厘」行市分「鷹洋」和「龍洋」兩種價目，一九一五年以後，洋厘行市主要是「鷹洋」和「袁大頭」幣兩種，一九一九年以後，只開袁大頭幣一種價目，洋厘行市完全統一。直到一九三三年的廢兩改元，確立銀本位之後，外國銀元最終退出中國歷史舞臺，持續了近八十年的「洋厘」行市最終消亡。

雙重匯率

清代中國，實行「銀錢複本位」制度，政府並不鑄造銀幣，只鑄造銅幣，沒有嚴格的鑄造比價，兩種本位貨幣的兌換比價是浮動的，其相對價格由生產機制、人民偏好、兩種金屬的相對供給、替代關係，以及兩種金屬貨幣的商品用途而決定。當這種「銀錢複本位」制度與國際貿易活動發生關係時候，導致了中國在那個時代特有的「雙重匯率」。如果中國當時所實行的是通常的「金銀複本位」制，兩種本位貨幣兌換比價固定，就不會發生這種情況。

自一八七〇年代到十九世紀末，雙重匯率對中國外貿和國民經濟影響最為強烈。「雙重匯率」是兩個匯率的疊加：對外貿易以白銀結算，涉及金銀匯率，或者白銀與英鎊、美元等貨幣的匯率；對內則是銀錢匯率，由銀銅兩種金屬的相對供給決定。橫向，雙重匯率連接國內市場和國際市場，內貿和外貿的「鏈條」；縱向，雙重匯率連接從銅幣原料價格，白銀和黃金價格。對於出口，制錢不僅是收購出口商品的交易手段，也是計算出口貿易成本的標準；對於進口，需要對用黃金標價的外國商品，按照金銀匯率轉換的白銀支付，內地向上海等通商口的批發產品需要支付銀兩或者銀元，而面向內地的零售必須按照制錢定價。[255]「雙重匯率」的核心問題是，不論是以銀標價的進口商品運到內地銷售，或是以錢計價的出口商品轉運到通商口岸，都必須經過銀錢轉換的手續。[256]

中國，作為一個最接近於自由貿易的國家，政府除了對進出口徵收不到五%的關稅之外，對貿易很少有其他限制措施，所以，影響外貿最大的就是「雙重匯率」。而雙重匯率主要受制於國際市場的「金銀比價」。金銀比價下降，中國銀價下降，意味著中國匯率相對於所有金本位國家的下跌，有利於中國出口；反之，金銀比價上升，中國銀價上漲，意味著中國匯率相對於所有金本位國家的升值，不利於中國出口。

在實際經濟活動中，「雙重匯率」更為複雜，國內銅錢價值作用同樣很大。以一八七〇年至一九〇〇年間的中國貿易為例：世界銀價下跌了五五%左右，但是，銅錢對銀兩的相對價格反而上升了三四%。於是發生了中國白銀對外匯率貶值，對內匯率升值的情況。以白銀計算的出口物價總體下跌，但是，因為出口商品幾乎都來自以「制錢」為基礎的農村，銀價下跌對出口貿易的促進作用，在很大一部分為銅錢價格上升所抵消。在進口貿易中，銀錢匯率的影響力不可低估。還有一種情況，因為「銀賤錢貴」，以白銀匯率進口的便宜產品，在折合成銅錢價格之後依然便宜。一八九○年以後，中國大部分進口商品，內地銷售以制錢標價，銀錢比價上升造成以制錢衡量的物價上升，收入基本固定的中下層民眾沒有購買力。[257]

白銀匯價

在十九世紀後半葉，主要西方國家完成建立金本位制度，其中影響比較大的國家貨幣是英鎊和美元。於是，中國銀元和西方的國家貨幣之間就發生了「匯價」關係。一八三○年，美國在中國所納的船鈔稅，是以一美元等於○．七二銀兩的匯率計算的。[258]

因為在倫敦、紐約市場是用英鎊和美元，而不是用黃金標銀價，中國的匯市也主要用英鎊和美元標銀價。這種機制稱之為「間接標價法」，即中國的銀價實際上表現為特定外匯的匯價，或英鎊、或美元。或者說，一定單位的白銀（例如兩、海關銀兩或銀元），用不同時期的外匯數量的變化來說明本幣幣值的變化。例如，按照本洋與英鎊核算：一英鎊＝三銀兩＝四．六一五銀元；一銀兩＝一．五三八銀元＝○．三三三英鎊；一銀元＝○．六五銀兩＝○．二一七英鎊。「等式中的外幣數量愈多，則說明本幣幣值愈高，即匯率的高低與本幣的高低是同方向的，這一點不同於現在直接標價法下的人民幣匯率。」[259]「就銀價與匯率的因果關係問題來說，這個匯價不可能影響國際市場銀價，而只能是國際市場的銀價影響中國的匯價，即國際市場的銀價是因，中國的外匯匯價為果。」[260]

總之，十九世紀中葉後的清代貨幣體系日益複雜，除了金、銀兩、銀元和銅錢之類的金屬貨幣之外，還包括外幣、私票、各種銀行券，構成了多重的「比價」和「匯率」。

如此繁雜的貨幣比價，實在是世界貨幣歷史絕無僅有的。人們講中國人智慧，常常提及中國文字、算盤之類，其實，中國傳統貨幣制度更能反映中國人的智慧。但從另外的角度看，這也是一種遺憾和浪費，如果這樣的交易成本和智慧用於實業和科學技術進步，豈不是更好？

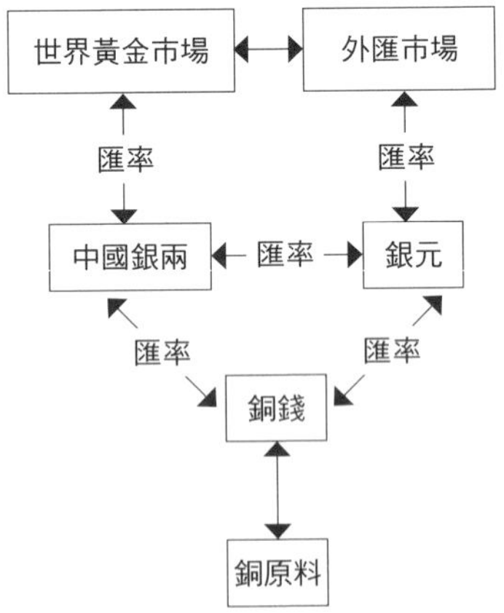

咸豐朝的幣制改革

一七一二年，康熙確定政府財政收入基本依靠田賦。田賦稅率是不可更改的制度。所以，如果朝廷想得到更多田賦，只有依賴新開墾的土地。但是，地方政府很少上報京師新開墾土地的數額。土地耕種面積增加，產出增加，中央政府財政收入未必增加。整個清代，政府從來沒有充裕的財政力量。在正常的政治和社會環境下，沒有足夠的財政收入尚可維持，一旦發生戰爭和動亂，朝廷不得不千方百計增加財政收入。因為鴉片戰爭，道光晚年的財政已經拮據，入不敷出。咸豐皇帝（一八五一——一八六一）繼承道光皇帝的不僅是皇位，還有經濟、政治和社會日益深化的全面危機。鴉片戰爭的各種後果繼續發酵，財政形勢極度惡化，太平天國很快在南中國形成燎原之勢。咸豐皇帝不得不打破清朝一百九十年貨幣形式固定不變的局面，實行幣制改革。

貨幣金融形勢

在宋、元、明三朝（從十世紀至十六世紀），紙幣曾在特定時間和特定地區發行流通，但是金屬貨幣是貨幣經濟演變過程中的主流。當時沒有類似今天的現代中央銀行制度，沒有實行本位貨幣，國家和民間都有鑄幣權，貨幣是獨立的，又不是獨立的，財政和貨幣既有區別，又不可分割。財政危機背後，常常是貨幣危機。解決財政危機，不得不訴諸通貨膨脹。而通貨膨脹的結果就是貨幣經濟體系的瓦解。

清代實行「銀錢複本位制」，朝廷盡可能避免透過發行紙幣來彌補財政赤字。到了十九世紀前半葉，「銀錢複本位制」沒有發生嚴重失衡，也沒有出現過嚴重通貨膨脹。但是，到了鴉片戰爭前後，中國經濟規模擴大，捲入世界經濟體系，傳統的貨幣經濟結構難以適應。而且，朝廷不僅對白銀貨幣的供給仍無影響力，也對銅錢的供給數量和質量的影響力急劇衰退。白銀貨幣和制錢的「非中性」特徵逐漸強烈，成為經濟運行中無法控制的重要變數。

不僅如此，在「銀錢複本位制」框架下，憑藉增加制錢，顯然無法解決日益嚴重的財政困難和危機，發行紙幣幾乎是自然的選擇。嘉慶十九年（一八一四），蔡之定提出「復行紙幣」的建議，嘉慶皇帝為之震怒。道光帝（一八二一—一八五〇）時，又有學者和官僚主張實施紙幣，以解決財政困境，也還是沒得到採納。在咸豐之前的清朝皇帝對於發行紙幣、幣制變革，都相當忌諱。

咸豐即位，白銀短缺情況沒有改變，銀價上升，「銀貴錢賤」。「一八五四年銀貴錢賤達到極點。」[261]幾乎同時，一八五三年三月，太平天國攻佔安慶，消息傳到北京，持有銀票和白銀的人紛紛到錢鋪擠兌制錢，引發了金融恐慌，銀價暴跌。咸豐朝陷入「錢荒」，也就是「銀賤錢貴」的境地。咸豐面對來自「銀」和「錢」兩方面的雙重危機，貨幣總供給不足和「銀錢複本位制」的結構失衡並存。咸豐皇帝和大臣認識到：光是採取以往發行減重小制錢的辦法，緩和錢荒，不過是小打小鬧，不能解決問題，必須從根本上觸動現有的貨幣制度，朝廷直接參與增加「錢」的投放，以求徹底解決「錢荒」問題，籌集與太平天國作戰的經費，緩和因為軍費開支增大的財政逆差，扭轉經濟衰敗的趨勢。

咸豐幣制改革的舉措與效果

咸豐雷厲風行幣制改革。因為在白銀貨幣方面不可能有所作為，而增加「制錢」在短期內，存在技術難度，且不會產生明顯效果，所以主要的舉措就是鑄造大錢和印發鈔票。

鑄造大錢。咸豐三年（一八五三）開鑄大錢。朝廷在大約一年之內，鑄造的大錢系列從十大錢、五十大錢，到二百、三百、四百、五百大錢，一直到千大錢。不僅京城鑄造大錢，外省也先後設局開鑄。但是，大錢投入流通之後，急速貶值。咸豐四年（一八五四）是大錢的鼎盛時期，也是大錢價值跌落的轉折點。百以下的大錢，勉強可以流通於京城，京城之外百里，不為民眾和商家接受。五十和百大錢則滯積不行，不得不與十大錢「三七配搭」。所以，咸豐五年（一八五五），停止鑄造五十和百大錢。與此同時，質量低下的私鑄跟進，加劇貨幣供給體系紊亂。值得一提的是，與低質量的中央政府制錢相反，太平天國銅錢的質料穩定，鑄造工藝精細，由此可以窺見其財政實力。[262]

發行紙幣。清初發行過短暫的「寶鈔」，也就是實行過「鈔貫制度」。一百六十餘年之後，咸豐三年（一八五三）正式印製「銀鈔」，即以「銀兩」為單位的「戶部官票」和以「制錢」為單位的「大清寶鈔」。[263]但是，不論是戶部官票還是大清寶鈔，並沒有安排準備金，無法兌現現銀，甚至銅錢。銀票和寶鈔以失敗告終。咸豐十年春（一八六〇），朝廷決定停止所發鈔票，宣佈將廢止鈔票，使商民蒙受巨大損失。這場幣制改革不斷碰壁，隨著咸豐統治的結束而告終。

應該說，咸豐初年發行紙幣的決策基本是對的。那時不僅政府需要紙幣，而且社會對紙幣的需求也在迅速增長。後來私人錢鋪所發行的銀票等各類「私票」盛極一時，就是證明。造成咸豐紙幣政策失敗的原因是：一，不可兌現。首先是「官票」，面額較大，官府缺乏現銀，不能兌現，流通阻滯。雖然各省專門設立官錢局以推行官票，依然收效甚微。二，政府信用危機。這是政治問題，例如地方政府利用發鈔計劃，用鈔票向商民強迫抵換現金，以致公私不能通行。三，官票和寶鈔貶值過快，很快就形同廢紙。

太平天國，貨幣制度的破壞與通貨膨脹

許多人只要提到「咸豐幣制改革」，就會將這次改革描繪為推廣大錢、銀票、寶鈔，加之私鑄狂潮，造成銀票和寶鈔貶值和嚴重的通貨膨脹，所以是一次失敗的改革。咸豐的歷史地位也因此大打折扣。其實，這樣的看法相當不公正。推廣大錢、銀票、寶鈔確實是咸豐朝通貨膨脹的重要原因，但絕不是唯一原因。還有關鍵原因，那就是太平天國（還應該包括捻軍）對當時貨幣金融制度的衝擊和破壞，惡化了本來已經出現的通貨膨脹。至少有幾個方面值得研究：

太平天國導致的「金融恐慌」。政治和社會大動盪，大量的窖藏銀錠和金銀首飾突然加入流通，導致銀價貶值。很難估計究竟有多少貴金屬（主要是白銀）突然加入流通管道。政治危機所引發的社會恐慌，導致銀價暴漲。銀價在一八五四年達到高峰，一八五五年銀價已經開始暴跌。

太平天國的貨幣流通。太平天國鑄過錢幣，主要集中在受其軍事控制的江蘇、浙江、安徽、江

西、湖南、湖北六省地區，還有一部分直接流入臨近的清朝統治地區，流通範圍相當廣。太平天國的貨幣流通一方面增加了當時整體的貨幣供給，另一方面則壓縮了清廷制錢的流通空間，特別是江南地區，無疑構成了通貨膨脹的壓力。

太平天國和政府銅材資源短缺。太平天國和捻軍致使朝廷鑄造銅錢的主要原料產地（雲南的銅礦運銷）以及運輸路線遭受破壞；一八五六年的雲南回民起義更使銅產量急速下降，即使是後來太平天國已遭鎮壓多年，雲南銅礦的生產都難以恢復，致使各省鏢局不得不長期停開。鑄造制錢的幣材空前緊張，對「錢荒」是火上澆油，不僅「銀賤」問題繼續存在，「錢貴」問題也難以改變。

太平天國對江南地區的掠奪和破壞。太平天國對長江中下游地區，即最富庶的江南的掠奪和破壞最為嚴重，貨幣財富喪失，農業凋敝，商人破產，商業蕭條，人民無法正常生活，嚴重減少了江南的農業和手工業產出，使得國家實體經濟供給與總需求的差距拉大，推動了通貨膨脹。

除了太平天國的因素，還有國際市場的銅價上漲。咸豐為了解決制錢的銅材問題，擴大鑄錢數量，重要措施之一就是從關稅中撥數十萬兩白銀，派船赴日本採購「洋銅」。日本提高銅價。從一八五三年至一八六三年，「洋銅」價格從每百斤十三．五九兩上升到每百斤三十兩。提高了一倍以上。[265] 制錢銅材漲價，導致制錢成本上漲，於是影響銀錢比價，推動通貨膨脹。

影響咸豐幣制改革的貨幣思想

要深入理解咸豐幣制改革，王茂蔭、包世臣、王鎏這三個人值得一提。

王茂蔭（一七九八—一八六五）。咸豐朝第一個建議行鈔的官員，他的發鈔主張表現在兩個貨幣改革方案中。一八五四年的第一個方案《條議鈔法折》，建議發行以銀兩為單位的鈔幣（銀鈔），面值分十兩、五十兩二種。鈔幣發行後並不停止現銀流通，而是讓銀鈔並行，以銀為主，並主張由銀號負責對鈔幣的兌現。按王茂蔭這個發行方案，是有可能發揮調節錢銀比價並增加財政收入的作用。一八五七年的第二個方案《再議鈔法折》，針對已經發生的通貨膨脹提出四項建議：允許鈔幣兌換現錢，允許銀票兌換現銀，允許各商店用鈔換銀，允許典鋪款項出入搭用鈔幣。王茂蔭行鈔幣的核心是以允許鈔幣隨時兌換現銀，具體辦法頗有可行性。王茂蔭提出了發鈔最高限額的規定王茂蔭屬於金屬主義者，卻沒有否定不兌換紙幣，而是認為在一定條件下能做到對紙幣不加以兌換，力圖尋找紙幣和金屬幣的內在聯繫，這就是他的所謂「以實運虛論」。但是，王茂蔭的兩次方案都沒被採納。不僅如此，咸豐甚至認為王茂蔭受到商人利用，阻止鈔法。王茂蔭本是挽救行鈔危機之人，卻成為了制度的犧牲品。有意思的是，對中國經濟、中國經濟思想歷史以及代表人物所知不多的馬克思，竟然對王茂蔭加以關注，成為《資本論》中所提到的六百八十多位世界各國人物中唯一一個中國人。因為「馬克思把王茂蔭的主張看作是紙幣由於自身發揮的職能不同從而引起貨幣形式變化的一個典型的實例」。[266]

包世臣（一七七五－一八五五）[267]。「經世派」學者，從貨幣數量說出發，認為「銀少則價高，銀價高則物值昂」。所以，貨幣改革是要實現「錢貴銀賤」，改變百姓重銀輕錢的情況，「專以錢為幣」。包世臣沒有反對發行紙幣，但他反對鑄大錢。貨幣的發行額要有限制。而為了避免濫發紙幣，提出以制錢為計算單位，發行不超過市場流通數額的紙幣，但仍允許白銀作為貨幣流通，企圖用這種「以錢起算」辦法，來阻止銀對錢比價的上漲，穩定物價，從而減輕中小地主、工商業者和農民的負擔。總之，包世臣身為地方官員的幕僚，熟悉社會，瞭解普通老百姓的生活情況，提出的貨幣改革也更從小地主、農民、小工商業者的角度來思考。

王鎏（一七八六—一八四三）。道光十一年（一八三一）前後，王鎏針對由於鴉片走私，白銀大量外流的財政危機，發表潛心研究多年的《錢幣芻言》、《錢幣芻言續刻》、《錢幣芻言再續》等針對因「銀荒」而引起的幣材問題，認為「銀鈔皆同」，「行鈔而廢銀」。在王鎏看來，經世派提供的救世方案，如開採銀礦、裁剪浮費、改革漕運、嚴禁鴉片，都不能解決財政危機，唯有改變貨幣體制。具體地說：禁止以白銀為貨幣，發行從一貫到千貫的不兌現紙幣；禁止民間使用各種銅製品（除樂器、鎖鈕外）；鑄造不足值的當十、當百的大錢。王鎏認為，應由君主「操錢幣之權」，發行不兌現紙幣，以「操不涸之貨源」。王鎏還認為，貨幣的價值是靠國家權力創造的，「造百萬即百萬，造千萬即千萬」。王鎏力主廢除貴金屬（白銀）的貨幣地位，發行不兌現紙幣的一套理論。用今天的眼光看，顯得粗糙而無系統。但是，王鎏無疑是超越時代的，在中國貨幣經濟史上最早觸及「現代貨幣」本質，即貨幣取決於國家信用。中國貨幣經濟思想史長期抬高包世臣，貶低王鎏，理由是王鎏宣揚的「名目主義」貨幣理論，否定貨幣具有的內在價值，抹殺金屬幣與紙幣的區別，用通貨膨脹的手段於無形中向人民收稅，滿足專制政府的財政需要，因而具有嚴重的危害。[268]雖然沒有直接的證據，但是咸豐的貨幣改革在很大程度上接受了王鎏的思想。

總之，咸豐朝的貨幣改革從一開始就沒有取得朝野共識，因而觸發通貨膨脹，激化社會矛盾，咸豐至死沒有看到太平天國的覆滅，內心肯定是很悲哀的。這次改革折射出清朝中晚期的特徵：「一方面，專制的國家形態得到高度發展；另一方面，在社會性的流動化中，國家的社會控制力愈來愈低。」[269]應該肯定的是，咸豐朝的幣制改革是一場在傳統貨幣經濟框架下的「本土式」改革，從理論、思路到實施過程都沒有受到當時國際背景的影響。這次改革已經出現了「貨幣政策」的端倪，只是寓於「財政政策」之中，是一場註定不能成功卻有歷史意義的嘗試。清朝後來的貨幣改革吸取了咸豐改革的教訓，具有「國際意識」和接受「西方」的標準，「貨幣政策」和「財政政策」開始分野。

光緒年間的幣制改革

一八七〇年代以後，中國傳統貨幣經濟加速向現代貨幣經濟全面過渡。晚清的貨幣經濟變革包括「自發」和「自覺」兩種方式。所謂「自發」，是指市場經濟和國際環境所推動的貨幣經濟演變；所謂「自覺」則是指政府主導之下的貨幣經濟改革。「自覺」的短期效果比「自發」顯著。晚清貨幣改革主要發生在光緒二十八年至三十四年（一九〇二—一九〇八）之間。光緒之後，晚清的幣制改革持續到宣統三年（一九一一）。在重商主義和民族主義思潮的推動下，朝野逐漸接受政府應該加強對經濟干預的觀念，幣制改革，特別是統一貨幣發行權隨之提上議程，國家權力開始擴張，傳統貨幣經濟向現代貨幣經濟轉型。

過度成熟和陷於困境的清代幣制

十九世紀中後期以後，中國的傳統貨幣經濟走向過度成熟，「銀錢複本位」名存實亡，制錢體制瀕於崩潰，進入一個長時段、廣地域、貨幣種類多、複雜而紛亂的階段，而且呈現出僵化、混亂、失序和分解的特徵。當時有這樣的評論：「如是在一市之內，混雜既不可名狀。若甲市與乙市交通，其棼亂更甚矣。無異分一國為數十百國，國內之通商匯兌，視對外之通商匯兌尤為複雜。全國生計機關，為之凝滯」。[270]但是傳統貨幣制度依然有相當強大的「慣性」，聯繫著中國社會和經濟生活中的利益結構；是傳統貨幣經濟的分解和危機：不同的貨幣部門不是有機結合，而是相互矛盾；不是經濟發達地區，而是某些不發達地區主宰資本市場；貨幣金融資源不是與產業革命結合，而是若即若離；不是主動融合世界貨幣經濟，而是在國際壓力下作被動的枝節性調整。這種傳統貨幣經濟徹底喪失了自我創新和變革的可能性，集中表現為政府幾乎喪失對貨幣體系的影響力、控制力和不可抑制的通貨膨脹。

多年來，討論晚清貨幣經濟的主流意見是：幣制落後與混亂，阻礙中國的發展。但是貨幣經濟當時的混亂不等於徹底的「失序」。「不過假若放寬尺度來說，那麼，歷史上的各種措施，無論怎樣混亂與不合理，都可以說是一種制度。」[271]不僅如此，一些新型的貨幣形式已經出現且發展迅速；一些新型的金融機構全面擴張。中國貨幣經濟的傳統向來是新的貨幣體系孕育於舊的貨幣體系之中，新的貨幣制度脫胎於舊的貨幣制度。中國貨幣制度的「誘發性」轉型，已經啟動。

危機和改革

且不講洋務運動，即使是戊戌變法也幾乎沒有涉及貨幣改革。甲午戰爭、庚子之亂之後，清廷意識到幣制改革的緊迫性，謀求幣制改革之意已經十分篤誠。光緒二十八年（一九〇二），朝廷設立財政處、國際匯兌處，專門負責貨幣改革事宜。推動清廷痛下決心進行幣制改革的主要原因是：

財政危機。清朝自鴉片戰爭、太平天國革命後，財政危機日趨嚴重。但是，真正的財政危機源於甲午戰爭以及接踵而來的義和團。它不僅導致社會動亂，而且引發政治和社會解構以及經濟災難。庚子賠款是對清朝統治的致命一擊。甲午戰爭後的一八九四年，國家財政尚盈餘七十五萬兩，一八九九年的赤字為一，二九二萬兩。後來的中法戰爭，國庫空虛的清政府只得舉借外債，外債總額累計高達近五千五百萬英鎊，總數幾乎相當於中國三年看得見的財政收入。[272]中國的借款和賠款，全部要用黃金來支付，並以中國的海關收入為擔保。一九〇一年後，世界銀價劇跌，進口貿易對於採用銀本位制的清朝非常不利，導致原本已經陷入困境的財政狀況更為危險。

償還外債的壓力。甲午戰爭之前，清朝所借外債不多。一八九四年甲午戰爭，為了籌措對日賠款，清朝共三次對外借債，這恰好是銀對於金的匯率迅速下跌時期，實際償債支出也就大為增加。當時中國的對外借款和賠款是以黃金計值的，還款和償債時必須經過白銀和黃金的兌換。匯率在這段時間的劇貶，使得清朝的實際支出大為增加，匯率風險增加，加重外債償還成本。因為，中國以外幣衡量的國民財富，特別是財政收入減少，導致實際外債和賠款負擔增加，這就是當時因外債所產生的的「鎊虧」問題。[273]清政府為了解決「鎊虧」問題，希望接受西方有關國家「還銀」的要求。即使西方有關國家接受這個要求，仍無法承擔雙倍的外債負擔，而且賠款結算必須要按月直接交到外國銀行家手裡。

發行公債失敗。清朝為了緩解財政危機，在一八九〇年代發行過兩次巨額債券，一八九四年的「息借商款」、一八九八年的「昭信股票」。然而，公債發行沒有達到預期效果，也沒有產生積極的貨幣效應。[274]這是因為此時的中國還不是現代的貨幣金融體系，當然也沒有一個規範的國債流通市場。清朝政府意識到必須實行財政改革，為此必須統一貨幣。

國際貿易條件惡化。清末的國際貿易依賴農副產品、手工業品的出口。自一八七〇年代，中國逐漸喪失了對農產品出口的定價權：茶價決定於倫敦，絲價決定於巴黎，桐油價決定於紐約。總之，中國農產品出口的價格不再與中國農民的生產成本和年成豐歉聯繫。[275]這種轉變使得中國國內市場工農產品價格失調，農民收入減少和貧窮化，加劇中國二元經濟的形成。

錢荒嚴重。一八九〇年代再次出現嚴重的「錢荒」。在歷史上，每次錢荒都迫使民間和政府尋找、擴大金融貨幣工具，甚至刺激貨幣制度改革。

貨幣主權意識的覺醒。「中國不自印鈔票，自鑄銀幣，乃使西人以數寸花紋之劵抵盈千累萬之金，以低潮九成之銀易庫紋十成之價」，於是呼籲「仿造西法辦理」，「明以收回權利，暗以便益民生。」[276] 這說明貨幣的主權意識成為清朝幣制改革的直接動力之一。

國際壓力。愈來愈多的國家（包括亞洲主要國家）施行金本位。在一八九三年的印度，一九〇二年的菲律賓先後確立金本位之後，中國不僅是全世界、而且是亞洲少見沒有建立現代貨幣制度的國家。西方國家和商人形成共識，要求中國統一貨幣。在一九〇二年中英續議「通商行船條約」以及一九〇三年中美「通商行船續訂條約」和中日「通商行船續約」後，中國所受的幣制改革的國際壓力加大。官府懂得要與西方合作，幣制改革是不可逾越的，而且幣制改革需要與國際合作，清朝已經無法獨立建立新的貨幣經濟體系。

「路徑依賴」的貨幣改革思路和方案

在光緒朝的貨幣改革的思路和方案中，特別是在國家壟斷貨幣發行、貴金屬本位、主輔幣制度、法定準備金等四方面，所謂「西法」，即西方的影響相當明顯。但是，並沒有因此脫離中國國情。

光緒二十一年至三十年（一八九五—一九〇四）的主要建議和方案。許多朝野人士在這個時期，已經認識到西方幣制優於中國幣制，迫切期望幣制改革，不少官僚和學者提出關於幣制改革的建議和方案。值得提及的代表人物和主張有：

光緒二十一年（一八九五），順天府尹胡燏棻條陳變法自強案，主張自製金銀銅三品之錢，京城設立官家銀行，歸戶部督理，賦以印行鈔票之特權。這是第一次正式提議以金為國幣。光緒二十二年，總理衙門給事盛宣懷奏請，在京師設立銀元總局，以廣東、湖北、天津、上海為分局，開鑄銀幣。同時，鑄造金幣和小銀幣。「使子母相權而行」。「各省關收納地丁錢糧鹽關稅厘金，具收官鑄銀幣」。[277]在京師和上海設立中國銀行。金幣也是中國流通貨幣之一。盛宣懷的建議受到各方關注。

光緒二十三年，通政使參議楊宜治議案，針對英鎊匯率上揚，政府支付外債本息損耗加大，奏請按先令分兩成色樣式，鑄造銀錢。務請京師直省一律通行。此外，各省加速勘查金礦資源，仿英鎊式樣鑄造金錢，並禁止現金由上海輸出國外。

光緒二十九年，滙豐銀行向官府提交在中國實行貨幣改革的備忘錄，包括發行國家鑄造的足值貨幣。同年，總稅務司赫德[278]就中國的貨幣制度，向清廷提出系統建議，核心內容是中國應該採用金匯兌本位制，即「虛定金本位」。中國駐俄國公使胡惟德的奏摺：「一國之中，必有一定至國幣。兼用金銀銅三品，必有一定之比例。凡成色形式價值，必須全國一律」。「當今環球各國，既皆用金，而吾國豈可獨居其後乎」。胡惟德還歸納了中國在實行金本位方面的八種憂慮，並一一說明為什麼不足為慮。[279]光緒三十三年的「精琪」（Jeremiah W. Jenks）方案。[280]同年，中國駐英國公使汪大燮奏請，主張在中國建立「虛金本位」。

精琪方案。在上述諸多的方案中，最值得認真關注的是「精琪方案」。光緒二十八年一月，中國與墨西哥政府一起向美國政府遞交了照會和備忘錄，希望美國為兩國順利實行幣制改革提供幫助，在採用金本位制國家和銀本位制國家的貨幣之間建立穩定的關係。[281]一九〇三年三月，美國國會通過法案，認為如果中國採用比較穩定的匯率來替代中國白銀本位的波動，將有利於美國的工業企業家和出口商以及其他國家在中國獲得利潤。

這時的美國希望擴大對中國的貿易。當時的美國國務卿海約翰（John Hay）希望中國實行金本位。至於中國和墨西哥一同要求美國協助，是因為中國長期進口墨西哥銀元。美國政府接受兩國的請求，組成國際匯兌委員會（Commission on International Exchange），精琪、漢納（H. Hanna）、高蘭（Charles A. Conant）三人為專使，前往中國制定貨幣改革方案。[282] 精琪先去了歐洲和日本，於一九〇四年一月到達北京，二月二十二日與美國駐華公使康格（E. H. Conger）一起謁見光緒皇帝，提出幣制改革方案。此改革方案即《中國新圜法覺書》。[283]

一九〇四年八月二十七日，精琪向中國遞交「精琪方案」。這個方案參酌當時清朝的財力和中國的經濟水準來確定，旨在推動中國實行金匯兌本位制，是中國近代幣制史上第一個有系統的貨幣改革方案。金匯兌本位並不是純粹的金本位制，本位幣並不鑄造，排除金貨實際流通的可能性，流通僅銀幣和銅幣，實際上是金匯與銀幣的複本位。這個改革方案很接近當時菲律賓的貨幣制度。所要實行的銀元，又很接近墨西哥元。金銀比價是三十二比一。精琪以三十二比一的金銀比價為基礎設計的貨幣制度是相當合理的。至少與一九〇四至〇六年，一九二八至三〇年的實際情況大體吻合。當然在一九一七至二七年，一九三二至三五年有所背離。其中的一九一七至二七年，是白銀價格貶值，一九三二至三五年是升值。從技術角度而言，精琪的設計是驚人的。

精琪方案更多的是基於西方接受中國賠款國家的立場。德國、法國、荷蘭、墨西哥、美國原則上同意這個方案。英國和俄國並不支持中國貨幣的統一以白銀為基礎。他們傾向中國應該試圖實行金本位制。

朝廷認為「精琪方案」除了不夠重視中國自身感情和需要之外，還有兩個疑問：一，導入金匯兌本位制，所需的金儲備如何獲得？以當時清朝的財政狀態，除了再借外債以外，別無他法，但又不具備借外債所需的抵押。二，維持銀貨的金平價是成功導入金匯兌本位制的重要因素，由誰來負責？清朝需要讓具有高度專業性知識的外國人來管理這項工作。當時除了戶部尚書趙爾巽為首的部分官員以外，大多數的官員還沒能完全理解「精琪方案」。湖廣總督張之洞強烈反對「精琪方案」。[284]張之洞的反駁其實沒有一個是正確的，卻對朝廷的決策產生關鍵性的影響。據梁啟超言，由於官僚「附和」張之洞的主張，致使精琪的改革方案未被採用。一九〇三年，精琪在對於晚期幣制「改革之難點」——即國家權力的重要性——提出了看法：「唯創設通國一律圜法，政府之權力，務須強盛，並應使政府之權力，直達民間方可。……中國政府向與民間隔閡，今設新圜法，其權應行推廣。」[285]精琪方案遇到兩個敵人，一是張之洞代表的愛國主義，一個是世界銀價的波動。

當時的朝廷——包括皇帝在內——無從真正理解「金本位」並不是一定要直接使用金幣，而是要使以金為本位的貨幣的匯價穩定。其實，中國自戰國到兩漢，大體以黃金為計算標準，南宋也實行過金銀複本位。在實行金本位的英國，許多人一生沒見過金幣。[286]反之，張之洞關於中國人生活水準和物價均低於外國，用銅、銀足夠，黃金價值過大，不宜作幣的主張，則宜於為人民理解。在光緒皇帝的觀念中，中國向金本位的轉移遇到籌措足夠基金的困難。如果實行精琪方案（Golden Exchange Standard，縮寫GES），需要擔憂比較危險的形勢。所以，相對安全的選擇是開始實行統一的白銀貨幣，逐漸籌措基金，以期在未來實現金本位。在當時銀價上升的情況下，勢必要拒絕精琪方案。光緒在一九〇五年十月二十三日發表聲明，表示收支無分公私，必須使用白銀。中國不參加黃金俱樂部，銀本位是更好的選擇。之前的九月十一日，光緒說過，財政和金融形勢相當混亂，中國的貨幣制度需要統一。[287]「精琪方案」遭到清廷拒絕後，中國上下都贊同採用銀本位。背後似乎有了「民族主義」的影子。

此時此刻，貨幣主權觀念在中國傳播，許多政府官員和社會精英意識到外國貨幣流通侵犯了中國的「利權」。在張之洞的反對下，朝廷廢棄「精琪方案」。但是，朝廷當時並沒有公開拒絕精琪的方案，而是採取無限期擱置的辦法。這是因為中國希望從美國得到貸款，緩解金融困難。精琪的努力至少成功促進了清朝對改革方案的積極探討。清朝此時意識到銀價問題與中國的幣制改革具有不可分離的關係。一九〇六年，考察憲政大臣在美國還曾想聘用精琪到中國工作。

從長期來看，清朝廢棄「精琪方案」可能是個大錯。因為，清朝面臨巨大的財政危機，繼續償還賠款與外債，解決銀價浮動，正確推算歲出歲入，建立預算制度，精琪方案可行的。在精琪方案。若干年後的凱恩斯撰寫了關於中國貨幣改革方案，其中表示對精琪方案的肯定。[288]

幣制改革：「廢兩改元」

光緒朝（一八八四－一九〇八）的貨幣改革其實有兩條思路：一，圍繞「金本位」，順應當時的世界潮流；二，圍繞「廢兩改元」，基於中國的「國情」和「傳統」。而後一種思路的成型和試驗都比較早。

中國歷史上的多次幣制改革都以金屬貨幣為對象，多在重量、成色上做文章，並沒有考慮如何實現形狀統一的問題。早在鴉片戰爭之前，隨著外國銀元在中國流通和影響的擴大，清朝的有識之士開始逐漸行用新式銀元，銅元取代銀兩、制錢，以實現對傳統幣制的一大革新思路。最早向朝廷提出自鑄銀元主張，並投入市場的是陶澍和林則徐，時間是道光十三年（一八三三）。但是，林則徐的銀幣實驗沒有成功，且遭到了守舊的道光皇帝斥訓。[289]二十四年後，咸豐五年（一八五五），又有一個叫周騰虎的撰寫《鑄銀錢說》，也主張自鑄銀元。[290]進入光緒朝，先後有龔榕、鍾天緯建議鑄造銀元。但是，直到光緒十三年（一八八七），兩廣總督張之洞上奏朝廷，請許廣東試鑄銀元。朝廷的立場發生改變，光緒批准了張之洞的奏摺。[291]於是，張之洞成為中國「廢兩改元」的代表人物和先行者。[292]

從林則徐一八三三年奏請自鑄銀元算起，至張之洞一八八七年奏請自鑄銀元，中間隔了整整五十四年。其間，西方銀元不僅進一步顯現其先進性和優越性，而且對國計民生日益重要。此外，銀元的製造和制錢一樣有利可圖。與外國銀元相比，產生於明代的銀兩制度，到了清朝中、後期，日益顯得落後：屬於秤量貨幣制度，市場上所使用的通貨（銀兩和制錢）因形狀、重量、成色不一、種類名稱過於複雜，成色高低不齊，平碼大小不一，計算煩難；農民交糧納稅，減少政府貨幣稅收；商人結算轉帳諸多不便。加之外國銀元的影響力不斷提高，銀錠減少，加劇了財政危機。所以，晚清幣制改革運動在很大程度上是受外幣流通的刺激而產生。

張之洞在光緒皇帝奏准的當年，即設立廣東造幣廠，並於光緒十五年（一八八九）開始鑄造銀元，第二年流通於市朝。「此為官鑄銀元的開始，亦為龍洋的起源。遂由清政府下令，作為中國的法幣，所有完納錢糧、關稅、厘捐等，均得使用此項銀幣。」[293]之後，湖北、天津、京城、江南、山東、四川等地都建了鑄造銀元廠。幣制改革走上地方主導的分散化道路。但是，全國各地所鑄造的銀元在成色分量方面差異很大，各省銀元不易暢行全國，出現「過剩」現象。但是，中國的銀元畢竟打破了外國銀元的「壟斷」地位，成為當時貨幣體系的組成部分。有利於政府稅收和民間商貿的開展，也有利於堵塞不法官吏的營私舞弊行為。

清末的幣制改革是以「廢兩改銀」為核心內容。只不過是中國的自鑄銀元直接模仿在中國行用的外幣，深深打上了仿鑄外幣的痕跡。[294] 在甲午戰爭之後，官府已經採用新式貨幣——銀元和銅元，也就是用較為固定的銀元、銅元取代銀錠、碎銀、制錢、通寶等不規範貨幣。

宣統二年四月（一九一〇）頒佈《幣制則例》，規定大清國幣單位定名曰圓，統一鑄造重量七錢二分，成色千分之九百的大清銀幣，以期取代各省龍洋。輔幣有銀幣五角、二角五分，一角，鎳幣五分，銅幣二分，一分，五厘，一厘。《幣制則例》的頒佈是中國第一次在法律上確立實行銀元位制。清朝最後三年的鑄幣數量沒有統計。參考一九一三年十二月民國財政部的調查，天津、廣東等十七處銀銅元廠自開辦到截止報告時為止，共鑄造大銀元二二．〇六億枚（價值二二．〇六億元），小銀元十五．〇六億枚（價值二．八六億元）。扣除民國元年所鑄部分，九成以上是清代所鑄。清末鑄造的銀幣連同輔幣數額不大，在整個貨幣結構中不占主導地位，畢竟促進了商業、金融、交通和各種新式資本主義企業的發展，削弱了舊式銀兩制度，為後來的廢兩改元，確定銀本位制鋪平了道路，是後來民國幣制改革先河。[295]

關於清末中國究竟鑄造的「龍洋」的數目，無法精確統計，所以有不同的數字。據宣統二年（一九一〇）度支部的奏疏，「自光緒十六年開鑄，至三十四年止，各省局廠報告鑄數，大銀元約四十餘兆之巨」。[296] 民國二年（一九一三），財政部嘗試調查「龍洋」產量，總計是二，〇六〇萬元。[297] 還有一種推論，清季「龍洋」的鑄額必在兩億元左右。[298] 在大銀元流通之後，因其價值過大，產生了對銀輔幣的需求。廣東於光緒十六年（一八九〇）開鑄造銀輔幣的先河。整個清季的銀輔幣的數額達到十五億又六百四十五萬枚以上，按十進制，折合兩億八千六百七十五萬元以上。[299] 所以，大銀元加銀輔幣，相當於四億八千萬元左右。「龍洋合大銀元和銀角的總數在四億元上下，至少需要改鑄銀錠銀塊二．五億兩」。[300]龍洋進入流通，大幅增加了鑄幣供給量，銀兩的存量減少，削弱了舊式貨幣（銀兩、制錢），推動了中國貨幣制度從稱量到計數，銀錢平行本位向銀本位的轉變。

幣制改革：發行紙幣

在光緒朝貨幣改革中，發行紙幣是不可忽視的一環，是清朝的第三次「行鈔」。之前的第一次行鈔發生在順治八年至十八年（一六五一—一六六一）；第二次是咸豐初年（一八五三）。與前兩次不同的是，此時的清廷已經具有建立中央銀行的意識，將行鈔的權利賦予光緒三十年（一九〇四）創立的戶部銀行。戶部銀行的資本金四百萬兩，擁有發行紙幣的權力，是中央銀行的雛形。

光緒三十一年（一九〇五），戶部銀行在北京、天津、漢口、濟南、奉天等地發行紙幣。主要是三種：銀票兩、銀元票、錢票。清廷開設戶部銀行，為的是發行有高度信譽的鈔票，以期抑制無限制濫發紙幣的情況。然而，即使是戶部銀行發行的鈔票，其實沒有足夠的儲備金和固定的發行額。光緒三十四年（一九〇八），戶部銀行更名為大清銀行。因為一九一一年的辛亥革命，大清銀行的壽命僅僅三年而已。值得提及的是，在朝廷行鈔之前，地方政府業已開始。在光緒二十六年（一九〇〇），又是張之洞捷足先登，在武昌發行官錢票和銀元票。

從戶部銀行到大清銀行總計六年。發行數額：銀兩票一千六百八十八萬兩以上；銀元票兩千八百六十五萬元以上。這個數字可能沒有包括戶部銀行委託商務印書館，大清銀行委託美國鈔票公司印製的紙幣。據英文的《中國年鑒》，到一九一一年六月末，大清銀行紙幣發行額為五．四三八億，又十二．四七五億元，後一個數字可能包括了特字票的發行額。[301]還有一個數字，截止宣統三年（一九一一）八月，「銀兩票發行五百四十三萬八千九百一十一兩，銀元票折成銀兩為一千二百四十五萬九千九百零八兩。」[302] 如果計算清末官票總額時，考慮主要地方官錢局的發行額，發行的總額似乎不會低於九千四百五十三萬四千三百五十四元。[303]

如果加上地方政府發行的紙幣，清末的「行鈔」的數額概念就很不同。但是總的說來，戶部銀行和大清銀行的紙幣發行量有限，信譽尚好。因為數量有限，在國家宏觀經濟中，是一個有潛力的「小角色」。官府為了集中管理紙幣，保證大清銀行的紙幣發行具有獨佔權利，決定今後只有大清銀行才能發行鈔票，不准有其他發鈔機構，已經發行了的，要在流通中逐步收回。度支部在光緒三十四年（一九〇八）電諮各督撫，請予各通商口岸的外國租界地區以外，禁止使用外國銀行的紙幣。[304]

根據一九一〇年的《幣制則例》，「國幣單位，定名曰元」，印刷局最初印製的紙幣叫「大清銀行兌換券」，票面分一元、五元、十元、百元四種。一九一〇年九月呈報朝廷，降旨批准，一九一一年三月一日正式開印。這個時候的官府還規定貨幣發行總額並建立儲備基金。「當然，這些計劃並未完成。流通中的紙幣總數估計有六億五千萬兩。如果大清銀行要發行同樣數量的鈔票，它就需要三億兩千五百萬兩儲備基金，但它只有一千萬兩資本。」[305] 此時，位於北京右安門內白紙坊的貨幣印刷局已經接近竣工。[306]

光緒朝幣制改革和歷史時機

光緒朝的幣制改革沒有因為皇帝過世而停止。清朝後期的統治集團實施幣制改革的決心和力度很大。一九一〇年二月，朝廷頒佈《大清銀行則例》二十四條，是貨幣制度西化的標誌，是從法律上確立銀元的合法性，保證銀本位制度的建立。同時，戶部銀行改稱大清銀行，作為國家的中央銀行。[307]用政策法規來規範晚清貨幣的發行、流通、管理，有利於政府稅收和民間商貿活動的開展。宣統三年（一九一一）三月，英、美、德、法四國銀行團決定借款一千萬金鎊給清政府，用以支持中國整頓幣制及興辦實業。第一期的借款額是四十萬鎊。並聘請前爪哇銀行（Javasche Bank）行長衛斯林（Gerard Vissering）博士擔任幣制改革顧問。到此為止，在幣制改革方面，清政府似乎該做的都做了，只要做的基本到位。中國的幣制改革也得到國際社會的肯定和支持。一九一一年，清朝的貨幣經濟改革進入實質性階段，呈現一派光明前景。

一九一一年，武昌起義爆發，清朝覆滅。這一年，清政府赤字上升到一千七百二十九萬兩，在經濟上幾乎破產，清朝實際上「已經淪為一個只有三十天限期的政府」。[308]清朝在這一年所發行的巨額「愛國公債」夭折；大清銀行印製的第一代鈔票沒來得及發行，胎死腹中。歷史終止了清朝主持的中國貨幣經濟改革，這無疑是遺憾而殘忍的。

清朝統治集團喪失了改造中國金融體系和貨幣經濟體系的良機。最佳的時機應該是與洋務運動大體同步；退一步講，在一八九〇年前後——即在甲午戰爭之前——全面開始，尚不太晚；再退一步，也不應該遲於一九〇五年。如果與日本相比，清代貨幣制度改革至少落後十到二十年。日本在明治四年（一八七一）就公佈《新幣條例》，規定日本貨幣單位為「元」，採用金本位；一八八二年設立日本銀行；一八九七年制定《貨幣法》，重新規定日元含金量；一八九九年，實現了作為中央銀行的日本銀行發行統一的銀行券。[309]然而，清朝囿於成法，完全不能理解現代貨幣具有公共物品的性質，需要中央政府主導強制性變遷，未能及時轉變角色，擺脫國家權力長期退縮狀態，錯過了洋務運動、戊戌變法，直到「新政」開始，才著手制定幣制改革的總體規劃，關注幣制統一問題；一九〇七年，才設法限制、裁併各省鑄幣廠，將全國鑄幣廠歸併為十家，名義上由財政處和戶部統轄；一九〇九年，頒佈《通用銀錢票暫行章程》；一九一〇年再頒佈《幣制則例》、《新幣發行後舊幣處理辦法》等法規。與此同時，決定統一貨幣發行，逐步收回禁止舊幣。但是，一切都太晚了。所以，不是歷史沒給清朝時間，是清朝一次又一次喪失機會。

清朝錯過貨幣體系改革的原因。清廷貽誤歷史機會的原因至少包括：一，幣制改革需要強化中央集權，但是，光緒年間的幣制改革卻走上地方政府主導的「不歸之路」。戶部一方面承襲鑄造制錢的成例；另一方面為了減輕中央政府的財政和行政壓力，授權地方政府自行設局建廠。因為鑄造銀元的「餘利」甚大，地方政府何樂而不為？終於尾大不掉，以致左右了清末幣制改革的格局。地方在貨幣經濟中地位的提升，未必就意味著進步，甚至導致了惡政。二，幣制改革缺乏必要的財力後盾。幣制改革涉及內容廣泛，費用支出較多。然而，清朝的幣制改革長期在險惡的社會經濟環境中進行。在入不敷出、財力匱乏的條件下，要想籌集大量資金進行幣制改革是極為困難的。三，整體金融制度的落後。除了中央政府所屬大清銀行、中國交通銀行之外，還有浙江興業銀行等，清末幣制改革並沒有盡快將貨幣發行權集中於中央之手。四，幣制改革中的技術層次問題久拖未決。光緒十五年（一八八九）所開鑄的銀元，據說因為李鴻章的建議，仿外幣重量，是七錢二分。這本來是順應時代潮流的進步措施。但是，由此引發了「兩—元」之爭。光緒二十年（一八九四），朝廷詢問地方政府銀元重量，再次提起銀元的單位問題；光緒三十年（一九〇四），從中央到地方形成了主張一兩或七錢二分，或是「兩」或「元」兩派。張之洞、袁世凱等地方官員主張以一兩為銀元重量的代表。同時這還摻雜了銀元的成色之爭。直到宣統二年（一九一〇），頒定《幣制則例》，爭論得以塵埃落定，但是幣制改革的大好時機已失。五，清朝沒有能力採取切實有效措施，禁止外國銀元在中國市場上流通，而是讓其與本國貨幣一起流通。這種中外貨幣並用的局面為當時幣制改革增添困擾。六，清朝沒有引進幣制改革所需的外資。中國幣制改革有利於西方國家商品輸出和資本輸出，但是西方國家承諾的一千萬鎊只到位了四十萬鎊。[310]七，一九一〇年的橡膠股票引發的金融風潮重創中國工商業，清末新政的成果毀於一旦，朝廷為緩和財政狀況惡化，次年將商辦鐵路「收歸國有」，企望以路權為抵押向列強借款。但是，正是清廷第一次、也是最後一次「國有化」的舉措，遭到中國傳統私有產權制度的強烈反彈，不僅從根本上摧毀了清末的國家信用體系，而且導致了辛亥革命的爆發。[311]

清末幣制改革滯後的後果。清末貨幣經濟改革滯後，無疑制約了需要國家力量支持的現代工業部門的發展。一九一一年之前，除了近代外國銀行在為國際貿易提供資金方面起了重要的作用外，中國的銀行體系的業務幾乎沒有超出山西票號式的匯兌銀行和地方性「錢莊」的範圍。「中國第一個近代銀行——即半官方的中國通商銀行——的董事主要關心的是控制各省與北京之間匯劃政府經費這一有利可圖的業務。當這項業務失敗後，他們就把力量完全轉到常見的商業銀行業務方面。以後創辦的兩個較小的官辦銀行（一九〇八年創辦的交通銀行；一九〇四年成立並在一九〇八年改組為大清銀行的戶部銀行），都沒有向工業提供貸款的打算」。[312]辛亥革命前後，不論是國家部門還是私營部門，幾乎喪失了引進和採用新技術的內部機制。

貨幣改革嚴重滯後有三個深層原因：一，中國傳統貨幣制度的變革，不同於實業部門，絕不是幾個方案、幾個法令以及資本投入所能解決的。傳統的「貨幣制度」雖然不是以國家的法律法規形式加以確定，但是以貨幣流通的各個要素相結合的一個體系，涉及貨幣材料、貨幣形態、貨幣本位、貨幣之間的關係，以及貨幣的發行、流通和管理；二，至少在甲午戰爭之後，清廷已經失去在思想觀念、法律制度、經濟制度以及貨幣流通領域中的統治地位。「中國的政治、經濟與意識形態結構中的一般性傳統主義一再地導致所有認真的貨幣改革無從實現。」[313] 三，財政制度浮在表面上。「甚至在正常時期，帝國官僚政治的組織雖然在形式上是高度集中的，仍不能深入中國的社會（包括社會中那些構成經濟的層面）。中央政府通常將其經濟作用只限於要求分享一部分生產中比較固定的經濟所得，以及保持國內安定和防禦外患以確保下一年的再生產。」所以，政府未能扶植足以產生工業投資的近代銀行體系。[314]

貨幣改革和政治改革的關係。一般認為，因為戊戌變法失敗，憲政改革一拖再拖，導致清朝傾覆。在這個意義上說，清末幣制改革成為清朝覆滅的「陪葬品」。但是也可以假設，正是清末「新政」——包括幣制改革和憲政努力——不但沒有延續清朝的生命，反而加速了滅亡。

清朝的貨幣經濟「遺產」

清朝在覆滅之時，如同歷史上其他覆滅的朝代一樣，國庫空虛，國力衰竭。但是，必須客觀地說，中國近現代化的基礎其實是在清朝後期建立的。在貨幣經濟方面尤其如此。清朝在貨幣經濟方面改革的思想、方案和實踐方面的「遺產」相當豐富。

民間財富。清朝近三百年的治國理念大體沒變：即對市場和貨幣實行自由放任，「藏富於民」，延續了「仁政」傳統。私有經濟和市場經濟從未受到國家的衝擊。最重要的是，即使國家財政困苦，政府也沒有改變「藏富於民」的企圖。所以，在清朝覆滅的時候，也是民眾財富存量最高的時候。中國的貴金屬包括金條、銀塊、銀元，數量龐大。正是這樣豐厚的民間財富，以及人數龐大的「有產」階級，才保證了民國更替清朝沒有大規模的動亂。也正是這樣豐厚的民間財富，使國民政府在一九三三年「廢兩改元」之時，實施白銀國有化；共產黨可以在南方透過「打土豪、分田地」等暴力手段，從民間獲得貴金屬和其他物質財富。

現代貨幣體系，包括金屬貨幣和紙幣。在清末混亂的貨幣制度中，不難發現在舊的貨幣部門衰退的同時，各種新式貨幣發展起來，新的制度也在醞釀之中。主要是龍洋。諷刺的是，清末的銀元幫助了辛亥革命和民國初期的經濟：「一九一一年六月甯、鄂兩廠根據天津造幣總廠的規模，開始鑄造新式的大清銀幣，定於十一月發行。十月十日辛亥革命爆發，所有鑄成的大清銀幣用於發放軍餉，陸續進入市場流通使用。」[315]

現代銀行體系的框架。自十九世紀中後期到一九一一年，中國已經形成了票號、錢莊、外國銀行、中國新式銀行構成的金融體系。錢莊、票號主要被「晉商」控制，是聯繫政府官員、官僚階級和地方經濟利益集團的「政治銀行家」。十九世紀末，山西票號錢莊盛極一時。清末銀兩貨幣的急速變革，通貨益形混亂，使票號取得了前所未有的高獲利。後來，幣制改革漸具成效，各埠銀元迅速替代銀兩，日益普及。因為銀元有其固定的重量成色，幣值穩定，不若銀錠可以平色上取利，票號的匯差利益，不僅逐漸流失，而且匯兌的競爭門檻迅速降低，加之票號薄弱而分散，放款品質不良，大清銀行及各省官銀錢局加入營運，原由票號所獨佔的匯兌市場和生存空間不斷萎縮。覆敗前後，呆賬浮現，在存款來源不足下，導致票號走向衰落。這是非常遺憾的，因為票號作為中國本土的金融機構，本來有可能蛻變成現代銀行。[316]

甲午戰爭之後，外資銀行在中國廣泛設立經營機構，資本雄厚，提供外國人在華直接投資，發行大量鈔票。壟斷中外貿易及匯兌。甚至參與保管關稅和鹽稅兩大稅收，給予中國巨額貸款。

中國最早的本土私人資本銀行是一九〇六年周廷弼創辦的信成銀行。光緒二十三年（一八九七），成立商辦中國通商銀行，發行鈔票。這是中國的銀行第一次發行兌換券。一九一一年，全國民間銀行三十家，其中官辦和官商合辦的有十三家，其餘為民間創建的銀行。[317]「一九一一年華商銀行的存款總共不過一百九十二萬元，而十年後的一九二一年，主要華商銀行的存款就達到近五億元。」[318]

總之，那個時期的外資銀行，與作為中國民間傳統金融機構的錢莊以及民族資本銀行構成鼎足之勢，三者在共同金融市場中形成互補關係。[319]

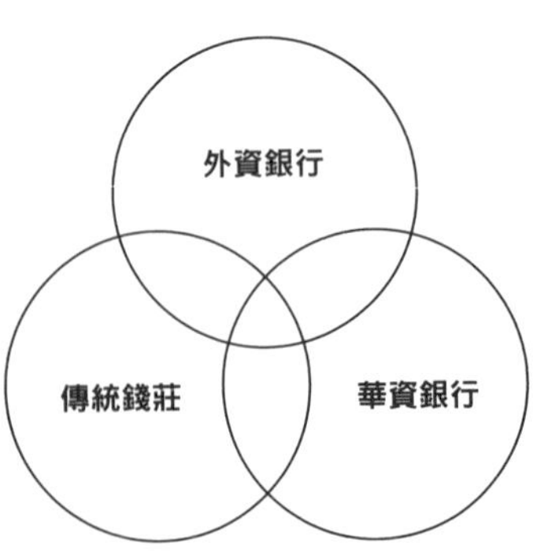

資本市場。中國的資本市場，可以追溯到十九世紀中期。華商附股的外國企業資本累計在四千萬銀兩以上。一八七二年，中國誕生了第一家採用股份制方式成立的近代企業——輪船招商局。招商局的誕生，說明這種西方式的企業組織方式已開始被中國人認識和接受。一八七〇年代以後，洋務派興辦了一些官辦、官商合辦的民用工業，都採用了募股集資的方法。隨著這些股份制企業的出現，出現了股票這種新的投資工具。不到十年，採用股份制方式組織成立的近代企業增至二十多家。這些新式工商企業，無論廠址在哪裡，無一例外均以上海為中心募集資金和買賣股票，引發和掀起了上海買賣股票的第一次高潮。上海股票買賣高潮的高點在一八八二年，隨後即出現下落，到一八八七年高潮已經結束。一八九一年，中國第一家證券交易所，即西商上海股份公所成立，雖然只進行外國股票的交易，但是這是上海金融近代化的里程碑。一九一二年末，上海共有交易所一百四十家，大多數只買賣自己的股票。[320]一九一〇年上海發生了橡膠股票的買賣高潮，整個過程顯現中國資本市場的巨大籌資能力，「橡膠股票的投資總額約為六千萬兩。其中，中國人的投資額約占七〇—八〇%。在中國人的投資額中，投入上海市場的數額約為二千六百萬至三千萬兩，投入倫敦市場的數額約為一千四百萬兩。合計約在四千至四千五百萬兩之間。綜合各方面資料看，這個數字應該是可信的」。[321]在橡膠股票投機狂潮中，東南亞橡膠企業約有三分之一在上海上市，上海成為全球橡膠股市的「發動機」之一，吸納的中國資金高達四千多萬兩白銀，幾近國家財政年收入的一半。清政府的巨額國有資產大量流入股市，對股市起了巨大的哄抬作用。[322]橡膠股票的買賣最後以大部分投資者破產收場，對已經風雨飄搖的清政府的「救市」，是雪上加霜。之後不到一年的時間，就爆發了辛亥革命。

上海成為中國金融中心。自上海開埠，就成為中國貿易和金融中心，這是從清朝到民國政府朝野的共識。

假設

清朝在最後的歲月被迫實行「新政」的效果是顯著的，有利於工業化和現代化進程，民族工商業成長，與世界經濟接軌速度加快，改善財政收入。此外，廢除了科舉制，建立現代教育制度，實施法律改革，制訂和頒佈了現代的民法、刑法、公司法、破產法，甚至《著作權章程》，中國加速成為現代國家。在貨幣經濟方面，幣制改革與咸豐的幣制改革很不同，是有論證、有實驗的，是系統而國際化的。貨幣經濟的現代化過程大約落後了日本十年左右。

辛亥革命爆發，清朝被推翻，不論「新政」或幣制改革都告中斷，但是並沒有被中華民國廢棄。民國建立之後，在貨幣經濟方面的變革繼續清末的整體思路。在這個意義上，晚清所啟動的「新政」和幣制改革不僅沒有「失敗」，而且是一次相當成功的改革。遺憾的是，中華民國的幣制改革過程緩慢，一九二〇年代後期，中國依然沒有完成光緒幣制改革的目標。「中國內部人民雖以銅為主，對外通商則用銀。但中國雖為世界第二用銀國，若為彼採用銀本位制，則實屬誤會耳。」

323 到一九三三年，中國終於實現了「廢兩改元」，建立了銀本位。

假設一九一一年沒有發生辛亥革命，留給清朝足夠的時間推進和深化幣制改革，中國傳統貨幣經濟向現代貨幣經濟轉型，「廢兩改元」，建立一個完整而統一的本位制度，至少提前十年，甚至二十年。同時，還要注意，如果清朝幣制改革成功，對中國自由經濟傳統的影響。幣制改革是建立現代國家權力的一個組成部分，走向貨幣國家化，完成從商品貨幣向信用貨幣發展。也就是說，如果清朝得以完成幣制改革，那麼中國的自由貨幣經濟也會提前完結。這對中國二十世紀上半葉經濟制度會有什麼影響，以致如何影響中國的社會結構和歷史走向，實在難以評說了。

註釋

1 中國貨幣經濟的轉型可追溯到宋代，特別是南宋，也是因為改朝換代而中斷。

2 Edited by Dennis O.Flynn, Arturo Giraldez and Richard von Glahn, *Global Conections and Monetary History*, 1470-1800 (Los Angeles:University of California,2003), pp.187-201.

3 王毓銓主編，《中國經濟通史．明代經濟卷》（下）（北京：經濟日報出版社，二〇〇〇年），頁八〇。

4 前引書，頁八六—九三。

5 《十六世紀明代中國之財政與稅收》（二〇〇一年），頁四二一。

6 《國富論》，頁三一五。

7 明朝的紙幣在事實上廢止之後，從正統元年（一四三六年）至嘉靖初年（一五二〇年代）是銀、錢、鈔三幣兼用階段，此時的紙幣只有象徵意義。

8 《晚明社會變遷問題與研究》，頁二一八。

9 《中國經濟通史：明代經濟卷》（下），頁七六一—七六二。

10 中國在十一世紀，每年銀礦產量是二二．三八萬兩，明朝之後下降到十萬兩，十五世紀時，產量只有五萬兩。

11 《中國手工業商業發展史》，頁三一一。

12 《資本論》卷一，頁七八。

13 前引書，頁七九，一九〇—一九一。

14 明英宗在一四三六年登基，在「土木之變」被俘，為景帝取代，之後景帝病重，發生「奪門之變」，得以復辟。

15 《明清經濟史研究》，頁六九。

16 李瑚，《中國經濟史叢稿》（長沙：湖南人民出版社，一九八六年），頁八四。

17 劉光臨，《傳統中國經濟的長期變動研究：物價，工資和貨幣經濟的規模 一〇〇〇—一七七〇年》（北京：長江商學院中國金融與市場史專題學術討論會，二〇〇六年）。

18 前引書。

19 黃仁宇是代表性學者。

20 劉光臨，〈宋明間國民收入長期變動之蠡測〉，《清華大學學報》（二〇〇九年第三期，北京）。

21 棉布業在明朝中後期，也有很大發展，幾乎主要依賴國內市場，沒有進入國際市場，所以沒有創造出白銀進口。相反，棉布業本身卻產生了大量的白銀貨幣需求。

22 陳炎，《略論「海上絲綢之路」》，《歷史研究》（一九八二年第三期，北京）。

23 《一六八八年的全球史》，頁五一。

24 漢密爾頓，《美洲財富與西班牙的價格革命（一五〇一—一六五〇）》巴塞隆納一九七五年版，頁五〇—五。一；轉引自張鎧，《晚明中國市場與世界市場》，《中國史研究》（一九八八年第三期，北京），頁三—一五。

25 葡萄牙學者加良斯．戈迪尼奧因此將中國形容為一個「吸泵」。

26 卜正民，黃中憲譯，《維梅爾的帽子——從一幅畫看十七世紀全球貿易》（臺北：遠流出版社，二〇〇九年），頁一八九。

27 前引書，頁一八六。

28 滕泰，《財富的覺醒》（北京：機械工業出版社，二〇〇九年），頁二三。

29 《維梅爾的帽子——從一幅畫看十七世紀全球貿易》，頁一八九—一九二。

30 Tom Barker, *Silver, Silk and Manila: Factirs leading to the Manila Galleon Trade.*

31 Flynn and Giraldez, *"Silver Spoon" and "Arbitage"*.

32 *Global Conections and Monetary History, 1470-1800*, pp.80.

33 Ibid, pp.81.

34 西班牙最初的據點，險些毀於一個中國海盜。

35 *Silver, Silk and Manila: Factirs leading to the Manila Galleon Trade.*

36 王俞現《中國商幫六百年》，（北京：中信出版社，二〇一一年）

37 李隆生，〈明末白銀存量〉，《中國錢幣》（二〇〇五年第一期，北京）。

38 〈明末白銀存量〉。

39 《中國經濟通史．明代經濟卷》（下），頁七六一。

40 〈明末白銀存量〉。

41 《中國貨幣史》，頁八五五，八五八，八八八。

42 〈明末白銀存量〉。

43 轉引自許蘇民，《顧炎武評傳》（南京：南京大學出版社，二〇〇六年），頁三。

44 何炳棣，《一三六八—一九五三年中國人口研究》（上海：上海古籍出版社，一九八九年）。

45 費正清，《中國：傳統和變遷》（北京：世界知識出版社，二〇〇二年），頁二三四。

46 Mark Elvin, *The Pattern of the Chinese Past* (California: Stanford University Press, 1973), pp. 298–315.

47 據說光是在波托西這個地區，就有八百萬印第安人死於白銀開採。

48 凱恩斯，《貨幣論》（北京：商務印書館，一九八六年），頁一二九。

49 《近代經濟史》，頁八六—八七。

50 厲以寧，《資本主義的起源——比較經濟史研究》（北京：商務印書館，二〇〇六年），頁二四〇。

51 明朝的萬曆年：大米白銀一兩＝二石，即三七七．六斤，折合人民幣一．七五元／斤。明代一石約等於現在的九四．四公斤。按二〇〇六年大米價均價一．七五元／斤計算。一兩白銀是二乘九四．四乘一．七五＝六六〇．八元。上等豬肉白銀一錢六分＝八斤，折合人民幣一三．二元／斤。上等羊肉白銀一錢二分＝八斤，折合人民幣九．五元／斤。牛肉白銀七分五厘五斤，折合人民幣九．九元／斤。五斤重大鯉魚價白銀一錢，折合人民幣一三．二元／斤。栗子五斤價白銀六分五厘，折合人民幣八．六元／斤。活肥雞一隻價白銀四分，折合人民幣元二六．四元／只。高級紅棗一百斤價白銀二兩五錢，折合人民幣一六．五元／斤。官用桂圓重二斤八兩一錢二分五厘，折合人民幣二九．五元／斤。白布四匹價白銀八錢，折合人民幣一三二．二元／匹。綿花一斤價白銀六分，折合人民幣三九．六元／斤。刑部用鐵鍬五把價二錢五分，折合人民幣三三元／把。

52 《傳統中國經濟的長期變動研究：物價，工資和貨幣經濟的規模 一〇〇〇—一七七〇年》。

53 《明史．食貨志》。

54 《中國經濟史研究》，頁一八七—一八九。

55 據《三言．趙春兒重旺曹家莊》：「在墳邊左近，有一所空房要賣，只要五十兩銀子。」低檔房產五十兩一宅，約人民幣三三，〇四〇元。

56 明朝國家規定七品正堂可以有四名柴薪皂隸，縣丞二員各二名，主簿二名，典史一名；以上官員，每人用馬夫一名，國家付工資。冬夏官服和筆墨費由國家補貼。新官上任，還可以先拿到四〇兩修理費。

57 根據明代萬曆年《宛署雜談》及《明史》：明朝的工資。以自耕農為例，如果「人給地十五畝，蔬地二畝」，「新耕地免租三年」，假設耕種水平只及現代的二分之一或三分之二，豐年加勤墾，每畝約能收入二五〇或三五〇斤大米，按三百斤算，南方一年收二季，北方一年收一季，南方農民人均毛收入為一五，七五〇斤，北方農民人均毛收入七八七五斤。除掉農具、肥料、水利開支、畝稅（明朝每畝收稅一鬥，約二十斤大米），如果一家七八口人幹起來，幾年裡蓋個優質磚瓦四合院不成問題。馬夫：給公務員趕馬，年收入四十兩，計每年二六，四三二元，月薪二，二〇〇元。柴薪皂隸：派給當官的跟班，買柴燒、幹雜活，年收入二十兩，計一三，二一六元。學生「廩膳米人日一升，魚肉鹽醯之屬官給之」。馮夢龍在萬曆年至天啟年寫有《三言》，其中《賣油郎獨占花魁》講到一個叫秦重的，只有三兩白銀的本銀，街頭賣一年油除去一年日用開支，剩餘十六兩白銀。「每日所賺的利息，又且儉吃儉用，積下東西來，置辦些日用家業，及身上衣服之類，並無妄廢。」殺猪的一天一錢，一月三兩，一年有三十六兩，約二三，七八九元。《儒林外史》中的范進的老丈人胡屠夫對窮秀才范進說，「每年尋幾兩銀子，養活你那老不死的老娘和你老婆是正經。你問我借盤纏，我一天殺一個猪，還賺不得錢把銀子，都把與你去丢在水裡，叫我一家老小嗑西北風！」

58 《明史．食貨一》初，太祖設養濟院，收無告者，月給糧。設漏澤葬貧民。天下府州縣立義冢。又行養老之政，民年八十以上賜爵。復下詔優恤遭難兵民。然懲元末豪強侮貧弱，立法多右貧抑富。明朝沒有叫化子和流浪漢，每個縣都有養濟院，免費收留。《宛署雜記》載「每名口月給太倉米三鬥，歲給甲字庫布一匹。」入養濟院的條件是：「查都城內外之老疾孤貧者，籍其年以請。」由於有待遇以至於某些人發達了也不走，間有家饒衣食、富於士民者。遇水災旱災，流亡的人，凡有力可耕者，國家給田每人十五畝耕種，給牛和農具。貧民沒錢買地葬的，國家給地。老人八十歲以上的，國家賜爵。爵是有收入的。也就是國家養老。

59 《十五至十八世紀的物質文明、經濟和資本主義》，頁五一九。

60 全漢昇，〈宋明間白銀購買力的變動及其原因〉，《中國經濟史研究》（新加坡：新亞出版社，一九九一年），頁五七一—六〇〇。

61 在春秋之前，中國的租賦是用力役；戰國時期才包括實物，即孟子所謂「有布縷之徵，粟米之徵，力役之徵。」到了漢代，改為徵錢。財政貨幣化始於漢代。漢以後，政府的財政制度雖有反覆，總的趨勢是貨幣化程度愈來愈高，愈來愈制度化。唐代比較特殊，錢幣，絹帛、金銀並行於貨幣體系之中。宋代，政府財政收入和支出貨幣化程度達到歷史上從未有的水平，同時，宋代的貨幣經濟大為發達，財政體系貨幣化，貨幣收入增長。這種以貨幣為主的稅入結構，刺激宋代的貨幣供給。由於宋代財政收入的貨幣化，導致財政支出也高度貨幣化。明中葉的賦役改革是與白銀貨幣化的歷史背景相聯繫的。

62 《中國金融通史》，頁四二七。

63 樊樹志，《萬曆傳》（北京：人民出版社，一九九三年），頁一二九。

64 前引書，頁一二八。

65 《五千年來誰著史》，頁一四九。

66 《十六世紀明代中國之財政與稅收》，頁八六—九三。

67 〈一六〇〇—一八四〇年中國國內生產總值的估算〉。

68 《國富論》，頁一四六。

69 利瑪竇，何高濟等譯，《利瑪竇中國劄記》（北京：中華書局，一九八三年）。

70 《中國的現代化：市場與社會》，頁二二三。

71 《神宗實錄》卷一四四和卷一九六。

72 明神宗萬曆二十四年（一五九六），官府加大開發金銀礦力度，派宦官擔任「礦監」，主持開發工作。但由於選址不當，經營不善，虐待礦工，課金過重，不僅沒有緩和貴金屬供給，反而激化了社會和階級矛盾。

73 《國富論》，頁一四九。

74 《白銀資本》，頁三三一。

75 前引書，頁一九二。

76 Geoffrey Parker, "Crisis and Catastrophe: the Global Crisis of the Seventeen Century Reconsiderd", *American Historical Review* (Published for the American Historical Association,The University of Chicago Press,2008.10).

77 英國天文學家蒙德在一八九〇年發現，一六四五—一七一五年，太陽活動非常衰微，持續時間長達七十年之久。這段時期稱為太陽黑子「延長極小期」(The prolonged minimum period)。後人對蒙德極小期究竟是否存在，爭論頗大。但是一九七〇年代對歷史資料的新研究和樹木年輪中碳十四的分析，則完全消除了這些懷疑。該研究表明，十七世紀後半葉，太陽確實是平靜的。

78 "Crisis and Catastrophe: the Global Crisis of the Seventeen Century Reconsiderd".

79 《白銀資本》，頁三二九。

80 《一六八八年的全球史》，頁五三。

81 一六〇三年，在菲律賓發生對兩萬三千華人的大屠殺。一六三九年，再次發生華人遭到屠殺。

82 博萊爾和羅伯特森 一九〇三—一九〇九，二九：二〇八—二五八。

83 郭弘斌，《鄭氏王朝》（臺北：臺灣歷史真相還原協會，二〇〇四年），頁八九。

84 《五千年來誰著史》。

85 《白銀資本》，頁一九二。

86 果阿（Goa）位於印度西岸，是印度最小的一個邦之一，卻是印度最富裕的一個邦。果阿作為葡萄牙殖民地長達四百五十年。一九六一年，印度實現對果阿的主權。

87 《白銀資本》，頁三二二—三二八。

88 《五千年來誰著史》，頁一三六，二〇六，二〇七。

89 樊樹志，《崇禎傳》（北京：人民出版社，一九九七年），頁五五五。

90 這種說法主要依據的是清朝初年計六奇（一六二二—？）寫的《明季北略》。郭沫若在《甲申三百年祭》中認可了《明季北略》的說法。

91 關於劉瑾的財富，有兩種說法：〔清〕趙翼《廿二史札記》卷三五，劉瑾有黃金兩百五十萬兩，銀五千餘萬兩，珍寶無算；《明通鑒》對比了漢朝董賢的四十二億錢家產，梁冀的三十億錢家產，都無法望其項背，作者夏燮認為高估劉瑾的家產。於是採用「金銀累數百萬」的說法。「累數百萬」。就算是兩百萬，也高於正德元年（一五〇六年）中央財政收入，該年的中央財政收入不足白銀二百萬兩。二〇〇一年《亞洲華爾街日報》稱：劉瑾的財富包括：金一二，五〇七，八〇〇兩，銀共二五九，五八三，六〇〇兩。據此將劉瑾列入過去一千年來，全球最富有的五十人名單。

92 《明史》。

93 如果以二〇一一年三月十五日價格，每克七．七人民幣來進行推算，推算出明末一兩白銀折合現在的人民幣是三八五元。如果以黃金的價格作為基準和使用米價作為基準推算，得出明末一兩白銀折合現在的人民幣是五百元。七千萬兩白銀相當於三百億至三百五十億人民幣。

94 Richard Von Glahn, *Fountain of Fortune, Money and Monetary Policy in China 1000-1700* (California: University of California Press, 1996), pp.251.

95 《中國經濟通史．明代經濟卷》（下），頁七九八—八〇四。

96 李飛等主編，《中國金融歷史》（北京：中國金融出版社，二〇〇二年），頁二〇六—二〇七。

97《貨幣論》，頁一二七。

98《美洲金銀和西方世界的興起》。

99 道格拉斯．諾斯，《制度、制度變遷與經濟績效》（上海：三聯出版社，一九九四年），頁一八六。

100 前引書，頁一五三。

101 前引書，頁一八七。

102《十六世紀明代中國之財政與稅收》，頁四二一。

103 保羅．肯尼迪，《霸權興衰史》（臺北：五洲圖書出版公司，二〇〇八年），頁一一〇—一一六。

104〈宋明間國民收入長期變動之蠡測〉。

105 憲宗成化年間（一四六四—一四八七年），停止各邊「開中法」，令鹽商於戶部、運司納糧換取鹽引。至孝宗弘（一四八七—一五〇五年），改商人以銀代米，交納於運司，解至太倉，再分給各邊，每引鹽輸銀三四錢不等，致太倉銀多至百餘萬。結果財政收入驟增，而邊地鹽商大都舉家內遷，商屯迅速破壞，邊軍糧食儲備因此大減。

106《美洲金銀和西方世界的興起》。

107 艾維泗，袁飛譯，《一六三五—一六四四年間白銀輸入中國的另一種考察》。支持第一種意見的主要學者是艾維泗、魏斐德（Frederic Wakeman）；阿謝德（S. A. M Adshead）、易勞逸（Lloyd Eastman）；支持第二種意見的主要學者是戈德斯通（Jack Goldstone），倪來恩和夏維中（Brian Moloughney & Wenzhong Xia）。

108 劉昭民，《中國歷史上氣候之變遷》（臺北：商務印書館，一九九二年），頁一三五—一三七。

109 "Crisis and Catastrophe: the Global Crisis of the Seventeen Century Reconsiderd".

110 韋慶遠，《明清史辨析》（北京：中國社會科學出版社，一九八九年），頁三九。

111 黃仁宇，《中國大歷史》（北京：三聯書店，二〇〇五年），頁二一八—二一九。

112 張軒，《大明帝國的GDP及其崩潰》，張軒博客。基尼係數低於〇．二表示收入絕對平均；〇．二—〇．三表示比較平均；〇．三—〇．四表示相對合理；〇．四—〇．五表示收入差距較大；〇．六以上表示收入差距懸殊。

113 何炳棣，葛劍雄譯，《明初以降人口及其相關問題：一三六八—一九五三》（北京：三聯書店，二〇〇〇年），頁三一一。

114 曹樹基，《鼠疫流行與華北社會的變遷（一五八〇—一六四四年）》，《歷史研究》（一九九七年第一期，北京）。

115 自萬曆年間發生於山西省的鼠疫產生了兩個後果，後果一造成人口的銳減。相關文獻表明，人口下降五〇%左右，完全符合鼠疫大流行的特徵。因為亂世，天災人禍並行，後果更為慘烈。關於鼠疫來源有兩種看法：一種看法是明朝中後期海上交流頻繁，鼠疫自海外傳入中國。還有一種看法，是因為嚴重的土地兼併的情況下，失去土地的農民，不得不去開荒，而山西農民墾荒的地區主要是草原地帶。而草原的野鼠成為鼠疫的來源。後果二鼠疫經跳蚤傳播，跳蚤討厭馬味，入侵明朝的滿族軍隊以騎兵為主，故不易為鼠疫傳染；明朝和李自成軍隊以步兵為主，故容易被鼠疫傳染。

116 魏斐德，〈明清更替：十七世紀的危機抑或軸心突破〉，中國經濟網，二〇〇八年七月二十九日。

117 「康熙蕭條」一語，原出日本學者岸本美緒。吳承明在〈十八與十九世紀上葉的中國市場〉一文中力贊此說

118 吳承明，〈十八與十九世紀上葉的中國市場〉，《中國經濟史論壇》，二〇〇三年五月二十三日。

119 一六四四年後，中國遠離科學，科學家絕迹，知識分子不再創新，只會從事考據。與此形成鮮明對比的是，徐光啟翻譯的《幾何原本》卻傳到日本，對日本近代科技發展影響很大。猶如十九世紀魏源的《海國圖志》在中國被束之高閣，而在日本卻催生了明治維新。

120 一六五八——一六六二年期間，中國白銀主要依靠從長崎輸入的增大，由以前的每年幾十萬兩增至一二百萬兩。

121 〈清代前期的貨幣政策和物價波動〉。

122 根據《滿清文獻通考》田賦所載，明末崇禎時就有田，七八三萬頃，而順治十六年（一六五九）中國耕地總數是五四九萬頃，直到乾隆三十一年（一七六六）到七四一萬，數字剛接近明末土地數字。

123 如果以現在的米價每公斤四元人民幣計，康乾時期人均承擔賦稅每年不到一百二十元人民幣。乾隆十三年，北京內城新簾子胡同（長安街南，新華門與和平門之間），四間瓦房的價格是七十兩銀。而當時一個僕人的月工資是六兩白銀，年工資即七十二兩，等於現在的一〇，八〇〇元，僕人一年的工資足可將其買下。

124 《中國古代貨幣歷史》，頁二六。

125 Debin Ma, Christine Moll-Murata, Jan Luiten van Zanden, "Wages, Prices, and Living Standard in China, Japan and Europe, 1738-1925", Robert C. Allen, Jean-Pascal Bassino. This paper is part of *Global Prices and Income 1350-1950*, headed by Peter Lindert (June 2005).

126 Fischer（1996, pp.121）

127 Hosea Ballou Morse（1926, Vol.4, Ch.45-63）

128 沒有白蓮教起義和後來的太平天國，清朝的衰敗過程會大不一樣。

129 中國人民銀行山西省分行、山西省財經學院《山西票號史料》編寫組，《山西票號史料》（太原：山西人民出版社，二〇〇二年），頁七。

130 〈嘉道年間的中國〉。

131 嚴中平等編，《中國近代經濟史統計資料選輯》（北京：科學出版社，一九五五年），頁三八，表三一改制。

132 《清代經濟史論文集》，頁二八七。

133 一八七二年冬天，國際銀行家派出歐內斯特·塞（Ernest Seyd）帶著大筆金錢從英國來到美國，透過賄賂促成了一八七三年《硬幣法案》，史稱「一八七三年惡法」（Crime of 1873），歐內斯特本人起草了法案全文，這一法案獲得通過，歐內斯

特本人很自豪：「我在一八七二年冬天去了一趟美國，確保了廢除銀幣的硬幣法案的通過。我所代表的是英格蘭銀行董事的利益。到一八七三年，金幣成為了唯一的金屬貨幣。」

134 濱下武志，《近代中國的國際契機：朝貢貿易體系與近代亞洲經濟圈》（北京：中國社會科學出版社，一九九九年），頁九六。

135 《中國現代化：市場和社會》，頁二七五—二七七。

136 〈清代以來歷史糧價的解釋和再解釋〉。

137 *Fountain of Forture, Money and monetary policy in China, 1000-1770*, pp.227.

138 《中國土地制度史》，頁一三五—一三六。

139 《大分流》，頁二五五。

140 韋慶遠，《檔房論史文編》（福州：福建人民出版社，一九八四年）。

141 《中國金融通史》，頁五一八—五三八。

142 西元七〇八年，日本在武藏地區發現銅礦，於是仿效唐朝鑄造銅錢，這就是日本歷史上的第一批銅錢「和銅開寶」。這在日本是件大事，還為此改元為「和銅元年」。

143 《中國古代對外貿易史》，頁二三五。

144 王宏斌，《晚清貨幣比價研究》（開封：河南大學出版社，一九九〇年），頁一四。

145 前引書，頁六三。

146 楊端六編著，《清代貨幣金融史稿》（武漢：武漢大學出版社，二〇〇七年），頁一八二。

147 邱澎生，〈十八世紀滇銅市場中的官商關係與利益觀念〉，中央研究院歷史研究所輯刊第七十二本（二〇〇一年三月，臺北）。

148 乾隆五年（一七四〇）至嘉慶十五年（一八一〇）間，滇銅每年出產量皆在一千萬斤以上，多時達一千四百萬斤（乾隆三十四年，一七六九）。同時開採的礦場常在三十個以上，最盛時達四十六個，十八世紀，特別是從乾隆五年到嘉慶十五年（一七四〇—一八一〇）的七十年間，滇銅維持一千萬斤以上的年產量。

149 李強，〈清朝製錢管制政策透視〉，《社會科學輯刊》（二〇〇七年第七期，瀋陽）。

150 〈清朝初期的貨幣政策和物價波動〉。

151 甚至「本洋」和後期的「鷹洋」都一度做過上海的本位幣。

152 銀元的「元」（dollar），是中國人按輸入的銀幣的圓形而稱。

153 所謂「本洋」，是西班牙在墨西哥鑄造的銀圓，又稱佛頭銀圓，於十八世紀末進入中國，是在中國大範圍流通的第一批外國銀圓。由於它具有統一形狀、重量和含銀量，受到中國商人喜愛。所謂「鷹洋」原名墨西哥銀圓（Mexican dollars），一八二三年開始鑄造，因幣面印有鷹的圖案而得名。鷹洋在鴉片戰爭前流入中國，直到民國初年，基本上成為中國主幣，與銀兩並行。一九一〇年清政府調查，當年中國流通的外國洋元有十一億，其中鷹洋占三分之一強，約四億元。

154 中國到一九三三年都還是「銀兩」標度和「銀元」標度兩者並用。一九三三年四月廢兩改元，才一律以新銀元（帆船銀元，每元法定含純銀二三・四九三四四八克）為貨幣標度。

155 鷹洋要打二〇%到三〇%的折扣，一八五四年由於其他銀元和本洋匯率差異而導致成本增加一〇%到一七%。由於外國商人必須用更多的資金來換取本洋從而與中國人進行貿易。到一八五五年，一百塊鷹洋在上海甚至只能換取七十七塊本洋。這種局面一直持續到一八五七年。西方國家商人對這種中國政府頒布強制性文件取消這種貨幣交換中背離價值的不平等現象。中國政府在確定鷹洋和本洋的含銀量確實相同之後，在一八五五年頒布措施。從一八五六年正月初一開始，所有銀元根據含銀量和重量制定與本洋的匯率。

156 公一兵，《一七八〇—一八八〇年間中國白銀出入的變化及外國銀元之地位》（北京：北京大學）。

157 《秘密結社與社會經濟》，頁四二七。

158 小區域流通的錢票名稱，除了人們熟悉的錢票、銀票、私票之外，還有諸如花票、流通券、私帖、街帖、商帖、銀帖、屯帖、代價券、土票、土鈔、憑票、抵借券、工資條等等。

159 〈近代北京貨幣行用與價格變化管窺〉。

160 《清代經濟史論文集》，頁一八一。

161 前引書，頁一八四—一八五。

162 《中國貨幣史》，頁八八八—八九〇。

163 《中國古近代金融史》，頁一八二。

164 段洪剛編著，《銅元收藏與投資》（北京：華齡出版社，二〇〇九年），頁二—一一。

165 《中國貨幣史》。

166 《金錢的歷史》，頁一八四。

167 資料來源：Chaudhuri,pp.538；Pritchard pp.395-396；Morse, Vol.2-Vol.4. 一英鎊＝三兩，一兩＝一・三銀元（西班牙銀元）。

168 公一兵，《一七八〇—一八八〇年間中國白銀出入的變化及外國銀元之地位》，http://www.doc-cafes.com/ebook/。

169 《圖解東亞史》，頁二一九。

170 莊國土，〈茶葉、白銀和鴉片：一七五〇—一八四〇年中西貿易結構〉，《中國經濟史研究》（一九九五年第五三期，北京）。

171 Robert Hart "The sefrom the Land of Sinim".

172 〈茶葉、白銀和鴉片：一七五〇—一八四〇年中西貿易結構〉。

173 一位道光年間的文官在家書中寫道：「近來生意淡薄，日難一日，勸人出資真萬難事也……。洋米之多，從來未有，民食以足，而民用亦因以大困，奈何？」尤其「茶葉湖絲賤之又賤。生計之難，未曉伊於（胡）底。」這段話勾勒出國內外的經濟景氣，似乎預示了一個時代的不期而至。

174 "The End of a Silver Era: the global consequences of the breakdown of the Spanish Silver Peso Standard".

175 Alejandra Irigoin, "The end of a silver era: the global consequences of the breakdown of the Spanish Silver Peso Standard", *University Seminar in Economic History* (Columbia University, March 2008).

176 Alejandra Irigoin, "The End of a Silver Era: The Consequences of the Breakdown of the Spanish Peso Standard in China and the United States, 1780s–1850s", *Journal of World History* (Honolulu, HI : University of Hawaii Press, 2009.06).

177 第一條飛剪船於一八四五年在紐約建成。飛剪船將橫渡太平洋的時間從一七五天縮短到八十天。

178 「本洋」有兩種：國王披索（head peso）和雙柱披索（two columns peso）。

179 十八世紀初，墨西哥成為世界最大的白銀產地。一八〇三年，墨西哥所產白銀占全美洲的六七%。從十八世紀以後，八〇—九〇%的美洲白銀都由西班牙的「銀船」運往歐洲。由於歐亞貿易迅速擴大，從美洲輸往歐洲的白銀大部分又轉輸到東方。十八世紀中葉起，西屬美洲殖民地的國際貿易、工農業生產有明顯發展。自一七六五年西班牙國王查理三世（一七五九—一七八八年在位）採取在帝國範圍內放寬貿易壟斷政策之後，哈瓦那與西班牙之間貿易的船隻從一七六〇年的六艘增至一七七八年的兩百艘。到了一八〇一年，進入哈瓦那的西班牙和外國船隻達千艘以上。新西班牙（墨西哥地區）的公共收入在一個世紀中增長六倍多。一七九〇—一八〇〇年間，利馬（秘魯）的商業資本估計超過一千五百萬美元。

180 William Schell, "Silver Symbiosis: Reorienting Mexican Economic History" (2001).

181 威廉．謝爾研究十六世紀到二十世紀中期的墨西哥經濟史，指出一九〇五年墨西哥轉向貨幣的金本位制，使白銀生產失去了其在國內和中國市場，惡化了民眾生活水平，為一九一〇年墨西哥革命鋪平了道路。

182 〈傳統中國經濟的長期變動研究：物價，工資和貨幣經濟的規模一〇〇〇—一七〇〇年〉。

183 根據《清代以來的糧價》，價格上升在光緒年間還比較緩和，到宣統後變得迅速。米穀價格上升超過其他商品，可是麥粟等品種的價格上升程度卻不及米價，尤其是直隸的相對糧價竟是下降的；由於南方主食為稻米，北方主食為麥粟雜糧，而只有稻米的相對價格上升是較為確定的，所以，全國範圍內相對糧價變化的總趨勢即使有上升。「晚清民國的通貨膨脹是確定無疑的。」

184 《中國貨幣史》，頁八五三。

185 前引書，頁八五六。
186 一八七〇年，白銀兑美元的比價還保持在十六比一以下，到一九〇〇年，這個比價是四十比一。
187《中國貨幣史》，頁八五六。
188 在金屬貨幣制度下，流通中的貨幣往往具有內生性。不論是白銀流入、鑄錢增加還是戶部白銀流出，都是一種金屬流通現象，未必能直接用來說明貨幣流通量的放大。
189 張東剛等主編，《民國時期經濟》(北京：中國財政經濟出版社，二〇〇五年)，頁二二三。
190 外國紙幣，包括外國銀行在清朝境內發行的和外國銀行或外國政府在境外發行而流入的。有的用中國貨幣單位，有的用外國貨幣單位。英鈔行用地域最廣，數量最大。日鈔主要是橫濱正金銀行的日本銀元票、金元票，以在東北南部為主要流通區域，並在吉林與盧布爭奪。俄鈔流通範圍在東北和新疆。法鈔主要行使在雲南和廣西。德華銀行銀兩，銀元票，主要用在山東。美國花旗銀行銀元票限於上海、天津一帶。比利時銀行銀元票只在上海流通。
191《中國貨幣演變史》。
192《中國貨幣史》，頁八八九。
193 前引書，頁八八八。
194 張公權，〈論英洋龍洋之消長及英洋之自然消滅〉，《銀行周報》卷一第三期(上海)。
195 張寧，〈清代後期的外幣流通〉，《武漢大學學報·人文科學版》(二〇〇二年第三期，湖北)。
196 直隸、山東、奉天、吉林、黑龍江、河南、山西、江蘇、安徽、江西、浙江、湖北、湖南、陝西、甘肅四川、廣東、廣西、貴州、熱河等。
197《秘密結社與社會經濟》，頁四八二。
198《中國貨幣史》，頁八六一。
199 *Global Connections and Monetary History, 1470-1800.*
200《白銀資本》，頁二一六，二二〇。
201《貨幣論》，頁二四七。
202 李憲堂，〈白銀在明清社會經濟中生髮的雙重效應〉，《河北學刊》(二〇〇五年第二期，河北)。
203 趙文林、謝淑君，《中國人口史》(北京：人民出版社，一九八八年)，頁三九五。
204 見本章「中國貨幣經濟的起伏」一節。
205 見本章「貨幣經濟的區域差異」一節。
206《清代以來的糧價》一書，對貨幣(包括白銀和銅錢)人口中與糧價的相關性，進行了相當深入的分析，並提供了少有的統計資料。作者的結論是，「貨幣增長與糧價上漲的步調並不一致——糧價上漲幅度在十八世紀中期以後下降，而貨幣增長規模此時卻明顯放大。人口與糧價的增長率卻比較一致，同時米價增長率的變化要滯後人口增長率十年左右，這也很好解釋。」

207 〈一六〇〇—一八四〇年中國國內生產總值的估算〉。

208 *Global Connections and Monetary History, 1470-1800.*

209 濱下武志，王玉茹，趙勁松，張瑋譯，《中國、東亞與全球經濟》（北京：社會科學文獻出版社，二〇〇九年），頁五五。

210 在漫長的金銀比價歷史中，其波動幅度從十四世紀的一比五左右演變為十八世紀的一比十五左右。近年來，有些中國學者完全無視歷史事實，妄說一比十六是金銀比價的「超穩定結構」，且這個比價與地殼裡的黃金與白銀儲量的一比十七的比例基本一致〔見宋鴻兵，《貨幣戰爭——金融高邊疆》（北京：中華工商聯合出版社，二〇一一年），頁二六八〕。

211 里奇、威爾遜主編，《劍橋歐洲經濟史》（北京：經濟科學出版社，二〇〇三年），頁三四五。

212 弗林（Dennis O. Flymn）和吉拉爾德斯（Arturo O. Raldez）提出，對東西方貨幣關係傳統的貿易赤字解釋與歷史事實不符。因為只有白銀（而不是抽象的貨幣）不斷透過歐洲流向東方，而黃金（一種重要的貨幣實體）卻不斷從中國流向歐洲（以及日本和美洲），還有，大量的銅（另一種貨幣實體）在十七世紀也從日本運往歐洲。印度洋的子安貝殼運送到亞洲大陸，以及經過歐洲運到非洲市場。世界上出產貝殼貨幣的馬爾代夫群島卻進口白銀作為本位貨幣。

213 《中國貨幣史》，頁八七〇—八七一。

214 《清代貨幣金融史稿》，頁二七八。

215 《中國貨幣史》，頁八七三—八七四。

216 《清代貨幣金融史稿》，頁二七八—二八一。

217 《五百年來誰著史》。

218 中國廣東的金價受制於廣東的金銀比價，印度與英國的金銀比價，中國和印度間的匯兌市場，中國和倫敦間以及同時印度和倫敦間的匯兌市場等因素。

219 "The End of a silver era: the global consequences of the breakdown of the Spanish Silver Peso Standard".

220 《大分流》，頁一五〇，二三四。

221 《清代貨幣金融史稿》，頁二七八。

222 《大分流》，頁一五〇。

223 同前引。

224 在一八七〇代之前，世界上的主要國家大多數都實行金銀複本位制度，一八七一年，在普法戰爭中獲勝的普魯士，獲得法國相當於五千萬盎司黃金的戰爭賠款後，決定採用金本位制度，同時向國外拋售白銀，其他複本位國家白銀供給的壓力持續增大，金銀的市場比價開始突破複本位體系規定的一比一五．五的水平，在持續的白銀貶值壓力下，金銀複本位制度已難以維繫。

225 明治政府在一八七一年公佈《新幣條例》，確定採用金本位，日本貨幣單位為「元」，一元等於一．五克黃金。一八九七年制定的《貨幣法》，規定一元等於〇．七五克黃金，與《新幣條例》的規定比較，日元貶值五〇%。

226 《近代經濟史》，頁四二九。

227 米爾頓．弗里德曼，安佳譯，《貨幣的禍害》（北京：商務印書館，二〇〇六年）。

228 前引書，頁二〇，二二。

229 前引書，頁九。

230 二十世紀初，銀價跌落對中國和墨西哥影響至深。當時墨西哥與中國是世界上最大的銀貨幣使用國家，兩國政府都擔心銀價會持續下跌。

231 管漢暉〈浮動本位兌換雙重匯率與中國經濟：一八七〇—一九〇〇〉，《經濟研究》（二〇〇八年第八期，北京）。

232 《貨幣的禍害》，頁八。

233 《清代經濟史論文集》，頁一六七。

234 前引書，頁一六六。

235 包世臣，《安吳四種》卷二七，庚辰雜著二，同治壬申注經堂重刻本。

236 《中國貨幣史》。

237 相當的學者認為銀錢比價波動始於道光朝開始。也有的學者認為從一七七六年開始（《晚清貨幣比價研究》）。本書贊成這種看法。

238 根據前引書，頁九—一〇、三七、六〇、九二、一一三歸納而成。

239 《中國貨幣史》，頁八三一。

240 王德泰，〈關於鴉片戰爭前銀貴錢賤變化的探索〉，《西北師大學報（社科版）》（一九九五年第四期，蘭州）。

241 蕭清編著，《中國近代貨幣金融史簡編》（太原：山西人民出版社，一九八七年），頁四。

242 鄭友揆，《中國近代對外經濟關係研究》（上海：上海社會科學院出版社，一九九一年），頁一四七—一四九。

243 《清代貨幣金融史稿》，頁二一一。

244 一八七〇年代之前，鑄造銅幣所需要的銅主要來自雲南，由於太平天國運動和雲南境內回民起義，一八七〇年後雲南銅產量大幅減少，從一八五〇年左右的每年一千萬斤下降到一八九〇年平均不超過五十萬斤，一八九〇年後增加到每年一百餘萬斤（嚴中平，一九五七）。銅供給的減少使銅錢供給減少，不能滿足經濟增長的需要，促使清政府向日本、菲律賓進口銅錢，一八六六年後改為以進口銅鑄錢。一八七五年銅的進口量每年約一萬餘擔（一擔等於一百斤）。以後逐年增多，一八八七年達到六萬多擔，九〇年代為三萬五千擔以上。鑄造銅錢的另外一種主要原料是鋅，鋅的進口量自一八八〇年代後半起也迅速增加，增加的趨勢與銅基本一致。因為鑄造銅錢的原料主要來自進口，因此，中國國內銀錢比價在很大程度上受國外銅鋅價格的影響。也就是說，由國外以金價的銅鋅價格轉換而來的中國以銀計的銅鋅進口價格是影響國內銀錢比價的重要因素，因而一八七〇年以後銀相對金的貶值使以銀計的銅鋅進口價格上升，造成了國內銀相對於銅錢的升值。

245 《兩宋貨幣史》，頁二四二，二五一。

246 晚明對鑄幣銅材的需求巨額增長。十八世紀，滇銅成為鑄幣的銅材來源。從乾隆五十年到嘉慶十五年（一七四〇—一八一〇）的七十年間，滇銅每年至少維持一千萬斤的產量。

247 梁啟超，〈各省濫鑄銅元小史〉，《飲冰室合集》卷二一（北京：中華書局，一九三六年）。

248 《清代前期的貨幣政策和物價波動》。

249 《清代貨幣金融史稿》，《中國近代對外經濟關係研究》。

250 《秘密結社與社會經濟》，頁三八五。

251 一九〇三—一九一一年數字，見楊端六，《清代貨幣金融史稿》（北京：三聯書店，一九六四年），頁三五七。一九一二—一九二五年數字，見《中華年鑒》（英文）（一九三六年），頁一八八。

252 紋銀的銀品位到達九九%。

253 公行是清朝中期在廣州成立的行商組織，在約百年期間，壟斷了中國與西方主要商業往來。公行最早成立於一七二〇年，許多行商為了加強自身地位，並與皇商競爭，成立組織，最初的成員包括十六名行商，他們訂了一套含十三條的條款來規範價格和交易方式，並規定後來成員必須交一千兩銀的會資才能加入，此外，所有公行成員交易中的三%要充作「公所費」。公行雖為民間組織，但得到官方支持，官府樂於有這樣的組織作為其與洋商之間的中間機構，並可代官府為徵收關稅，官府的支持使得公行得以壟斷貿易，因此多次引起其他商人和洋商的反對，第一次的公行很快於一七七二年解散，但一七六〇年時公行恢復，一七七一年解散，一七八二年再次恢復，並維持到鴉片戰爭結束的《南京條約》（一八四二年）才最終廢除。

254 上海規元又叫「九八規元」或「九八豆規元」。在上海開埠前的道光年間，一切交易均在南市，據說當時在上海經營豆類的東北商人，年終急於收現銀回家，對凡付現銀者不惜以九八折算，謂之「九八規元」或「九八豆規元」。計算方法是先換算成紋銀，再除以〇．九八比（九八．六〇除以九三．五三七四除以二乘以一〇〇）除以〇．九八等於五三．七八兩，五十兩二七寶銀記帳時就計作五三．七八兩。實銀變為規元，不僅重量（平砝標準）發生變化，成色也有所改變，每百兩的成色降為九一．六六兩，規元的重量和成色都不是二七寶固有的，所謂虛銀兩，就虛在這裡。但是，歸元的九八折扣之類的計算方法，純屬權宜之計而為習慣，並無確切道理可言，事實上又增加了計算的複雜和兌換的困難。

255 《中國近代對外經濟關係研究》。

256 管漢暉，〈浮動本位兌換，雙重匯率與中國經濟：一九七〇—一九〇〇〉，《經濟研究》（二〇〇八年第八期，北京）。

257 在進口商品中，只有少數奢侈品，例如毛織品、上等烟酒、鐘錶等是供大城市中的外國居民和少數中國富裕階層消費的，大多數進口商品是日常生活必需品，例如棉布、煤油、火柴等都是供給廣大中下層居民的。在總的進口商品中，以製錢銷售的比例占八〇%左右。

258 《近代中國的國際契機：朝貢貿易體系與近代亞洲經濟圈》，頁六五，六六。

259 《民國時期經濟》，頁一一二。

260 前引書，頁一一二。

261 《晚清貨幣比價研究》，頁八二。

262 太平天國幣制基本仿效清朝，雖然有金、銀、銅、鐵、鉛五品，其中以銅錢為主體貨幣。

263 將「寶鈔」與「官票」的後兩個字合併成「鈔票」，這就是「鈔票」一詞的由來。池振南，《鈔票上的中國近代史》（香港：太平書局，二〇一〇年），頁三。

264 同治七年（一八六八），官府宣布廢棄廢鈔票，銀票停止結清，原造九二二．一二萬兩，收回三二八萬餘兩，未收回有六五〇萬餘兩。官府藉口「業已愈限」，宣布「一概作為廢紙」，成了清朝製造惡性通貨膨脹紅利。

265 《晚清貨幣比價研究》，頁六五。

266 張成權，《王茂蔭與咸豐幣制改革》（合肥：黃山書社，二〇〇五年），頁四，六。

267 王茂蔭和包世臣都是安徽人。王茂蔭是安徽歙縣人；包世臣是安徽涇縣人。

268 在當時，反對王鎏者大有人在。包世臣之外，最有系統的是許楣、許槤的《鈔幣論》：以金屬主義貨幣觀點，批判王鎏「鈔以代錢」、紙「可代銀」的不兌現紙幣。鈔法根本行不通。

269 足立啟二，〈歷史發展的諸種類型與中國專制國家〉，《中國前近代史理論國際學術研討會論文集》（武漢：湖北人民出版社，一九九七年），頁一九七。

270 轉引自：張寧，〈中國近代「貨幣競爭」現象論析〉，《光明日報》。

271 《中國貨幣史》，序言頁八。

272 日本從甲午戰爭獲得的戰爭賠款高達白銀兩億三千萬兩，折合美元十億。日本歷史學教授加騰佑三認為：「頭過甲午戰爭，日本獲得了數額龐大的賠款，如按明治二十八年即一八九六年的財政收入計算，這一筆賠款相當於四年零兩個月的財政收入。」日本政府將賠款的一部分存到倫敦銀行，作為日本保有的外幣，在實行著金本位的列國之間通行，成功導入新的金融制度，迅速建立金本位制度，健全國內信用制度。日本政府將賠款的另一部分還用於軍備擴張和振興工業，為日本在一九〇五年戰勝沙俄奠定了物質基礎。

273 例如，一八八五—一八九四年間，外債支出在總的財政支出中所占的比例是四．三%，到一九〇一年，總財政收入是八，八二〇萬兩，總支出是一〇，一一二萬兩，赤字是一，三〇〇萬兩，其中很大一部分是由於匯率貶值導致的「鎊虧」（徐義生，一九六二）。一九〇〇年後，庚子賠款也是以黃金償付，由於匯率貶值，每年「鎊虧」達二，六六六，六六七海關兩（張寧，二〇〇七）。匯率貶值引起的財政危機震動了當時一些有見識的官員和知識分子，幣制改革成為當時的輿論焦點。

274 沒有全國國債托管、清算系統、銀行組成的統一而開放的市場框架；法律與監管體制不完備、仲介機構不成熟、市場發展空間比較狹窄，滯後的金融市場嚴重妨礙了國債的發行、流通。清末公債具有完全的行政攤派、不流動特點。清末的公債發行引起銀號錢鋪倒閉，籍端勒索、商民賄囑求免，官紳吏役視為利藪，從中漁利，公債變成了官紳的變相捐輸和對人民的變相勒索。第三次公債的實際發行額一，一六〇萬元，絕大部分是由清皇室以內帑現金購買，未及發行完畢，清朝就被推翻了，後來由北洋政府繼續承擔。

275 《中國的現代化：市場與社會》，頁一七八。

276 張寧，〈清代後期的外幣流通〉，《武漢大學學報：人文科學版》（二〇〇二年三期）。

277 《中國貨幣論》，頁三六一。

278 赫德（Robert Hart,1835-1911）。

279 《中國貨幣論》，頁三六八。

280 凱恩斯〈Proposals for Monetary Reform in China〉Lai Cheng-Chung; Gau, Joshua Jr-shiang, *Professor Jeremiah Jenks of Cornell University and the 1903 Chinese Monetary Reform*, Hitotsubashi Journal of Economics 50 (2009), pp.35-46. 2009-06

281 費正清，《劍橋中國晚清史一八〇〇—一九一一年》（北京：中國社會科學出版社，一九八五年），頁四五〇—四五一。

282 精琪（一八五六—一九二九）、衛斯林（一八六五—一九三七）、甘默爾（一八七五—一九四五）

283 《中國新圜法覺書》（*Memoranda on A New Monetary System for China*，以下簡稱《覺書》），由一九〇三年一月的備忘錄、《中國新圜法條議》，以及《中國新圜法案詮解》等構成。內容大致為：（一）立即導入金匯兌本位制；（二）聘用外國人擔任司泉官（controller of the currency），並由列強「監督」幣制運營；（三）為維持新幣金平價（gold parity）所需的金儲備（gold reserve）的籌備辦法和運行方式等。《覺書》公布後，精琪在從北京到漢口、上海、廣州、天津、廈門、芝罘等地的訪查過程中，曾與十位總督、巡撫及十二個省的地方官交換過意見，並在上海與商約大臣呂海寰、盛宣懷進行了會談。在此過程中，精琪非常重視對於《覺書》的反對意見。當時中國相關人士也認為中國應該迅速導入金（匯兌）本位制，但更為重要的是實現在銀本位制下的幣制統一。精琪修改了《覺書》，重新提出《中國新圜法說帖》（*Considerations on A New Monetary System for China*），在北京與由戶部和財政處的高級官員所組成的中國委員會，從六月二十日到八月二十四日進行了二十多次會談。

284 張之洞對精琪方案的反駁集中在兩點：第一是聘用外國人為司泉官的問題，第二是金匯兌本位制的核心理論，即銀貨的金平價固定在三十二比一是否可行。關於聘用外國人為司泉官的問題，張之洞強調這是外國人欲掌握中國全部財權的陰謀。同時，他認為，為了確保幣制的公信，將有關幣制的會計資料向各國公開，這是列強干涉中國，欲將中國作為列強的共同貿易市場的陰謀，是對中國主權的蔑視。將廢　精琪方案理解成「民族主義的抵抗」的「勝利」。清末新政時期，中國人在內政問題上傾向於排斥外國干涉，幣制問題無疑最為敏感。早在一九〇三年夏天，駐法公使孫寶琦即批評國際匯兌委員會無視中國主權，而精琪方案允許外國人參與幣制運營，勢必引起強烈反對。實際上，精琪也預料到會有這種反對，故而做了相應的準備。在一九〇四年初的中國行程中，他代表美國政府向中國人士說明幣制改革方案，就已試圖表明他的方案是出於中國政府的請求而給予中國的協助，不是出於對中國主權的蔑視。此外，精琪以為《覺書》會刺激中國人士敏感的神經，所以《說帖》不僅根本沒有提及列強的直接干涉，而且對外國人任司泉官在權限和地位上也做出明確的限制。

285 《貨幣史資料》，頁一一三三。轉引自《中國近代貨幣史論》，頁二五七。

286 一九〇三年江蘇候補道劉世珩，中國駐俄公使胡惟德，一九〇七年駐英公使汪大燮最早提出實行金幣本位，單位元，銀銅輔幣持此議。本質是想實行虛金本位。

287 K. Matsuoka, "China's Currency Reform and its significance", *Economic Review*, 11 (Kyoto: Kyoto University, 1936).

288 精琪（Jeremiah W. Jenks, 1856-1929）。精琪方案的英文全稱是：Memoranda On A New Monetary System for CHINA。

289 林則徐所鑄造的銀幣，依然是類似銅錢的圓形方孔樣式，一面是漢文，另一面是鑄有滿文和錢局名稱。這樣的銀幣，其實是「銀錢」。這種林式銀錢在市場流通初期頗受歡迎。但是，不久發生民間仿造，劣幣越來愈多，自然在市場上自生自滅。事實上，早在乾隆五十八年（一七九三），西藏已經發行了「乾隆寶藏」的圓形方孔銀錢，卻獲得成功。

290 《秘密結社與社會經濟》，頁四三七。

291 《中華錢幣論叢》，頁二〇七—二〇九。

292 光緒十三年（一八八七），兩廣總督張之洞鑒於中國市面流通的全是外國銀元，奏請自鑄，力謀抵制。張之洞不是第一個主張自鑄銀元的。鴉片戰爭前，林則徐、魏源即有自鑄仿鑄之議。經濟政府批准，一八八九年廣東銀元局元始試鑄，一八九〇年流通於市面，因其背面鑄有蟠龍紋而被稱為「龍洋」。這應該是長達半個餘世紀的追求銀本位制度的開始。湖北、直隸、安徽、浙江、奉天、吉林等省也紛紛設廠鑄造，所鑄銀幣統稱「龍洋」。「龍洋」流通漸廣後，清政府遂下令將龍洋作為法定貨幣行使，完糧納稅，都能通用。然而各省鑄造銀元，卻和當初鑄造紋銀一樣，不僅重量和成色不能統一，數量上也難以控制，加劇了貨幣的紊亂。

293《秘密結社與社會經濟》，頁四四二。

294 外幣的流通還影響到我國貨幣單位。洋錢流行中，因其圓形被稱為銀圓，派生出單位量詞「圓」，俗省作「元」，外國銀輔幣則被稱為「角」。中國的自鑄銀元流通後，民間仍以元、角稱之。

295《中華錢幣論叢》，頁二一八。

296 轉引自《秘密結社與社會經濟》，頁四八八。

297《中國貨幣論》，頁一五八。

298《中國貨幣史》，頁八九二註十七；《秘密結社與社會經濟》，頁四八八。

299《秘密結社與社會經濟》，頁四五一。

300《中國貨幣近代史論》，頁一四一。

301《秘密結社與社會經濟》，頁四七八。

302 張家驤，《中國幣制史》，第二篇：戶部銀行紙幣發行數目比較表（北京：民國大學，一九二六年），頁一二〇——一二四。

303《中國近代貨幣史論》，頁一八八。

304《秘密結社與社會經濟》，頁四七八。

305《劍橋中國晚清史一八〇〇——一九一一年》，頁四五四。

306 一九〇二年，直隸總督袁世凱就派人赴日本考察「工商幣制」，一九〇六年，清朝再派人東渡日本考察紙幣的印製。一九〇七年，清朝決定創建度支部印刷局。一九〇八年動工，全部工程一直延續到辛亥革命之後，建成了一座相當先進的近代工廠，全部投資一一〇萬銀兩。

307 一九〇八年七月一日，大清銀行掛牌。經過三年試辦，根據《大清銀行則例》，正式成為中國第一家國家中央銀行，大清銀行的各分行各分號統一全面掛牌。「大清銀行」的英文名：THE CHINA GOVERMENT BANK。

308 帕特南．威爾，《帝國夢魘——亂世袁世凱》（北京：中央編譯出版社，二〇〇六年），頁一一——一三。

309 根據日本政府一八七一年公佈的《新幣條例》，一日元等於一．五克黃金；根據一八九七年的《貨幣法》，一日元等於〇．七五克黃金。意味著日元貶值五〇%，反映了日本政府已經懂得干預日元匯率。

310 辛亥革命爆發後，借款全部停付，這四十萬鎊的借款在民國二年袁世凱簽訂的善後大借款內扣還。

311 一九一〇年七月，上海股市因橡膠股票狂瀉而瀕臨毀滅。此次風潮迅速波及富庶的江浙地區以及長江流域、東南沿海的大城市，華商在上海和倫敦兩地股市損失的資金在四千至四千五百萬兩白銀之間，而當時清朝的可支配財政收入不過一億兩左右。如此鉅款的外流，讓清朝的財政狀況雪上加霜。橡膠股票風潮則為清政府的崩潰埋下伏筆。

312《劍橋中國晚清史一八〇〇—一九一一年》，頁七三—七四。
313《中國的宗教》。
314《劍橋中國晚清史一八〇〇—一九一一年》，頁七三—七四。
315《中華錢幣論叢》，頁二一七—二一八。
316 張惠信，〈清末貨幣變革對山西票號的影響〉，《財政與近代歷史論文集》（臺北：中央研究院），頁三二五。
317《簡明中國經濟通史》，頁五八一。
318 中國銀行總管理處經濟研究室主編，《中國重要銀行最近十年營業概況研究》（上海：中國銀行總管理處經濟研究室，一九三三年），頁二九八，一一五五。
319 根據吳承明的看法：「上海錢莊的資本和營業額也是不斷增長的，一九三二年以後才逐漸為新式銀行所代替。」〔吳承明，〈論二元經濟〉，《歷史研究》（一九九四年第二期，北京）。〕
320 幾個月後發生了「信交風潮」，引發股票交易所倒閉風，這股雨後春筍般的交易所創建浪潮才告煞住。
321 朱蔭貴，〈近代上海證券市場上股票買賣的三次高潮〉，《中國經濟史研究》（一九九八年第三期，北京）。
322 一九〇四年，大清商務部（「商部」）就盯上了海關收入及對外的巨額賠款等國有資金，向慈禧太后打了個報告，動用這筆國有資金投資生息，每年可得近五十萬兩，劃給商部使用，就可以推行一些新政，這「實於商務大有裨益」，獲得同意。一九一〇年九月二十七日，是清朝向西方列強支付當期「庚子賠款」一九〇萬兩的最後日期，但在還剩九天的時候，賠款專用的二百萬兩白銀都存在各錢莊，無法提取，朝廷震怒，立即下令兩江總督、江蘇巡撫等在兩個月內將所有經手款項繳清。巨額公款提取後，源豐潤終於轟然而倒，殃及全國。
323《中國貨幣論》，頁一。

第三章

轉型

——從「銀本位」到現代信用貨幣制度（一九一一——一九四九）

一九一一年辛亥革命之後的北洋政府繼續清末的幣制改革，奠定了銀本位基礎。一九二七年，南京政府成立，在一九三三年「廢兩改元」，確立了銀本位。

一九二九年的全球經濟大蕭條，實行「金本位」的國家應聲倒地，實行「銀本位」的中國反而呈現一片榮景，到一九三五年才受到大蕭條波及，促使國民政府實施「法幣改革」。這次幣制改革直接從銀本位「跳躍到」管理通貨，結束了世界上維持時間最長的自由貨幣經濟。
白銀國有化則徹底動搖了私有經濟基礎和藏富於民的傳統，
開國家資本主義和政府干預經濟的先河，
為中國共產黨在一九四九年之後推行人民幣、
實施公有制和計劃經濟鋪了路。
一九四〇年代末，國民政府終因法幣制度的先天缺陷，
加上貨幣政策失誤，導致惡性通貨膨脹、
政府信用體系和金融貨幣經濟解體，成就了中國共產黨奪取大陸政權。

「二戰之後，有許多歷史的力量對國民政府的垮臺起了作用，……但最直接的並使所有其他原因都顯得無足輕重的原因，毫無疑問就是通貨膨脹。」

——張嘉璈《通貨膨脹的曲折線——一九三九至一九五〇年中國的經驗》

中華帝國是個龐然大物，社會轉型複雜而緩慢，啟動困難，而一經啟動，卻很難停下來。從鴉片戰爭、太平天國到晚清，中國傳統貨幣經濟開始向近現代貨幣經濟轉型。由於政治動盪，貨幣日形複雜紊亂；由於貿易擴張，現代工商業與交通興起，傳統小農經濟和手工業逐漸退居次要地位；銀元逐漸普及，現代金融機構出現。一九一一年，中華民國建立，北洋政府統治中國十六年。改朝換代，並沒有中斷貨幣經濟前行的腳步。從晚清至此二十多年，傳統貨幣經濟的變革其實奠定了轉型的制度基礎。進入一九二七年，國民黨登上歷史舞臺，建立南京政府，一九三三年主導「廢兩改元」，一九三五年推行法幣改革，標誌著中國傳統貨幣經濟向現代貨幣經濟轉型的完成。

一九一一年至一九三〇年代初的貨幣經濟

一九一一年至一九三三年，中國的政治和社會急劇變革，內戰不斷，民國政治中心從北京遷到南京，但是貨幣經濟制度變革沒有中斷，終於奠定了「銀本位」的基礎，貨幣經濟繼續著清末「新政」之後的增長勢頭。

多重金屬貨幣和紙幣並存

一九一四年，國民政府以一九一〇年清朝的《國幣則例》為基礎，制定《新國幣則例》，定銀元為國幣。但是因為政局混亂，政府更迭頻繁，鑄幣權未能統一。銀元號稱國幣，實際的貨幣體系仍舊處於「多元本位」狀態。市面流通著各式金屬貨幣和紙幣，貨幣彼此之間的交換價值隨時變動，難以建立固定的關係。

銀兩制度繼續存在。辛亥革命之後，內地各省依然沿用銀兩制度。銀元與銀兩並存，功能互補。通商大埠的商業往來還是使用銀兩，銀兩用於會計帳薄，特別是金融機構之間的結算，國際收支更是如此。在內外貿易方面，銀兩銀元並重，其匯兌稱之為內匯。[1]所不同的是，「以前日常使用碎銀，現在多改用大銀元、小銀元或銀毫了，從前完糧納稅須用銀兩，現在多折納銀元了。……至於商業往還，還是普遍的用銀兩計算。」[2]

銀元。在「袁大頭」鑄造和流通，銀洋市場逐漸統一之前，市場上流通的銀元有數十種之多。民國初期，各省自行設廠鑄造銀元。民國三年（一九一四），中央政府對各地鑄造局廠實行裁併，只保留了除天津總廠之外的「七廠二局」。[3]銀元成為國內貿易和批發市場的主要結算手段，流通於各類市場。例如在蠶繭收穫季節，以銀元去內地購買生絲。

銅元。中國自鑄發大銀元以來，成果甚著。「惟中國大部分民眾生活程度甚低。其平時互相授受之貨幣，大都為銀輔幣及銅元。」[4]辛亥革命後，各省先後開設鑄造銅元的工廠。民國初年各種銅元總數難以統計。比較有根據的數字是：自清末開鑄銅元至一九一七年，中國各廠所鑄銅元總額在「三百二十三億枚以上」。[5] 顯然銅元供過於求，銅元貶值。宣統元年（一九〇九）銅元與銀元兌換比價，一百一十枚合一元，市面行用平均須貼水一〇—四〇%。一九二〇年後，銅元與銀元比價上升趨勢加快。一九二五年銀銅比價達兩百四十，上漲了兩倍多。換言之，銅元貶值了兩倍，形成「銅元通貨膨脹」。銅元持續和大幅度貶值有幾個原因：國際銀價上升；銀根緊急，貿易逆差；私造濫鑄銅元，銅元減重、減成色等現象普遍，信用低下，甚至出現各省之間、中央與地方之間互相傾銷或互相拒收等惡劣競爭事件。即使在一九三五年後，國民政府明確規定銅元作為銀元輔幣，依然「銀貴銅賤」。此時，由於銀行券大量發行，被社會廣泛接受，銅元在實際生活中遠不如先前普遍。一九四九年，中央造幣廠和地方造幣廠停止鑄造銅元。西藏地區銅元鑄造延續到一九五三年。這是後話。

紙幣。從清末到民國，紙幣在民間行用，相當普及。北洋政府期間，中國銀行和交通銀行是國家銀行，擁有紙幣發行權。中國銀行兌換券，推廣遲緩。兌換券有銀元票和銅元票兩大類。各地通行銀元不同，各分行所發銀元券，也有所區別。中國銀行在一九一二年至一九一九年，共發行紙幣六千一百六十八萬元；同期，交通銀行發行額是兩千九百二十七萬元。[6] 因為，中交兩行發行紙幣慎重，發行量有限，效果良好。儘管如此，一九一六年，在京津等少數地區，因為政治原因，中交兩行實行停止兌換，發生了「京鈔風潮」。[7] 民國初年，中央幾乎沒有能力控制，甚至限制地方銀行的紙幣發行。一九一三年至一

民國紙幣發行額[10]

	民國元年（萬元）	1921 年	
外國銀行在華紙幣發行額	4394.8	2.12 億元以上	3.23 億元
國內銀行在華紙幣發行額	5267.5	9593.8 萬元	2.05 億元

九一四年，合計各省紙幣總數，「約為一億六千三百萬元」。[8]針對這種情況，財政當局也曾擬定種種籌款辦法，計劃收回，除少數省份，大部分省份均因財政枯竭，支出浩繁，未能實行。在這個時期，外國銀行，包括外國人在華設立的銀行，以及由外國人控制的中外合資銀行，也發行了相當數額的紙幣。「這些銀行所發行的各種貨幣，凡屬意中國通貨市場為對象而發行的，固然全部在中國境內流通，其以中國以外地區為對象而發行的，也大部分在中國廣泛地流通，例如在香港發行的滙豐銀行券，即盛行於華南——特別是廣東。」[9]

白銀供給及其價格

中國在一九三〇年的貨幣體系，顯示的是「多元本位」，其實，金屬貨幣是主體。可以肯定地說，白銀供給及價格，是理解民國貨幣經濟的一把「鑰匙」。中國的白銀繼續依賴出口，以及大銀條和寶銀的國際貿易網。[11]所以，世界銀價的變化，對中國國民經濟影響至深。世界銀價在一九一〇年代的趨勢是上揚，在一九二〇年代是跌落。一九〇二年至一九一八年，世界白銀價格如下表[12]。

銀價在一九一〇年代上揚是因為中國需銀甚切，採購白銀頗為困難，現銀供不應求，銀價激增，原因包括：中國白銀需求增大；印度禁止現銀輸出；協約國因為與遠東貿易，需要支付白銀；英國禁止大銀條

白銀（1 盎司）價格

1902 年	平均價 24.062 便士
1909 年	23.687 便士（美金 5 角 2 分）
1915 年	美金 5 角 1 分
1917 年 9 月	57.0625 便士
1918 年	61.5 便士

輸入中國；美國白銀出口需要護照。美國於一九一八年，鎔化三．五萬噸白銀，出售國庫藏銀。以遏制銀價。結果適得其反。白銀需求與銀價的變動趨勢之間有明顯的一致性，銀價隨著白銀需求量的變化而同向變化。

第一次世界大戰前後，是銀價變動的特殊時期，白銀需求量一九一五年最低，一九一八年最高。當白銀需求量在一九一八年達到最高點時，銀價則在一九一九年最高。白銀在西方市場上的購買力提高了三倍，原因包括：一，西方主要國家對中國和印度出口貨物的超常需求造成對白銀的超常需求，因為中國和印度是採用銀本位幣制的國家，只能向中國和印度支付白銀。二，一九一三年，白銀主要生產地的墨西哥發生內亂，產量縮減，關閉銀礦。三，因為各金本位國家的幣制遭到破壞，銀元需求增加。白銀價格升漲，刺激中國資本積累加快。一九一九年到一九二〇年間，銀價上漲，中國白銀單位「兩」，變得堅挺，得益於匯率，外債負擔因此減輕。

一九一八年至一九二〇年，白銀需求呈現下降，銀價隨之大幅下降。一九二〇年代，銀價在下跌，可以從供給和需求兩個方面解釋：一，世界白銀產量增多：「銀礦的生產差不多年年繼續增加，最近七八年間，每年純銀的平均產量約為二億五千萬英兩，在一九二八年所產的二億五千七百萬英兩中，其在提煉鋼，鉛、鋅時副產的銀子大概不下一億七千五百英兩。換句話說，無論市場的價格如何，銀子總產額的百分之七十左右勢必繼續生產。」[13] 二，一九二〇年到一九二一年，歐洲金本位經濟重建和恢復，黃金購買力上升，銀價劇跌到戰前水準。一九二五年，美國政府開始收購白銀，高出市價三分之一，一美金一盎司。[14] 白銀需求量在一九二〇年發生轉折時，銀價在一九二〇年以後出現轉折。白銀需求是銀價的超前變項。銀價的當期變項受到上一期白銀需求量的影響。白銀供給量對銀價的影響不如白銀需求對銀價的影響。白銀需求量是銀價的超前變項，白銀的供給量則是銀價的同期變項，因此白銀的供給量與銀價的相關性比較弱。[15]一九二〇至一九三〇年，白銀需求平穩，銀價呈平穩走勢。直到一九二九年，世界性經濟危機爆發，白銀價格下降的情況才有所改變。一九三三年以後，國際銀價再次飆升。[16]

儘管世界銀價如此波動，在一八九〇年和一九三〇年期間的大多數年頭，中國基本處於白銀淨輸入狀態，有三個顯著高峰：一八九三年—一八九六年；一九〇九年—一九一五年；一九一八年—一九三一年。一九二九年，爆發世界金融危機的那一年，中國的白銀淨收入創下歷史記錄。「迄清末，中國又獲得三億多兩的白銀，到一九三一年，共流入十一億兩，大概超過此前三百多年內流入的總量。」[17]

十九世紀末到一九三〇年代初，雖然銀價在一九一〇年代有幾年上升，總的趨勢是持續貶值。銀價跌，意味著中國貨幣貶值，對中國經濟產生影響：促進出口，外資增加。中國作為當時新興市場，成為全球投資的最熱國家之一，這種情況延續到抗日戰爭前後。[18]白銀價格下跌，加之消費需求擴大，推動物價總水準上漲。大量出口、華僑匯款和國外投資，改善國際收支平衡。中國一度處於前所未有的貨幣資本充足時代。白銀儲備持續增加，可以應對增長的貨幣需求，緩解國際銀價波動的影響。刺激外匯市場的中國貨幣兌換外國貨幣的需求。匯率也隨之上升，一旦匯率超過白銀輸入點，向中國輸入白銀就有利可圖。銀價持續下跌，則增加中國償還外債的負擔。[19]

在一九一〇年代和一九二〇年代，中國政府對於白銀的供給量，基本沒有直接影響。中國白銀存量和流入流出數量，是根據市場銀價波動而調節的。當上海的白銀價格上升，白銀進口有利可圖。當上海的白銀價格低於其他市場時，白銀就開始流出。白銀存量流量加大，影響白銀價格。歐戰前十年，上海市場的標金大半運赴德國，此外是日本、法國、印度、英國、美國。

幣制改革再出發

一九一二年，民國建立，袁世凱任大總統。面對財政困難，只有三種籌款辦法：增稅、借債和發行紙幣。增稅，不利於工商界；依賴外債，終究需要償還，終非長久之計；發行紙幣，短期內亦不失為斂財妙法。只是紙幣是銀元的代表者，是兌換券，若沒有銀元的充分準備和廣泛流通，紙幣信用難以確立。

袁世凱頭腦清醒：若是發行不兌換紙幣，「全國騷然，危亡立見」，其根本仍在於整理銀元、統一銀元和紙幣發行權。民國元年，財政部特設幣制委員會，貨幣改革列入國家的議事日程。中央銀行開始運行。[20]

一九一三年，幣制委員會正式公佈關於幣制改革的報告書，主張實行「金匯兌本位」。其實，幣制委員會內部形成金匯兌本位、金本位與銀本位並用、銀本位幾派意見。正式的報告書之所以傾向於金匯兌本位，與衛斯林（G. Vissering）的影響力有關[21]。民國元年，衛斯林不僅擔任國家幣制改革的顧問，且在《中國幣制改革芻議》（On Chinese Currency）中系統地陳述了實行金匯兌本位的主張。衛斯林在比較了金幣和金交換以及銀本位的各自優勢之後，認為銀本位不需要管理，卻導致價格波動，不利於解決銀幣和銅幣之間的交換匯率；金幣相比較中國相對低的生活水準，價值太高，不現實。考慮到中國的區域差異極大，衛斯林提出過渡方案：在繼續維繫現存白銀貨幣的流通的同時，增加新的貨幣單位，中央銀行可以實行金幣標準，人們可以儲蓄白銀貨幣。所收到儲蓄和提取白銀貨幣可以根據當天的金銀比價進行計算。中國人習慣於不同的貨幣同時流通，這不會產生很大的困難。只是，這個黃金交換標準方案需要比較強的管理。「當時海內外人士，對這個方案議論紛紛，莫衷一是。北洋軍閥財政部幣制委員會自一九一二年十月十八日成立起至一九一二年十二月十七日討論結束止，對該建議開會討論了二十三次。但討論研究結果，只是作成一個報告存部而已。」一九一三年，財政部又組織第二次幣制委員會，重新開會討論貨幣改革問題，亦未得到成議。[22]後來，第一次世界大戰爆發，接著內戰不斷，衛斯林的計劃徹底流產。

一九一四年，熊希齡組閣[23]。幣制委員會遭到裁撤。熊希齡也認為採用金本位乃世界大勢所趨，中國必須以此為最終目標，但是，當時不易辦到，根據國內習慣，先用銀本位統一貨幣，等將來商業發達之後再改行金本體位制。按照熊希齡的解釋，銀本位不好，但「惡本位勝於無本位」，銀本位制是推行金本位的必然前提。在熊希齡主持下，另於國務院內組織幣制會議（即財政討論會）。討論的結論是：中國貨幣制度宜採用純粹「銀本位」。主要理由是：金銀複本位不適用中國；黃金缺乏，白銀存量和流量豐富，不具備金本位條件；金匯制只能行之於殖民地國家。在國務會議決策的基礎上，形成了一九一四年二月公佈《國幣條例》及實施細則，這是中國歷史上的第二個實行銀本位條例，也是中國第一次關於鑄幣的法規。為了實施《國幣條例》，政府一度設立幣制局，主持國幣鑄造。後來由財政部直接主持。一九一五年幣制委員會曾提出修改成色及加鑄金幣修正條例的建議草案，但未能公佈施行。

一九一七年，段祺瑞組閣，為了獲得四國銀團的「幣制借款」，作為皖系軍閥發動內戰的軍費，又設立幣制局，由當時財政總長梁啟超兼任幣制局總裁，策劃分期整理貨幣，第一期統一主幣，第二期統一輔幣，第三期改成金本位。因為借款未成，梁去局撤，終成畫餅。在這個時期，梁啟超扮演了重要而獨特的角色。梁啟超是當時對幣制改革有過認真思考的人物，主張中國應該採取「虛金本位制」，今天看起來仍然頗有見地。只是從現代的眼光來看，若是中國當時真的改成虛金制，恐怕在一九二九年的世界經濟大恐慌中，會被金本位國家拖下水，產生「金鐐銬的溺斃效果」。所以中國不採取梁啟超所主張的虛金制，而停留在原來的銀本位，「事後看來非錯事」。[24]

民國七年（一九一八），擔任財政總長的曹汝霖再次系統提出金本位計劃，北京政府公佈「金券條例」：所擬單位名稱曰「金元」，含金量定為與日本金圓的含金量相差無幾，基本採取日本金圓為標準。並從朝鮮銀行借款八千萬元作為發行「金元」券的準備金。[25]因為種種原因，這個金本位計劃沒有真正實施。「五四運動」和曹汝霖倒臺很可能是最主要的政治原因。若是實施的話，中國幣制就有納入日本金融體系的可能，那將是多麼大的歷史岔路。

值得提及的是，民國初年，孫中山、黃興都曾主張發行不兌換紙幣。孫中山認為：貨幣從布帛刀貝到金銀，再從金銀到紙幣是「天然之進化，勢所必至，理有固然」，中國還沒到純用紙幣的時期，現在要人為地加速這種進化，取消金銀貨幣，實行紙幣制度，即所謂的「錢幣革命」。[26]

「袁大頭」的歷史地位

《國幣條例》公佈後，關於中國幣制改革爭論，總算暫時告一段落，且積極實施。一九一四年十二月二十四日，天津造幣總廠首先開鑄新銀主幣，接著南京，武昌等造幣廠也開始鑄造，一九一五年一月新幣開始發行。新銀元因有袁世凱頭像，一般稱為「袁像幣」。所造新幣統歸中國銀行、交通銀行兩行發行。一九一七年，北洋政府財政部作出新規定：一切稅項均應以國幣計算稅率，徵收稅款應以主幣為本位，新主幣較多的地方，應專收該項主幣或代表該項主幣的銀行鈔票。

「袁大頭」一進入市場，信用昭著，深受商民歡迎。梁士詒回憶，天津造幣總廠開鑄「袁大頭」後的最初九個月，每日鑄造量達三十萬元。僅僅幾年，袁大頭數量增多，流通漸廣，通用範圍由北方擴展到南方，雖僻處邊陬，也有其蹤跡。袁大頭推行之後，百姓日常生活，商業活動，官款出入，都以袁大頭為準，有效排擠「龍洋」和「鷹洋」市場，減少了生銀的需求和流通。同時，其他各種輔幣也從一九一六年開始鑄造。廢「龍」驅「鷹」是大勢所趨。一九一五年八月，正式取消龍洋行市，以新幣行市代替龍洋。一九一九年，龍洋和鷹洋已經被從市面擠出，新幣袁大頭成為全國通用且為中外界所認可的唯一主幣。到一九二〇年三月，天津造幣總廠及各分廠大約共計鑄成「袁大頭」銀元三．八億多萬元。

袁世凱命運亦近似明清政府，由於他稱帝、退位、去世，同樣沒有足夠的時間在他的權威之下，完成「廢兩改元」。北洋政府期間政局動盪，政府財政和金融機構主管更換頻繁，許多政府規章帶有明顯的短期性，金融制度法規缺乏，朝令夕改。加之，整體社會環境不穩定，金融風潮迭起，政府銀行也時有危機，金融市場波動。所以，廢兩改元不可能由政府出力推進，以「袁大頭」為主體的銀元和銀兩制度繼續並存。袁大頭的出現是中國銀元歷史發展的必然結果，是二十世紀中國貨幣經濟的里程碑。無此一舉，中國絕對不可能在一九三三年完成「廢兩改銀」，實現銀本位的，同時也從根本上動搖了中國實行「金本位」的可能。

歷史評價袁世凱多負面。其實，袁世凱執政，繼承並發展了新政的成果，支持自由資本主義發展，奠立了比較牢固的市場經濟制度，包括實行銀本位制，中央政府鑄造銀幣，統一幣制，發展現代銀行，鼓勵證券交易。[27]在思想文化方面，北洋政府尊重言論自由和學術自由的程度，是之前的清朝和之後的政府都不能比的。新文化運動發生在一九一五年至一九一八年，「五四」政治運動取得勝利。這在之前和之後八十餘年都是辦不到的。把帝制傾覆到一九四九年的中國看作是混亂不斷的時期，以證明共產主義勝利的必然性，這是共產黨的宣傳。

銀元主導地位的形成

一九三〇年代初，在銀元與銀兩體系繼續並存的格局之下，銀元日趨強勢，取代「銀兩」的大勢已定，其根本原因是：

政府介入銀元的推廣。民國北京政府規定全國財政收支以銀元為本位，透過壟斷大銀元（袁大頭）發行並支持中國銀行、交通銀行，以漸進方式推進幣制統一。據一九二四年上海商業儲蓄銀行對十九省的四十八個重要城市的調查，袁大頭和中、交兩行兌換券成為「最通用」的貨幣。此外，政府嘗試用強制手段限制外幣。一九一七年全國財政會議通過《推行國幣辦法》，規定財政稅收機關不得收受外幣。地方政府也屢有限禁外鈔之舉。一九二四年，廣東國民政府頒佈第一道禁用外幣法令——《行使外幣取締條例》。以上努力為南京國民政府的幣制改革奠定了基礎。

銀元功能擴大。從北洋政府到南京國民政府統一全國為止，近三十年時間，銀元功能體現在國家預算，對外貿易計價，外匯交易等主要經濟和商業活動中。中國民眾從習慣使用銀兩到習慣使用銀元的過渡，銀元也為民間廣泛接受。在農村，農民買賣交易的主體貨幣是銀元。

銀元有利於物價穩定。民國成立後，上海、北京、天津等主要城市普遍使用銀元和國幣，銀元已經完全進入民眾生活，與民眾生活休戚相關。物價大體以銀元為尺度，其幣值始終比較堅挺，實際購買力比較強。「廢兩改元」也符合民間銀行的經濟利益。

銀元流通數量巨大。造幣廠自一八九八年鑄造銀元，銀鑄幣的供應數量日益增加。有一種估計，自張之洞在廣東開鑄銀元到一九一三年底時，全國共鑄銀元約二·二億元，小洋約鑄二·三億元。一九一三年至一九一六年，共鑄銀元一·八億元。根據《中央銀行用報》，一八九〇年至一九三二年各省造幣廠鑄造總額為一七·四六億元。[28]據中國各造幣廠統計，民國八年（一九一九）為二，八六三·五一萬元。[29] 一九二八年是具有標誌性的一年，流通的銀元超過二十億元。「中國自造的銀元已成為在流通中的主要通貨。」一九三二年，中國約有十七億枚銀元在流通。按每枚銀元重〇·七五五盎司折合，等於一二·八億萬盎司白銀，其中約有八五%是民國以後所鑄銀元。[30]

一九三二年，上海洋厘市場行情一路下跌，至六月份跌破六錢九分大關，一方面給社會經濟和人們生活造成損害，另一方面，表明了市場銀元充裕，為南京國民政府決策廢兩改元提供了歷史前提。[31]

銀元流通於廣大區域。「到了一九二八年，在中國許多地方，銀兩已經為銀元所代替。只有在

一九二〇年代不同銀元在中國主要地區的分佈 [33]

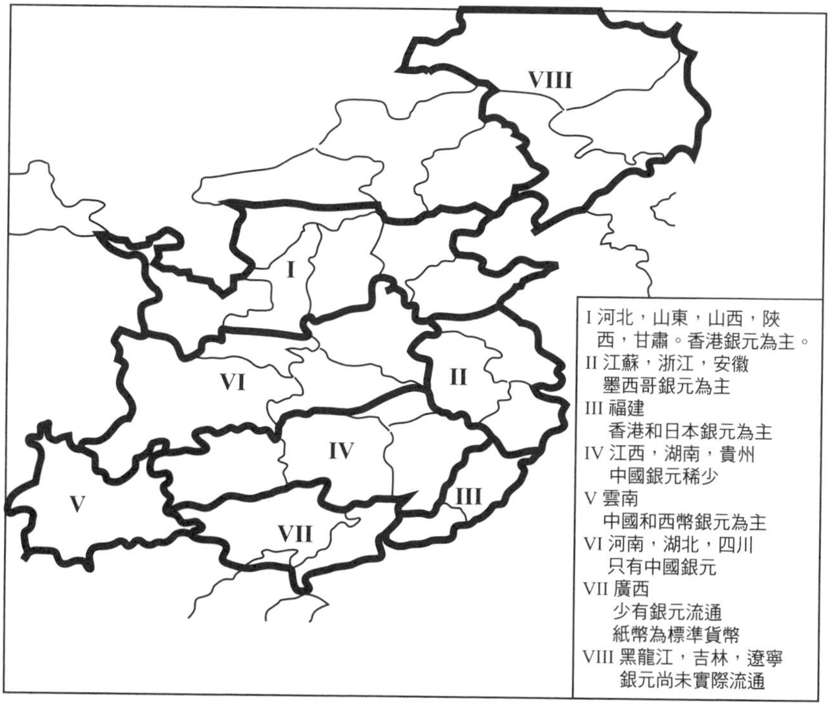

上海、天津和漢口這類主要城市，銀兩仍然是一個重要的貨幣單位。」[32]

金融制度的現代化

從二十世紀初至一九三〇年代初期，是現代金融制度在中國產生和發展的重要時期。具體而言：

貨幣供給量增加。一九一〇年代，貨幣供給總量沒有增加，還有所下降。但是，在一九二〇年代和一九三〇年代，除了銅幣供給下降之外，銀元和各類紙幣的供給持續增長。見下表[34]

金融機構及金融資產。外國銀行是最重要的現代金融機構：資本雄厚，壟斷中外貿易及匯兌，給予中國巨額貸款，保管關稅和鹽稅兩大稅收，提供外國人在華直接投資，發行大量鈔票。至一九一六年，在華營業的外國銀行為六十六家，兩百二十六個分支機構。一九三三年，外國在華銀行的銀儲備占全部上海銀儲備的份額為五〇．三五％。[35]滙豐銀行在白銀儲備方面在始終處於絕對領先地位。一九二三年六月二十三日，上海滙豐大樓落成，成為當時上海地標式建築。[36]

一九〇一－一九三三年貨幣供給量

年份	銀幣	銅幣	國內銀行紙幣	外國銀行紙幣	總計
1901	1600.7	425.0	22.2	19.4	2067.3
1905	1579.4	403.1	40.0	29.4	2051.9
1910	1517.2	375.8	62.2	39.4	1994.6
1915	1554.0	348.4	84.4	55.1	2041.9
1920	1651.8	321.1	130.4	94.4	2197.7
1925	1837.9	293.7	256.2	122.3	2510.1
1930	2162.9	266.4	516.2	164.9	3210.4
1933	2200.1	250.0	617.6	201.3	3269.0

中華民國建立，中國銀行和交通銀行是銀行業的核心。為了配合各級政府的財政金融需求，中國銀行體制也以中央、省、縣三級結構為依託逐步完成三級建制，即國家銀行（含中央銀行與特許銀行）、省銀行、市縣銀行，業界一般將省銀行與縣市銀行統稱為地方銀行。當然，三級銀行體制在層級上並不存在如政治結構中的直接隸屬關係，而是三級並立，各自運作。地方銀行在設立之初多為官股與商股混合經營。

中國民族資本銀行產生比洋務運動中工業資本積累，晚了近三十年。一九一〇年代，民族工業蓬勃興起，需要大量資金，開設民族資本銀行以集中各方游資，一時成為經濟熱點。[37] 一九一一年，中國的民間銀行三十家，其中官辦和官商合辦的有十三家，其餘為民間創建的銀行。[38] 第一次世界大戰發生後的十年左右時間，外資銀行衰落，為中國舊式錢莊和民族資本銀行和金融機構的發展提供了空間。一九一八年至一九一九年，民族資本銀行發展進入「黃金時期」，全國創辦民族銀行九十六家。一九二一年至一九二七年，全國設立的銀行多達三百一十三家，資本總額為二．〇六億元。[39] 中國現代民間銀行的分佈更加廣泛，不僅出現在省會城市和商業發達口岸城市，而且陸續出現在縣級城鎮。一九二〇年代，中國曾有過三大財團：華北財團、江浙財團和華南財團，一九二七年的總資產為十四億元，到一九三一年猛增為二十六億元，增幅達八五．七%。[40] 在一九二〇年代至一九三〇年代，中國銀行業最終形成了所謂的「北四行」和「南三行」為主體的格局。[41]

中國新式銀行的興起，不僅促成舊式金融業的衰敗，而且因為吸納民眾存款上升，在外國銀行存款下降，民族銀行資本額擴大，提供中國工業化的資本需要。中國金融資本與工商業資本的關係，不是西方發達的金融資本與工商資本那種控制與被控制的關係，而是休戚與共、共存共榮的經濟聯繫。中國銀行家把扶助民族工商業當作自己的「天職」。為了支持民族工商業與外商投資爭奪市場，在外貨傾銷面前維持民族工商業的生存，新式銀行在金融市場上籌措資金。向民族工商業提供財源。[42] 中國民族銀行興起，表明由外資銀行把持中國金融領域局面的結束。

中國民族資本銀行有其致命問題。一，從資金來源、這個時期的華資銀行還有明顯的封建、買辦性質。資本及存款主要來自軍閥、官僚、買辦和地主。二，從資金運用看，銀行為利益驅使，投資工商事業者微不足道，非但沒有扶植現代私人企業，反而將原本可以提供給工業的投資，轉移到非生產性的政府消費和生產率低下的政府企業。[43] 銀行與政府形成共棲關係。政府財政困窘，連年舉債，銀行承購公債以及對政府放款。銀行成為吸收社會資金，彌補政府財政赤字的工具，社會上大量可供工業投資的資金，耗費於非生產的用途。非但沒有加快工業資本積累，反而有礙於中國工業化的進展。三，對工商業貸款利率偏高。一九三〇年代早期，作為全國金融中心的上海銀行業對工商業放款利率，通常是一〇—一二%，高至一五—一六%。

畢竟中國金融部門是落後的。以銀行和人口的比重為例，「一九三六年，中國人口近五億，銀行數量（總行加支行）計近一千五百家，平均每百萬人有三家銀行。人們在一八八八年，每百萬人十四家銀行，到第一次世界大戰前夕，已經上升至七十二家。還有，中國的金融業分佈失衡，幾乎八〇%的銀行總行和五〇%支行分佈在江蘇、浙江二省和九大城市。這些銀行集中的地區，人口為全國的一七%，土地為全國的三%。」二次世界大戰之前，中國企業的資本總額中自有資本占六四%，借款及存款占三六%。就借款與存款比重而言，五八．五%是企業本身吸收的存款，四一．四%是銀行和錢莊的借款。說明金融部門對於中國私營企業資本形成貢獻大約在一五%左右，相當微小。中國戰前各類用戶資產總值，大概相當於國內生產總值的二〇%左右，是日本一八八〇年代的水準。至二十世紀初，日本銀行業資產已經超過國民生產總值。中國落後了半個世紀。[44]

資本市場。第一次世界大戰前，中國沒有證券和商品交易所，設在公共租界的上海股票交易所只進行外國股票的交易。一九一四年十二月，北洋政府頒佈中國第一部證券交易條例，中國證券交易開始走上正軌。同年，「上海股票商業公會」成立，這是中國第一家現代證券交易所。一九一八年，經北洋政府批准，成立了「北京證券交易所」。一九二〇年，創建「上海華商證券交易所」，一九二一年，「上海證券交易所」正式開業。在一九二〇年代和一九三〇年代，上海和北京的證券交易所之外，還有「天津證券物品交易所」、「寧波證券交易所」和「漢口證券交易所」。在中國共產黨成立的一九二一年，上海有上百家交易所和十餘家信託公司掛牌上市，經營範圍從證券、黃金到麵粉、棉紗、棉布、糖、煤、紙張、建築材料，甚至茶葉、西藥的物資，一度游資充斥，形成全民股票熱，最終發生一九二一年上海信交風潮。[45] 一九三〇年代和一九四〇年代，由於抗日戰爭和內戰，證券市場幾乎停滯不前。到一九四九年，中國尚存香港、天津、北京、上海四個證券市場。在債券市場方面，從北洋政府到南京政府，多次發行巨額公債，在上海、天津、漢口、青島、寧波等城市，卻形成了全國性或地區性的短期資金拆借市場、債券市場、票據貼現市場、國內匯兌市場。其中，政府公債和企業債券是主要債券產品。一九二五年，「各種公債有十三種之多，金額達到四億元之巨。這些公債都先後在證券市場上交易。」[46] 一九二〇年代至一九三六年，「金融資產相對於實物資產具有更快的增長趨勢」，年增長率達到一〇．六三%，已經具備了主要資本主義國家在經濟起飛時期的基本條件。[47]

上海成為金融中心。自上海開埠，就開始成為中國貿易和金融中心。上海作為全國的金融中心地位，是在國民政府遷都南京之後確定的。南京政府成立之後，採取將政治中心和經濟中心適當分離的方針。因為上海地理位置靠近南京，中外重要金融機構集中，確定上海作為中國的金融中心，一九二八年，首先將中央銀行總部設在上海，之後是中國銀行和交通銀行總部自北京遷往上海。[48]一九三〇年代，上海甚至成為遠東的貨幣金融中心。當然，中央政府可以從上海源源不斷地獲得各類金融資源為回報。

上海的金融中心的基本功能是：一，中外現代銀行業匯聚中心。至一九三七年，上海共有五十四家銀行的總行，一百二十八家分支行，均占全國各大城市之首。上海三十六家商業銀行在各地共有兩百七十八個分支機構，占全國商業銀行分支機構總數的六八．一％。[49]中國形成了一個以上海為樞紐的龐大金融網絡。二，中央金融機構的集中地。中央銀行於一九二八年十一月在上海正式設立。一九三〇年代，上海不僅是中國、而且是遠東的金融中心。之後，國民政府還在上海設立了非銀行重要金融機構，如中央造幣廠、郵政儲金匯業局、中國建設銀公司、中央信託局、中央儲蓄會。三，遠東黃金交易中心。作為全國黃金、白銀和外匯進出的最大吞吐口岸，貴金屬貨幣和外資充斥。上海成為中國最早的貴金屬期貨市場，可以追溯到一八七〇年的白銀期貨交易場所。一九二一年以後，上海的標金期貨市場正規化，交易量甚巨。一九二五年的標金期貨交易額是六千兩百三十二萬條。按照當時匯率折合成日元，約一百五十億日元，超過一九二九年日本國民收入。[50]上海黃金交易額超過法國、印度和日本，僅次於紐約和倫敦。上海外匯市場的活躍亦遠非實行封閉或外匯管制的日本所能比擬。資金集聚地，現銀集散地，現銀調劑中心，外資投資的中心地帶。一九三三年十月，全國銀貨大體是六億元，光是上海中外的庫存現銀就有四．五六億元，占全國資金總量的七六％。[51]紙幣流通額也是考察上海金融地位的重要標誌。實施法幣政策前的一九三五年十一月，上海各銀行發行的鈔票流通總額達三．八億元，流通地域最廣。五，貨幣市場中心。上海的銀行大量吸蓄，資本充足。「一九三六年全國銀行存款達四十五億元，而上海所占比重達四七．

八%，幾乎將近一半。」[52]「資金充裕引發了上海利率下降，七十多年下降了六〇%。」[53]上海的工商業較易獲得貸放款。全國銀行利率和金融資產行市以上海為準；上海金融市場上各銀行間互相貸款的利率（銀拆）可以作為經濟發展的晴雨表。各大商阜的匯兌行情，也根據上海的行情漲落。六，上海是中國證券市場的重鎮。南京國民政府成立以前，上海已有華商證券與證券物品兩家交易所進行證券買賣。根據國民政府通過的法規，一九三三年六月上海證券物品交易所的證券部併入了華商證券交易所，次年交易額便達四七．七億元，不僅在全國、在遠東也是最大的證券交易所。[54]「至抗戰爆發之前，上海華商證券交易所每日成交金額在一千萬元以上，最多時每日曾達六千萬元左右。」[55]七，國債承銷中心。一九二七年至一九三六年，南京國民政府發行國債的大部分是由上海各大銀行（包括錢莊）承銷。八，農業金融中心。中國是農業國，農業在金融活動中所占比重甚大。上海的白銀很大部分來自中國廣大農村。之後，上海根據農業週期，再將集聚的白銀流入農業收穫區域，購買農產品出口，再經過上海換取外匯。蘇州、鎮江、寧波都成了支撐上海作為金融中心的二級城市。[56]

上海在中國和遠東的金融經濟中心地位，一直維持到一九四一年十二月八日太平洋戰爭爆發。從一九四一年至一九四五年，由於二次世界大戰的展開，日軍進入租界，上海的金融功能喪失殆盡。一九四五年後，因為接踵而來的內戰和通貨膨脹，斷送了上海在短期內經濟復活的可能。之後是三十年的計劃經濟。上海再次成為中國和遠東的金融中心，已經是二十一世紀。

物價

總的來說：從一九一二年到一九三六年，中國物價基本穩定，如大米、豬肉、白糖、植物油、食鹽、棉布等基本生活用品購買力計算，升降平緩、浮動不大，有的時期出現通貨（銀根）緊縮、物價下跌的反常現象。近年有研究將當年貨幣和二〇〇四年人民幣幣值比價得出：一九一一至一九一九年的一元約合二〇〇四年的四十至五十元；一九二〇至一九二五年，一元約合二〇〇四年的三十五至四十元；一九二六至一九三六年，一元約合二〇〇四年的三十至三十五元。[57]以上海地區的米價（上等粳白米的市場價格）為例，一九一二年最高價為每舊石（擔）九．四七圓，一九二五年的最高價為每市石（擔）一二．六七圓；一九三九年為每石（擔）二三．七圓；當時一市石等於十斗，即一百六十市斤。[58]

在這個時期，通商口岸及附近各地生活費高漲的速度與銀價低落之速度幾乎相等。物價狀況有三個特徵：一，工業品價格持續上升。一次大戰期間，批發價格增長二〇—四四%。在一九一三年至一九三一年的十八年間，上海的批發價格上升了六二%，華北上升八二%，廣州上升七四%，這和同期的西方國家相比是不高的。二，農產品價格穩定。在傳統的農業經濟中，除了某些供出口的產品外，年景好時，農產品價格穩定。農產品價格穩定和工業品價格上漲互相補充，反映了農業社會物價相對穩定的歷史慣性。三，主要大城市的物價水準有差別。一九二〇年代的北京，銀元依然值錢，生活費用溫和上漲，通貨膨脹得到相當抑制。[59]根據「南開指數」，以一九二六年物價指數為一百，天津批發物

一九二六年的物價和銀價的指數對比[61]

	中國北部各種物品售價指數	倫敦銀價價格漲落指數
1927	103	91
1928	108	96
1929	110	83
1930	114	63

價指數由一九一三年的六七・一八升至一九三一年的一二二・五五，上漲了一八二・四二%。[60]四，物價指數的上漲與銀價指數的下跌呈現反比趨勢。

實體經濟

在一般的印象中，一九一〇年代至一九三〇年代的中國國民經濟混亂而不景氣。其實不然。第一次世界大戰，西方主要國家無暇東顧，為中國國民經濟增長提供了機會，啟動了中國民族工商業的「黃金時代」。當時的中國經濟「屬供給約束類型，幾乎沒有閒置的生產能力，突如其來的需求首先拉動價格，價格信號傳導到廠商後，廠商必須購買資本品，擴張生產能力，增加供給，從而GDP增長。中國近代工業的資本品大都來自海外，進口是資本品投資幾乎是唯一的管道，一戰期間，列強經濟轉向戰時狀態，出口減少，中國資本品進口大幅萎縮，致使投資增長嚴重受阻。因此，只能在既有的生產規模上加班加點生產，產量增長有限，價格上漲較多。既有的廠商利潤大增，市面繁榮。」[62]只是當時的中國受其發展所限，沒能在西方國家勢力相對削弱中充分獲益。一九二一年，曾經發生過中國政府宣佈破產的插曲。[63]而美國則充分利用了一次世界大戰而徹底崛起。總體而言，進入民國之後的國民經濟形勢是相當正面和積極的：

市場商品規模擴展。一九〇八—二〇年，商品年增長率達一〇・四六%；一九二〇—三六年，因為一九三〇年代的大蕭條影響，商品年增長率減低，儘管如此，商品年增長率還能在三・六%。其中，現代工業品增長最為迅速，年增長率達到七・五五%。國內市場繼續擴張。[64]

投資增長。一八九五—一九一四年期間，民族工業發展緩慢，且投資主要集中在輕工業部門，並非因為民族資金微小。一九一二年的全國登記的工業資本，總計不到五千五百萬元；而錢莊與典當業的資本卻幾乎達到一億六千五百萬元，是前者的三倍以上。這個比例在某些省份中甚至高達五十乃至七十倍。「可見，決定工業投資的大小，不僅僅是社會資金的絕對數量，而是社會資金的流向。」[65]第一次世界大戰爆發，黃金和白銀的市場比價一比十六，銀價便宜，刺激外資湧入中國。一九一一年至一九一四年，中國的外資資本額達到一〇．二一億元，比重為五七．二%，增長率是一五．八%。[66]一九二〇—一九三〇年是外國對華投資增長最快的時期。[67]一九三一年，外資達到三二．四二五億美元。其中商業投資約十四億美元，在中國開設了八千家洋行、商店、旅館乃至各種娛樂場所、各種交易所。外資增長，推動了對中國（特別是東南沿海地區）的工業化和貿易的發展。上海、青島、天津、廣州、漢口、瀋陽等城市及其所在的省份（江蘇、山東、河北、廣東、湖北、遼寧）的面積占全國總面積一〇%，人口約占全國總人口三六．三%，對外貿易卻占全國的九三%，國內貿易占全國的八四%。[68]在外資增加的同時，中國「元」貶值，資本供給相對充足，貨款成本走低，民族工業資本的增長率加快。一九二〇年與一九一四年比較，本國資本從一七．八六億元增加到二五．七九億元。[69]

工業化加快。中國手工業約在一九二〇年達到頂峰，其商品量與農產品的商品值相當。[70]「發軔於一九二〇年代以前的針織、絲織、染織、印染、毛紡織等工業，在二三十年代有了很大發展，並又相繼出現了一批新興行業，如電器用具工業、電機工業、染料工業、酒精工業、酸堿工業等等。新興行業的興起又促進了工業部門結構的調整，進一步推動了相關工業的發展，並使一批手工業作坊在電力工業和電機工業的發展中走上了機制工業的現代化道路。」[71]這個時期工業的增長率是一三．八%。[72]一九一〇年代至一九二〇年代，是現代工業形成規模的時期，其發展是顯而易見的。[73]

一八九五—一九一四年，中國廠礦賬面盈利率平均達到一四％以上，個別廠礦高達三〇—四〇％。一般來說，中國企業要支付八％的官利。同期，主要工業資本主義國家的資本利潤率很少超過十％。相較於日本這樣一個後起的資本主義國家，同一個紗廠，上海分廠的利潤要比日本超過一〇—一五％。水、電、煤氣等行業在這二十年中的盈利相當於創辦時資本的十二倍乃至三十二倍。[74] 一九三〇年代，處於供給約束型經濟的中國，工業企業利潤率依然居高不下：華資和外資工廠分別有九三．五％和八九．六％的工廠是有盈餘的，其中利潤率在五—一〇％的工廠分別占二二．二％和二〇％，利潤率在一〇—二〇％的分別為四二％和三三．九％，利潤率在二〇％以上的分別為一七．八％和一七．四％。[75]

1912-1927年中國工業生產指數（15種產品，1933年＝100）

年份	總產值	淨增值
1912	11.9	15.7
1917	26.7	32.0
192	66.6	66.3
1928	72.1	70.5
1929	76.9	75.2
1930	81.6	80.1
1931	88.1	86.5
1932	91.6	90.3
1933	100.0	100.0
1934	103.6	106.8
1935	109.7	119.5
1936	122.0	135.0
1937	96.0	112.3

出口增長。一次世紀大戰後，西方國家對初級產品的需求回升，中國作為初級產品的主要供應者，處於有利地位。此時，雖然銀價上漲以及隨之而來的「兩」的匯率升高，因為需求緊急，歐洲買主仍然接受高價。一九一九年至一九三一年，銀價跌落增強中國的出口產品競爭力，對外貿易提速。用指數方法計算，一九一三年的貿易總值為一百，至一九三〇年為二六六．五。一九三一年是中國進出口貿易額最高年份。在關稅無力保護民族工業發展情況下，中國銀元的刺激性貶值，限制來自歐洲，美國和日本的某些進口，有替代關稅作用。[76]中國二十世紀最初三十年的進口貿易，約增加五倍，同期日本只增加三倍，印度幾乎沒有增加。[77]不僅如此，中國大部分年份因為貿易順差，白銀入超，加大了白銀存量。否則，很難具備一九三三年和一九三五年貨幣改革的財力基礎。一九三二—一九三六年，因為世界經濟危機滯後作用和日本入侵中國，情況發生逆轉。[78]

市場規模。一九二〇—一九三六年中，中國國內市場商品總值九二．四四億元，增至一六八．〇六億元，十六年間增加八二．一%，年均遞增率三．八%。即使剔除物價上漲因素，也增長五四%，年均遞增率二．七%。[79]一九一九年時，糧食的商品率已經到了二二%。[80]市場規模擴大，與整個社會的消費需求關係緊密，統計資料也證明這一點。一八八七年至一九二二年，國民投入年增長為一．〇〇，而消費需求年增長為〇．六七；一九二二年至一九三六年，國民投入年增長為一．四五，而消費需求年增長為三．七五。[81]

基礎設施。鐵路里程和貨運量、水運以及公路建設都有長足增長。公路建設尤其顯著。一九一三年，中國實際尚無公路可言，一九二一年為七百三十六英里，一九三五年為五萬九千九百英里，十五年內增加八十餘倍。[82]

城市化。中國近代以來，城鄉之間移居基本上自由。由於現代工業和服務業，新增就業的推動，鐵路和汽車等現代交通工具的應用，上海，天津，廣州和武漢及其他沿海城市快速發展。中國的城市人口增長率達到總人口增長率的兩倍。[83] 一九三八年，中國五萬以上人口的城市總人口是兩千七百三十萬，占五億人口的五－六%。[84] 城市化將近現代大分工網絡所需的交易集中，提高效率，促進分工，是民國經濟發展的主要推動力。加上白銀大量流入中國，造就了中國城市房地產業。一九三一年，中國房地產進入「鼎盛」時期。例如，上海、南京和廣州等大城市的房地產，從一九一一年開始至一九三〇年代初持續上升。[85] 那時人們認為，雖然黃金昂貴，白銀和房地產便宜，卻回報率高。後來的對日戰爭、對內戰爭、計劃經濟，壓抑和摧毀了中國土地的升值巨大潛力。直到一九九〇年代後，這筆欠賬得以補償，中國房地產業發生爆炸性成長。

簡言之，中國在二十世紀前三十年經濟成長，首先得益於義和團事件後，清朝實施新政，以及北洋政府繼承發展了新政的成果，奠定了比較牢固的市場經濟制度。誇大所謂中國的殖民地和半殖民地化、軍閥混戰、南京國民政府的國家資本主義特徵，忽視甚至否定中國經濟、政治和社會進步，實在是片面之至。真正導致中國經濟制度和經濟發展倒退的是日本的對華侵略戰爭。在認識中國這個時期的經濟狀況時，要避免幾種傾向：以政治形勢掩蓋經濟形勢，以政治不穩定推理經濟動盪；用「外因論」解釋中國經濟的發展，無視中國市場經濟的發育和經濟結構的現代化過程；低估國際環境變化對中國的影響，例如外國租界的重要地位。[86]

一九三三年：確立「銀本位制度」

貨幣競爭現象是國家與社會關係的折射。單靠市場力量，新幣制更替「舊幣制」是一個緩慢過程。一九二七年，國民黨領導的北伐勝利，國家大體統一，南京國民政府成立。政治相對穩定，共產主義處於低潮，國民經濟出現長足發展。新成立的南京國民政府，立即著手啟動清末和民國初年沒有完成的幣制改革。一九三三年，完成了以「廢兩改元」為核心的幣制改革，確認銀本位制度。

貨幣制度決策：「金本位」還是「銀本位」？

民國以後，中國的宏觀經濟運行和發展逐漸呈良性態勢。但是，在貨幣經濟體系方面，一九三〇年代初的中國是唯一使用白銀貨幣的世界金融孤島。不僅如此，一九三三年「廢兩改元」之前的中國幣制似乎相當紊亂，流通的貨幣有銀兩、銀元、銅元（清末制錢）和紙幣。當時中國以銀兩計算的貨幣單位共達一百七十種之多，顯然不適應國家工業化和現代化的要求。其中，銀元與銀兩的並存對社會經濟產生了相當大的負面影響。鑄造貨幣（硬幣）的有中央政府、地方政府，還有私人銀爐；紙幣發行權也極為分散：華資銀行和外資銀行都有發行權。華資銀行又分國家銀行、商業銀行和地方銀行；每一種貨幣的形式多樣，表現出明顯的區域性特徵；伴隨著貿易而輸入的各國貨幣，也廣泛流通於中國。

西方對中國幣制的主流看法相當負面，曾有外國貨幣專家說：「中國的幣制是任何一個重要國家裡所僅見的最壞制度。」[87]根本問題是中國沒有本位貨幣制度。西方一些貨幣經濟專家很早就注意到這個問題。例如民國元年，衛斯林持其著作《中國幣制改革芻議》（On Chinese Currency Preliminary Remarks About the Monetary Reform in China）來華，北洋政府聘他任「貨幣改革委員會」顧問。衛斯林認為，進入民國的中國尚未建立任何本位制。[88]耿愛德（Edward Kann）也說「在中國，廣義的貨幣制度是不存在的。」「中國所用的價值標準是白銀，但一般說來，直到晚近並沒有將白銀鑄幣。」[89]

南京政府已經認識到：實現現代化，政府必須完成貨幣制度改革，統一貨幣的發行權，「廢兩改元」幾乎是唯一選擇，因此提出「廢兩改元為整頓我國幣制之初步」，「銀兩不廢，洋厘不滅，則銀元本位制永無確立之機。」[90]一九二八年六月，南京政府召開全國經濟會議，提出五個重大財政問題，居於首位的就是金融，因為金融問題是造成中國「枯竭紛亂」的根本原因。這次會議通過了《國幣條例草案》、《廢兩用元案》、《取締紙幣條例草案》、《造幣廠條例草案》等議案。[91]在一九二八年召開的全國經濟會議與全國財政會議上，決定於一九二九年七月一日起實施廢兩改元，但決議通過後並未如期實施。[92]

如何確立中國的本位貨幣是根本問題。國民政府在一九二九年提出《整理財政大綱案》，指出：「為改良幣制之目的，應確定幣制之方針」；「為鞏固金融之目的，應釐定銀行制度。」關於確定幣制方針，此案認為：「幣制握財政之樞紐，與國民經濟最有關係。我國幣制之壞，由來已久，根本之計，宜遵總理錢幣革命計劃，並確定分步進行方法。目前應計及者二端：（一）推選紙幣集中主義，銷卻舊幣，改發新幣，以發行新鈔之權，集中國家銀行；各地方由國家銀行，設立分行、分號及兌換所，以實行集中主義。（二）推行金匯兌本位，幣制之定本位用銀之說，既非世界潮流所許，而金又非我國富力所能擇。其最適用於今日情形者，第一步，廢兩改元，確定銀本位；第二步，推行金匯兌本位制度。而著手之初，當以創辦卓著之國際匯兌銀行為施行本位之飭。」此案還就建立和強化中央銀行、限制商業銀行、加強國民政府在金融方面的集中統一管理等提出一系列建議。[93]

南京國民政府與北洋政府比較，具有更多西方資本主義貨幣思想和貨幣制度知識，為西方貨幣學說在中國的運用和發展提供了實踐基礎。對於改革舊的貨幣制度，建立新的資本主義貨幣制度比北洋政府更積極。國民政府時期不僅論證「廢兩改元」的必要性，更將「廢兩改元」視作整個幣制改革進程中的一個階段或步驟，提出相應的具體措施辦法。在一九二七—三〇年間，中國發生過關於幣制改革的大討論。參加人數之眾多，涉及問題之廣泛，分歧爭議之熱烈，論述問題之深入，都是晚清、民初在歷次討論所不能比擬的。[94]參加討論的人士可大致分為三種：一是國民政府官員；二是與政府有聯繫或站在政府立場上的學者；三是站在人民立場或用馬克思主義觀點分析貨幣問題的學者。在中國貨幣制度的選擇方面，主要是支持建立「銀本位」和支持「金本位」兩大陣營。與北洋政府時期討論幣制改革不同。因為西方的影響和示範，國內各界的主流意見是實行金本位制，以結束中國在世界貨幣體系中的孤立地位。早在十九世紀中葉，清朝學者孫鼎臣等反對白銀貨幣，主張廢銀。幾十年後，梁啟超主張「虛金本位」，也是力求改變白銀的主體貨幣地位。孫中山也是主張廢棄銀本位的。南京國民政府建立之後，「金本位」陣營內部主要分成兩派。一派主張直接過渡。一九二九年二月，應國民政府之邀，美國普林斯頓大學教授甘末爾等於來華為中國設計幣制改革方案。甘末爾經過九個月的考察研究，發現中國尚沒有由中央銀行發行的唯一貨幣，而是多種形式的貨幣，主要是銀兩，硬幣和紙幣，同時流通於全國。而這三種形狀、用途、流通區域不同的貨幣卻能緊密聯繫。所以，中國當時的貨幣體系迥異於美國、歐洲、拉丁美洲，「如果說，存在一個法國，或英國，或美國的貨幣體系，那麼嚴格地說，中國並不存在這樣的貨幣體系。」[95]甘末爾於同年十一月向財政部提交了《中國逐漸採行金本位幣制法草案》，他建議的貨幣含金量與後來的關金一致，定名為「孫」（SUN），其價值相當於美金四角，英金一先令七便士，日金〇・八二五元。另一派主張採用間接過渡的辦法。孫科（一八九一—一九七三）說實行金本位制「不是政府一紙命令所能成功的。……我國對此毫無準備，暫時當難辦到即時採用金本位制。」還有人以俄國一八七六年即實行關稅徵金幣，直到一八九七年才實行金本位制，時隔三十一年的歷史為例，說明金本位制實行需待時日。[96]

在一九二七年至一九三〇年前後，南京國民政府實行金本位的傾向十分明顯。一九二八年七月，南京國民政府全國財政會做出決議：「要為最後採行金本位而努力。」[97]南京政府的決策集團甚至曾有過一次到位實現金本位，而不是先實施「廢兩改元」，再金本位的考慮。一九三〇年三月，財政部宋子文認為，甘末爾草案提出了「從混亂的銀幣狀態一躍而採用金本位的直接的方法」，表明了其支持「金本位」立場。「對於實行金本位制度，近代國人最認同的時期是一九三〇年金貴銀賤這一特殊時期，」政府宣佈海關徵銀，禁金出口，禁銀幣入口，「儘管當時還有反對意見，但是採用金本位卻是政府的主流願望。」[98]當時的輿論是，「海關兩」可以成為改變中國在世界金融市場上孤立地位的契機，進而順應世界潮流，實現金本位。一九三一年實施的金單位的含金量與「孫」完全一致。[99]一九三二年，國民政府還向美國費城造幣廠訂製了金本位銀元版模，由中央造幣廠試鑄樣幣。

一九二九年大蕭條席捲西方主要國家，影響所及，金本位被廢棄，嚴重動搖了在中國實行金本位的主張和各種方案的影響力，南京國民政府的金本位方案擱淺，再次放棄採用金本位制的機會，選擇「銀本位」。「如果不是世界金本位迅速崩潰，中國差一點擠上金本位的末班車。」[100]進一步分析：南京政府的「銀本位」決策，還基於如下原因：一，中國的白銀貨幣源遠流長，數百年來，發揮了貨幣的功能，使用面積廣泛，在民間經濟生活中根深蒂固，是國本所在。國民政府建立時，白銀貨幣地位並沒有因為國際上金本位制度的普遍建立而動搖。二，白銀的民間儲備是財富積累的重要體現。中國民間經過數百年，幾代甚至十幾代，擁有數額可觀的貴金屬儲備。特別是清末和民國以來的十五、六年間，白銀和銀幣始終是國家和民間儲備和窖藏的主體，是中國財富存量的載體。三，中國一旦實行金本位，立即會造成銀價暴跌。而且那些持有大量白銀的國家，如印度、香港和西班牙，會拋售白銀，中國作為白銀儲備大國，其代價是不可估量的。四，一九三〇年代初的中國幣制雖然多元化，甚至幣制紊亂，並沒有改變白銀是核心貨幣的地位，其他類型的貨幣，如銅幣和紙幣，最終需要在通過白銀實現其價值。五，中國國家和民間貴金屬的儲備中，金是不夠的，而金價有持續呈上升趨勢。實行金本位光就成本（包括可計算經濟成本和不可計算的社會成本）都是不可行的。[101]

八十年後的今天，看南京政府放棄金本位，還是為它捏了一把汗。如果中國那時真的實行金本位，非常可能與傳統貨幣經濟的強大慣性相衝突，導致金價狂漲，銀價猛跌，貨幣體系從混亂到崩潰。這無異於漢代王莽的貨幣改革，所幸這種情況沒有成真。

強勢國家干預

近年來，已有學者把一九二七年前後的中國金融制度劃分為兩種類型，即一九二七年以前的「自由市場型」和一九二七年以後的「政府壟斷型」。「政府壟斷型」金融制度的主要特徵包括強化中央銀行制度，商業銀行官辦化，限制自由市場等等。[102]這種分析不無道理。南京政府伊始，就實行了強勢的國家干預主義，其原因是強有力的中央集權政府有利於支持中國民族資本，加強國防建設，對抗日本的軍事威脅和侵略，推動全國接受國民政府提出的政治經濟目標。此外，孫中山的「民生主義」和「國家社會主義」理念，也是南京國民政府實行強勢國家干預主義的重要原因。[103]

一九三三年「廢兩改元」的實施和成功，也是以南京政府的強勢國家干預為前提的。其中最重要的是措施是：

強化中央銀行的地位。早在一九二四年，孫中山領導的廣東革命政府曾在廣州創設中央銀行，北伐期間在漢口設立中央銀行分行，為北伐戰爭籌募資金起過重要作用。一九二七年十月，南京國民政府成立，立即著手籌建中央銀行。[104] 一九二八年六月，北洋政府垮臺，國民黨根據全國經濟會議和第一次全國財政會議建議案。同年十月，國民政府正式頒佈了《中央銀行條例》，規定「中央銀行為特定國家銀行」，資本總額為一億元，由國庫支給，為中央銀行的正式成立作了準備。並得招集商股，但商股不得超過資本總額百分之四十九。一九二八年十一月一日，中央銀行於上海外灘華俄道勝銀行舊址正式成立。宋子文作為首任中央銀行總裁，認為中央銀行是全國最高金融機構。他在中央銀行開幕式上宣稱：「創設中央銀行的目的有三：統一國家的幣制；統一全國之金庫；調劑國內之金融。」[105]

加快金融壟斷。中央銀行成立之初，在紙幣流通量和信譽不如歷史久遠的中國銀行和交通銀行。一九二八年，國民政府改組中國銀行和交通銀行，兩行總管理處被強令由北平遷至上海，並增加官股。這是國民政府控制民營銀行的標誌。一九三二年，國民政府籌備農村金融組織。一九三三年，成立豫鄂皖贛四省農民銀行，一九三四年，蔣介石將四省農民銀行改名為中國農民銀行，並於一九三五年四月一日正式掛牌。該行資本總額為一千萬元，實收資本五百萬元，官商各半。總之，「從一九二八年至一九三三年，中央銀行的資產總額增加近十倍，存款增加近十七倍，貨幣發行增加近七倍，純益增加達六十倍。至一九三三年上半年，除了上海總行外，中央銀行在南京、漢口、天津、濟南、廈門、杭州設立了分行，在南昌、福州、洛陽、九江、蕪湖、蚌埠、鎮江、揚州、鄭州設支行，另在國內普設了辦事處、代理處，並在紐約、柏林、日內瓦、倫敦、巴黎設立了代理處。」[106] 國民政府還對其他中、小銀行民營銀行逐步侵蝕。民營銀行家與政府的「磨合」過程是痛苦的，甚至是慘痛的，包括政府、軍隊對銀行強行攤派、索取，特別是對政府公債爭相認購。[107] 一九三三年「廢兩改元」之後，錢莊進一步喪失其銀兩業務的傳統優勢。錢莊式微，也有利於國民政府的金融壟斷。

健全金融法規。一九二七年至一九三七年，國民政府依據當時發達國家的金融制度，制定相應的法津和法規體系。在幣制與鈔券發行、銀行與金融管制、外匯管理、存放款業務、匯兌儲蓄業務、特種與合作金融、綜合類等方面，制定頒佈了一百多條法規。《中央銀行法》在法律意義上確立中央銀行制度，對貨幣發行、外匯管理和金融市場的有序運作具有重要意義。一九二八年的《銀行註冊章程》確定了普通商業銀行制度，要求凡開設銀行，均需先擬具章程，呈財政部核准；核准之後，方得招募資本；再經過驗資註冊、發給營業執照後，方得開始營業；原有銀行合併或增減資本，也需要另行核准註冊，並規定「凡開設銀行，經營存款、放款、匯兌、貼現等業務，須依本章程註冊，凡經營前項之業務不稱銀行而稱公司、莊號或店鋪者，均須依本章程辦理」，把錢莊、票號、銀樓等傳統金融機構都納入統一監管。一九三一年，國民政府頒佈《銀行法》，共五十一條，體現了金融業從准入、組織、經營實行規範化的取向。另外，針對長期以來中國銀行業紙幣發行失控、準備不足的頑症，國民政府行先後制訂了有關銀行兌換券的發行、印製、運送方面的章程條例，例如《銀行兌換券發行稅法》、《交易所法》、《交易所交易稅條例》、《保險法》、《票據法》、《郵政儲金法》、《郵政國內匯兌法》等，使得銀行業務和非銀行金融業務者有基本的法規可遵循。

整頓財政體系，增加財政收入。南京國民政府通過國家立法，使財政部集中事權，成為管理監督全國財政的總機關。在稅收領域，實行關稅自主，整頓鹽稅和「裁厘改統」。後來的歷史尤其肯定「裁厘改統」。裁厘是指廢除「厘金」，或「厘捐」，它是中國近現代史的惡稅之一。厘金正式創辦於清朝咸豐三年（一八五三），原本是清政府籌措軍餉的臨時措施，是一種貨物產銷稅，徵於貨物生產、過境和落地銷售過程中，與田賦、關稅及鹽稅並列最主要的稅種。一九三一年最終裁撤，共歷時七十八年。透過建立起中央、省、縣三級財政體系，將主要稅源控制在中央手中。南京國民政府還統一了鹽政和鹽稅，並仿照歐美資本主義國家成例，對日用工業品開徵統稅。這個時期透過整頓稅制，各項稅收收入大幅增長，財政收入占國民生產總值的三%左右。

恢復關稅主權。從一九二八年七月開始，美、德等駐華公使或代辦分別與南京政府簽訂《關稅條約》或《通商條約》，在這些條約中，各國都聲明取消在中國的一切關稅特權，承認中國有完全的關稅自主權。關稅自主後，收入增加，但因銀價下跌，外債支付額加大，以關稅增收為抵押發行之巨額庫券公債本息無法支付，影響於財政金融者甚巨。有鑒於此，國民政府於一九二九年二月一日起，海關進口稅一律徵金。實行關金制度，發行關金券。[108] 為此，一九三〇年中央銀行委託美國鈔票公司負責制關金券。[109] 實行關金券制度，統一進口稅律，改善海關收入，是當時關稅自主運動中的重要部分，是中國關稅史上不可忽視的一段插曲。而且與改革幣制關係重大，是中國在實踐「金本位」方面的唯一努力，是「海關金單位的運用使外匯源源不斷地流入中央銀行，並為經營外匯和經理外債償付事宜提供了寶貴的業務經驗。顧問們希望以海關金單位作為朝向金本位幣制推進的和一步，為了那一目的而發行了關金券。」[110]

推行「國營企業」政策。南京國民政府自成立之時，就開始有步驟地廢棄自清末和民國初年的倡導私人資本主義的模式，推行國家資本主義。一九二八年，國民黨中央政治會議通過的《建設大綱草案》中規定：「凡關係全國之交通事業，如鐵路、國道、電報、電話、無線電等；有獨佔性質之公用事業，如水電、商港、市街、城市公用事業等；關係國家前途之基本工業及礦業，如鋼鐵業、基本化學工業、大煤礦等，系由國家經營之。」而金融和工礦交通業領域，成為了推行國有經濟的重心。

制定「出口導向的工業化戰略」。這個戰略在一九三一年至一九三五年之間已經形成，並成為國家共識。[111]只是因為抗日戰爭加上國共內戰，沒有成功。但是，臺灣在一九六〇—七〇年代，中國在一九八〇年代以後的經濟發展，其實都實行的是「出口導向的工業化戰略」。

復興農村和農業。一九三三年，國民政府成立了「農村復興委員會」，下設農業處，此後又在中央和地方相繼設立各種機構，先後對蠶桑、棉花、食糖、糧食、茶葉、煙草等重要農產品的銷售和某些生產加工環節實行「統制」，即統一控制。同時，國民政府還制定了統制某些外銷產品的政策，控制了部分外貿外資。特別值得一提的是：還在中共處於星星之火、且國共勢不兩立的一九三〇年代，南京政府已經形成了救濟和復興戰後農村經濟的構想。一九三五年，在贛閩邊區國共大規模戰爭結束，政府立即指導農民創辦農村合作，實現了「產權歸復」、「金融下鄉」和資本扶助，刺激和啟動了這個地區農村經濟復甦和發展，奠定了地方自治的經濟基礎。在這個過程中，農村金融系統得以重建，改變了農村資金單向流向城市和農村金融資源枯竭的趨勢。[112]

一九二七年至一九三七年，國民黨掌握全國政權的最初十年，國民經濟的年平均增長率達到八—九%，確實與國家對經濟的全面干預有直接關係。在戰前，「統制經濟」學說已經成為主流經濟思想，是朝野共識。即使如胡適代表的自由知識分子，在政治文化理念方面尚能堅持自由主義，而在經濟方面卻贊同「統制經濟」，甚至以「新獨裁主義」作為「統制經濟」的先決條件。[113]在體制內，即使有過古典經濟學訓練的宋子文，也認為「統制經濟」為世界共同趨勢。參與國家經濟決策的代表人物之一的翁文灝，其實是計劃經濟和國有經濟的支持者，是建立國民黨國有資本的始作俑者。南京政府所開始的國家對經濟的干預，是一九五〇年代「計劃經濟」實踐的先聲。

實施「廢兩改元」

自清末、經北洋政府，多次醞釀和討論「廢兩改元」，前後三十年。南京政府建立之後實現「廢兩改元」。自一九三〇年拉開序幕，一九三三年完成，前後三年。

對外國銀元和黃金實行管制。一九三〇年，國民政府施行兩項措施：一，禁止鷹洋等外國銀元進口，繼而禁止鷹洋流通。二，禁止黃金出口。導致黃金在中國降價，「中央銀行因此能夠賤價買進黃金，並把它運送出口，賺到五％或者更多的利潤。」[114]由此開始了中國二十世紀「管制經濟」的先河。

尋求金融界和銀行界支持。「一九三二年七月七日，財政部長宋子文與上海銀錢界人士進行非正式會商，說明廢兩改元的原則：（一）實行廢兩改元，完全採用銀元制度，統一幣制；（二）國幣仍然使用；（三）每元法價決定後即開始鑄造貨幣；」「七月十五日，財政部次長兼錢幣司長徐堪又與上海金融企業各界接合，徵詢各方面意見。二十二日宋子文再與銀錢界進行商榷。廢兩改元呼聲甚高，一時輿論均支持廢兩。」[115]

控制鑄幣權。中國近代造幣廠，自清末以來，頗有地方化傳統。自光緒十三年（一八九七）至民國十二年（一九二三），地方政府紛紛自建造幣廠。各省建立造幣廠，主要目的是牟利。北洋政府時期，一直以天津造幣廠為總廠，南京、武昌、成都、廣州、雲南、奉天、長沙、重慶、杭州、安慶、上海各造幣廠為分廠，各分廠儘管名曰分廠，實際上都處於獨立地位。一九二九年四月，南京國民政府頒佈中央造幣廠組織法，決定將原上海造幣廠改建為中央造幣廠，籌辦開鑄統一的國幣。一九三二年，中央造幣廠建成，鑄造銀元的技術物質條件業已具備，並定於一九三三年三月一日開始鑄造新本位幣。對其餘造幣廠，則責令嚴加整理，不具備條件者予以取消，為後來實行全國統一鑄幣打下基礎。

一九三三年三月一日，中央造幣廠正式開鑄統一標準的銀元。南京國民政府在具備了控制風險的政治能力之後，下令停鑄「袁大頭」銀元，改鑄總理新幣，俗稱「孫頭」（或稱「船幣」）。此後，國內就通行「袁大頭」和「孫頭」兩種銀元，其成色基本相同，可以通用。中央造幣廠開工，接受公眾繳來的白銀，每一百枚新銀元，按七一．五兩折合率，鑄造費用二．二五%，成色分為A字廠條，B字廠條，A是○．九九九，B是○．八八○。市場對新銀元，特別是對B字廠條的需求非常巨大。[116]

立法保障。一九三三年三月八日，國民政府《銀本位鑄造條例草案》規定一元銀幣的重量和成色標準，法定標準為上海規元七．一五錢折合銀元一元，與一九一四年頒佈的標準相近。三月十日起，上海各業開始實行銀元本位制，銀錢業取消洋厘行市。同日，海關

一九三三年三月至一九三五年六月，中央造幣廠鼓鑄新本位銀幣統計[117]

時期	重量（貝分）	成色	總額
1933.3-12	26,6971	880	28 060 918
1934.1-12	26,6971	880	70 956 464
1935.1-6	26,6971	880	33 569 016
共計	26,6971	880	

單位：銀元

稅收也改收銀元。「廢兩改元」試行從上海，然後推向各地。兩天之後，一九三三年三月十日，國民政府財政部發佈《廢兩改元令》，規定所有公私款項收付、契約票據及一切交易、一律改用銀幣，不得再用銀兩。持有銀兩者，可由中央造幣廠代鑄銀幣，或在中央、中國、交通銀行兌換銀幣。一九三三年四月五日，國民政府最終完成了「廢兩改元」在交易中的法律程序，國民政府中央政治會議宣佈於次日，即四月六日起，全國一律「廢兩改元」，中國正式進入了「銀本位」時期。

選擇實施時間。國民政府之所以選擇一九三三年三、四月間斷然「廢兩改元」，確立銀本位，並非是隨意的。至少有三個因素不可忽視：一，一九二九年至一九三三年是世界大蕭條進入末期。對中國來說，在一九二九年至一九三一年，大蕭條對中國的衝擊並非那麼直接顯著。一九三二年，中國已經從輕度的繁榮轉入初步蕭條，感受世界經濟危機的全面影響。進入一九三三年，世界經濟對中國的「滯後」作用迅速深化，國內經濟形勢逆轉。二，一九三一年「九一八」事件之後，東北淪陷，日本侵華戰爭不可避免，銀元從全國各地流入上海。上海銀元數量巨增。三，銀元和銀兩的兌換率波動。一九三二年上半年的兌換率是一百銀元兌換七十四兩白銀，到下半年是一百銀元兌換七十兩白銀。銀元價格下降和波動，不利於國民經濟穩定。所以，國民政府和民眾都對「銀元」貨幣制度寄以厚望，希望通過正式建立「銀本位」，繼續維持在大危機初期中國經濟與世界經濟相對隔離的局面，成為大蕭條的「倖存者」，甚至刺激經濟振興。遺憾的是，朝野上下在貨幣制度選擇方面，還在白銀貨幣或金銀貴金屬貨幣的歷史慣性之中，並沒有人預見到不久的將來，這個「銀本位」就會被廢除。

這個時候，期望通過貨幣改革解決經濟危機的還有美國等國家。幾乎是同時，一九三三年三月四日，美國羅斯福總統在發表就職演說稱，「我們唯一的恐懼就是恐懼本身。」其後在短短三個月時間裡，連續發佈了十六條重要的經濟振興法案，其中光是涉及金融領域的有八條之多，如著名的《一九三三年銀行法案》、《聯邦證券法案》和宣佈廢棄金本位制就是此時的決定。

對「廢兩改元」的評價

到一九三三年底，「廢兩改元」在全國範圍推行成功。從中國貨幣經濟史的角度看，「廢兩改元」完成自一四三六年明朝實行白銀貨幣經濟以後的真正轉型，實現了自明清政府、北洋政府持續追求而未及實現的目標，符合現代化和中國經濟與世界經濟融合的要求。中國接受了「元」這個概念，開始於此。「廢兩改元」還有明顯的現實意義，是對當時的中國似乎混亂繁雜的幣制所做的一次有意義的簡化工作，結束了銀兩和銀幣之間的兌換關係，改變了過去銀元價格低廉的地位，消除了銀元無常的利得和損失，使得有銀兩債務而持有銀元資產人的損失得以控制。此外，「廢兩改元」第一次在中國實行了所謂的貨幣主權。

但是，長期以來受政治史的影響，一般人對一九三三年的「廢兩改元」的評價混亂，甚至把廢兩改元與之後的法幣改革混為一談。客觀評估一九三三年的「廢兩改元」，認清一九三三年確立「銀本位」的歷史後果，至少涉及幾個方面：

「廢兩改元」改變了中國自由市場經濟走向。中國傳統貨幣經濟從春秋戰國到清代中後期，基本上沒有受過政府長期或持續的有效干預。清朝對貨幣經濟，長期實行的是自由放任政策。中國傳統貨幣經濟具有強烈的自由化傳統，或者說，中國社會本質上是一個信用合作體系之上所組織起來的社會。「管理中國的實際工作，也就是平衡稅收賬簿和地方銀行家的賬目。就連『鑄幣廠』（在這裡，銀錠按照各省習慣而鑄造），也是官員和商人的共同事業。交易無所不在。只有當饑荒和叛亂造成這一機器嚴重損毀的時候，才會動用不同於金錢的其他力量介入。」所以，中國傳統貨幣經濟在面對中國整個宏觀經濟從傳統向現代化轉變時，具有「自身慣性」和「自然蛻變」兩重性。不管有沒有政府的干預，傳統貨幣經濟也會對當時國內國際的經濟環境及其變化做出反映。不理解這個「兩重性」，就難以解釋從一八七〇年代至一九三〇年代中國貨幣經濟的複雜現象，也無法評估這期間中國政府對貨幣經濟所起的作用。自一九三三年的「廢兩改元」後，中國與自由經濟分離。中國數千年來的放任自由的貨幣經濟傳統伴隨著銀本位的確立而結束。進入一九三〇年代，由於中國民間金融機構與政府有著千絲萬縷的聯繫，又與工商界休戚相關，大勢所趨，成為「廢兩改元」的重要推手。中國銀行最早就主張和支援「廢兩改元」，影響舉足輕重。[118]歷史證明，中國民間金融機構為這樣的選擇付出了巨大代價。在南京政府成立之前，中國已經捲入世界經濟體系之中，現代自由市場經濟雛形在中國大體成形。即使在軍閥混戰的環境下，外國資本競爭減弱或增強，都沒有改變中國經濟發展的大勢。[119]但是，這次確立「銀本位」，改變了中國自由市場經濟的走向。

「廢兩改元」打亂了適合中國國情的貨幣體系。如何看待中國自十九世紀末一直到「廢兩改元」之前的貨幣制度狀況，長期以來的主流看法是「混亂的幣制」或「繁雜的幣制」。表面上看，這種說法似乎是成立的，因為銀兩名稱複雜，成色不一，標準不一，銀元來源複雜，會給經濟運行和人民生活確實帶來不便，增加了兌換和交易的成本。但是在這些表象背後，主體貨幣始終是銀兩或銀元。中國幅員遼闊，區域發展不平衡，二元經濟，地方割據，貨幣需求層次不同，所以，唯有所謂「混亂的幣制」或「繁雜的幣制」，才可以適應中國國情下的貨幣需求，這正是傳統貨幣經濟的慣性和「反應」。在一九三三年之前，中國金融市場主要在國內金融機構的控制之下，農產品貿易和國內銀行的關係非常緊密。因為中國傳統的金融機構容易滿足城鎮和農村的各類需求。在錢莊和當鋪之間有著緊密的關係。一九三三年的廢兩改元，以及之後的法幣改革導致的貨幣制度，雖說比舊的傳統體系相對發達，但是卻疏忽了農村社會的金融。[120]

「廢兩改元」未能滿足國內貨幣需求。當時中國經濟擴張迅速，對貨幣的需求增大。一九一〇年與一九三五年相比，中國貨幣供應量從一八・七三億元增加到五九・〇四億元，增長了近三倍。[121] 但是，直到一九三五年六月，中央造幣廠鑄造的銀幣數額加上廠條總共不到一・九億元，無法滿足在全國成為統一的流通貨幣的目標。此外，銀本位沒有相應的輔幣也是制度性缺陷。[122]

「廢兩改元」開始了國家控制貨幣經濟的先河。一九二七年之後，政府控制貨幣經濟與「政府壟斷型」幾乎是同義詞。政府開始逐漸透過中央銀行或財政部門直接干預金融市場，商業銀行官辦化，貨幣經濟二元化，以致金融市場分裂。

「廢兩改元」違逆時代貨幣制度潮流。一般認為，「在第一次世界大戰前的五十年中，黃金取得了最後勝利，才結束了白銀的這種地位。」[123] 一九三三年，在中國實行「廢兩改元」、確立「銀本位」之時，放眼世界，不論是金本位、還是銀本位、以及金銀複本位的全球性黃金時代已經完結，放棄金屬貨幣（金本位）是潮流。從國際大勢來看，「廢兩改元」不僅可行性研究不充分，姍姍來遲，而且「節氣已過」，是逆時代貨幣制度潮流的。中國在這個時候建立銀本位，作為世界上「銀本位」國家，無疑晚了，甚至太晚了，從一開始就預示了乖舛的命運。

全權大蕭條在一九三三年波及中國，國際白銀價格節節上漲，中國經濟困境全面顯現，蕭條的種種徵兆暴露無遺。此時的「廢兩改元」，並不能有效抑制和化解中國日益惡化的經濟形勢。不僅如此，「廢兩改元」實施的同時，已經暴露出其顯而易見的局限性。兩年半之後，一九三五年，國民政府不得不廢棄銀本位。從此，中國貨幣制度的變革進入過於保守，或過於激進，或「陰差陽錯」的時期。

一九三五年：法幣改革

一九三五年十一月四日，針對全國性金融恐慌加劇，時任中華民國財政部長的孔祥熙發表《關於發行法幣的宣言》，宣佈廢除銀本位，中央、中國、交通三家銀行發行不兌換紙幣為法幣，在全國流行。國民政府在一九三三年四月實行「廢兩改元」，確立銀本位的時候，不論是中國的決策集團、金融家、學者和民眾，還是國際社會，沒有人預期到在僅僅在一年半之後會徹底廢除銀本位，發行不兌換紙幣，即法幣。如果說「廢兩改元」是實現自晚清以來幣制改革的核心目標，來自中國貨幣經濟自身的動力，是政治和經濟兩種勢力結合的結果；那麼，法幣改革用信用貨幣制度替代銀本位，徹底結束了中國傳統金屬貨幣時代，是中國國情適應國際貨幣經濟潮流的跳躍式進步。中國進入現代貨幣經濟時代。

在中國現代史中，一九三五年不僅和幣制改革聯繫，還有若干事件，對中國後來走向意義重大：一月十五日，中國共產黨的遵義會議，確立毛澤東的領導地位；十月十九日，中國共產黨領導的紅軍，經過一年的長征，抵達陝北吳起鎮；十一月一日，行政院長汪精衛被刺；十二月九日，北京發生「一二．九」學生運動。

白銀：不可控的外生變項

中國產銀不豐，中國的白銀儲備向來依賴國外輸入，自一八八八年至一九三一年共達一〇．三七億盎司純銀，其中大部分進口時間是從一九〇〇至一九三〇年代。自一九一八年，中國成為純銀進口國，一九二八年至一九二九年，中國成為世界最大的白銀進口國。一九二九年，即全球性的經濟危機發生的那一年，中國的白銀消費占全世界白銀消費的四〇%以上。

一九三二年以後，中國的白銀流向倒轉，這之後十年，每年都是白銀淨出口。白銀離開了中國就不再是貨幣，而是一種商品，其價格的漲落取決於在國際市場上的供需變化，而且白銀價格需要透過黃金顯示。中國的對外匯價是基於外匯指數與國際銀行計算而得的所謂「理論平價」。一方面，中國白銀的年積累量和大量進口，是世界銀量變化的根源。另一方面，世界性白銀匯率升落，又直接影響中國白銀的流入和流出數量的增減變化，亦即作用於物價水準。甚至可以說，金本位國家的物價透過白銀價格變動機制，決定了中國的物價。國際市場銀價低落的時候，白銀就會湧入中國，入超劇增；反之，銀價提高，白銀又大量流向國外，造成國內金融枯竭，通貨緊縮。工業革命、世界大戰、經濟大蕭條，各國頻繁而普遍的貨幣制度改革，新的金礦、銀礦的開發和冶煉，金銀比價和相對購買力的變化，都構成了對中國白銀貨幣經濟的外部衝擊。

中國無法擺脫白銀的國內需求依賴國外進口的局面，世界銀價

一九二九年世界白銀消費量分佈（百萬兩） 124

中國	121
印度	100
香港鑄幣用	16
世界其他國家地區鑄幣用	20
美術及工藝用	50
總計	307

的變遷自然對於中國的幣制及其經濟影響甚巨。中國不易扭轉對白銀市場定價權的被動處境。加之當時的中國處於自由放任傳統和開放經濟，政府沒有能力控制貨幣供給。所以，白銀為主體的貨幣供給是不可控的「外生變項」。一九三三年的「廢兩改元」和確立銀本位，對改變當時中國貨幣的「外生」性質沒有多大作用。

美國白銀政策

一九三〇年代大蕭條，美國的貨幣經濟，特別是美國一九三四年白銀政策，對中國貨幣經濟制度影響至深，致使中國政府在一九三五年實施貨幣改革，徹底廢棄剛剛確立的銀本位。美國的白銀政策源遠流長，幾乎是美國的「國本」。這是因為：

美國長期實行「金銀複本位貨幣體系」。美國建國以來，經濟和人口膨脹過快，光是依賴金或銀都不足以滿足貨幣需求，所以，實行黃金與白銀並存的貨幣複本制度。美國的白銀資源比黃金豐富穩定。白銀很早就在美國成為合法貨幣，始於《一七九二年鑄幣法案》。直到一八七三年以前，美國名義上實行的是複本位制，實際上實行銀本位制。因為《一八七三年鑄幣法案》在立法上宣佈放棄銀本位，實行金本位，這種情況徹底改變。六年之後的一八七九年，美國政府正式實施金本位制，確定一盎司黃金為二〇．六七美元。美國之所以採用黃金為本位貨幣，主要是擔心白銀引起的通貨膨脹，因為白銀的生產較容易。白銀本位的取消，使白銀相對美元的價格大幅貶值。

儘管如此，白銀在美國實際生活中的影響力持續了很久，美國高度重視白銀儲備。一九二〇年代，美國財政部已經擁有高達六十多億盎司的白銀，大致接近二十萬噸的龐大儲備。在重視白銀儲備的同時，也非常在意金銀比價，因為唯有維繫穩定的金銀比價，才可維持美元價值的穩定，特別是美元與英鎊的匯率，避免因為金價升值導致的外流和通貨緊縮。因為美國黃金儲備不足，主要手段是透過大量購買白銀，提高銀價，穩定金銀比價。而且，也不會出現美元與金本位制國家貨幣匯率的變化。第一次世界大戰中，歐洲參戰國家為了戰爭赤字融資，通貨膨脹上升，經常帳戶赤字飛漲，導致了大量黃金儲備流向美國。歐洲國家的黃金儲備枯竭，被迫放棄金本位制，而美國成功地對沖了流入黃金的影響，沒有出現歐洲的高通貨膨脹率。在一九三〇年代，美國的貨幣白銀儲備對貨幣黃金儲備的比率，從來就沒有超過一比五。[125]

美國是生產白銀的大國。在美國國內，白銀對國民經濟的貢獻有限，並不佔有很重要的地位。

一九三四年白銀產值不過三千兩百萬美元，少於花生和馬鈴薯的產值，比小麥和棉花的產值就更少了。但是，從全球角度觀之，卻是另一番景象，在一九三〇年代，「世界白銀

一九二〇—三〇年代的全球白銀生產、分佈與消費[126]

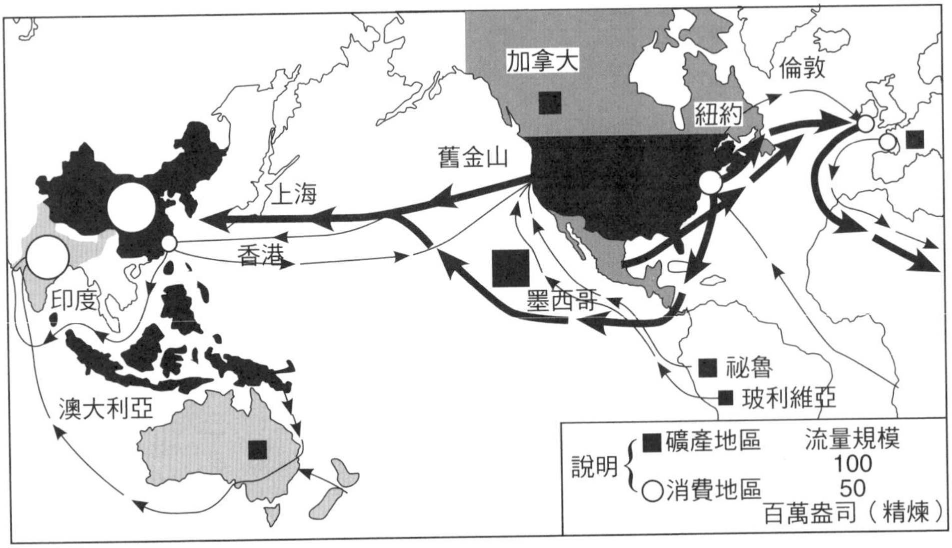

產量的三二%產自美國，世界銀產量的六六%由美國支配，加拿大銀產量的三四%、秘魯的八七%、中美洲的八九%、智利的八三%均為美國資本。」[127]

一九二九年大蕭條的劇烈影響。一九二九年大蕭條引發了白銀價格大跌的態勢：一九二八年每盎司白銀五十八美分，一九三〇年下降到三十八美分，一九三二年下半年更是下降到二十五美分。[128]這種情況下，不僅損害了美國白銀集團利益，而且動搖了美國貨幣體系中的白銀傳統地位。美國的問題是：雖然通貨膨脹沒有發生，取而代之的卻是更為可怕的通貨緊縮。為了克服通貨緊縮，恢復白銀的地位，必須扭轉白銀價格持續跌落的局面。正是在這樣的背景之下，美國的白銀集團展開了抬升白銀價格的遊說活動，例如召開國際會議、要求政府按高於市場的價格購買和儲備白銀、鑄造和發行銀幣等，但這些遊說活動在胡佛總統的任上並沒有取得什麼效果。

白銀國有政策。在美國歷史上，白銀是一種政治。白銀問題是美國一八九六年美國總統競選中的重要內容。[129]白銀對於生產比較集中的西部七州（猶他、愛達荷、亞利桑那、蒙大拿、內華達、科羅拉多和新墨西哥州）關係重大，這七個產銀州的參議員控制了參議院中七分之一的投票權。以這些州的議員（尤其是民主黨議員）為核心，再包括銅、鉛、鋅等以白銀為副產品的生產者就形成了所謂的白銀集團（silver bloc），美國政府和政客發現只有取悅白銀集團，才有可能順利通過其他的政策或法案。

一九三一年，金本位制瓦解，白銀價格反彈，一九三四年達到歷史高點。推動白銀價格上漲的因素，包括市場因素和政府因素，以及兩者的混合作用。因為黃金價格下降，白銀相對價格上漲，是市場所為。而某些國家調整白銀政策引發白銀需求的擴張，拉動白銀價格的上升，則屬於政府行為。三〇年代大危機，使得美國意識到只能以貨幣供給擴張手段幫助經濟復甦，所以決定增大白銀儲備相當於黃金儲備的比率，維持白銀高價格。一九三三年三月四日，金融危機依然籠罩著整個美國，羅斯福就任總統。一九三三年四月，羅斯福簽署一項行政命令，宣佈美國公民持有金幣、金塊或黃金證券為非法。聯邦政府沒收本國公民的黃金。政府停止美元兌換黃金。[130]一九三三年八月，美國宣佈白銀國有，放棄金本位，貨幣準備金改為金三銀一。美國繼英鎊和日元貶值之後，宣佈美元貶值，刺激了國際市場白銀價格上漲。[131]同時，美國政府制定一系列與「白銀政策」，有關的法令包括一九三三年十二月的《銀購入法》。[132]羅斯福宣佈美國廢除金本位，實際上就是回歸「銀本位」，其他主要貨幣都可以自由兌換成白銀。從直接投資和資本輸出而言，白銀價格上漲，對白銀充足的美國大為必要。無疑，美國是這個時期白銀價格上漲的始作俑者。

《一九三四年購銀法》。一九三四年六月十九日，美國總統羅斯福，在美國國會白銀集團壓力之下簽署了《一九三四年購銀法》。[133]該法案命令財政部部長在國內外購買白銀，直到每盎司白銀的市場價格達到一．二九美元為止，或者，直到財政部持有的白銀儲備的貨幣價值達到黃金儲備貨幣價值的四分之一。一九三四年的《購銀法》是符合美國利益的，卻違背了一九三三年七月倫敦世界經濟會議通過的《世界白銀協議》，這是包括美國、中國、印度等八個產銀或用銀大國達成的協議，以控制白銀的市場供給量，穩定世界的銀價。其中規定美國政府每年購銀不超過三千五百萬盎司，中國則不出售一九三四年至一九三七年銷毀銀元所得之白銀。[134]這個《協議》在很大程度上增強了中國政府對銀價穩定的信心，導致中國在一九三三年冬天確立銀本位。受美國《購銀法》的影響，國際市場的銀價應聲上漲，一九三四年底世界銀價比去年上漲二六．七％。[135]一九三五年四月曾暴漲到每盎司白銀八角一分美金的最高峰。以後銀價雖有所下跌，但在相當長的一段時間裡仍維持在六角五分美金這一水準上下。[136]

中國高度關注、警覺美國白銀政策。在美國的《一九三四年購銀法》處於美國國會中討論時，中國的銀行公會就致函羅斯福，明確表示反對，認為該法一旦通過，必將導致世界的銀價上漲，會導致中國國內的白銀外流和金融危機。[137] 美國的主流看法卻是，中國的人口和白銀需求量都是世界最多的國家，提高銀價就是提高中國的對外購買力，刺激中美貿易擴大，有利於美國產品進入中國大市場，緩解美國的經濟危機。然而，事實並非如此。

一九二九—三五年：世界危機下的中國經濟

在一九二九年至一九三三年的世界經濟危機中，全球金融市場完全處於失序狀態，股票暴跌，銀行倒閉，信用危機，企業也隨之大量破產。一九八〇年代後，很多學者贊同用「金鐐銬」（the golden fetters）假說解釋一九二九—一九三一年的全球大危機。所謂「金鐐銬」是指自一八七〇年代到一九三〇年代，流行於世界的金本位制度。實際上可以等同於固定匯率制度。通過金鐐銬的機制，商業危機、金融危機、銀行

一九二九年世界大蕭條對中國影響方式 [139]

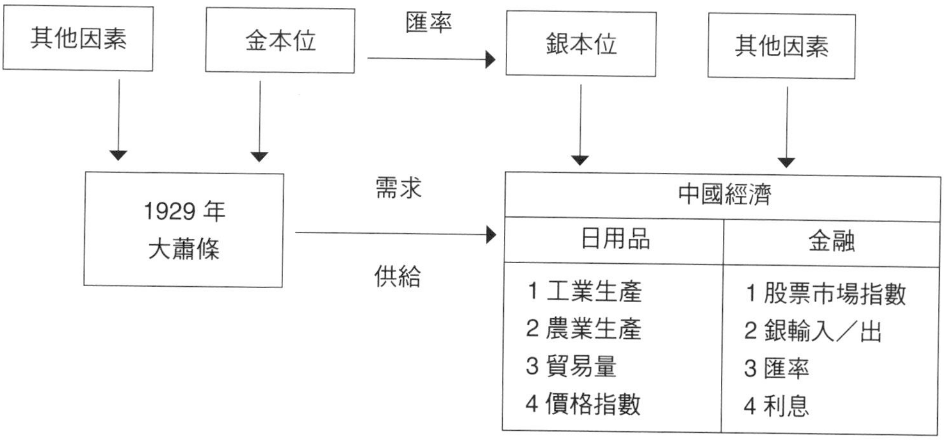

恐慌可以迅速國際傳播。[138]在一九二九年至一九三五年期間，生產水準、貿易平衡、匯率、銀價以及批發價格的相互關係及其變動，是理解中國當時經濟情況的四個重要變項。中國因為不是金本位國家，經歷了從「得以倖免」、甚至受益到深受其害的三個不同階段：

第一階段：一九二九年至一九三一年。中國白銀貨幣體系為中國經濟與世界大蕭條的防火牆或是「救生艇」。銀本位制度的貢獻是：造成世界大危機的波及時間滯後了兩到三年；隔絕和緩衝大蕭條的衝擊力度。

在一九二八年至一九二九年，許多國家減少或停止白銀鎔造銀幣出售，工藝和藝術對白銀的需求銳減，增加了世界白銀的供應量。中國成為世界最大的白銀輸入國。一九三一年，中國約有十七億枚銀元在流通。按每枚銀元重〇・七五五盎司折合，等於十二・八億萬盎司白銀，其中約有八五％是民國以後所鑄銀元。[140]這個數字（不包括銀元寶和銀條）在一九三〇年至一九三三年達到高點。

中國的白銀輸入主要透過三種管道：一，外國直接投資比重上升，一九三〇年達到七二・九％。[141]二，僑匯流入擴大，一九二八年僑匯為二・五億元，一九三一年僑匯達到三・五七億元。[142]三，出口貨物處於有利的競爭地位，貿易順差。如果以一九二六年進出口和貿易入超指數為一百，一九二九年至一九三一年，平均每年增長率是二・四二％，貿易入超指數的增值率是四一・一三。[143]中國不僅實現國際收支平衡，在一九三〇年至一九三一年間，還有國際收支盈餘。一九三一年，南京政府實施海關「徵金」也是以貿易景氣為背景的。關稅收入增加，保證償付外債資源，「以關稅及退還庚款作擔保的內債、庫券本息，均如數償付。」[144]

一九二八年至一九三二年，國際銀價連續下跌，幅度超過四〇％，跌勢比一八七〇至一八九〇年還嚴重。世界性白銀價格跌落，中國銀元嚴重貶值。即含銀量偏高的中國銀元匯率卻相對於外匯下跌，中國銀元發生票面意義上的貶值。或者說，中國銀元升值速度慢於國際市場銀價的上升速度。在一九二九年外匯市場上，中國銀元等於八又二分之一英鎊（〇．四六美元），一九三一年貶值到十分之一英鎊（〇．二二美元）。這是從未有過的最低紀錄，對當時中國經濟產生了「積極」影響。

白銀供給充裕，游資充斥，熱錢導致信用全面擴張，推動資本資產升值。不論是貸款還是存款的利息全面下降，銀行信貸寬裕。低利貸款刺激商業和製造業。而政府和企業得以發行債券。「一九二七—一九三一年內債收入占到政府全部債款收入的八〇—九〇％。」其中很大比例是在這個時期發行的。[145]一九二七年，上海股市成交額是二．三九億元，在西方國家股市崩盤的一九二九年，股市成交額卻跳躍到一四．一八億元，一九三〇年二四．三四億元，一九三一年三九．二一億元。一九三一年的上海證券交易所的價格指數攀升到戰前最高點。[146]土地價格從一九二八年至一九三〇年進入高速增長區間。以江蘇武進縣為例，土地價格指數一九一〇—一九一四年為一百，一九二八年是三百，一九三〇年達到三百五十。[147]一九三〇年，上海房地產交易額為八千四百萬銀元，上升到一九三一年的一．八三億銀元。上海中心地段地價增長最快。從一九二四年每畝大約六十餘萬銀兩，一九二七年接近八十萬兩，一九三〇年超過一百二十萬兩以上。[148]

中國銀元貶值，使得一九二九年至一九三一年的中國經濟呈現景氣，甚至刺激了今天所說的「泡沫經濟」。中國以銀元為標準的物價，在一九二九年至一九三一年上升了四分之一以上，一九三一年後半年達到最高峰。中國面對的是通貨膨脹而不是通貨收縮，成了當時世界上幾乎是僅有的物價不跌反漲的國家，經歷了一次溫和的通貨膨脹和溫和的增長。[149]後來的經濟發展證明，這段時間的通貨膨脹還有「價格革命」的功能。因為銀價和銀的供給的變化，要求中國改變傳統的成本概念，以世界經濟為參照系，提高生產要素的價格。其結果是加大、加深中國商品文化和貨幣化的程度，加速傳統經濟的衰落和轉型。當時中國是個典型的農業國，在價格普遍上漲中，糧價上升意味著白銀回流和散落到農村，農業有一定利潤，以致土地稅的實際負擔減輕。農村地區曾是上海白銀淨流入的受益者。商品經濟日益發達，自然經濟逐漸解體，地租貨幣化，農民與市場的關係愈來愈密切，農產品自用部分比較出售部分，呈現下降；而農家生活資料中購買部分比較自給部分，出現上升。[150]

在這個階段，世界銀價跌落，中國銀元貶值，大量白銀輸入中國，出現「金貴銀賤」，黃金升值，發生黃金投機引發的黃金大量輸出，而銅幣卻有效緩衝了世界大蕭條對中國經濟的影響力度。如果中國沒有銀本位制度的話，肯定無法逃脫「金鐐銬」的，世界大蕭條對當時中國的衝擊會是毀滅性的。[151]一九三〇年代以來，一些學者開始關注和研究相關中國銀本位和世界大蕭條的關係。費雪（Irving Fisher）指出，「在一九三〇—一九三一年上半年間，中國價格處於一定程度的上升狀態。而這種狀態是與白銀有關……，與白銀本位聯繫在一起……。所以沒有出現其他地方那樣的通貨緊縮。進一步說，銀價的下跌，導致進口成本的上升，刺激了地方工業。如同實施保護關稅一樣。」[152]弗里德曼和舒爾茨（Anna Jacobson Schwartz）在一九六三年指出，以金為價格的銀價下降，導致中國銀元的匯率貶值。這種影響隔絕了中國自身經濟和世界性的蕭條。因為，以銀表示商品價格可以維持幾乎相同的狀態。這樣，從一九二九年到一九三一年，發生席捲金本位世界的大災難對中國內部幾乎沒有衝擊。這種情況如同一九二〇年到二一年的德國，其間，德國因為實行浮動匯率，隔離於惡性通貨膨脹。當然，弗里德曼和舒爾茨的理論需要證據，這種動態機制也需要被驗證。[153]邁爾（Ramon Myers）在一九八九年描繪了三〇年代世界危機過程中不同的中國圖象，包括大蕭條最終還是導致了中國在一九三一年以後的經濟收縮，價格嚴重下降，白銀劇烈外流。懷特（Tim Wright）在一九九一年提出，世界的蕭條對中國的影響是不平衡的，相較於發達地區和現代產業，那些與現代經濟分離或處於斷層狀態的區域，例如長江上游或雲貴地區，以及那些比較傳統的部門，只受到間接而微弱的衝擊。懷特在二〇〇〇年還寫道，白銀制度還為中國提供了一種避免政府干預的保障。[154]需要提及的是，凱恩斯在一九二四年就嚴詞批評金本位制度。世界的貨幣經濟最終還是按照凱恩斯的預見發展，即貨幣與貴金屬分離，但是由此卻損失了自由經濟制度的基礎。因為，國家成了控制貨幣體系的主體。後來，凱恩斯主義中關於強調政府財政政策的主張，其實奠基於三〇年代大危機之後新的貨幣體系。

第二階段：一九三一年至一九三三年。一方面，中國仍是白銀輸入國，「從一九三一年到一九三三年由加拿大、美國、墨西哥運往中國的白銀占這些國家白銀輸出總額的百分之四十五。一九三三年底上海白銀的存貨（四萬三千九百三十四萬盎司）要占這一年全世界白銀產量的二・六九倍。」[155]另一方面，國際大環境改變，世界經濟危機的影響及於中國，雖然是有點姍姍來遲。一九三一年九月是中國多災多難的開始：英國迫於美國金融市場信用危機的衝擊，以及德國等國停止償付債務的影響，在這個月宣佈放棄金本位，其他一些與英鎊掛鈎的國家也先後放棄金本位。這個月的十八日，日本發動「九一八事變」，佔領了中國自然資源豐富和已有相當工業基礎的東北。同年十二月，日本宣佈禁止黃金出口，之後不久，頒佈法令停止銀行券與黃金兌換，正式脫離金本位，實施金匯兌本位制，實現日元大幅貶值。日元相對於英鎊下跌四八％，對印度、緬甸、泰國等國匯率自然跌落，特別是與中國銀元低落幅度達一五〇％之巨。[156]美國雖然拖延了四年，在一九三四年四月宣佈用不兌現的信用貨幣制度。

發生世界性的金本位制度瓦解，是國家行為所致，等於對本國貨幣實行貶值，導致黃金需求減少，黃金價格下降，引發相對於黃金的白銀價格上升。一九三二年銀價是每盎司〇・二四美元，一九三三年上升到〇・四五美元。[157] 世界貨幣體系的突然變化，金價下降，銀價上升，強烈地影響了中國銀元在國際市場上的兌換率。集中表現為中國銀元升值。

就在世界銀價上揚的一九三三年，中國實施「廢兩改元」，確立銀本位制，繼續對白銀實行自由流入和流出體制。所以，購買中國銀元，再合法地融化成白銀，透過國際市場套購，利潤空間巨大，刺激中國銀元外流。

上海本來是中國金融中心，來自中國和世界各地的白銀注入上海，支撐中國經濟運行。一九三一年之後，流入上海的白銀，不再流入到本國市場，而是從上海流失國外。一九三三年，上海已經是白銀純輸出口岸。

中國白銀價格回升，在造成銀元外流的同時，對進出口影響至深：出口成本上漲，出口銳減。而且，當各國進口貿易因經濟恐慌趨於縮減之際，中國的進口貿易卻逆向擴大，不得動用黃金和白銀以支付超過出口的進口，加劇中國貿易收支逆差。其中，一九三一年的世界農產品市

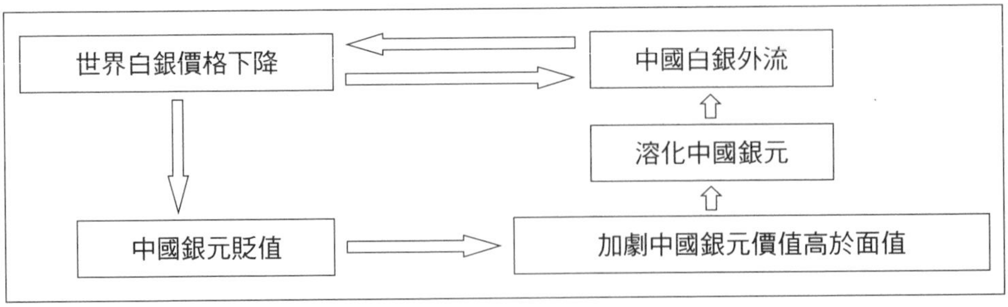

場價格爆跌，國際市場萎縮和通貨緊縮對中國衝擊最大，導致中國原本出口的原棉、小麥、糖、絲以及大米在內的初級產品市場崩潰。而農產品出口萎縮，又會反過來減少白銀流入，加劇了白銀供給不足。中國國際收支因為這樣的循環而急劇惡化。此外，中國白銀價格回升，還會造成外國直接投資減少、僑匯匯入急劇下降。

中國銀根緊縮，負面後果立刻顯現。首當其衝的是農業、農村和農民問題。農業出口減少，價格低廉的海外農產品，例如洋米、洋麥、洋面、棉花等產品的大量進口，引發同類的國產農產品價格下跌。農產品價格下降，農民出售農副產品的收益增長率隨之下降，有限的收入為購買其他生產資料和消費資料的物價上漲所抵消，甚至為負數。不僅如此，當時的原材料價格變動不及製造品來得快，或者說，工農業產品處於不等幅跌價狀態，工業品降價速率慢於農產品，工農業產品價格剪刀差擴大。在工農業產品交換中，農產品處於不利地位。[158]不是白銀從城市流入農村，而是農村貨幣急劇流失。農村金融機構崩潰，農村遭遇現金和信貸雙重缺乏，農村貿易惡化，農業全面破產。農民得不到為支付生活必需品、稅收、租金和利息的貨幣。在農業商品化程度高的地區的農民，所受的傷害尤其劇烈。中國是一個「典型的前工業社會」，農業和農村衰敗，農民貧困程度加深，意味著國內市場喪失主要購買力，社會總需求大幅萎縮，整個國民經濟加速走入衰退。[159]

在這兩、三年中，儘管中國銀價升值速度和幅度低於世界平均水準，仍然造成價格整體水準的低落，蕭條替代景氣，民眾很快感覺到危機深入生活。一，價格水準下降。上海批發指數從一九三二的一一・三%降到一九三三年七・七%。[160]二，利率上升。製造業（特別是農產品和農產品加工業）的資本成本提高。三，資本市場衰落。上海股市成交額從一九三一年的三九・二一億元下降到一九三二年的九・〇一億元，即使考慮到淞滬戰爭的影響，也超出合理範圍。一九三三年反彈到三

二．一九億元，還是低於一九三一年水準。161 一九三一年至一九三三年，上海債券市場嚴重蕭條。從一九三三年，房地產業進入停滯。四，財政陷於困境，財政赤字持續增長。以關稅擔保的國庫券價格急劇下降，沒有能力償還舊債，也不可能舉借新債，政府迫使銀行和其他債券持有人接受所謂的債權清理。

中國共產黨及其武裝佔據的根據地即使是在經濟不發達地區，也不能逃脫一九三二年開始的全面經濟危機。「一九三二年中國的白銀開始外流，內地白銀流向城市，城市白銀流向國外，根據地也發生了現金缺乏的問題。」根據地「政府」為此實行了嚴格的管制並把藏匿現金，偷運現金出口視為「反革命行為」，嚴重者可判處死刑。162 一九二九—一九三三年的經濟危機，對中國經濟生活影響之深之廣，由此可見一斑。

總之，一九三二年的中國，因銀本位在大蕭條中優勢完全喪失，銀本位的負面效應開始顯現，白銀從入超變為出超，銀本位貨幣制度與國民經濟其他部門的均衡關係徹底被打破。中國在貨幣經濟制度方面已經無法再「獨善其身」，面臨維繫或放棄銀本位的兩難選擇。

第三階段：一九三四年至一九三五年。一九三四年上半年，在美國總統羅斯福簽署了《一九三四年購銀法》之前，中國白銀的外流之巨之快，已經難以控制。而美國《一九三四年購銀法》公佈，立即刺激了世界白銀價格上漲。對中國業已嚴重的白銀外流是「火上澆油」，引爆了從一九三四年夏季至一九三五年的「白銀風潮」。中國成了美國《一九三四年購銀法》最直接和最大的受害者。

由於中國銀元價格嚴重低於海外銀價，中國銀元所含貴金屬價值，超過其貨幣面值，即使加上販運出口運輸成本，仍有盈利空間，投機商、冒險家為了從中國出口白銀的高額利潤而趨之若鶩。

一九三三年，中國白銀出超已經一．四四四億元，一九三四年，出超竟高達二．五六七億元，這個數字還未包括走私出口在內。[163]一九三四年的白銀流出態勢是鴉片戰爭時所不及的，為過去五百餘年所未有。

從事從中國輸出白銀的主力是外國銀行。外國銀行將中國白銀運往倫敦、紐約等地高價出售，再將所售得的外幣帶回上海，不惜以二分重利重新套購白銀再次外運，以攫取暴利。一九三四年五月至十二月，外國銀行的存銀從二．五七億元下降到〇．五四億元，在中外存銀總額中的比重從四三．二九％下降到一六．三一％。某些洋商銀行庫存幾乎被搬運一空。其中，滙豐銀行減少九四％，麥加利銀行減少九七％，花旗銀行減少了六八％，橫濱正金銀行減少了八六％，東方滙理銀行減少九六％。光是一九三四年八月二十一日一天，滙豐銀行就以英國郵船「拉浦倫」號，從上海出口的白銀數額是一

一九三四年紐約銀價和中國白銀入、出超情況[164]

	紐約銀價（美分／每盎司）	中國白銀出超（千元）
1月	45.19	（+）1,783
2月	45.23	1,567
3月	45.87	（+）867
4月	45.18	14,764
5月	44.23	2,147
6月	45.16	12,936
7月	46.32	24,308
8月	48.99	79,095
9月	49.48	48,140
10月	52.37	56,332
11月	54.25	未詳

注：（+）為白銀入超，其餘均為白銀出超

千一百五十萬元。[165]還有一種記錄：在中國未宣佈白銀出口加徵平衡稅之前，一九三四年四月，上海華商銀行和洋商銀行的現銀庫存總計五．九四億元以上，到了同年十二月，庫存三．三二億元，淨減少二．六二億元。[166]就國家而言，日本是將中國白銀運出的重要國家。在一九三四年十一月和十二月間，日本正金銀行多次向中國銀行突擊購買外匯，增加中國維持滙價壓力。對於一九三四年夏季開始的「白銀風潮」機制，由下圖可見：

從中國大規模非法走私白銀，加劇了白銀外流的速度和總量。一九三四年走私出口的白銀大約在七千萬元。[167]一九三五年，走私出口的白銀上升到一．五億元至二．三億元之間。這種情況一九三六年還在繼續。[168]據估計，自一九三二年至一九四一年，出口加走私的白銀數量為十一億五千五百萬盎司。日本是從中國走私白銀的主要國家，利用中國銀價每盎司四〇．五美分與世界銀價六十五美分的差價牟取暴利，並在倫敦等地出售，以支持其軍事費用和穩定日本的幣值。日本浪人甚至在華北進行大規模的武裝走私白銀。[169]

一九三四年至一九三五年，世界大多數國家都開始從大蕭條走向復甦，世界銀價卻繼續「居高不下」。一九三五年四月，

「白銀風潮」的機制

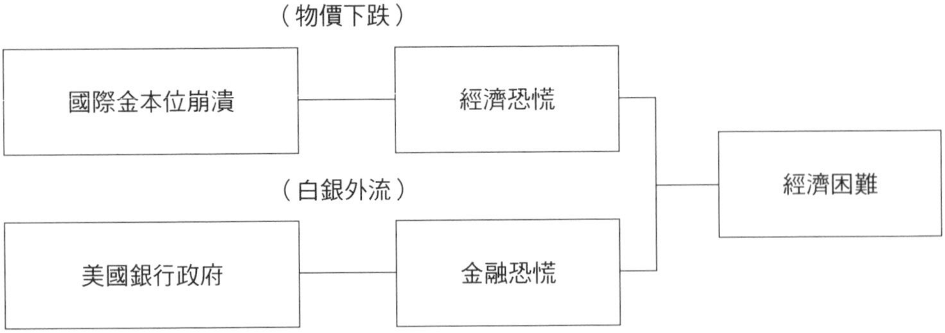

紐約銀價高達〇．六七美元。一九三五年八月，美國白銀國有化，進一步推動白銀價格上漲。[170]為了緩和中國白銀外流的情況，避免中國經濟崩潰，西方主要國家政府先後實行本國貨幣貶值政策，企望中國銀元對各國通貨（紙幣）匯價上漲。[171]但是效果有限，國外銀價超出國內銀價的幅度仍然大於五〇％，難以縮小白銀外流盈利的空間。

中國的經濟情況與西方國家大為不同。一九三四年，中國經濟進入蕭條。進入一九三五年，中國已經陷於全面經濟衰退，美國《一九三四年購銀法》對中國經濟的骨牌效應全面顯現，形勢壞到不容再拖的地步：白銀存底繼續減少、通貨緊縮、利率上升、公債跌價、銀行倒閉、物價下跌、企業破產、失業增加，而且涉及貨幣經濟的主要環節，其嚴重性和複雜性超出預期。具體而言：一，民眾恐慌愈演愈烈，擔心通貨與白銀之間的紐帶可能切斷，通貨不能兌成現銀，出賣白銀、換購黃金、將鈔票兌換現銀。一九三五年初，政府為了加強民眾信心，不得不進口了幾批白銀，沒有效果。二，農民和農業惡化，蕭條的衝擊是不平衡的，「它首先在農村地區內表現突出。農產品和農業原料價格的跌落，要比工業產品價格的跌落來得迅猛。」加上天時不利，使得中國鄉村從一九三一年到一九三四年發生了經濟大衰敗。「以流通價格計算，從一九三一年至一九三四年間，中國國民生產總值中，農業產值下降了四七％。」[172]當時農民占中國人口超過八〇％，農產品約占國民產品總數的三分之二，農村和農業的蕭條動搖國本。三，中國銀元相對各國通貨的匯率提高，外貿出口成本上升，出口額銳減。中國出口淨值在一九二九年是十億關兩以上，一九三一年九億關兩，一九三二年急轉直下，到四．九億關兩，一九三三年三．九億關兩，一九三四年三．四億關兩，一九三五年三．六九億關兩。一九三五年出口淨值相對於一九二九年，跌幅在六〇％左右。[173]三，廉價進口貨物湧入中國市場，國產輕工業品受到壓迫，即使減價傾銷，仍無市場，工廠減產、倒閉。中國關稅增長速度達不到匯率降低速度，傢具外貨傾銷，加速白銀大量外流。四，中國物價全面跌落。例如，上海批發物價指數以一九二六年為基期，一九三四年是九十七，一九三五年七月最低點僅僅九〇．五。跌幅在一〇%左右。[174]市場萎縮、產品銷路減少、貨物滯銷，不少的商店宣告清理。五，銀行喪失發鈔能力。多數發行銀行的鈔票準備金流失過大，難以維繫法定最低限度的六〇%，增發鈔票極端困難。中央銀行無力辦理再貼現。多數銀行銀根緊張，儲蓄額下降，擠兌常有發生。各地銀行、錢莊、信託公司業因資金周轉不足，停業和倒閉眾多。「一九三五年一年當中民族資本銀行停業和倒閉的，上海就有十二家，占全市六十七家民族資本銀行的一七．九%」，還有若干民族資本銀行被政府兼併。[175]六，銀行利率提高，信貸短缺，流動資金來源減少，良好擔保也不能借到現款。[176]工商界資金周轉困難，銀行貸款的相當部分無法收回。金融機構和企業資金鏈的斷裂，造成大批工商企業破產。一九三四年上海倒閉的工廠、房地產、建築業企業共八十九家，一九三五年上升到兩百三十家，一九三六年回落，倒了一百四十二家。[177]大量工商企業倒閉又會引發失業率急速提高。七，資本產品交易額萎縮。證券市場的交易幾乎陷於停頓。一九三五年最初幾個月內，交易額還不到十萬股。上海證券交易所的價格景氣不再。房地產已經不能用作貸款抵押，房地產市場衰敗。上海房地產交易額從一九三一年的一．三一億元跌到一九三四年的〇．一二億元，一九三五年的〇．一四億元。[178]上海是中國金融中心，陷入危機最深，嚴重拖累和衝擊全國。[179]八，中國本幣升值，匯價上漲，減少了中國的僑匯收入。國際收支出現逆差。其九，財政收入萎縮，赤字龐大，赤字總量從一九二九年的〇．八億元上升到一九三五年的一．九六億元，同期赤字占歲出的比重一九．四%上升到二〇．八%，居高不下。[180]這時期國民經濟形勢：

此時此刻，南京國民政府非常清楚地認識到：中國是美國新白銀政策的犧牲者，國民經濟已經惡化到崩潰邊緣，核心問題是中國的「銀本位」。只要繼續一九三三年確立的貨幣體系，中國銀元繼續貶值，鎔化銀元情況還會更嚴重，白銀外流無法遏止。「中國經濟結構已經經不起外匯平價漲到相當於〇・四一五美元的打擊，這個數目比當時的水準高出近四分之一。」[181] 即使中國銀元升值，依然無法壓縮白銀外流盈利的空間。國際收支不平衡的情況會長期存在。中國已經到了必須放棄銀本位，實行徹底幣制改革的時候。

當時中國國內的政治形勢，對中國共產黨的「中央蘇區」的戰爭尚未成功，日本加緊侵略中國的步伐，南京政府所面臨的危機可謂是全方位的。

幣制改革的共識、決策、實施和管理

可以肯定，沒有美國《一九三四年白銀法案》引發的中國白銀風潮和迫在眉睫的抗

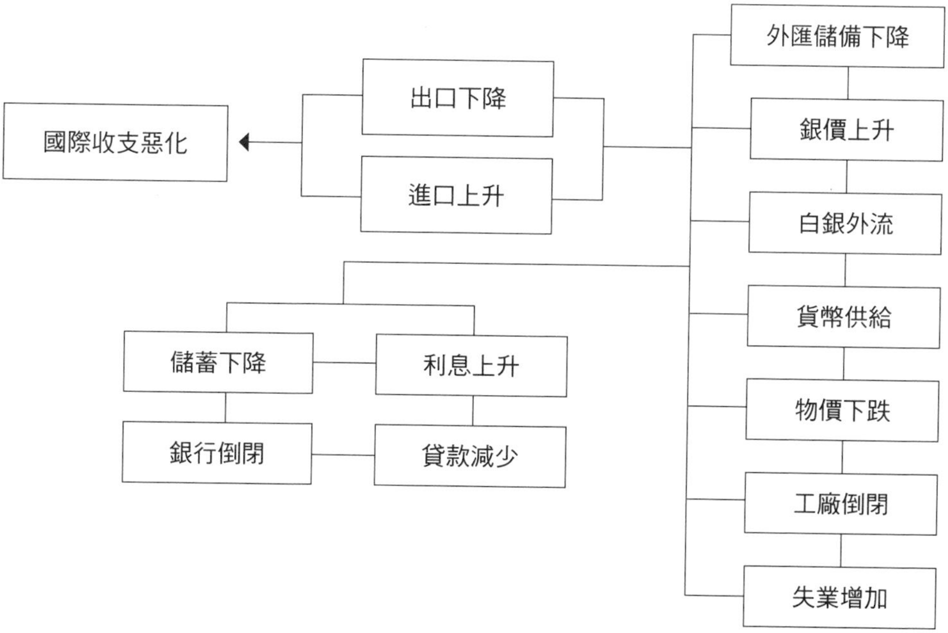

日戰爭，中國在一九三三年確立的銀本位不會這麼快廢除，很可能還會維持相當長的時間。

朝野共識：放棄銀本位

到了一九三五年，南京政府不僅認識到國民經濟的嚴重局勢和成因，而且開始決策貨幣改革，試圖在財政政策和貨幣政策上有所作為。社會有識之士不論政治傾向和思想體系，都轉向支持更徹底的幣制改革。朝野達成共識：只要繼續銀本位，中國貨幣經濟受制於國際白銀價格，非中國可以左右，白銀價格的上升引發嚴重的通貨緊縮，白銀價格下降則導致通貨膨脹。任何在銀本位框架內的改革，都沒有出路。

此時，政府中不同的政治力量都支持和推動法幣改革：以宋子文，孔祥熙代表的現代貨幣體系勢力，將銀本位視為陳舊的貨幣體系；蔣介石代表的軍人以及主張政府集權的勢力認為，只有紙幣制度才可能為政府的財政需要而服務。

從一九三一年到一九三五年，影響中國貨幣改革的主要理論有三：一，貨幣論者。代表人物是顧季高、陳光甫，主張借助產銀國與用銀國之間的合作，盡可能減少銀價的波動，避免因為國際銀價的上升而白銀外流；二，貿易論者。代表人物是馬寅初、劉大鈞，提倡保護關稅，限制進口，以期減少入超，實現國際收支盈餘。主張這種理論的學者，還寄希望於國內的白銀價格下降，以刺激對外出口。三，馬克思主義論者。包括錢俊瑞、陳翰生、章乃器、孫治方等，主張通過社會革命剷除帝國主義及其封建代理人，建立獨立自主的經濟體系，從根本上解決貨幣經濟背後的問題。他們反對高估貨幣的作用，甚至不主張進行幣制改革。這三派最後求同存異，一致呼籲實行法幣政策。一些有影響的金融團體，例如上海中國銀行公會，以及自始即致力於金融建設的國民政府都已對銀本位制度被動機能失去信心，一致認為必須加速建設現代的貨幣金融制度。這時，作為「國父」的孫中山所主張的「錢幣革命」，即實施紙幣替代金屬貨幣的思想是國民黨主導的一九三五年幣制改革的重要思想來源之一，也為此次改革提供了「合法性」依據。此外，銀行家和現代工商企業家寄希望透過幣制改革以扭轉日益惡化的經濟大環境。

幣制改革決策

南京國民政府一成立，就設置了全國經濟委員會，蔣介石、宋子文、孔祥熙、孫科和汪精衛是常委。這個委員會對一九三五年幣制改革決策堪稱重要。一九三三年「廢兩改元」後，國民政府財政部還成立了「幣制研究委員會」。國民政府清楚地認識到，國家命運繫於這次貨幣改革，這是涉及經濟、社會、政治的巨大改革，需要重視中國貨幣經濟的特殊性，與國際貨幣經濟體系的接軌方式，政府、市場和貨幣金融制度的關係，以及民眾的預期心理。

風險判斷。嚴格說來，一九三五年的中國尚未具備幣制改革的基本和「技術性」條件，比如：財政赤字數額甚大；國際收支持續巨額出超；外匯儲備縮減；一九三五年十一月中旬，國民黨政府手中的外匯基金只有三千萬美元。[183] 而且所謂的外匯儲備三分之一以上是英鎊。隨著二次世界大戰的逼近，英鎊的貶值，意味著外匯儲備的貶值。中央儲備銀行尚未建立。此外，中日戰爭逼近，對紅軍戰爭沒有結束跡象。

南京國民政府缺乏在財政和貨幣領域的「支點」：在財政領域，儘管進行了一系列改革，但是所能調動的財源並不充裕；對於實行赤字財政沒有把握；在金融領域，貨幣金融制度處於整體性落後狀態，「由於中國金融業不夠發達、金融市場不夠完善，大部分投資者必須首先是儲蓄者。因此，對於國民經濟整體而言，利率對投資的意義不大。」有價證券收益率對貨幣需求無顯著影響，不存在有價證券與貨幣需求的替代及相應的市場利率問題。加上由於供給約束型，透過提高利率，誘使民眾壓低消費和增加存款的道路已經不通。[184] 所以，南京國民政府寄望於幣制改革作為突破口，是充滿風險的。

迫在眉睫的中日戰爭，逼迫貨幣改革上馬。南京國民政府擔憂這項計劃為日本獲悉，不得不對貨幣體系改革進行極其迅速而秘密的決策。國民政府在一九三五年年初形成幣制改革的基本架構，同年十一月實施。今天評價，南京政府在一九三五年的幣制改革決策集團是有擔當和有效率的。中日戰爭是法幣改革的重要歷史背景，不可本末倒置，認為法幣改革是「日本侵華戰爭的導火索。」[185]

蔣介石的作用。蔣介石到一九三四年十二月還聲明：「以紙幣為本位對中國是絕對不適宜的，財政也沒有採取這一措施的意圖。」[186] 國民政府的高層對於是否立即廢除「銀本位」，實行「紙幣」還沒有共識。其實這是一種策略行為。蔣介石在理念上向來贊同孫中山的「錢幣革命」思想。一九三五年，蔣介石認識到美國的白銀行動，造成政府的擴張性支出，經濟蕭條，損害了大眾對國民黨政權的支援，直接削弱蔣介石的威信。不僅如此，蔣介石還明白，唯有放棄銀本位，實行紙幣本位制，才有可能從根本上籌措經費，抵制日本侵略，打擊共產黨，緩和政府支出劇增的壓力。就算美國沒有抬高白銀價格，政府遲早都會脫離銀本位制。蔣介石的卓識遠見和深思熟慮，使得他將幣制改革和與國內軍閥、共產黨、對日戰爭等因素一併加以考慮，相信當時政府信用就是幣制改革的最主要基礎。所以，蔣介石勇於面對可能發生經濟、政治和國際關係方面的風險，不是推遲，而是加快幣制改革的決策和進程。一九三五年九月，蔣介石已經指出，「按照社會進化的趨勢，紙幣一定會取金銀本位而代之，成為唯一的錢幣。」[187]這番話暗示了他在貨幣制度改革方面的態度。沒有蔣介石對頒行法幣政策積極態度，甚至直接干預法幣政策的制定和頒佈，這次改革的效率會大打折扣。歷史事實證明，蔣介石確實在通過改革後的「富有彈性之幣制」，有效地籌措軍費，穩定局勢，鞏固統治，推動了「國家所有，金融壟斷」[188]。一九四一年，蔣介石相當自豪地回顧一九三五年幣制改革：經歷了幾十年沒有實行的統一貨幣制度，經過國民政府努力奮鬥而徹底完成。[189]

宋子文和孔祥熙的作用。在一九三五年幣制改革中，宋子文和孔祥熙的作用至關緊要。宋子文雖然在一九三三年已經辭去行政院和財政部的職務，專職中國銀行董事長，掌管可觀的金融資源。此時的孔祥熙擔任中央銀行總裁和財政部長。宋和孔留學美國的背景，自然傾向將西方的經濟和政治制度移植到中國，建立統一財政和金融制度。但是，主張和勇氣是兩回事。在實行幣制改革的關鍵時刻，孔祥熙和宋子文不僅有歷史眼光和勇氣，求同存異，同心同德，說服美國理解和參與中國幣制改革。關於法幣改革初衷，宋子文為的是貨幣經濟現代化，蔣介石為的是國家資本主義，出發點未必一致，卻能相互包容，這在南京政府和重慶政府時期是不多見的。

行動果斷。一九三五年十一月二日，民眾湧入銀行提款，改存外國銀行，中央、中國和交通三大銀行及其他銀行應付不暇，市面的不安達到極點。財政部發言人雖聲明「外傳幣制改革之說，完全無稽」，但是民眾對市場前途的憂慮未能消散，政府不得不採取緊急決策，於十一月三日透過廣播宣佈緊急法令，財政部頒發《施行法幣公告》，全國實行貨幣改革。一九三五年十一月三日，南京政府宣佈幣制改革法令的時候，很多基礎工作都沒有完成。相關的法案都是在公佈後再交立法院追認。前一天晚上，成立了中國銀行家組成的貨幣準備委員會，以及包括美英等國銀行家在內的諮詢委員會。此時，中美的談判——包括承諾中國除外匯黃金外——保持二五%白銀為發行法幣之準備，希望白銀對美元的價位穩定在〇．五〇美元等問題沒有解決。在爭取美國援助無望的困境中，甚至準備中國法幣不與任何外國貨幣掛鈎。中國政府在美國財政顧問的幫助下，決定利用世界銀價高漲之際，出售白銀，換取外匯，建立外匯對兌本位制。[190] 正是如此果斷的措施，最終扭轉了金融失控的局面，為中國換得喘息的時間。

基本措施

停止白銀合法出口。當務之急是增加貨幣供應量，減輕銀根長期緊縮造成的後果。匯價上漲和通貨收縮成為比白銀走私更危險的因素。關鍵是如何設法推動匯率上漲，減輕銀根緊張，制止物價下跌。由於擔心從根本動搖民眾信心和破壞自由市場經濟，銀元貶值和禁止白銀出口的選擇都被否定。於是，控制白銀的嚴重外流成為首要目標。一九三四年十月十四日，南京國民政府宣佈自第二天起開徵白銀出口稅，意在保護基本白銀儲備。這是南京國民政府最及時的舉措，是當時最好的辦法，或者是沒有辦法的辦法。停止白銀自動合法出口，就是對外放棄自由的銀本位，切斷了白銀在國內國外的聯繫，為實行外匯管理政策掃除障礙。就中國內部而言，銀本位幣制仍被保留，銀行所發的鈔票是隨時可以兌成現銀的。白銀的合法出口雖被制止，但匯價波動的幅度加大。白銀出口稅的具體辦法是：銀本位幣和中央造幣廠的廠條徵出口稅一〇%，減去鑄費二．二五%，淨徵七．七五%，銀元寶、大條和其他銀類徵收出口稅七．七五%，加上原定的二．二五%，共為一〇%；如果倫敦銀價折合上海匯兌的比價，與中央銀行當天市價核定的匯價之間出現差數，而此一差數在減除應繳納的出口稅後，仍有餘額時，則按照這一餘額數加徵白銀平衡稅。中國對白銀出口實行徵稅後，廈門、汕頭、濟南成為白銀非法流出的主要城市，不法商人透過大量白銀走私來牟利的情況嚴重。一九三四年十二月，中國加強了緝私力度。[191]

白銀國有化。國民政府在沒有足夠白銀儲備的情況下，難以進行幣制改革。為了積累法幣發行的白銀準備金，唯一的辦法就是訴諸白銀國有化。白銀國有化是以國家的名義，透過國家的信用實行白銀國有化，強制收購民間所持有的銀本位幣、其他銀幣、生銀等銀類，再以白銀本身或白銀兌換的外匯構成的法幣準備金，而法幣是不可兌換的。國民政府的法幣改革與「廢兩改元」不同，是「無中生有」。一九三五年十一月四日，設立法幣發行準備管理委員會，實施法幣改革和白銀國有化。除了銀本位幣按照面額兌換法幣之外，其餘銀類各依其實含純銀數兌換。首先側重各銀行的存金：中央、中國、交通三銀行所發行的鈔票定為法幣；中、中、交三行之外，曾經財政部核准發行的銀行鈔票，准其照常行使，其發行數額不再增發，逐漸以中央銀行鈔票換回。商業、公司和私人的存金兌換，相對寬鬆，任其自由交出；舊有以銀幣單位訂立契約，應照原定數額於到期日概以法幣結算收付；所有完糧納稅及一切公私款項之收付，概以法幣為限，不得行使現金，違者全數沒收，以防白銀偷漏。為了穩定法幣匯價，中、中、交三行實行無限制買賣外匯。[192]當時法幣準備金規定是六〇%，主要以金銀外匯充之，其中白銀準備的最低限度占發行總額的二五%。政府積極籌集現金貨幣，以鞏固法幣地位。[193]國民政府設施法幣改革的兩、三年內所形成的金銀貴金屬的儲備，大部來自白銀國有化。

統制銀行系統，壟斷貨幣發行權。在一九二八—一九三五年期間，中央銀行的發鈔量明顯低於中國銀行和交通銀行的發鈔量。一九三五年，國民政府組織財政顧問委員會。[194]不實行「斷然矯正」舉措，將中國、交通兩行納入國家直接控制的國家銀行系列，解決所謂兩行「不與中央合作」的態度和行為，實現「三行絕對聽令於中央」。其主要手段是增資改組，即發行金融公債作為增加中國銀行和交通銀行的官股，加上原有官股，官股總額在中國、交通二行超過商股，占全部股份的五分之三，取得絕對優勢。國民政府通過控制中國、交通這兩個信用卓著、實力雄厚的銀行，增強了中央銀行的實力，最終形成以「四行二局」，即中央銀行、中國銀行、交通銀行和農民銀行，以及中央信託局和郵政儲金匯業局為核心的金融壟斷組織。一九三六年，財政部在接收中國通商銀行，中國實業銀行和四明商業儲蓄銀行後，股本貶值，按一五%折成新股，並加入官股，使此三行成官商合辦銀行，繼而對人員作了調整。[195] 對此，蔣介石曾毫不隱諱地宣稱：「三行之增加官股，即統制金融之實施。」孔祥熙事後自詡：「政府舉措之最重要者，莫如改組中、交兩行，增加政府資本，俾於救濟改革幣制之設施上得與中央銀行通力合作，借收事半功倍之效。」

經過這些重大步驟，國民政府大體實現了金融壟斷。從此，中央銀行集中了收歸國有的各大銀行持有的白銀和外匯，增強了政府實力，緩和了脆弱的信貸結構受到的強大壓力，並且有可能從集中起來的儲備中，分出一定數量，換成外匯和黃金，以保證對匯價的控制。[196] 國民政府通過統制銀行系統和全國的財政金融，為有效控制貨幣發行權創造了前提，為幣制改革提供金融資源、機構方面的保障。[197] 一九四二年，中央銀行最終壟斷了法幣發行權。

嚴格外匯和黃金政策。啟動法幣改革時，金融界的決策者就已經意識到，唯一的選擇是法幣是以外匯為準備金的可兌換貨幣。原因是：一，中國本來就沒有多少黃金儲備。二，金本位體系結束之後，黃金不可能有效穩定中國貨幣的基礎。三，中國不是主要的產銀國，銀價不在中國控制之中，繼續用白銀支撐中國貨幣穩定已經不可能。

法幣可以在市場上自由兌換外匯，必然形成外匯市場。當外匯需求增多，外匯價格上升，法幣價格相對下降。當過多用來購買外匯，外匯儲備不斷減少，外匯嚴重短缺，外匯黑市就會出現。[198]

出口商所得外匯不易集中到央行，增加國家外匯儲備，於是進口商得不到所需外匯，以高於官價尋找其他管道購買。加上抗日戰爭爆發，日本與偽政權不斷以法幣索取外匯，外匯市場投機嚴重。「當時不論外籍財政顧問，或上海銀、錢、工商業團體都力主維持法幣匯價。當局也深恐法幣匯價跌落，將會影響人心士氣及經濟穩定，遂仍採行無限制買賣外匯政策。」[199] 如何穩定匯價變成維持法幣價值的重要方法。[200]

為了穩定匯價，實行無限制買賣外匯政策，政府只能在「增加外匯」和「外匯管理」這兩方面發揮作用。在當時的條件下，政府外匯儲備極為有限。外匯來源包括借款，出售黃金白銀、外貿順差、外匯投入等。其中，借款是有限的，出售黃金白銀又取決於自身的存量和國際價格，出口創匯又受制於銀價的漲落。至於外資流入在當時國際環境之下並不樂觀。

無限制買賣外匯的核心是維持中央銀行一元法幣合英鎊一先令二便士半的牌價。這個牌價是以過去五年中國銀元兌英鎊的平均匯率為基礎計算出來的。但是，如果按照幣制改革之後世界市場的銀價計算，每一元法幣應值一先令十便士半，現在定為一先令二便士半，相差八便士，也就是每一元法幣的實值壓低六角五分。正是由於這種主動、具備一定條件的貨幣貶值，改革前那種通貨緊縮、物價不正常下跌的現象即告消失，物價開始回升，刺激了工商業的發展，城市經濟出現繁榮景象，農產品價格上升，農民生產有了積極性。[201]

法幣改革與美國和美元

真正的情況是，在國民政府全面啟動幣值改革時，美英政府僅僅在原則上表示支持，承認中國幣制改革有利於改善中國與西方的經濟關係。但是，卻沒任何實質性舉動。所以，中國推動幣制改革之時，幾乎處於孤軍作戰和破釜沉舟的境地。但是這不是說中國放棄國際支持。法幣改革需要以外匯為基礎，不可能孤立進行，因此需要平衡與英、美、日的金融關係。而美、英、日為控制中國的貨幣財政，暗中較量。中國經過審慎分析和試探接觸之後，最終尋求美國支援和以美元為聯繫貨幣。歷史證明，這是當時唯一可行的選擇。

放棄英國和日本的原因。在一九二〇年代至一九三〇年代上半期，外國銀行控制著中國的七〇%的白銀儲備。其中，英國銀行實力最大，其次是美國，再次是日本。一九三二年，「中國輸入之銀，十之七八，係由英商銀行承辦。」[202] 在外資銀行中，排前幾位的是滙豐銀行、麥加利銀行、花旗銀行、橫濱正金，其中又以滙豐銀行居首。外資銀行不僅控制著白銀資源，而且聯繫國際白銀市場，影響銀價。「倫敦現銀價的議定，常要探詢滙豐、麥加利在上海交易的多寡；而倫敦現銀的市價，則由上海滙豐銀行隔日掛牌公佈，決定當日上海對英匯價。」[203]

英國在中國經濟勢力占首位，經濟利益巨大。[204] 英國也最先對中國的幣制改革表示關注。中國方面，最初考慮的是建立法幣與英鎊的聯繫。一九三五年初，宋子文曾向英國表示，希望借款兩千萬英鎊來穩定中國的貨幣。但是，英國拒絕了這一要求，強調中國當時的金融危機根源於美國的白銀政策，解救辦法是與美國政府就購銀問題達成諒解。英國對外交手段寄以希望。一九三五年三月，英國倡議在上海召開中、美、英、日、法五國財政專家會議。因為日、美、法三國的利益和立場各異，這個會議以流產告終。一九三五年六月，英國政府宣佈將派遣財政部首席顧問李滋—羅斯爵士（Sir Frederick Leith-Ross）開始遠東之旅，中途停留日本，拜訪日本外相商討對華經濟合作，遭到日本方面拒絕。[205] 但是，李滋—羅斯在中國期間，並沒有就中國幣制改革達成協議。這是因為他試圖透過與美、日某種形式的聯合行動來幫助中國擺脫財政困境。

建立中國和英國貨幣的穩定關係，單靠匯價，或匯兌價格的聯繫是不夠的，需要有支付外匯的現金作基礎，否則不足以應付別國的匯兌、貿易與賠款的支付。中英之間恰恰沒有現金基礎。一方面，中國沒有大量白銀存在倫敦市場，作為穩定中國貨幣的基礎；另一方面，英國沒有餘力以大量英鎊購買中國白銀，作為中國貨幣的保證準備。[206]英國還沒有意願向中國提供貸款，以解決中國的財政及經濟困難。中國認識到，在幣制改革方面，不可能從英國得到實質性援助。

在一九三五年，日本已經侵佔中國東北，是中國的敵對國，中日處於準戰爭狀態。代表日本對華政策的「天羽聲明」（Amou Doctrine Proclaimed），視中國為其東亞秩序的組成部分，並警告英美不得給予中國財政和技術援助。[207]對於中國實施幣制改革的意圖，日本政府和軍方表示強烈反對，並利用中國財政危機，透過武裝走私白銀、拒絕交出白銀、衝擊中國的外匯基金以及反對美英援華等手段，極力破壞中國的幣制。因為國家利益和民族主義，中國的幣制改革絕不可能靠日本。

美國在中國的利益。當時，支持中國的幣制改革符合美國的利益，這是因為：一，一九二七年前後，美國在中國的經濟影響力顯著增強。「美國對華出口貿易已由一九一三年只占進口總額的六%增加到一九三四年的二四．一六%，躍居第一位。在華投資方面，美國雖然比較落後，但已有後來居上的趨勢。」[208]二，美國希望控制中國的外匯基金，以影響中國貨幣制度。法幣的匯價是以五年來對英鎊的平均匯率為基礎的，這就意味著法幣在技術上是與英鎊有聯繫的。英國利用銀價上漲的機會，幫助國民政府在倫敦出售白銀。如果讓這個情況繼續下去，英國對中國貨幣的控制權還有可能進一步得到加強。美國為了對付這一形勢，決定暫停倫敦市場購銀，從而迫使倫敦銀價不斷下跌，削弱倫敦市場決定市價的地位。[209]三，關係美國在亞洲的戰略需要，美國內政造成的白銀問題演變為中國財政危機。美國對待中國幣制改革的立場，成為東亞國際關係的焦點。四，美國決策集團清楚地知道它的白銀政策是中國金融危機的根源。[210] 對於中國的貨幣改革，羅斯福總統的立場是不穩定的。[211] 美國國務院是保守的，美國財政部是積極的。[212] 時任財政部長摩根索是支持中國的代表人物，他明確提出中國貨幣的前途「取決於我們的白銀政策」。摩根索作為美國政府中舉足輕重的人物，已經意識到因為美國白銀政策的危害，導致中國「白銀危機」，嚴重削弱了中國的國力，惡化了日本侵略中國和東亞的局勢，最終傷害了美國的根本利益。[213] 五，美國和南京國民政府有著長期瞭解、溝通與合作的淵源。國民政府財政金融方面的顧問，美國人有相當的比例。國民政府主管財政金融，以及金融界有影響的人物，很多人曾在美國求學，如宋子文、孔祥熙、陳光甫等。[214] 所以，中國法幣改革獲得美國的支持是有基礎的，不是中國的「一廂情願」。

中國和美國的「白銀談判」。中、美因為《一九三四年購銀法》及其對中國後果，分歧嚴重，但是，兩國各層次的對話從未間斷過。一九三五年二月一日，國民黨政府駐美公使施肇基在致美國國務院的一份備忘錄中，指出美國抬高世界銀價對中國經濟主要有六點影響：一，一九三四年中國白銀淨出口量（走私除外）為二．五七億元，其中六分之五發生在美國通過「白銀法案」到一九三四年十月十五日中國徵收白銀出口稅期間，即一九三四年的不到四個月中，中國白銀出口量為歷史上白銀出口最高年份一九〇七年的五倍。上海的存銀量由一九三四年六月底的五．四四億元下降到一九三五年初的三．一二億元。二，通貨價值上漲帶來了通貨緊縮。三，一九三四年上半年，錢莊向客戶索取的一般利率年息六厘；一九三五年初上漲到二分六厘。銀行幾乎無法放款。四，一九三四年下半年的對外貿易總額比上半年下降一六％。五，自一九三四年七月至一九三五年，政府和實業債券的價格下跌一〇％，上海中心地價下跌一五％，工業證券下跌七％，商業倒閉在各地蔓延。六，銀根緊縮損害了政府的財政收入。稅收—特別是關稅—面臨銳減的嚴重威脅。[215]

一九三五年二月五日，中國秘密通知美國，計劃放棄銀本位，採取金銀複本位，並將這種新貨幣與美元聯繫，以穩定中國的匯率。要點是：一，中國向美國提供美國《購銀法》所需之白銀。中國可以在第一年出售兩億盎司白銀；二，中國希望美國能提供一億美元的貸款或長期基金和一筆以未來中國白銀出口作抵押同樣數目的備用貸款。中國強調，在解決白銀問題和建立新的貨幣體制過程中，「美國的作用實屬不可少」。[216]一九三六年四月十八日，陳光甫與摩根索第一次正式會晤。中美之間開始了著名的「白銀談判」。但是，美國對中國一九三五年幣制改革的參與和支持，其實在兩國正式談判之前已經開始。

經過中美長達一年的反覆交換意見，在一九三六年三月，以陳光甫為首的中國幣制代表團前往美國，與美國政府財政部長摩根索進行正式談判。在摩根索的主導下，美方大致接受了中國的貨幣改革框架，五月十八日雙方簽訂《中美白銀協定》。協定主要內容包括：自一九三六年六月至一九三七年一月，美國將分批從中國購銀七千五百萬盎司，價格根據當時的市價確定，美國可以根據中國的要求支付黃金。這是美國的讓步，因為美國原來拒絕向非黃金本位的國家出售黃金。中國的售銀所得存放在紐約的美國銀行；中國貨幣儲備中至少保持二五％的白銀；中國擴大白銀在藝術和工業中的用途；中國將在美國鑄造含銀量為七二％的一元和半元輔幣；中國改變其法幣與外匯的報價方式，以避免造成法幣與英鎊掛鉤的印象；以中國存在紐約的五千萬盎司的白銀作抵押，美國聯邦儲備銀行向中國提供兩千萬美元的外匯基金。[217]其中，在白銀用途上，國民政府同意在美國象徵性開鑄五百萬銀元。但是，這批銀元後來根本沒有使用；在銀元的含銀方面，為了防止銀幣有被鎔化出售的危險，重複在白銀風波中的教訓，中國堅持七一．五％，反對含銀量七二％的輔幣；所謂法幣與英鎊掛鉤，是指最初設計的法幣匯率的基礎是法幣與英鎊的匯率（一比〇．一二五），其根據是一九三〇年至一九三四年五年中對外匯率的平均數。至於法幣與其他外幣，例如美元的匯率，則需要再根據英鎊與美元的匯率來折算法幣與美元的匯率。

一九三六年《白銀協定》的簽訂，為一九三四年《白銀法案》引起的「白銀風潮」劃下句點。《白銀協定》是美國支持法幣改革的法律保障，標誌美國和中國正式實行貨幣體系的合作，對中國的貨幣經濟影響至深。有美國研究者說「由於美國的支持，中國政府在幾乎一夜之間；沒有經過金本位過渡階段，而使其貨幣現代化。」[218]

一九三七年七月八日，孔祥熙在英國參加英王喬治六世加冕典禮之後抵達華盛頓。孔祥熙提議把總計六千兩百萬白銀出售給美國，摩根索答應用每盎司〇．四五美元的價格全部買下，孔祥熙稱讚他是個有遠見的政治家。摩根索說：「聽著，孔博士，我買了你所有的銀子，你無需多給點什麼。」孔氏回答，「我把銀子賤賣給你，也買進你的多餘金子。」[219]就在兩人達成協議的同時，日本已於七月七日發動盧溝橋事變，點燃中日戰火。

美國購買中國白銀。美國能否購買中國足夠的白銀，增加中國貨幣發行準備的外匯基金，使得國內通貨暫時得以穩定，避免了一場行將爆發的全國性金融總危機，是幣制改革成敗的關鍵所在。也就是說，如果中國沒有以美元作為外匯儲備的主體，這次改革成功的機率微乎其微。事實上，中國在幣制改革之後已經向美國出售的白銀總數達一．八七億盎司，出售白銀所得全部收入差不多有一億美元。這是進行幣制改革必不可少的後盾和支柱。戰爭開始後，美國買進白銀達三．六二億盎司，使中國得到一．三七億美元。[220]據統計，從一九三四年十一月到一九三七年七月十日，國民黨政府一共向美國政府出售了四批白銀，第一批，一九三四年十一月，一千九百萬盎司；第二批，一九三五年十一月，五千萬盎司；第三批，一九三六年五月（中美貨幣協定），七千五百萬盎司，第四批，一九三七年七月十日，六千兩百萬盎司（即將五千萬盎司作為借款抵押的白銀售與美國政府，另外再加上額外運往美國的一千兩百萬盎司的白銀）。因此，在抗日戰爭前，國民政府總共售給美國政府的白銀為兩億盎司，售銀淨收入為九千五百七十六萬美元。在抗日戰爭爆發後，到一九四一年，國民政府又繼續向美國政府出售白銀三・六二億盎司，合一・五七億美元，因此，在一九三四—一九四一年間，國民政府一共向美國政府出售白銀五・六八億盎司，合二・五二九億美元。221

美國購買中國白銀價格。既然中美雙方決定實行白銀對美元的大規模交易，勢必涉及白銀價格問題。中國向美國出售白銀，需要穩定在以每盎司〇・四五美元的價格。如果銀價高於每盎司〇・四五美元，美國支付成本過大，或是中國可以自己直接拋售白銀；如果銀價低於這個價格，就不利於中國出口白銀，銀價進而跌到〇・四五美元以下，中國就會進口白銀換成法幣，成為有利可圖的生意。如果銀價嚴重貶值，勢必出現搶兌外匯和黃金的嚴重事態。在中美實際交易過程中，美國購買中國白銀的價格是偏低的，「其中約有一・五億盎司作價〇・四五美元，二億盎司作價〇・四三美元，約有〇・一二億盎司作價〇・三五美元。」222

國民政府向美國出售白銀情況

時間	出售白銀	收入美元
1934 年 11 月	1900 萬盎司	
1935 年 11 月	5000 萬盎司	
1936 年 5 月	7500 萬盎司	
1937 年 7 月 10 日	6200 萬盎司	
抗戰前小計	2.06 億盎司	9576.15 萬美元
抗戰後，到 1941 年	3.62 億盎司	1.57 億美元
總計 1934-1941	5.68 億盎司	2.529 億美元

法幣和美元的「固定匯率」。法幣和英鎊、美元的匯率問題，始終是法幣改革的核心內容。中國公開的聲明是：中國的通貨制度獨立，不與任何一種外幣掛鈎。美方拒絕了法幣與美元掛鈎的要求。[223]事實上，法幣實行了與英鎊和美元的「雙軌制」匯率：一方面，法定價格為「法幣」每元值英匯一先令二便士半，即十六元五角五分一厘七換一英鎊，隨著先令的伸縮而漲跌；因為英美、英法之間的匯市有漲落，如果相差太大，就要以英鎊作標準。所以被稱為「英鎊本位」。另一方面，中國確定「法幣」對美元的匯率不受英美間匯率的影響。相比較法幣與英鎊的關係，法幣與美元的關係更為緊密，法幣很快實現了與美元「掛鈎」，形成了固定匯率。摩根索建議，新貨幣要與美元按每盎司黃金三十五美元，白銀一．二九美元的固定匯率聯繫在一起。[224]中國中央銀行把銀價固定在一九三五年十月四日的水準上，即一個單位的中國法幣的匯率是一四．三七五便士，或〇．二九五美元。[225]

一九三五年十月二十六日，中美達成的協議是每盎司〇．六五美元。雙方還就中國白銀儲備的「保值」機制達成協議。中國向美國銷售白銀，不等於白銀不再充當支持法幣的一種儲備。中國廢除銀本位，白銀在中國貨幣儲備中至少保持二五％。銀價上漲過高，中國就賣，銀價下跌過多，美國就買。這是中國歷史上第一次出現外匯穩定。匯價穩定，使改革的障礙得以掃除，奠定了中國法幣改革的基礎。這種穩定白銀價格的新機制直接影響白銀儲備的價值，對於正在進行的幣制改革，振興中國的社會經濟，無疑都將產生積極的作用。一九三五年建立的中美貨幣關係奠定了美國在中日戰爭和之後國共內戰期間援華貸款的基礎。

一九三五年至一九三六年，中美之間在中國法幣改革方面的合作，以「雙贏」告終。如果沒有得到美國的全力支持，國民政府能否獨立完成法幣改革，確實是個問題；美國決定購買中國白銀，支持法幣改革，平衡英鎊對中國貨幣影響力，抑制日本在中國擴張，為中美在二次世界大戰中全面合作奠定了基礎。可以肯定的是，中國幣制改革改變了當時世界貨幣經濟版圖，中國成為亞洲第一個將國家貨幣與美元掛鈎的國家，增強了中國抵抗日本侵略的經濟力量。

幣制改革的硬通貨儲備和管理

實施法幣制度的前提是：法幣是可兌換貨幣，隨時可以兌換為英鎊和美元。為此，法幣和外匯需要有穩定的匯率，法幣基本上不可以貶值。而維繫法幣的可兌換性，穩定匯率，就必須有足夠的外匯儲備。因此，如何籌措和積累外匯儲備就是幣制改革和新貨幣管理的核心問題。

白銀國有化和外匯儲備。按照最初設計，一九三五年幣制改革，至少需要擁有二五％的外匯儲備。國民政府的做法是：透過白銀國有化積聚白銀。再透過向美銷售白銀，換取美元作為中國的主要外匯儲備，構成法幣的外匯基金的主要組成部分，保證貨幣發行準備制度和信用的穩定。宋子文在法幣政策頒佈當天，發表關於幣

國民政府推行法幣過程

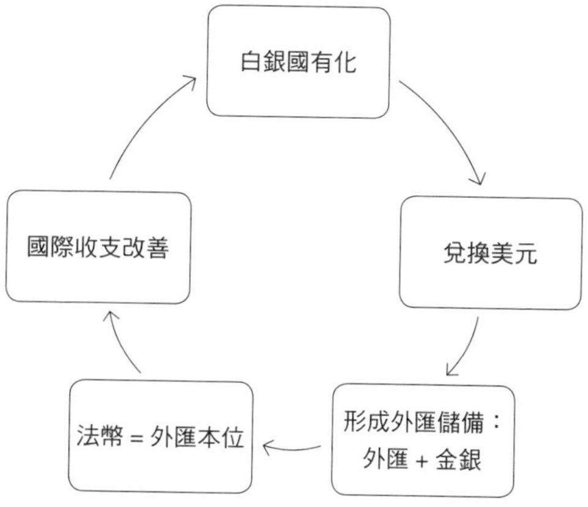

制改革的談話，呼籲人民相信法幣發行有充足的準備，幣值必然堅挺。

繼一九三五年白銀國有化之後，從一九三六年十一月至十二月，國民政府收兌到白銀達三億元以上。[226]至一九三七年「七七事變」之前，中國「在白銀國有化方案之下，約共動員了五億盎司白銀。」[227]還有一種統計，自一九三五年十一月實施法幣政策至一九三八年成立收兌金銀處的這段時間裡，國民政府從國內人民手中收兌的白銀達四億餘元。[228]再透過和美國的成功談判，其中相當部分的白銀，根據中美白銀協定的最低價格美元計價，兌換為美元。一九三七年六月，國民政府公佈《兌換法幣法》，國家專賣黃金，增加黃金產量。一九三八年九月，公佈了《鞏固金融辦法綱要》，把法幣準備金的範圍擴大到白銀、外幣、商業有價證券、各種貨物及工業投資，有效實現了對金融貨幣資源本身的控制和壟斷。這些外匯儲備支撐了法幣的幣值，平衡國際收支。外匯儲備自一九三六年中期至一年後戰爭爆發為止，有驚人的增長。一九三七年六月三十日，戰爭爆發之前幾天，中國持有的外匯、黃金和白銀，總計共達三億七千九百萬元。外匯儲備是發行鈔票的保障。[229]在外匯準備金中，美金為〇・七三九億美元，英鎊達〇・九二億美元，

中國持有金銀外匯的構成[230]

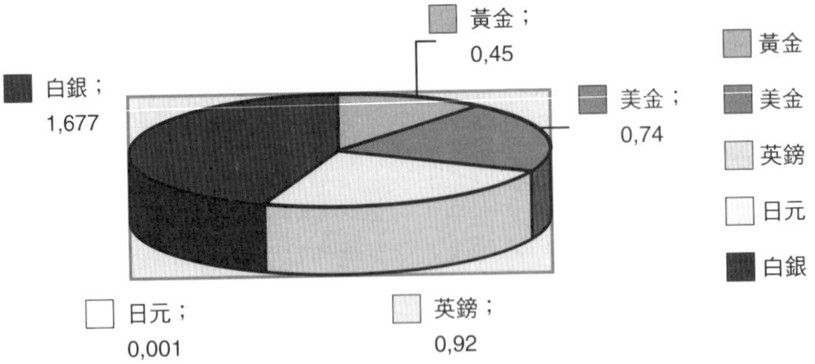

日元僅有一個零頭。

法幣匯率管理。一九三五年的法幣改革，運用貼現率和公開市場政策調控金融，管理匯兌本位，固定法幣和英鎊的匯率，建立了當時最先進的管理紙幣本位制度，完成了中國貨幣經濟與世界貨幣體系接軌。一九三六年中期，中國通貨前景看好。投機家把之前買進的外匯吐出來，外逃資本返回。幣制改革之後，中央銀行已是上海外匯市場上最大的交易客戶，央行既要管好國內信貸，又同時在外匯市場上維護本國貨幣，信貸被有意識地擴大。

231

但是，法幣制度有其先天的缺陷和風險。維繫法幣的可兌換性和匯率穩定，需要外匯自由買賣制度，這意味著：國家需要有足夠的外匯，用以滿足民眾和商業活動的法幣兌換外匯的需求；法幣供給量增長率需要和外匯儲備量增長率同步。於是產生兩個基本困難：一，如何保證外匯和法幣發行的同步增長？外匯除了存量，還有流量，流量取決於外匯流入和外貿收入，國際經濟大環境並非中國所能左右；就法幣發行量而言，很可能為財政發行所影響。當時中國幾乎不可能避免財政赤字，實現預算平衡。二，一旦外匯儲備下降，又不許法幣貶值，必然加劇外匯流失，如何堅持外匯自由買賣制度？宋子文是法幣改革的決策者和參與者，主張維持外匯自由買賣，即使抗日戰爭爆發之後，也沒有實行對外匯的真正管制。其間，發生過險情。一九三九年八月，就在國民政府難以繼續維持法幣穩定之時，歐戰爆發在即，英國當局放棄英美固定匯率，之後歐戰爆發，英鎊一度跌落，帶動美元下跌，歐洲各國陸續實施外匯管制，一般人對外幣喪失信心，熱錢回流，法幣匯價才得以止跌回升。這是一時的幸運，可惜這種幸運在抗日戰爭勝利之後沒有重演。一九四六年至一九四八年，中國爆發了惡性通貨膨脹和金融體系崩潰，無論是宋子文還是整個南京政府，都缺乏對法幣作為可以自由兌換外匯貨幣的潛在風險的警覺，盲目堅持法幣的自由兌換特徵。

促進對外貿易發展。法幣與英鎊實行固定匯價，英鎊是信用穩定的國際貨幣，因此，穩定法幣與英鎊的固定匯價有助於穩定國內的金融行市，解除金融恐慌的威脅，提高法幣在國際金融市場上的信譽，促進中國對外貿易。一九三六年十二月創歷史記錄，進口增長二·四%，出口增長二二·五%。「改革之後的頭幾個月內，出現了幾十年來未曾有過的貿易順差，出口超過了進口」，「國外對中國出口貨物的需求，特別增加了農業生產者的購買力」，到「一九三七年上半年，進口比一年前同期增加了四〇%。」[232]一九三六年中美貿易總額比上一年增加約一九%，達三萬七千兩百萬元，美國一躍而為占中國對外貿易總額二〇%以上的最大貿易國。特別是從中國的輸出額增長更顯著，一九三六年約為一九三四年的兩倍，創下一萬八千六百萬元的記錄。[233]

爭取民眾和工商界支持

民眾支持。國民政府對白銀實行統管，要求各地將白銀集中於中央銀行，根據一九三六年《中美白銀協定》，法幣一元等於〇·二六五美元，相當於中國居民要以一銀元來換一法幣。當時民眾是吃虧的，也有不滿意。[234]原本一盤散沙的民眾接受了法幣，與國民政府休戚與共，主要有四個原因：一，紙幣，特別是華商銀行的紙幣已經「深入人心」。民國之後，貨幣增長方式發生變化，由主要依靠金屬幣材的增加轉為紙幣代表的信用部門的擴張，貨幣規模擴張加快。雖然，紙幣具有貶值的風險，但民眾還是養成了使用習慣。一九三三年廢兩改元，實行銀本位，金屬貨幣的地位不斷下降，高面值硬幣過分沉重，用起來不方便。在法幣改革前夕的中國流通貨幣中，金屬貨幣占三一·三%，其中九〇%為銀幣，只有一成是銅幣；鈔票占三五·四%，其中私票不及五%，其餘均為各種銀行發行的紙幣；另外有三三·四%為存款貨幣，包括本國及外國銀行的支票存款。由於紙幣和存款貨幣的擴張，清末民初的二十餘年間貨幣量增加了一半以上。[235]民眾對於法定紙幣的發行與使用，在心理上無不方便之感。二，法幣和黃金，特別是外匯有著直接的聯繫，是其信用基礎，社會公眾接受以匯率來衡量法幣價值。民眾認為法幣可以隨時兌現外匯，增強對國家幣制改革的信心。[236]三，日本的侵華行動，激起國民強烈的愛國熱忱，一致支持政府的法幣政策。四，一九三六年時金融比較穩定，法幣發行量也不大，民眾也就接受了。

民眾放棄白銀支持法幣，不意味著完全信任法幣，一旦感覺到法幣價值有絲毫下降，就會向外匯市場出售中國元。所以，國民政府在推行法幣的初始階段，高度重視法幣的準備金，維持與外幣的可兌換性，以及法幣的固定匯率。在農村地區購買農產品，仍舊需要支付銀元。所以，農村始終沉澱了豐富的銀元。這種情況是中國所特有的，說明白銀貨幣的影響是多麼深入人心。幣制改革不得不正視中國貨幣經濟的遺產。法幣改革初期，民眾在要求政府維持法幣幣制的同時，還要求政府能夠領導國民經濟走出危機，實現復甦。從宏觀經濟來說，就是要求政府既要實行緊縮的貨幣政策，又不可實行財政擴張的影響力，以至當時國民政府在貨幣政策和財政政策之間，陷入了兩難。[237]國民政府最終將整個中國帶出一九三〇年代大危機的困境，相當不容易。

一九三五年，銅幣的絕對量和相對量緩慢下降；紙幣，特別是國內銀行

一九三四——一九三六年各種貨幣的發行數量

年份	銀幣	銅幣	國內銀行紙幣	外國銀行紙幣	總計
1934	2053.2	244.5	747.7	215.9	3261.3
1935	1901.3	239.1	1032.6	227.7	3400.7
1936	1737.8	233.6	1976.7	214.7	4189.8

紙幣的絕對量和相對比重則提高較快。一九三六年，紙幣終於超過了銀幣的絕對量和比重。[238]

國內工商界的共識和支持。推行法幣，脫離銀本位，國內經濟金融不再受國際銀價牽制，而且中國境內的存銀早已集中於銀行，保證法幣政策之實施。政府實施白銀國有時，對一般銀行錢莊的白銀兌換法幣的比率，享有較一般更多的優惠，使得領券的行莊自動繳入現銀，推廣了法幣流通範圍，增加市場現金，又有利於零碎現銀的集中。所以，銀行和錢莊是支持法幣改革的。其中，江浙金融資本家的加盟更是如虎添翼。因為「江浙金融財團是北洋統治時期開始形成的中國最有財力的資本集團，其大本營在上海。江浙銀行家手中掌握著全國半數以上的巨額資金。他們積極參與幣值改革的策劃，擁護法幣政策，大大降低了幣制改革的難度，推動了法幣的流通。」[239]

在華洋商的支持。在華洋商銀行以英國銀行最具權威、較有勢力。[240]外商銀行以滙豐銀行為首，立即表示擁護，將所存白銀移交。[241]一九三五年十一月的紙幣制法令生效後，國民政府收回的銀元被運到香港，存放在滙豐銀行的金庫中，再轉運到倫敦售予美國財政部，售得再存款於紐約和倫敦作為中國發行法幣的儲備金。抗戰期間，租界的一些銀行裝運了兩千三百萬銀元到香港的滙豐銀行，後來國民政府也由中央銀行運去一．三億銀元及銀錠五千條，從這裡分裝運往倫敦，並售予美國。到一九三七年九月底，滙豐銀行共裝運了三億元。[242]但是，日本銀行例外，所採取的是消極甚至抵制的立場。日商在華銀行帶頭反對交出白銀。

法幣政策和走出「蕭條」

一九三七年七月，法幣在貨幣流通中所占的比例達到八〇%，匯率相對穩定。「從全國來看，法幣基本上收到了統一幣制之效，實現了自清末以來歷屆政府為克服幣制紊亂屢經擬議而未能實現的幣制改革，有助於商品經濟的發展。同時中國廢除銀本位是進一步融入世界資本主義經濟體系所不可避免的，所以這次改革是符合歷史趨勢的，事實上也是成功的。它解決了長期以來困擾中國經濟發展的貨幣發行權分散、通貨混亂的問題，貨幣形態也與國際接軌，中國經濟迅速走出低谷，物價回升，出口增加。」[243]具體而言：

貨幣流通量增加，物價回升。一九三五年幣制改革迅速結束通貨緊縮，價格出現穩步回升。「法幣發行之初規定銀元一元兌換法幣一元，但實際兌換時，卻是白銀六〇%可兌一〇〇%的法幣。這樣，紙幣的流通量相對於銀元就增加了。法幣的發行數字在一九三五年十一月初發行數為四億五千九百三十萬八千一百二十三萬元，到一九三七年六月底，增發到十四億零七百二十萬二千三百三十四萬元，增加了二．一倍。貨幣流通量有限度增加，使全國物價開始回升，如上海一九三六年物價上漲一二．六%。物價的回升使商業和生產變得有利可圖，因而刺激了商業的繁榮和工業生產的發展。」[244]貨幣改革後，物價上漲大約二〇%。如果以一九二六年批發價格指數是一〇〇%的話，一九三五年上升到一〇三%，一九三六年達到一一八%。[245]

農工生產得到明顯恢復和發展。受益於新的匯率制度，工業中的棉紡業和纜絲業復甦最快。農業在法幣改革之前的嚴峻形勢出現迅速轉變，一九三六年，中國農業除川、豫、粵三省受災外，均獲大面積豐收，較一九三三年和一九三五年的平均產值高出十七億元，即幾乎增加了四五%。[246]主要農業產品增加五—一〇%。一九三六年到一九三七年，主要工業產品增加七〇%，同年，工業品總產值為十二億二千七百四十萬元，比一九三五年的十一億零四百一十萬元增加了一一．一%。[247]

進出口貿易回升。一九三六年，外貿總值都有所回升。年出超值由上年的一．二四億美元，下降到七〇〇七．五萬美元，降低了近三分之二，這是一九三〇年代前期的最低點。[248]

購買力好轉。「出現了以購買力迅速增加為標誌的內地的復興。」[249] 一九三六年秋冬，商品銷售大幅增加。過去以一百元購得之進口貨品，因貨幣貶值，必須以高於一百元之價格才能自國外購回同等之貨品。薪俸與工資階層，特別是中低收入者，因其收入不能增加，略受物價上漲的損失，加重生活負擔，但是避免了失業之苦。

存款增加。存款總數從一九三五年的二七・六四億元增加到一九三六年的三五・二三億元。[250] 以江蘇農民銀行為例：該銀行在一九三一—三五年的存款貸款總額大約是一千萬元，而一九三五—三六年一年的存款貸款總額就上升到一千五百萬元。[251]

西方在中國投資增長。一九三〇年底，美國在華投資總額為一・九六億美元，一九三四年，美國在華投資額為二・七億美元，一九三六年，則上升到三・四二億美元。[252] 一九三八年，中國吸納的外國投資為二十五億美元，在發展中市場，排印度和阿根廷之後，居世界第三。該年，美國的外資流入是七十億美元。[253]

概括而言，法幣改革增加貨幣供給，物價和緩上漲，刺激農工商業、企業發展，國幣匯價降低，促進出口貿易，外資流入，農民及一般債務者受惠，失業率下降。人們自然相信，是因為法幣改革幫助國家克服了經濟蕭條。一九三七年三月，宋子文在中國銀行的股東年會上正式宣佈中國的經濟蕭條時期結束。同年，泛美航空公司開闢舊金山和上海之間的航線；ITT 開通上海和舊金山的無線電話。

一九二九—三六年的「貨幣政策」

在南京政府時代，有中央銀行，卻沒有形成系統的「貨幣政策」體系。但是這不等於南京政府時代沒有「貨幣政策」意識和行為。在一九二九年至一九三五年，面對全球大蕭條的衝擊，世界白銀價格的跌宕起伏，南京政府清楚地意識到，盡可能刺激貨幣供給持續增長，以避開了大蕭條的衝擊。主要工業化國家受制於金本位，都實行了不同程度的貨幣緊縮政策。而在中國，因為沒有金本位的約束，「使得中國的貨幣乘數沒有出現金本位國家那樣顯著下降的情況。」「中國的貨幣乘數沒有變小，沒有大規模的銀行倒閉事件發生。」[254]

正是因為貨幣供給基本充裕，通貨緊縮和蕭條時間很短，物價水準在一九三二年至一九三四年之間出現幅度不大的下降，一九三五年反彈。[256]

南京政府之所以能維持高於西方主要國家的貨幣供給，主要受益於中國當時的金融制度。一九二七年之後，中國雖然有國家壟斷銀行業的趨勢，但是政府沒有能力在短期內徹底違背市場取向。銀行體系中包括政府銀行，私營銀行和錢莊，以及外國銀行，其自由銀行制度和競爭性格局沒有改變。中國的自由經濟基礎又與自由銀行體系聯繫在一起。

一九二九－一九三六年中、美、英、法貨幣比較[255]（以本國單位計算）

年份	中國		法國		英國		美國	
	M1	增長率	M1	增長率	M1	增長率	M1	增長率
1929			01562	0.100	1328	0.025	26434	-0.057
1930	6836.1	0.030	111720	0.099	1361	-0.097	24922	-0.121
1931	7040.1	0.047	122744	-0.010	1229	0.104	21894	-0.071
1932	7369.3	0.060	121519	-0.059	1362	0.034	20341	-0.029
1933	7813.2	0.022	114356	-0.008	1408	0.029	19759	0.153
1934	7956.5	0.106	113451	-0.048	1449	0.040	22774	0.197
1935	8823.8	0.156	106009	0.086	1565	0.121	27032	0.141
1936	10473.7		117297		1755		30552	

單位：一百萬元

一九三五年之前，中央銀行沒有能力實現對中國銀行和交通銀行貨幣發行的控制，貨幣供給是不能控制的外生變項。從今天看，這種情況似乎不符合現代貨幣經濟標準，在當時卻有利於中國的貨幣擴張。中國的經濟在這場世界性的經濟危機中表現比世界上大多數國家要好，「與其說是政府政策的成功，還不如說是市場機制的成功。」[257]此外，一九三三年的「廢兩改元」和一九三五年幣值改革，對增加貨幣供給無疑起了重要作用。因為法幣是「匯兌本位」，「據財政部錢幣司制定的貨幣對金價值指數，承認一九三五年實行法幣後幣值減低約三分之一。」[258]政府有意識地低估新幣幣值，不盡合理，法幣卻有效刺激了物價，而且為之後幾年的通貨膨脹提供了一定空間。所以，不能將中國貨幣經濟的正面和積極的表現簡單歸因於一九三五年幣制改革。

由於貨幣供給充足，銀行存款穩定增長。中國銀行一九二九年的存款總額是一・三五億元，一九三〇年是一・五三億元，一九三一是一・八一億元，一九三二年是一・九二億元，一九三三年是二・三億元，

GDP、貨幣供給和物價水準（一九二七－一九三五）

年份	實際 GDP（單位：億元）	M1（單位：億元）	P（%）
1927	248.58	43.32	112.39
1928	257.11	47.12	113.49
1929	266.26	52.54	119.07
1930	276.21	59.16	124.31
1931	285.70	61.40	116.38
1932	294.70	64.27	111.14
1933	294.60	60.62	100.00
1934	269.00	55.79	94.75
1935	290.90	67.14	98.48

一九三四年是二．六二億元，一九三五年是三．三六億元，一九三六年是四．二三億元。如果以一九二八年為基數一百，那麼，一九三六年是三五四。值得注意的是工商業存款比重下降，團體和個人的存款比重上升。這說明民眾有錢。[259]在當時，存款如此旺盛，在世界上恐怕是絕無僅有的。存款如此，放款自然也是穩定增長。以上海銀行的工業放款為例：一九三一年是〇．二二九億元，一九三二年是〇．三四五億元，一九三三年是〇．三四五億元，一九三四年是〇．三七億元，一九三五年是〇．三八億元，一九三六年是〇．三八三億元。其中，對紡織業的放款比重在一九三二年以後，明顯上升。[260]

一九二七—一九三七年：南京十年和經濟制度

在中國二十世紀經濟史中，一九二七年至一九三七年被稱為「南京十年」。在這十年中，中國經歷的大事至少包括幾個方面：一，世界經濟危機的影響和衝擊，特別是美國《一九三四年白銀法案》引發的「白銀風潮」；二，在短短兩年之內，實施了一九三三年的「廢兩改元」和一九三五年「法幣改革」，完成了從銀本位到信用貨幣的轉

中國一九二九—一九三六年的工業生產單位：國幣十億元

年份	產品總值	淨增價值	建築業	國內資本形成
1929	773.8	276.2		
1930	821.1	296.4		
1931	886.9	320.0	0.	1.27
1932	933.3	324.1	0.43	1.49
1933	1006.3	369.7	0.44	1.50
1934	1042.6	395.0	0.44	1.12
1935	1104.1	441.8	0.46	1.60
1936	1227.4	499.1	0.46	1.95

變；三，日本佔領中國東北；四，中國共產黨武裝反叛。

儘管內憂外患不斷，但國民經濟卻顯示了巨大的承受能力，獲得長足的發展。特別是在整個蕭條時期，中國經濟比世界上絕大多數國家表現要好。[261]

其中，在一九三二年到一九三六年期間，中國經濟維繫了比較高的增長，經濟增長率分別分三．六八、負〇．七二、負八．六四、八．三、五．八七，年均增長率為一．七％。這些數字高於法國和美國在整個大蕭條時期的增長率（〇．六％和〇．五％），與德國和英國大致相當（一．七％和一．八％），只是低於日本（三．七％）。

迄今為止，關於如何解釋中國國民經濟在戰前的良好表現，主流的看法是強調南京政府的作用，而忽視當時中國經濟制度的特徵。一，二元經濟的「承受能力」。一九二〇至三〇年代，二元經濟正在形成，一方面已有現代工業格局，另一方面農業和手工業依然是國民經濟的主體。世界大蕭條在一九三二年給中國造成的通貨緊縮效應，主要集中在農村，引發農村經濟凋敝。但是傳統農業和農村具有很強的「承受能力」，農村和內地的資金向城市集中，過剩勞動力流入城市，調整生產要素組合，刺激了經濟增長。二，「自由經濟」傳統。南京政府建立之後，政府和執政黨發展國家壟斷資本主義，在金融業和銀行業方面也有所進展，但還難以動搖由自耕農，手工業者、商人和企業家支撐的深厚「自由經濟」傳統。在一九二八年至一九三六年，中國民族資本開設一百三十四家銀行，停閉三十一家，停閉占開設比重是二三．一％，是有史以來最好的情況。[262]在大蕭條的環境下，中國的銀行業遵循自由傳統，實行自由競爭，實現存款和發放紙幣的擴張，貨幣供給不斷增長，在很大程度上抵消了大蕭條的衝擊。三，市場經濟的擴張。中國國內市場有波動，擴張是大趨勢，有利於傳統貨幣經濟制度向現代經濟制度過渡和轉型。四，國家治理經濟的「藏富於民」傳統深厚。民間資本投資意願強烈。一九二八年至一九三四年，註冊的工廠有九百八十四家，平均每年一百五十一家，按當年幣值的投資總額是三．一一億元；而在一九二一年至一九二七年，註冊的工廠是九三六家，平均每年一三四家，按當年幣值的投資總額是二．三三億元。[263] 一九三三年至一九三五年，金融和貨幣危機最嚴重，水泥業產量持續增長，一九三四年達到六〇．四萬噸，比一九二七年的三〇．六萬噸產量增長了一倍。[264]

值得注意的是，在中國的二元經濟、自由經濟傳統發揮著正面作用的同時，確實注入了日益增加的國家參與經濟活動的新因素，中國從羅斯福新政獲得啟發，實行了沒有凱恩斯主義的凱恩斯經濟，通過增加基礎建設投資擴大需求。從一九二七年至一九三七年，鐵路修築從未中斷，在國民經濟最為困難的一九三五年創造了修築兩千四百七十四公里的歷史紀錄。同年的貨運量和客運量都達到最高水準；從一九二八年至一九三五年，中國輪船數量從一千三百五十二艘增長到三千八百九十五艘，同期的噸位從二十九萬噸增長到六十七萬噸。[265]

總之，在「南京十年」，中國貨幣經濟制度持續改革，國民政府在宏觀經濟戰略和政策方面沒有重大失誤，向工業化和現代化的過渡平穩，抵消了許多一九三〇年代的世界經濟危機的衝擊。「到了一九三七年中期，中央政府似已穩操勝券，從而出現了自一九一五年以來政治上從未有過的穩定。經濟正在好轉；政府正在大力推進政治運輸及工業計劃；貨幣比以前更統一了。」[266]

法幣改革與抗日戰爭

法幣改革和抗日戰爭的關係，相當複雜。對於中國來說，法幣改革加快了中國形成民族國家的經濟共同體。因為，近代民族國家就是要形成統一的國家市場，其中心是貨幣鑄造權。法幣改革成為「增強抗戰能力之最大因素」。[267]蔣介石在一九三九年說過，「如果這次抗戰發生在幣制改革之前，那麼中國可能稍微提早敗亡或者也許忍辱求和。幸虧現在有法幣制度，由此形成良好的金融經濟秩序，能為長期抗戰打基礎。」在整個抗日戰爭期間，國民政府所賴以維持財政的基礎是法幣，法幣政策體制幫助國民政府度過了抗戰期間的財政難關。

對於日本來說，因為法幣改革，中國國力會增強，甚至出現了崛起徵兆，所以，日本不僅反對、破壞法幣改革，而且加快了侵華戰爭步伐。[268]「日本對中國關內廣大地區的擴大侵略之所以選擇在一九三七年，其中原因之一，就是對法幣改革和法幣改革後中國的經濟恢復和發展感到不安。」[269]「日本軍人抱有一種信念，以為中國推行的統一全國、發展經濟和改進軍事的方案，近幾年有了進展並獲得明顯的成功，因此已經構成對日本安全的威脅。」[270]但是，絕對不可由此得出法幣改革是「日本侵華戰爭的導火索」的結論。[271]

可以肯定的是，法幣改革對中國抗日戰爭至關重要，法幣在抗日戰爭的作用不可替代。中國現代史上著名的銀行家陳光甫說：「抗戰之成在於法幣，若無法幣，必更艱難。」[272]日本也知道這一點，「法幣使中國民眾與其政府，結成不可分割之強固連鎖矣。中國民眾為維持其所有之法幣價值計，更非絕對擁護國民政府不可。」[273]中國「若無一九三五年之幣制改革，亦無一九三七年之抗戰。」[274]

貨幣經濟改革因抗戰而受阻

因為抗日戰爭，不僅導致法幣改革沒有完成，而且新的法幣制度還面臨一連串的新挑戰：

制度架構缺失。一九三六年中國準備籌劃中央準備銀行。設想的方案是，四〇%歸政府，但沒有投票和分紅權利，三〇%歸銀行，三〇%歸公眾。最初資本額為五千萬元。該方案在南京討論了一年，於一九三七年六月二十五日立法院討論通過。遺憾的是，一個可能改進中國財政制度的中央儲備銀行，因抗日戰爭爆發沒有成立，使得中國財政制度和貨幣經濟失去一種制度架構。[275] 這場戰爭還導致中國實施改進信貸制度、辦理農貸和不動產抵押業務的計劃沒有成果。

貨幣發行權沒有完全統一。中央銀行還是名不符實的，貨幣發行權仍舊分散，各行儲蓄存款的準備仍由各行負責，貼現及資本市場也呈現極度分散的局面。一九三七年春，國民政府已經能夠在華南地區推行幣制改革。由於抗日戰爭，在廣東和廣西，難以推行收回外商銀行和國內商業銀行發行的鈔票政策，這些地區仍舊發行和流通省鈔。在河北，繼續發行銅元票。直到一九四二年，國民政府實行「統一發行方法」，中央銀行統一發行法幣，並接收各省地方鈔券。

法幣流通區域和流通量的縮小。一九三七年「七七事變」之後，日本在其所控制和佔領的地區，也就是在占國土三分之一的「淪陷區」，設立了二十多個銀行，推廣「日系貨幣」，遂在取消法幣。據統計，「自一九三一年九月十八日至一九四五年八月十五日，日本無條件投降為止的十四年時間裡，日軍扶持下的傀儡組織設立了八家銀行，共發行了一百五十五種紙幣。」[276] 其中比較重要的銀行有一九三七年設立於張家口的蒙疆銀行，一九三八年設立於北平的中國聯合準備銀行，一九三九年設立於上海的華興銀行，一九四一年設立於南京的中央儲備銀行，這四家銀行都享有發行權。在日系貨幣系統中，有代表性的是「滿洲國貨幣」、「聯銀券」、「華興券」、「儲備券」。[277]

共產黨控制「敵後抗日根據地」地區，也有近三分之一國土。因為「敵後抗日根據地」是在「敵佔區」開闢的。最初，國民政府的法幣、中共的抗幣、汪偽政府的偽幣都進入根據地流通。伴隨共產黨及其武裝力量對根據地控制能力的增強，也建立銀行，嚴禁偽幣，限用法幣，實行無貨幣準備的所謂「抗幣政策」，發行和流通各種所謂「抗幣」或代用券。[278]甚至在某些根據地完全禁止法幣流通，以確立抗幣的壟斷或本位幣地位。在共產黨擴張的膠東地區，一九四三年以後，停用「法幣」，共產黨所有的北海銀行發行的「北海幣」迅速佔領了市場。另外，整個抗日戰爭期間，港幣在華南，美鈔在全國大中城市都有不同程度流通。

總之，在一九三二年至一九四五年，中國的貨幣金融版圖是「一分為三」：日本、共產黨、國民政府的貨幣並存。國民政府的「法幣」是中國唯一的合法貨幣，卻被壓縮到全國國土三分之一的國統區，主要集中在西南地區。而日偽貨幣，例如「中儲券」流通區域廣闊，涵蓋了華東、華中、華南等富庶和比較發達的地區。法幣的流通空間遭到擠壓，當然加劇法幣地區的通貨膨脹。因為抗日戰爭，中國被割裂為至少三個不同貨幣區的情況，無法實現貨幣統一目標。而抗日戰爭之後的國共內戰，又使得法幣失去了成為中國統一貨幣的最後機會。

「法幣」與日偽貨幣的「戰爭」

抗日戰爭期間，「法幣」與日偽貨幣的「戰爭」從未間斷。日本在貨幣經濟方面的主要破壞手段包括：

排擠與打擊法幣，實行直接和間接的金融掠奪。在淪陷區，日本沒收國民黨政府官營銀行沒來得及撤退的資產。在關內，日偽政權為了打擊和排擠法幣，在極端不合理兌換率下，強制民間用法幣兌換日偽貨幣；不斷宣佈法幣貶價；進而禁止印有南方地名的法幣在華北流通。在開封，甚至規定人民不得持有法幣，如發現持有法幣一元者沒收之，持有法幣六十元以下者處徒刑並罰款，持有法幣六十元以上者處死刑。一九四一年末，日偽透過通貨膨脹、發行公債以及偽中央銀行、興業銀行等放款而籌措到的資金達二九．九億滿元，比一九三六年偽滿可以動用的資金八六一萬滿元增加了三百五十七倍，占偽滿「產業五年計劃」（一九三七—一九四一）所需資金的六十億滿元的將近一半。279

實行通貨膨脹政策。中儲券在一九四一年一月最初發行時，發行額是一千三百七十一萬元，到一九四五年八月，發行額是四兆三千四百零七億元，比一九四一年一月增長了三十多萬倍。其他聯銀券、蒙疆券的情況也是如此。日本為了本國的金融政策和外匯管理，決定收回它在華發行的紙幣，改發銀行發行軍用票，對這個時期的通貨膨脹關係重大。據估計，一九三八年十一月間，日本軍用票在華中、華南的發行額為三千萬日元。至一九四一年底，日本軍用票的流通額，就有六億元至十二億元左右。由於濫發通貨，日偽幣迅速貶值。這從它與黃金的比價上可以明顯看出。每兩黃金按官價折合中儲券數量，一九四二年五月為兩萬一千元，一九四四年一月為十萬兩千一百元。日偽政權實行通貨膨脹政策，造成了物價飛漲，以一九三六年的批發物價指數為一百，到一九四一年，上海上漲到一〇九九．三，華北上漲到四五〇．二。280

透過日偽貨幣換取法幣，套取中國外匯。自一九三九年五月至一九四一年七月，日偽在華中地區暫准法幣流通，然後在華北、華中集中大量法幣，運到上海，按官價套取中國外匯基金，再以這些外匯基金從英、美換取物資。直接控制在其佔領地的進出口貿易，出口所獲取的外匯直接流入日方銀行，用以支付大量進口日本產品，或者從後方走私茶、油、皮革等重要戰略物資後，再把它賣到國際市場獲取外匯。太平洋戰爭爆發之後，國際貿易基本停頓，日本套取中國外匯基金已經不大可能，用處不大，於是大量購買中國政府用外匯買進來的重要戰略物資，把自己的外匯負擔轉移到中國的外匯市場。

大量製造假法幣。一九三八年，日本開始偽造法幣，至一九四〇年，已經形成規模。太平洋戰爭爆發後，日本侵佔上海租界，利用在上海租界內的中國四大銀行鈔票票版與印刷公司大量製造假法幣。據估計，戰時在日本國內製造、加工而輸往中國的假法幣就達三十億之多。[281] 還有一個數字：日本偽造的法幣達到四十億元，相當於一九三七年全年國民黨政府發行法幣數量的二·七倍。[282] 中國遭受巨大危害。國民政府採取了相應對策，通令嚴禁假幣的流通。同時，國民政府與英美兩國合作，在重慶秘密籌建一所偽造日偽鈔票的造幣廠。這些真假難辨的假幣，輸入到日本佔領區，敗壞了日偽貨幣信用，又使國民政府套購到大量的緊俏物資。

總之，中國和日本在貨幣經濟領域的對抗是嚴峻的。國民政府的法幣既要支持戰爭，還要支撐經濟的基本運行和民眾生活，還要防止日方的外匯奪取，維持法幣價值的穩定政策。總體而言，「日本的國力強於中國，決定了它能夠在中國貨幣戰中占上風，可以在一定程度上貫徹對貨幣金融戰的策略方針；日本的國力沒有強大到摧毀中國抗戰的程度，決定了它不可能摧毀整個的巨人體系。」[283]

外匯枯竭的威脅

一九三七年十一月，國民黨軍隊撤出上海，周圍地區被日軍佔領，當時英、美、法等國仍然統治上海的「公共租界」和「法租界」，因而被稱為「孤島」，外資銀行、國民黨官辦銀行及其他金融組織仍然在上海「孤島」裡繼續營業。

國民政府在戰爭開始後仍然決定維持原來每一元法幣合三十美分或一先令二·五便士的匯率，

為此，必須由中央銀行按照這一匯率在上海等城市無限制地供應外匯。其結果是刺激上海外匯黑市，為日偽繼續透過外匯黑市用法幣套購中國外匯提供機會，造成大量外匯儲備流失。抗戰前夕國民黨政府手中約有二．五億美元的外匯儲備，戰爭爆發後才半年時間就已損失了原外匯儲備的三六％。到一九三九年初，國民黨政府的外匯儲備已經枯竭。

針對外匯嚴重流失的局面，國民政府嚴格限制向口岸匯款，放棄法幣「無限制買賣外匯」的政策。從一九三八年開始，國民政府先後頒佈了《商人運貨出口及售結外匯辦法》、《出口貨物應結外匯之種類及其辦法》、《出口貨物結匯領取匯價差額辦法》、《維護生產促進外銷辦法》等一系列法規，在加強出口外匯管理，防止法幣、金銀及其他結匯物資進入日占區，鼓勵創匯物資外銷，增加政府外匯收入等方面，取得了一定的成效。一九三八年三月十二日，國民政府頒佈的《購買外匯請核辦法》，明確停止無限制供應外匯的做法。但是，囿於英、美等外商銀行不同意這一辦法，所以並不嚴格執行。一九三九年九月，第二次世界大戰爆發，英鎊應聲貶值，法幣在上海匯市隨之升值。一九四〇年初，法幣對英鎊的匯價上升了八〇％，對美元也上升了五〇％。一九三九年成立的「中英平準基金」拋出法幣回購了四百二十萬英鎊，相當於以往出售總額的四〇％。[284]一九四一年初，美國改變對中國的援助只局限於貨幣購買和物資援助等，且採取較為隱蔽的形式，中美簽定了《中美法幣安定基金協定》，美國出資五千萬美元作為法幣基金貸款。中美簽署外匯平準基金協定當天，英國也承諾向中國提供總額為一千萬英鎊的外匯平準基金貸款。合計一．一億美元組成的「中美英平準基金」，該基金曾經對穩定法幣的信用發揮過重要作用。[285]

但是，因為中國方面利用平準基金繼續在上海和香港的黑市上大量供應外匯，以求穩住外匯黑市匯率，卻繼續為日本在佔領區集中了大量法幣，運至上海套購外匯提供機會。平準基金幾乎消耗殆盡，其中大部分為日偽勢力所得。至今難以得到國民政府在這方面消耗的外匯基金具體數額，據估計約值當時數億美元。

強化法幣合法性和戰時經濟

抗日戰爭提供了強化法幣改革合法性的機會，戰時金融體制應運而生。一九三九年，國民政府頒佈了《戰時健全金融機構辦法綱要》，把抗戰初期設置的中、中、交、農四行聯合辦事處，改組為一個決策性的機構，擴大其權力，負責指導辦理戰時金融及經濟機關的的各項業務，其組織由中、中、交、農四行及財政部、糧食部派高級官員組成，蔣介石兼任四聯總處主席，總攬、檢查、監督執行四行業務，制定戰時金融決策的大權。這個權威機構制定了一系列的戰時金融措施。

強化法幣合法性，推行幣制改革，持續強制收兌社會持有的白銀及銀元，有利於國家掌握現金和集中貴重金屬白銀，用於在國際市場購買軍火物資，推動國民經濟向戰時經濟的調整和轉變。國民政府透過在全國強制推行法幣總攬貨幣的發行和回籠，可以穩定並擴大政府財政收入，將軍費開支轉移給民眾，「能夠運用普遍為人民所接受的鈔票（法幣），應付全國的軍政開支。」[286]

在抗日戰爭初期，沿海及東部地區的銀行、企業、機關和居民內遷，資金內流，使大後方各銀行吸收的存款數量普遍增加。如中國銀行，一九三六年的定期、活期存款分別為四・五億元，三・六六億元，到一九三八年定、活期存款分別上升到七・八五億元、四・六四億元。銀行吸收存款的增加及資本的相對充實，增加了對企業投資的放款，對堅持抗戰的經濟作用至關重要。[287]

後方企業單位猛增，截至一九三八年底為止，「戰區工廠遷入後方者，共有四百零四家。」抗戰以來各省新建及復工的又有一〇四家。[288]大批廠礦企業的內遷，復工、新建需要注入巨額資金，而「政府給以經濟上的援助，合遷移、建廠與流動資金三項，得到貨款共約九百餘萬元，其中由國庫撥付佔有四百萬元，其他則由銀行代付，政府給予擔保。」289此外，銀行業購買政府債券，不僅有利可圖，還支持國民政府的戰時財政，增加後方交通生產事業的資本。特別是，後方銀行對交通生產事業和農業的貸款有長足進步。到一九三八年底，中國、交通、中國農民三行，在西南各地的農業貸款總數已達到兩千五百餘萬元（其中中國銀行貸款七百餘萬元、交通銀行一千餘萬元、中國農民銀行六百餘萬元）。中央、中國農民銀行在一九三八年的農村放款累計達到五千六百餘萬元，較一九三七年的兩千四百餘萬元增加一倍以上。法幣改革從金融方面有效支援了抗日戰爭，甚至可以認為，「中國如無一九三五年之幣制改革，決不能有一九三七年之抗戰。」290

抗日戰爭和通貨膨脹

一九三七年盧溝橋事變爆發，中國在一年之內陷落的地區多為經濟發達地區，生產總值占全國生產總值的五〇%左右。這些地區的陷落使得在中國需要龐大軍需時，物資供應反而大減，形成對物價上漲的嚴重壓力。儘管如此，從一九三七年七月到一九三九年以前，通貨膨脹速度較為緩慢。物價上升指數還未超過法幣發行指數。以一九三七年六月為例，到一九三九年十二月，法幣發行指數為三．〇四，而物價指數重慶為一．七七。「在一九三七至一九三九年通貨膨脹的第一階段，普通中國人未受到其最壞的影響，因為消費品價格的增長與生產資料相比要慢些。」291

通貨膨脹和緩的是因為：一，人民愛國熱情高昂，堅決擁護抗戰，信任國民政府發行的紙幣，並透過認購救國公債等方式予以支援。人民群眾認購，對於國民政府彌補財政赤字、減少法幣發行起了一定的作用。二，一九三七年、一九三八年、一九三九年農業收成較好，如重慶這三年的糧食價格指數均低於一九三七年上半年的平均數（只有一九三九年最後三個月的價格指數略有超過）。三，抗戰初期，國民政府在上海拋售外匯，美英繼續在中國傾銷工業原料和工業產品，對市場物價也起了緩衝作用。四，抗戰初期，人民群眾在戰爭和大轉移過程中，攜帶的現鈔數量增加，貨幣流通速度也趨於緩慢。內地與口岸間的交通路線距離遙遠，商業資本的周轉速度減低。如戰前四川商人往上海辦貨，其資本平均每年可周轉四、五次。戰局展開以後，貨物往返須繞道越南，運輸時間往往達半年甚至七、八個月之久，其資本周轉每年不到兩次，貨幣流通速度之減低，無疑需要增加籌碼。五，商人擔心銀行不能保證支付，因此願意攜帶現鈔，不願意匯兌，這也增加了貨幣流通量的需求。

抗日戰爭前，中央銀行就沒有嚴格遵守現金準備六成、保證四成的規定。隨著抗日戰爭的進行，國民政府逐漸實施的「法幣通貨膨脹政策」。戰爭使財政赤字不斷擴大，法幣發行額不斷擴大，即以通貨膨脹彌補戰時財政。國民政府必須修改法幣的發行準備制度，於一九三九年九月八日公佈《鞏固金融辦法綱要》：現金準備的內容不再受限於「金銀外匯」，新規定增加短期商業票據、貨物棧單、生產事業之投資（即股票）；發行法幣時國民政府所承諾「十足準備」，「現金準備至少為百分之六十，餘則為保證準備」不再算數。只要有財政部的一紙借據，就可以充當準備金。「通貨膨脹的基本起因是金融性的。政府通常向四家政府銀行借款，這四家銀行大量印刷新鈔票以滿足這種需要，使通貨數量大為膨脹。」[292] 一九四〇年，中央政府又實施中央銀行統一貨幣發行。其結果不是貨幣發行得以控制，而是大為增加。法幣發行數量劇增推動了通貨膨脹。從此，緩和的通貨膨脹轉入惡性通貨膨脹，物價上漲的速度開始超過法幣發行增加的速度。

從一九三七年到一九四五年，紙幣發行增長了幾乎三百倍，或者按每年一百個百分點平均計算，紙幣的發行從一九三七年到一九三八年的二七%，增長到戰爭結束那年的二二四%，價格的上升則更快一些，戰爭結束時已達到初始水準的一千六百倍，或者說，是以每年一五〇%的平均速度增長。[293]貨幣的對內貶值和對外貶值，基本上一致。自一九四二年起對外貶值又快於對內貶值，按對內價值，一九四二年十二月，一元法幣相當於一九三七年法幣的一分二厘八，按對外價值卻只值二厘四，自此以後，一直保持五倍的差距。到抗日戰爭勝利時，法幣的發行額已達五千五百六十九億元，即約增發了四百倍，同期重慶地區物價上漲約一千八百倍。

生產供給不足的「非金融性」因素加速了價格上漲。一九四〇年農業歉收，食品價格暴漲，刺激了整個通貨膨脹的進程；原本一些輕工業生產基地，例如布匹、藥品、紙張和電燈泡大多在沿海城市生產，現在成為日本淪陷地區，後方生產普遍不能滿足消費者的需求。此

一九三七—一九四五年，按戰前價格計算的紙幣發行值[294]

期末	政府銀行紙幣發行總額	平均價格指數	按戰前紙幣折合的發行值
1937.7	1455	1.04	1390
1938	2305	1.76	1310
1939	4287	3.23	1325
1940	7867	7.24	1085
1941	15133	19.77	765
1942	34360	66.2	520
1943	75379	228	330
1944	189461	755	250
1945.8	556907	2647	210
1945.12	1031932	2491	415

單位：一百萬元

外還有一個前面提到的軍事政治原因：日占區和共產黨控制的「抗日根據地」，法幣非法，遭到驅逐，導致法幣流通的範圍驟然縮小到國統區，物資大量外流，推高了物價。

抗戰八年中形成的通貨膨脹態勢過程，即是國民政府經濟管理上的優勢減弱、劣勢上升的過程，反映了國民政府沒有處理貨幣政策與財政政策之間衝突的能力，與抗戰之後的惡性通貨膨脹直接相關。法幣沒有覆亡於抗日戰爭之中，卻覆亡於抗日戰爭之後，「是抗戰後期的通貨膨漲，以及抗戰勝利後錯誤的貨幣整理及繼續抗戰的經濟特有的通貨膨脹所致。」[295]

一九三五年幣制改革再評價

一九三五年的法幣改革是中國中自有貨幣經濟以來的一次「金融巨變」，是白銀貨幣化以來的一次翻天覆地的革命，實屬中國二十世紀影響最深遠的事件，其意義超越了貨幣經濟本身，涉及政治、社會、國際關係、人們觀念諸多方面。即使在今天，評價這次貨幣經濟改革，也非易事。

關於對一九三五年法幣改革的主流評價的要點包括：一，摧毀了根深蒂固的銀兩制度，結束了自明朝中葉以來以白銀貨幣為主體貨幣體系，白銀通貨退出歷史舞臺。從此，中國經濟不再制於「銀價」，「白銀匯價」和「白銀購買力」，白銀貨幣作為「外生變項」對國民經濟的長期影響不復存在。二，結束了中國幣制長期落後、混亂和多元貨幣體系歷史。三，使中國幣制由金屬本位制，即銀本位進入到紙幣制度時代。而且斷絕實行金本位的可能性。四，確立信用貨幣替代金屬貨幣，實現了貨幣經濟的現代化。五，實現了中國貨幣經濟與世界貨幣經濟體系的接軌，中國貨幣經濟成為世界貨幣金融體系的組成部分。

現代國家、強制性金融制度變遷和國家貨幣發行權

一般認為，一九二九年世界經濟大蕭條，以及美國《購銀法》引發的「白銀風潮」，最終導致了一九三五年幣制改革。也就是說，一九三五年幣制改革絕不是國民政府自覺、主動、深思熟慮、經過設計和試驗的改革，是來自外在因素，外部環境改變，而不是來自內在需求的改革。

事實上，一九三五年幣制改革的歷史成因是複雜的，是外部因素和內部因素結合的結果。自清朝末年至北洋政府，中國不僅產生了建設現代國家的需求，而且為現代國家建設方面奠定了一定的政治和經濟基礎。一九二九年世界經濟「大蕭條」，以及美國《一九三四年購銀法》引發的「白銀風潮」，為南京國民政府提供了契機，將法幣改革、現代國家建設和制度性的「強制性變遷」結合在一起，以國家力量實現法幣改革，以法幣改革強化國家力量。因此，以當時世界上已經存在的信用貨幣為模式的法幣改革，就成了中國貨幣經濟現代化和國家現代化的里程碑。

從字義來看，「法幣」就是「國家法律」支援的貨幣，具有無限的償還能力。實施法幣，流通貨幣就是建立在政府信用基礎上和政府印刷的紙鈔。因此，法幣不可避免的稱為「管理通貨」。與法幣的「管理通貨」特徵相適應，政府干預貨幣不可避免，形成管理貨幣制度（managed currency system）。法幣的「管理通貨」性質和「管理貨幣制度」之間是一種互動關係。在法幣改革之初，以金銀和外匯作為準備金。但是，法幣沒有規定含金量，與黃金沒有直接聯繫，法幣的價值由外匯匯率體現，即透過與英鎊或美元的固定比值體現出來。而英鎊或美元是有法定含金量的。所以，法幣具有間接的含金量，相對於貴金屬，主要是黃金，法幣是一種不兌現紙幣；相對於外匯，法幣又享有「可以無限制買賣」。然而，這不是說法幣的基礎是「匯價本位制」。

在法幣的十餘年歷史中，其事實上可以自由兌換外幣的特徵被迅速削弱，發生異化。代表國家

的財政部不斷降低為發行法幣的白銀準備比重，一九三六年已經降到二五%，能夠約束法幣發行數量的金屬儲備日趨縮小。一九三八年三月十二日，國民政府取消法幣無限制買賣外匯，法幣作為「管理通貨」已經名實俱亡了[296]。於是，現金準備並不用於兌現，不再需要透過兌現來維持紙幣的穩定，法幣演變為事實上的「不兌現紙幣」。「凡是紙幣持有者不能拿紙幣向發行機構兌換金屬貨幣的都是不兌現紙幣。不管發行者是政府還是銀行，也不管何種途徑發行，都不能改變不兌現紙幣的性質。」[297]

法幣改革對中國自由經濟傳統的顛覆

直到一九三三年實行「廢兩改元」，特別是一九三五年法幣改革之前，所謂的傳統貨幣經濟制度就是自由貨幣經濟制度。這種制度有兩層含義：一，財富與貨幣不可分割，貨幣形態是金屬貨幣。國家和皇權基本沒有製造虛擬財富，例如紙幣的制度條件。二，政府極少介入貨幣體系，對貨幣經濟大體奉行的是自由放任主義，從未有過壟斷貨幣供給的意識，把貨幣安排交給市場，市場選擇通貨種類，市場經濟和貨幣經濟融為一體。三，貨幣經濟私有化，不同貨幣形態和發行貨幣的機構自由競爭。從清末到南京國民政府建立初期，中國發行紙幣並不是一家銀行獨有，一九〇七年，共有兩家政府銀行，一家商業銀行，以及一家省級政府銀行有權發行紙幣，到一九二七年，除了兩家政府銀行之外，至少有二十八家商業銀行和十一家省級銀行可以印製鈔票。因為銀行發行銀行券需要白銀貨幣作為基礎，並沒有發生過於嚴重的通貨膨脹。除此之外，工廠、自來水公司、公用設施、商會，甚至理髮店和個人都可以發行信用券。四，貨幣多元化，可以因地域不同而有差異。絕大多數這種信用券是區域性的，有些有擔保，有些沒有擔保。這樣的貨幣經濟表面上雜亂，卻有極大的彈性，不是無序的。五，藏富於民，可以國窮民富，不可國富民窮。民眾是貨幣資源，即白銀的主要所有者和使用者。民間財富體現為白銀的非國有化，沉澱於民間的白銀貨幣財富可以實現微觀的自動調節，如蓄水池一般。

曾有一些西方銀行準備仿效中國傳統的貨幣制度，例如德國的漢堡銀行（Hamburger Giro Bank）在一七九〇年，瑞典銀行在一九二三年都曾經打算仿效中國的自由幣制。[298]但是，中國自二十世紀開始，就開始面臨如何改革中國銀兩制，統一幣制的歷史課題。中國的貨幣改革陰差陽錯，一拖再拖。中國似乎由此落後了，卻保護了中國人的經濟生活，避免紙幣發行導致通貨膨脹，使政府干預貨幣經濟成為很困難的事情。

法幣改革從根本摧毀了中國自由經濟傳統基礎。一，金融壟斷和建立無限政府。國民政府成立之初，已經存在對金融進行壟斷的傾向，因時機不成熟，未能完全如願。一九三三年「廢兩改元」，提高了上海銀行業的地位，「上海銀行業除了中央銀行之外，中國、交通、中南、四明、中國實業、中國通商、浙江興業、中國墾業、中國農工等九家銀行均有發行權」，但是實行法幣政策之後，金融格局發生突變，「中央、中國、交通三家以外其他銀行的發行權均被剝奪。更值得指出的是，國民政府推出法幣政策前的半年，已經對中國銀行和交通銀行實行第二次增資改組，這兩家銀行已從商股占絕對多數轉為官股占支配地位。換言之，通過法幣政策，所有非政府銀行的發行權均不復存在了。」[299]一個四億多人口的國家貨幣經濟，從此受一個中央銀行及其分支機構控制和壟斷。中國開始進入國家資本主義軌道。當國家完成對金融資源的徹底壟斷時，中國就從一個自由資本主義演變為國家資本主義國家，為共產主義在中國的勝利創制了重要的歷史條件。二，「白銀國有化」，政府以國家的名義剝奪了民眾和商家歷史沿續下來的白銀財富積累，剝奪民間貨幣財產。

三，貨幣制度本身不再是私有化，而是國有的，民眾的貨幣財富不再是可以兌換的白銀，而是依賴於政府發行和管理的紙幣，中國的私有經濟傳統從根本上遭到動搖和顛覆，由此奠定了中國二十世紀國家所有制，甚至共產主義公有制的第一塊基石。四，深刻改變了金融生態，改變了民營金融機構的發展軌跡，自由的銀行券遭到廢止，小型金融機構和私人信用券迅速喪失平等競爭機會，導致民營銀行喪失了在大陸發展的黃金時代。

簡言之，法幣改革不僅是為了應付一九三〇年代初經濟危機的單純幣制改革，而是貨幣經濟的制度性和結構性改變。中國貨幣經濟似乎實現了「現代化」，但這是以國家貨幣為基礎的「現代化」。在中國現代經濟尚未形成，現代市場體系，特別是貨幣金融體系還在發展的關鍵時期，其對日後的消極和負面影響會得到放大。

法幣、法幣政策和通貨膨脹基因

中國從大明寶鈔停用之後的四個世紀中，大體免受惡性通貨膨脹之苦，這要歸功於放任主義，以及金屬貨幣，特別是「銀銅複本位制」。隨著國家權力的擴張，晚清和民國初年，因為濫鑄銅元，政府劣質銀角、地方政府鈔票的區域性貶值，通貨膨脹的幽靈再現。

法幣改革埋下了後來的通貨膨脹的「基因」：一，廢棄銀本位，發行紙幣，幣制徹底脫離硬通貨的約束；二，國家統一貨幣發行權，政府權力無限化。在中國歷史上，第一次出現政府完全掌制貨幣結構和貨幣供應。[300] 一旦國家濫用權力，追求政府利益最大化，金融體系納入國家財政的附庸地位，實行資源的財政性分配，運用通貨膨脹政策，法幣的供給量必然失控，通貨膨脹就勢所難免，而且不會是局部的、必定是全國性的問題。三，法幣是一種匯兌本位制，沒有自由兌換成外匯的法律限制，法幣實現外匯兌現，前提是國家銀行可以充足供應外匯。歷史證明，這是不可能的，不具有現實性。「國民黨政府用無限制買賣外匯來維持初期法幣對外價值的穩定。這是維持紙幣幣值的一種方法。這種方法不叫兌現，因為並不是所有的法幣持有人都能兌到外匯，而且即使兌到也只是外國的紙幣而不是金屬貨幣。法幣能買到外匯就像法幣能買到商品一樣，都不屬於兌現。」301

所以，在法幣政策頒佈後，當時不少朝野人士已經關注法幣政策與通貨膨脹的關係。馬寅初對法幣政策的通貨膨脹可能性極為擔心，其可能性表現在：一，集中民間儲藏現銀會導致通貨膨脹。原有銀幣若用於儲藏，市場供需平衡，現在法幣政策要求「以儲藏銀幣依法換取法幣以後，即不能再作儲藏」，這樣，以前不在流通範圍內的銀幣，換成紙幣後便都進入流通，增加貨幣供應量；二，發行準備加多會導致通貨膨脹。按現銀準備計算，如果吸收十億元準備，則另可多發六億六千六百萬元法幣；三，法幣充作存款準備會導致通貨膨脹。其他銀行將原來用作營業準備的銀元向中央、中國、交通三行兌換法幣，而三行則又可將兌到銀元充作發行準備增加發行。如兌入六十萬元營業準備金即可多發一百萬元法幣。楊端六也肯定法幣政策「實為我國幣制劃一新紀元」。但也擔心政府不斷用增發紙幣的辦法來解決財政困難會引發通貨膨脹，因此說：「此次部令對於鈔票發行額，未為規定，或由於政府不知人民所需要之紙幣數量有以致此，唯望政府能早自限制，慎勿濫發也。」錢俊瑞對法幣政策的評價，主要是指出法幣政策是西方列強搶奪中國貨幣權鬥爭的結果，也分析了法幣政策的通貨膨脹後果。302

根據凱恩斯的觀點，管理通貨是國家責任，主要方法包括運用利率來調節信用的擴張和收縮，保證企業和價格的穩定。凱恩斯從通貨膨脹與通貨收縮兩方面來分析貨幣價值變化對社會的影響：「不管是通貨膨脹還是通貨緊縮，兩者同樣造成了對社會的巨大損害。兩者同樣足以改變不同階級間財富的分配，在這一點上，通貨膨脹更加要不得。兩者對財富的生產同樣發生影響，前者會發揮刺激速度的作用，後者會發揮減低速度的作用，但在這一點上，通貨收縮的危害性更大。」凱恩斯認為通貨過度膨脹或收縮都不可取，但二者的側重又有不同，對於財富分配來說，通貨膨脹更不可取，對於財富生產來說，通貨收縮更不可取。在權衡兩者時，凱恩斯認為，通貨收縮的危害比通貨膨脹更大，因為通貨收縮引起企業停產、工人失業和社會貧困，是不利於社會發展的。凱恩斯後來在《就業利息和貨幣通論》的觀點，他是主張通貨膨脹政策的，即為了刺激蕭條經濟的復甦和發展，而實行赤字財政政策和低利率政策。然而，這項政策只是在有大量閒置生產要素的前提下，在短期內能奏效的一種飲鴆止渴的辦法。

後來的歷史證明，建立法幣制度，國民政府在抗戰後期實行通貨膨脹政策，實現法幣性質從「管理貨幣」到「戰時貨幣」的轉變，是「自覺」，而不是「盲目」的。從一九三八年至一九三九年開始，法幣日益被「財政政策」和通貨膨脹政策所綁架，埋下抗日戰爭之後中國惡性通貨膨脹的種子，國家付出了難以估量的歷史代價，包括國民財富遭到巨大破壞和國民政府在大陸喪失了政權。

假設沒有一九三五年的法幣改革

人們在研究法幣改革的時候，一般注意的是這次改革的條件和後果，少有人提出歷史是否存在沒有這次改革的可能性。如果有，中國貨幣經濟的走向會是怎樣？對中國的發展又會產生什麼樣的影響？

要回答這些問題，就必須正確判斷一九三五年的中國國民經濟形勢。一九三四年美國《白銀法案》引發的世界性白銀漲價是短期的。事實上，「當匯價於一九三五年春季達到它的高峰之後緩步下降時，它的實際後果比大家所擔驚害怕的為輕。」[304]也就是說，到了一九三五年下半年，一度極端嚴重的白銀風潮，已經得到有效控制。中國白銀貨幣嚴重外流的局面不可能無限期進行。因為，中國畢竟是當時的白銀大國，當中國的白銀貨幣外流到一定程度，世界銀價市場供需關係會發生調整，銀價也會大幅回落。而美國也不可能過度吸納白銀，因為美國購買白銀是要「花錢」的，再下去美國也負擔不起。而且，美國的白銀儲備供過於求，會導致白銀儲備價值低落。至少當時美國和英國是明白這個道理的。中國經濟決策集團自然也是明白的。

所以，「當南京國民政府決心對金融制度實施重大變革之時，中國的金融市場正在正常地運行之中，並未失衡。」[305]那為什麼南京國民政府繼續法幣改革呢？一，箭在弦上，不得不發。法幣改革已經啟動，停止和改弦更張的成本過大。二，南京政府希望根除因為銀本位引發的銀價波動風險。三，蔣介石希望透過法幣改革實現對金融貨幣的壟斷，以增強國力，準備對日戰爭。但是，幾乎沒有人在當時發出停止法幣改革的聲音，也沒有人預見到法幣改革埋下南京覆滅的種子。如果說法幣改革是針對一種經濟「痼疾」的手術，似乎是手到病除，但是另外一個更致命的疾病卻悄然出現。

表面上看，一九三三年廢兩改元之後的「銀本位」，似乎受制於國際銀價影響，在白銀風潮之下不堪一擊。如果仔細思考，很難認為「銀本位」完全喪失生命力。可以提出如下假設：

假設一：如果中國沒有法幣改革，繼續銀本位，在國際市場的白銀因為供給過多，需求放緩，自然回落，白銀會流回中國。於是，中國的白銀貨幣幣值自然下降，會推動出口擴大、外資流入、僑匯增加、國際收支順差、經濟復甦。

假設二：如果如果中國沒有法幣改革，繼續銀本位，惡性通貨膨脹的可能性非常之小。因為，只要是金屬貨幣，「不管金屬有多『賤』，仍然要耗費某種東西進行生產，這一成本就是對貨幣數量的一個限制。」推翻清朝之後，中華民國繼承帝國時代的貨幣體系。在一九一〇年代至一九二〇年代的混亂時期，白銀貨幣為抵禦政治干涉提供了保障。因為民眾具有拒絕接受沒有白銀支持、或者不能兌換白銀的紙幣，保留選擇貨幣的權利，成為維繫市場規則的參與者，有約束政府壟斷貨幣權力的可能性，以致當時的軍閥和地方政府操控貨幣體系來填平財政赤字的企圖難以實現。這是因為公眾對於紙幣贖回白銀的要求，從根本上制約了紙幣的擴張。[306]但是，一九三五年幣制改革之後，「紙幣的數量可以按可忽略不計的成本無限遞增；所需的只是在同一張紙上印上較大的數字而已。」[307]如果一個國家對政府失去有效約束，就可以透過紙幣發行和流通，增加貨幣數量，滿足開支膨脹的需要。政府自身製造過度的貨幣增長，從而製造通貨膨脹。[308]

假設三：如果中國沒有法幣改革，銀本位不僅可能經受了抗日戰爭考驗，而且可以有效避免一九四〇年代末期的惡性通貨膨脹，維持到一九五〇年代，甚至更長時間，白銀始終在外匯儲備中佔有重要位置，與美國的「白銀政策」同步。[309]以中國足夠的白銀存量，完全可以影響這段期間的白銀市場價格，且選擇白銀價格的高點兌換為黃金或美元，並以此為支持建立信用貨幣的貴金屬或硬通貨的儲備。那麼，中國還會是第二次世界大戰後白銀價格上升的受益者。

假設四，如果中國沒有法幣改革，始終擁有巨額的白銀儲備，加之逐漸增加的白銀生產，可以在白銀的工業需求膨脹過程中獲利。白銀與黃金的主要區別是，在白銀幾乎損失了貨幣金屬的功能之後，其獨特的工業金屬功能卻在強化。一九五〇年代以後，白銀成為了電子工業、航太工業、電力工業和新能源工業不可缺少的金屬原料。這些工業部門的白銀需求量急劇增長，而白銀生產滯後，白銀儲備銳減，白銀的市場價格持續上升。一九四六年，每盎司白銀價格大體在〇・九〇五美元的水準；一九七三年，每盎司白銀價格四美元；二〇〇〇年，每盎司白銀價格十五美元。白銀價格的上漲趨勢，自然有投機因素，也有近年來工業需求拉動的因素。似乎可以肯定，白銀價格還會維持繼續上升的趨勢，而擁有更多白銀儲備和供給的中國應該成為收益國。

上述假設，並不意味著認為白銀的貨幣功能還可以復辟。在一九七〇年代之後，黃金貨幣「復辟」的可能性已經不復存在，何況白銀了。不論白銀貨幣的歷史多麼輝煌，已經是一去不返的過去。但是，近年來的中國卻出現了「白銀崇拜症」，且達到癲狂狀態。在二〇〇八年世界金融危機之後，白銀價格發生了超常的暴漲。這種情況的出現，使得中國出現了發動一場「白銀的人民戰爭」的聲音，其理由是：當今全世界的白銀庫存大約為三萬噸，價值相當於一千兩百億人民幣。世界白銀每年的短缺量在四千噸左右。中國目前已經成為世界第一大白銀生產國，年總產量大約達到一萬噸，其中五千噸用於出口，具有左右世界白銀市場的實力。如果中國重新審視白銀的巨大金融戰略價值，停止白銀出口，擠兌國際白銀市場，白銀價格會發生暴漲，中國就可以控制「金融高邊疆的制高點之一」。即中國民眾投資二百五十億人民幣自我消化中國每年出口創匯的五千噸白銀，例如，一千萬人，每人購買兩千五百克白銀（約〇・四五千克），「則世界白銀市場將很可能觸發擠兌的鏈式反應」。[310]他們用文學語言稱，「自二〇一〇年白銀的投資管道開通以來，中國民眾期盼已久的投資熱情就像火山一般爆發出來」，強調「白銀，是你有生以來最大的一次機會。」[311]於是，一些「幾千塊投資賺了上百萬」的「白銀神話」開始四處流傳。讓數以十萬甚至百萬計的中國中小投資者，透過銀行系統以做多者的姿態出現在國際白銀市場上，成為一支特殊的「中國力量」。但是，這種「義和團式」的「人民戰爭」豈可長期對抗市場？二〇一一年的四、五月間的十天之間，白銀價格從近三十年來的歷史最高點一路狂跌，國際期銀價格跌掉二〇%。這樣的暴跌記錄在歷史上極為罕見。[312]其結果是中國民眾自己的財富葬於自己發動的「白銀的人民戰爭」之中。這個鮮活的教訓說明：重建白銀經濟，或白銀通過白銀減少外匯儲備風險的歷史條件不復存在。而且，白銀不同於黃金，其產量是可以在很短時間內增加的。關於「白銀的人民戰爭」主張是幼稚的，荒唐的、可惡的。

總之，對一九三五年廢除銀本位，包含著順應歷史潮流的一面，也包含激進、倉促，甚至違背中國國情的一面。究竟是弊大於利，還是利大於弊，在當時的條件下還難以論斷。但是，在七、八十年後，可以看清楚：在美國支持下的法幣改革，雖然在不足兩年的時間裡實現了不兌現的信用貨幣制度，但是，很可能超越了中國當時的經濟環境和經濟能力。沒有法幣改革，抗日準備和抗日戰爭的經濟基礎未必就會薄弱。也就是說，中國抗日戰爭的國力，未必一定以國家信用貨幣為基礎。那種認為沒有一九三五年的幣制改革，一九三六年至一九三七年的中國國民經濟就不會走出蕭條，似乎為了對日戰爭，廢除銀本位和法幣改革就是唯一選擇的看法，這是用一種歷史的結果否定一種歷史的可能性。因為有了法幣，中國出現了用最現代化的貨幣政策來面對不成熟的貨幣經濟和市場經濟，違背了中國實際的經濟基礎，特別是二元經濟結構，使中國的貨幣體系與中國整體經濟制度相分離，只是其脆弱和潛在的危險被其後的八年抗日戰爭所掩蓋，但是，到了抗日戰爭勝利後就告爆發了。

遺憾的是，人們在考察當時中國經濟和貨幣制度史時，常常用雙重標準，即在評價國民經濟整體時使用「半封建、半殖民地」、或「二元經濟」、「傳統與現代化並存」等概念，但是，在評估貨幣經濟時，卻以當時在西方成熟的貨幣體系為標準。如果說本應在清末或民國初年實現的「廢兩改元」，到一九三三年才得以完成，是一種「晚點」的制度變革，那麼一九三五年廢除銀本位，實在是金融制度的「強制性變遷」和「躍進」。這種「雙重標準」不僅是方法的缺陷，也是政治文化缺陷的反映。

法幣改革有沒有可能成功？

一九四四年七月，第二次世界大戰的硝煙還沒有散盡，來自四十五個國家的三百多名代表就聚集在美國的布林頓森林市，建立了美元為中心的國際貨幣體系。布林頓森林體系是有史以來第一個國際貨幣合作的產物。蔣介石派時任財政部長的孔祥熙率團出席參加。目前還沒有看到國民政府參加布林頓森林會議的詳盡文字。可以肯定，國民政府對此次會議和由此建立的新的國際貨幣體系的瞭解，應該是相當詳盡。當時擔任中國政府顧問的美國貨幣金融專家也起了相當作用。

按照法幣改革以及與美國貨幣體系的淵源，加之抗日戰爭過程中，中美經濟聯繫的深化，以及中國外匯儲備中美元的比重，布林頓森林會議為中國提供了有利的國際金融環境。假設南京國民政府有效控制了一九四〇年代末的惡性通貨膨脹，法幣幣值穩定，沒有實施「金圓券」方案，國民黨政權在大陸得以維持，設立中央準備銀行方案，專辦不動產抵押業務機構的設想，改進信貸制度可以付諸實踐，中國貨幣經濟納入布林頓森林體系，加之中國很可能得到可觀的國際金融資源，加快戰後經濟重建，法幣很可能扮演後來日元在亞洲和全球扮演的角色，中國當代貨幣經濟的面貌和中國現代化進程一定會有另一番景象。

凱恩斯曾經指出，布林頓森林體系的架構屬於「管制資本移動」，以固定匯率為前提，限制自由資本流動。在這個意義上說，戰後剛剛建立的布林頓森林體系可能導致了國際資本對中國的流入。當然，彼時整個歐洲面臨重建，同樣需要巨大的金融資源。

不管怎麼說，一如明、清、北洋政府，歷史同樣沒有給國民政府足夠的時間，利用當時確立的新的國際貨幣體系。由南京國民政府推動和主導的貨幣經濟現代化的過渡，雖然經受了抗日戰爭的考驗，但是，最終沒有避免一九四〇年代後期的高通貨膨脹，曾經有過貢獻的法幣體系最終崩潰，國民政府也因此失去大陸。

法幣改革和美國的歷史責任

中國在一九三五年底放棄銀本位，其經濟、政治、社會條件都沒有成熟，且是由於外國（特別是美國）的白銀政策所致。是美國一九三四年的「白銀政策」，導致中國的「白銀風潮」，客觀上為國民政府實現金融壟斷製造合法的機會。所以，美國是中國一九三五年幣制改革的直接原因。不僅如此，如果沒有美元作為法幣的儲備，法幣改革能否順利都是問題。所以，法幣改革既是主動的，也是被動的。

問題是，中國和美國經濟發展水準差距過大，中國貨幣與美國掛鈎之後，其風險加大。因為，美國可以承受美元的強弱波動；處於二元經濟之下的中國，則難以承受。特別是，一旦中國沒有足夠的美元外匯儲備時，不僅法幣會急劇貶值，整個國家的信用制度都會動搖。

多年後，弗里德曼在說到這段歷史時強調，自一九三三年起，「即在美國開始採取行動提高白銀價格之時，中國是唯一一個重要的銀本位制國家。結果，美國的白銀購買計劃對中國的影響遠遠大於對其他國家提高白銀價格，中國也會在事實上脫離了銀本位制的幾年後放棄銀本位制，但會在一種更好的經濟條件和政治狀況下不放棄銀本位制。整個事態的未來發展過程也會發生改變。最終那場惡性通貨膨脹可能無法阻止，但至少可以往後拖延，這就可以給國民政府更多的時間去恢復戰爭創傷，有更多的時間來抵禦共產黨的威脅。」[314]

一九三〇年代中美白銀外交可以說是以鬧劇的形式在美國開場，以悲劇的形式在中國展開，最後以多少帶有喜劇色彩的形式在兩國關係的互動中結束。有美國學者認為，一九三四年的《購銀法》完全是一場美國式的政治遊戲，它使美國政府花了十五億美元的代價，維持了不到五千人的白銀生產行業，因此，在經濟上毫無意義。它反映了歷史進程的複雜性和聯繫性。先是美國國內政治導致《購銀法》的出臺，繼之轉化為中國的財政危機，接著又演變為美英日為控制中國的貨幣財政而進行的一場國際角逐。[315]這種說法似乎很有歷史感，但失之於膚淺。從大歷史角度看，中國法幣改革與中美之間的經濟、政治、戰略關係，與當時的世界經濟大格局，世界大戰進程糾結在一起。中美元素是重要的和關鍵的，卻不是唯一的。

一九四五—一九四九：從通貨膨脹失控到貨幣金融體系崩潰

一九四五年八月，日本投降，國民政府自重慶還都南京，群情鼓舞，人心思定。那是因為勝利給中國人以無限的希望。中國的貨幣金融形勢尚可。但是，在三、四年的時間內，中國發生了法幣貶值，通貨膨脹失控，廢除法幣和發行金圓券，最終整個貨幣金融制度瓦解，國民黨政府垮臺。如何解釋中國在這個時期惡性通貨膨脹的成因，是中國現代經濟史中的重要課題，可以歸納幾種理論：一，制度性分析，包括中國銀行制度的缺點、財政制度的缺點，中國現代銀行的產業和區域分佈。銀行過度集中於上海，上海淪陷之後，後方並沒有像上海一樣現代化的金融體系，使公債的發行、儲蓄政策的推廣均頗困難。中國有錢人習於買地，買金銀，而不存放銀行。[316] 二，過度需求分析，因為戰爭導致物資供不應求，投機增加，進而擴散到消費與國際收支部門。[317] 三，國民黨政府的通貨膨脹政策。一九三五年的法幣改革，為南京國民政府「控制價格提供了平臺，自此，政府控制貨幣的近代中國經濟運行規律發生了質的變化。」[318] 即政府可以實施通貨膨脹政策。這種看法是最有影響力的。四，國民黨政府在貨幣金融領域的錯誤。

一九四五年夏、秋兩季的貨幣金融形勢

與很多的戰後重建國家相比，中國在一九四五年夏、秋兩季的貨幣金融形勢的表現是很正面的：

中央政府擁有一定的硬通貨儲備。有一種算法，國民政府的中央銀行這時已擁有近九億美元的外匯儲備，其中包括約三億美元的黃金儲備。「還有大量接收的敵偽產業，單蘇浙皖區接收的敵偽產業，價值即達一兆一千億元法幣，折合美元約五億。」[319] 還有一種算法，國民政府的金融資產包括黃金美元九億元，甚至十億；黃金庫存為九百多萬兩；接收的敵偽產業折合法幣十兆元，總計相當於當時法幣發行額五千五百六十九億元的二十倍。此外，還有美國給予的救濟物資和美軍剩餘物資約二十億美元。[320] 根據一九四二年「中美互助協定」，美國還應當償還中國的駐軍費用及墊款。如果這些金融資源運用得當，可以保障國民政府實現整頓稅收，平衡財政收支，抑制通貨膨脹的目標。

政府對於經濟管理頗有信心。當時的國民政府對抑制物價是自信的，其主要依據是：美國提供更多黃金儲備；大量國外物資進口；恢復和提高國內生產，所擔心的是通貨膨脹。幾乎在抗戰勝利

的同時，就已經醞釀幣制改革，企望從根本上解決中國脆弱的貨幣金融體系，阻止通貨膨脹。這個思路是成立的。如果國民黨避免內戰，還是有條件進行幣制改革的。但是，由於國民政府判斷和決策失誤，伴隨內戰爆發，喪失這個稍縱即逝的機會。

短期物價回落。一九四五年八—十二月，全國各地物價基本穩定，甚至有不同程度的回落。以上海為例：物價指數以一九三六年為一百，一九四五年一月至八月達到三，九七三，六〇〇；一九四五後九月至十二月，下降到一一九，二〇〇；粳米每石的批發價格在一九四五年八月是一百五十萬中儲券，十二月跌落到七，六二五中儲券；每兩足赤黃金價格在一九四五年八月是七一二，五〇〇中儲券，至十二月跌落至七三，一三七中儲券。[321] 進入一九四六年，價格指數和主要商品價格有所反彈，但是並不嚴重。造成物價回落的原因包括：一九四四年和一九四五年農業收成較好；民眾對戰後國家的信心增強；民眾對物價出現新預期；顧慮可能在新一輪幣制改革中吃虧，一改過去借債囤貨，「重物輕幣」的風氣；多年囤積物品回流市場，脫貨求現，甚至貶值出售；工業生產迅速恢復，供給增大。總之，中國在戰後的經濟情況遠遠好於戰後的歐洲，更不用說日本了。這樣的局面沒有得以維持，最終發生經濟制度和政權的崩潰和大轉型，實在是可惜之至。

上海重新恢復領導全國物價的地位。上海經濟穩定的重要性，即使在日本佔領初期也給予高度重視。直到一九四一年年底，上海批發價格始終被有效控制在中度通貨膨脹的狀態。[322] 抗日戰爭結束時，上海重新恢復了領導全國物價的地位，上海的物價走勢較能代表戰後物價的總趨勢。一九四五年八月至十月，上海的物價波動幅度有限。

一九四五—一九四八：國民政府在金融貨幣領域的基本錯誤

經過多年的戰爭動盪，國民經濟的深層結構遭到嚴重損毀。所以，抗戰之後的良好局面只是曇花一現。一九四五年十月以後，物價出現快速上漲，十二月比九月上漲五倍。[323] 此時，在抗日戰爭中積累的巨額「戰時貨幣」，加上等著兌現為法幣的巨額「偽幣」，匯聚成超出人們想像的通膨壓力。就像一座水庫，水位已經逼近警戒線。對此，國民政府是低估的，繼續戰時體制下的財政政策和貨幣政策，在從一九四五年第四季度至一九四八年第二季度的三十個月中，在金融貨幣領域做出了一系列判斷失誤和錯誤決策。

各種稅制失效和公債失信。國民政府繼續了中國輕徭薄賦的傳統，相信有了民心支持，一切難關均可度過，不想建立現代稅收體制。實際上，一旦經濟制度發生危機崩潰，民心散亂，並不會體恤政府的苦衷。所得稅徵課以利潤為主，利潤多寡難以確定，而計算利潤的幣值在膨脹時期也難以確定。國民政府在一九四二年之後，向公眾發行過美元公債和黃金公債。戰時公債卻保證一〇〇%的價值。這非政府財力所能做到。抗戰勝利後，政府規定黃金公債六折收兌，美元公債以法幣收兌。如果加上貨幣貶值和通貨膨脹，民眾損失慘重。這種情況非常類似一九二三年的德國，政府債券因為惡性通貨膨脹，價值喪失殆盡，喪失民心。國民政府已無法通過發行公債平衡財政，彌補財政赤字。

財政性發行失控。抗戰勝利後，國民政府軍公教人員數量、國營事業規模急劇擴展，與中共的全面內戰，加重其財政負擔，而財政收入未能得到同步增長。政府所能做的就是要求國家銀行墊款。為了應付政府墊款，中央銀行不得不大量增發紙幣。一九四七年以後，政府財政赤字幾乎完全由發行鈔票來彌補，貨幣發行超量。印刷大量紙幣，應付政府用款，這是惡性通貨膨脹的源泉。[324]

對「偽幣」處置失當。抗戰一勝利，就要處理「偽幣」兌換法幣的問題。當時的中央銀行陷入兩難境地：如果壓低偽幣幣值，可以緩和法幣投入數量，但是，無疑損傷甚至剝奪淪陷區居民利益；反之，加劇法幣的通貨膨脹。國民政府的處置有兌換率不合理、兌換期限過短以及無根據的限額兌換等問題，因為兌換意味著損失，持有「偽幣」的民眾只能儘量套購貨物和搶購物資，助長了搶購風，推動通貨膨脹。低估包括中儲券在內的偽幣的購買力，就是人為地壓低包括上海在內的「收復區」的物價，刺激被高估的法幣從後方大量而快速湧進上海和曾經被日偽控制的大城市。而上海等城市經多年戰爭，商品庫存有限，一旦發生搶購，必然刺激物價飛速回升。由此奠定了法幣惡性通貨膨脹的第一輪基礎。[325]

外幣流通失控。從抗日戰爭結束至一九四九年，以美元和港幣代表的外幣流通膨脹，既是通貨膨脹和貨幣制度危機的結果之一，又加劇了通貨膨脹和貨幣制度的崩潰。使用美元和其他外匯，上海等城市的物價是低廉的，加劇一些物資和商品的短缺。一九四九年，中國流通的美元估計達到一．五億美元，且集中在上海、廣州、天津、漢口等東南沿海地區。[326]美元流通的原因是：中國工業主要依賴美國棉花、煙草和燃料，美元是計算成本、利潤和價格的工具；駐華美軍人數急劇增加。[327]歷史永遠由一些單獨看不重要，而整體看重要的小板塊拼湊出來。其中的某些小板塊就可以改變歷史。

錯誤的利率政策。國家銀行利率低於市場利率，通貨在貶值，而利率

1946-1948 年　政府赤字、銀行墊款和鈔票增發　單位：百萬元法幣

年份	赤字	銀行對政府墊款	鈔票增發額
1946 年	4,697,802	4,697,802	2,694,200
1947 年	29,329,512	29,329,512	29,462,400
1948 年 1- 月	434,565,612	434,565,612	341,573,700

過低，人們可以從中央銀行獲得資金牟利，即在半年或一年歸還貸款時，實值已不及貸款時候幣值的若干分之一。此外，國家利率過低，不僅公私金融機構貸款過大，特別是國家銀行貸款增加，而且游資不能回籠，加大貨幣供給總量。

忽視貨幣流通速率。一九四七年，上海商業行莊存款通貨每月平均流通速度，一月為一九．七七，五月為三六．六，十二月為六一．四九，即通貨的月流通速率已是每月金融機構的營業天數（當時上海銀行的月營業日數為二十六天）的兩倍以上；一九四八年底，存款通貨的流通速度已高達每日三．八八次，一筆活期存款一日之間四易其手。存款流速超常加快的原因在於上海商業行莊盛行「抵用」制度（支票當天抵用），即支票還未交換，就可以變成隨意支用的存款，從而使通貨流通速度大大增加。美國貨幣流通速度最高的一年是一九二九年，紐約每月平均流通速度不過一〇．三七。[328]與美國相比，上海的貨幣流通速度已高得可怕。因為存款不如存貨的心理影響，存款通貨的流通速度就會加快，社會有效貨幣供應更多，湧入市場，加劇物資短缺，物價愈發上漲。

外匯政策和黃金政策嚴重失誤。在宋子文主導下，國民政府沒有效法西歐國家戰後通過嚴格貨幣金銀和外匯管制處理通貨膨脹的政策，而是反其道而行之，堅持法幣自由兌換外匯和「無限制買賣外匯」制度，希望通過開放外匯和黃金市場，實現收購法幣、緩和通貨膨脹、擴展中國對外貿易、吸引美國資本來華投資的局面。[329]

一九四六年三月四日，中國央行正式開放外匯和黃金市場，法幣兌換外匯的比率為二〇二〇法幣比一美元，無限制買賣外匯政策。[330]「在外匯市場開放之初，和談正在進行，人民對於和談寄予很大希望。外匯法價與黑市價格相差不多，外匯供應比較寬裕，加上與配售黃金相結合，在最初三四個月裡，外匯市場比較穩定。」[331]進入一九四七年，黃金市場形勢逆轉，金價上漲、甚至飆升。

「一九四七年二月份上海金價的平均價，卻比一九四六年三月的均價，上漲比為四倍。」[332]為了抑制金價，中央銀行不得不拋售黃金，不但沒有效果，反而「揚湯止沸」，加劇國家黃金儲存流失。「自一九四六年三月至一九四七年二月止的一年時間內，耗費外匯、黃金等占一九四六年二月末存底的五八・四一％強。若只就黃金而言，一年間賣了黃金三百五十三萬一千六百八十兩。這個數目占原來存底六〇％。而中央銀行庫存黃金於停止配售後只剩下純金二百三十六萬餘盎司。」[333]國家在消耗了四億多美元外匯和拋售了三百三十萬兩黃金的情況下，沒有能夠遏制法幣的大幅貶值，物價嚴重失控。[334]不僅如此，還造成了有錢人大規模囤積黃金的局面。為此，「蔣介石大為震怒，對宋子文的引咎辭職蕩然罷之。」[335]從此，宋子文再也沒有機會再起。[336]

在這樣的情況下，原本維持匯價的手段只剩下三種：美元借款，嚴格限制進口和變更外匯官價。前兩條沒有可能，只有變更匯價的第三條路，卻為時已晚。[337]央行完全失去對市場的控制，法幣已到了不可收拾的地步。當然，導致開放外匯市場的政策徹底失敗的因素不是單一的，至少包括：一，當時政府所能動用的黃金和外匯數量與當時法幣發行的存量和流量相比，比例過低、嚴重不足且日益急劇縮小。開發市場不但無助於法幣通貨膨脹的回落，反而會在極短的時間內耗盡國家的黃金與外匯的儲備，如同釜底抽薪。二，低價外匯政策，即高估已經嚴重貶值的法幣，加劇法幣幣值跌落。三，出口因匯率高估，不敷成本，而處於完全停止的狀態。大批商品進口所需外匯遠遠超過出口所得的外匯，外匯有出無進，國際收支急劇惡化，外匯儲備逐漸枯竭。四，中國徹底遠離建立與國際貨幣基金組織要求的金融市場環境，金融不穩定，外國資本輸入低落。五，社會動盪之下，民眾對外匯的偏好、資金外逃和外匯投機。總之，錯誤的黃金和外匯政策，對本來已經不足的法幣儲備金以最後的打擊，法幣體系信用基礎瓦解，國家命運發生根本改變。

壓制股市。中國股票市場沒有因為抗日戰爭而關閉。一九三九年，上海的股市交易一度呈現交易高峰。太平洋戰爭爆發後，所受影響的局限於西商公所。一九四二年，上海股票公司發生膨脹性發展，開設的股票公司達一百二十七家。天津的證券交易所最多的時候達到一百多家。日偽當局曾查禁股票交易，未能奏效，從而改為疏導利用。一九四三年十一月，上海華商證券交易所復業，專做華股買賣。然而，南京國民政府在抗戰勝利初期，卻明令禁止證券交易，解散上海華商證券交易所，導致黑市交易猖獗。於是，政府不得不籌劃建立官方證券市場。一九四六年五月，設立上海證券交易所，九月，該交易所正式開業，分股票、債券兩個市場。[338] 一九四八年二月，天津證券交易所開業，該交易所的股本為十億元，交易一度十分興旺，場外交易也十分活躍。一九四八年八月，國民黨政府已實行幣制改革為由，再次通令全國各交易所暫行停業。[339] 股票市場的政策多變，兩次關閉業已短「繁榮」的股市，封閉吸納「游資」和「投機資本」進入股市的管道，使得之流入外匯市場和商品市場，或流到海外。

高估社會總供給能力。在漫長的戰爭歲月，由於物資嚴重匱乏，民眾的消費需求受到很大壓抑。抗戰勝利，世界大戰結束，國際貿易恢復，戰時長期積累下來的消費需求，至此爆發，旺盛的消費需求拉動通貨膨脹。南京政府低估了戰時壓抑的購買力，在決策上作出完全相反的決定，對戰時所採取的各項管制措施一律予以廢除，從而使通貨膨脹更加漫無限制。在國家政治、經濟秩序尚未恢復常態之前，過早放棄對物價、分配、資金等管制，事實證明是極為有害的，使社會久久不能走出失序狀態。同時，國民政府又高估了抗戰勝利後的經濟形勢和社會總供給能力，沒有意識到當時以農村生產地帶的物資流入能克服城市的通貨膨脹，未能在較短的時間內「解決城市消費地區和農村生產地帶的斷絕局面，在農村不能擴大物品的供應，國民政府就更加依靠外國支援。」[340] 國民政府的這個經濟失誤從經濟和政治兩個方面幫助了共產黨，因為共產黨控制了北方廣大的農村。

實體經濟恢復過於緩慢，失業人口過於巨大。五千萬人等待安置。成百萬畝田地荒蕪，交通中斷。國營企業和民營企業，普遍生產滑坡，入不敷出，無利可圖，供給不足，供給和需求的失衡日趨惡化。加之國營事業民營化失敗，國民經濟一直沒有得以恢復。

民間資本流失。因為通貨膨脹的壓力和趨勢，國共內戰，資金「南流」和工業「南遷」。據上海金融界非正式統計，從抗戰結束至一九四六年十月，上海一地流入香港的資金達到三百億元。一九四七年，香港增加工廠四百餘家，大部分為上海幫資金開設。[341]此外，金融機構、貿易公司也紛紛在香港開設辦事處，甚至在香港開張營業。

物價控制和低估民眾對通貨膨脹的心理預期。面對經濟和法幣貶值的失控，國民政府陷入「怪圈」：實現限價政策，觸發搶購風潮，宣佈撤銷限價，則導致壓抑的物價立即飛騰。經過抗戰的民眾，對通貨膨脹已十分敏感，重物輕幣，盡最大可能變錢為物，通貨的流通速度因此變得更快。物價上漲速率、貨幣擴張速度和民眾對於通貨膨脹的敏感度以及心理預期，構成惡性循環。

坐失「強制金融貨幣管理」機會。一九四七年，外匯儲備幾乎枯竭，是法幣命運的轉折點。之前，尚有實行金融貨幣管制的機會，之後，「法幣流通量已達到六百四十萬億元，為抗戰前一九三七年六月的四十五萬倍。據四聯總處所編上海、南京、漢口的批發物價指數，已為抗戰前上半年的六百餘萬倍，天津為七百五十萬倍，廣州為四百五十萬倍，重慶為二百八十餘萬倍。照上海物價計算，全部流通中的法幣總購買力只等於抗戰前法幣的一億元左右。」[342]法幣喪失幣值，人民對法幣完全失去信任。各地乃至各行各業，更是出現了林林總總的代用券。針對如此局面，國民政府決定實行強制性的金融貨幣管理辦法，包括開徵特捐，對關係國計民生的日用商品實行統購統銷，設置金融管理局，效果微乎其微。[343]因為，此時的惡性通貨膨脹已經「成局」，強制金融貨幣管理的機會早就錯過。

美援沒有到位。在第二次世界大戰中，美國租借法案承諾給了中國八億美元軍事等物資援助。但是，戰後，這些承諾的大部分始終沒有到位。其中三分之一被美國駐華代表史迪威將軍扣在印度，而到國內的三分之一物資，也給了陳納德的飛虎隊。所以，戰時外援基本對國內經濟沒有太大的幫助。一九四五年一月與八月間，流通的法幣總額增至三倍，直接原因是政府增加開支。而美國駐中國軍隊的開支是要項。一九四四年，國民政府已經察覺了可能到來的金融危機，派財政部長宋子文緊急從美國進口兩億美元的儲備黃金控制物價，結果美國財政部在交付兩千萬美援黃金後就停止交付了，貽誤歷史時機。後來，宋子文再赴美國和美國財政部長交涉，最後才知道，美國財政部次長把那兩億美元黃金的配額改成了兩千萬美元黃金。[344]等到這批黃金抵達中國時，已經來不及平緩市場通貨膨脹了。在中國歷史的關鍵時刻，少了一個零，竟然對整個貨幣體系的命運，產生致命的影響。

發行金圓券及其基本錯誤

一九四八年的中國貨幣經濟，陷入「無限制的通貨膨脹和無限制的物價高漲」的惡性循環而無法自拔。[345]國民政府內部有識之士提出三項原則：一，在內戰繼續進行的情況下，幣制不宜作根本性改革；二，法幣雖處於惡性膨脹狀態，只要採取一些輔助措施，可以拖延一段時間；三，當前關鍵問題在於財政收支相差懸殊，建議擴大採用抗戰前發行關金券辦法，在不改變法幣本位的基礎上，另由中央銀行發行一種稱為「金圓」的貨幣，作為買賣外匯及繳納稅收之用，不在市面上流通。[346]

但是，蔣介石沒有接受這個方案。一九四八年五、六月間，蔣介石決心取消法幣，批准「金圓券」主張和方案。蔣介石決策金圓券替代法幣的初衷包括：一，財政壓力。財政方面，受了通貨膨脹的影響，收入只及支出的五％到一〇％，事實上也拖不起。二，回收因為「黃金風潮」而散落於民間，主要是在富人手中的黃金。三，力求在危難之秋，通過有含金量和可兌換的「新貨幣」重建政府信用，希望以此出現奇蹟。在中國建立金本位。從理論和法理意義上說，金圓券是中國歷史上唯一的政府公佈含金量的貨幣。時任行政院長的翁文灝和財政部長王雲五是廢止法幣，實行「金圓券」主張和方案的始作俑者。[347]在改革剛剛起步的時候，像翁文灝和王雲五這樣的官僚心裡明白，只要國民黨政府堅持以財政赤字來支付打共產黨的軍費，通貨膨脹就不可能得到制止，但是在行動上卻是猶豫不定。客觀地說，在金圓券改革的前後，在國家的決策集團中，並沒有真正的惡棍人物，所有的成員更像悲劇中的犧牲品。如果要追究這段歷史中的責任，要遠遠早於一九四八年，因為南京統治集團沒能在十年或二十年前建立一套避免共產黨領導的政治革命和社會革命的體制和制度。[348]但是發行金圓券，無疑是國民政府失去中國大陸政權最直接和最主要的原因：

「金圓券」沒有足夠的貴金屬和外匯儲備支撐。在一九四八年的中國，實施金圓券、廢除法幣體系是最壞的選擇，除非政府有足夠的貴金屬或外匯儲備。而當時的國民政府，並沒有足夠的貴金屬和外匯儲備，兩者比例嚴重失衡，無法支撐金圓券的「含金量」。政府承諾用兩億美元的外匯儲備支援新貨幣。但是，當時的外匯儲備已經跌破這一承諾數字，多則一．三億美元，少則可能僅僅三千六百六十萬美元。[349]有一個假設是成立的，如果一九四八年的中國有足夠的黃金儲備，不會廢棄法幣，或後來的金圓券的含金量就有可能穩定，其發行量也不會完全失控。

金圓券的金銀和外幣國有化前提。以金銀和外幣國有化作為金圓券的前提本身是致命錯誤，決定了民眾從一開始就不信任金圓券。為了緩和法幣的發行量與外匯儲備的嚴重失衡，只能依賴政府的信譽和法律手段，強制民眾按照規定的比率兌換所持有的黃金、白銀、銀幣或外匯，增加硬通貨儲備。按照當時的法令規定，不在限期內兌換或存儲者，「其黃金、白銀、銀幣及外國債券一律沒收」，外匯資產不登記者「判七年以下有期徒刑」。以政治力量來施行不兌現的貨幣，危險萬倍，等於就是宣佈國家信用製備破產。[350]所以，張嘉璈認為：「如果國民黨政府能夠在鈔票出籠的方面採取限制性措施，那麼它就能夠讓金圓券自由地兌換成黃金，人們對新紙幣的信任也就可以恢復。」[351]但是，蔣介石很難接受自由兌換的主張，因為他就親眼目睹一九四七年初的黃金騷亂威脅著政府的財政穩定。在蔣介石看來，同意自由兌換其實就是瀆職和不負責任。因此，根據一九四七年的經驗和這次黃金儲備嚴重短缺的情況，要在一九四八年再冒黃金騷亂的風險——儘管自由兌換顯然將有助於樹立民眾對金圓券的信心，肯定是一場比不允許自由兌換而進行金圓券改革危險更大的賭博。[352]金元券的基本錯誤是：

冒然實施金圓券兌換。一九四八年八月，在國民政府推行金圓券的時候，大約擁有價值兩億美元的金銀外匯。金圓券發行後，收繳黃金、白銀、銀元、美鈔、港幣，共值美金一億六千八百二十九萬六千元。[353]其中僅在上海一地就收兌了黃金一百一十多萬兩，美鈔三千四百多萬元。[354]這個數字並不是中央銀行收兌金銀外幣的全部價值。如果這個數字和前述的二億美元發行準備加在一起，再折合戰前的幣值，國民黨政府手中的金銀外匯價值，和戰前比較起來，差不多增加了一倍。因為有如此的硬通貨儲備，一九四八年十一月，國民政府針對金圓券貶值的情況，實施民眾存款可以兌換金圓、黃金或銀元。其結果，不但沒有挽救金圓券幣值，反而導致政府硬通貨儲備高速度流失，不得設置加以限制的新政策。金圓券與硬通貨儲備已經徹底脫鉤，金圓券發行完全失控，一萬元、五萬元、十萬元、五十萬元大鈔相繼發行。巨額的金圓券流入市場的直接後果是物價狂升，經濟秩序混亂。如此情勢之下，所謂金圓券的可兌換沒有實際意義。

輕率宣佈金圓券貶值。根據金圓券發行辦法規定，金圓券初始發行時的法定含金量為純金〇・二二二一七克，以三百萬元法幣折合一元金圓券。「以三百萬元法幣換一元金圓券，這實際上是發行面額大三百倍的大鈔，一下子把發行六百六十三萬億法幣壓縮成二・二萬億金圓券」，極其危險。[355] 一九四八年十一月十二日，在金圓券發行僅僅四個月，南京政府就宣佈金圓券含金量從〇・二二二一七克改為〇・〇四四四三四克，等於公開承認貶值五分之四。加之幾乎同時取消發行限額，等於金圓券徹底的法幣性質不復存在。結果是金圓券發行數量失控，含金量持續貶值，互為因果，惡性循環。

時機錯誤。一九四八年實行金圓券的天時、地利、人和，與一九三五年「法幣改革」的時機已經不可同日而語，中國共產黨及其武裝力量，特別是共產黨的貨幣經濟力量已經坐大，中國的貨幣經濟和市場體系已經分裂。至於國際金融大環境，因為二次世界大戰，國際金融市場和資本市場的「千瘡百孔」，都不利於中國任何貨幣制度和體制的變動。一九四八年秋季以後，伴隨國民黨在東北和華北軍事上的頹勢，民眾開始揣想共產黨取得勝利的可能，對國民黨政府的鈔票產生了顧忌。加之，一九四八年十月二日宣布的增稅命令，增加菸酒稅的錯誤決策，是對本來已經極度脆弱的金圓券信譽致命的一擊，民眾的反應完全超出了稅收本身的不滿，急劇轉化為喪失對金圓券的基本信賴。還有國民黨政府的腐敗、官僚主義、低效率和分裂，加速著金圓券體系的瓦解。

一九四九年上半年，共產黨控制了半壁江山和大部分經濟中心，在軍事上南京政府不得不退守長江以南。民眾對金圓券缺乏信心。西北各省，華中、東南和西南的很多省份，甚至縣市，拒絕使用金圓券。例如，國民黨華中總司令白崇禧串聯「五省聯盟」，在通電逼迫蔣介石下野的同時，宣佈在一九四九年二月一日「華中地區停止使用金圓券」。[356] 自然加快了國民政府貨幣體系的崩潰。人民幣事實上已經成為中國可以替代金圓券的貨幣。關於這個問題，在分析金圓券崩潰的各種歷史文獻中，並沒有給予足夠重視。

有一種理論：高通貨膨脹或持續通貨緊縮，會導致人們尋求用新貨幣替代舊貨幣。但是，「新貨幣替換舊貨幣，會加速舊貨幣量的惡性通貨膨脹，並會造成社會拋棄舊的貨幣機構。但替換只會對通貨緊縮造成較小的影響。」[357] 因為，一九四八—四九年的中國社會各階層沒有對接受新貨幣可能形成的高通貨膨脹稅達成共識，是金圓券改革徹底失敗的真正歷史原因。[358]

金圓券的「歷史貢獻」：構成臺灣新臺幣的儲備金

對於中華民國，「金圓券」還是有間接的歷史貢獻。因為實施「金圓券改革」，國民政府積累了數額可觀的黃金、白銀、銀元、外匯和珠寶。從一九四八年十二月至一九四九年五月，國民政府分多次，將黃金和其他金融資產運往臺灣。至於運往臺灣的金融資產精確數額，至今沒有定論。說法一，在蔣介石直接指揮下，共七次，從大陸共運往臺灣三七六・五三五八萬兩黃金、三千五百二十萬枚銀元、八千萬美元（含存入美國銀行的一千萬元）、三千三百噸純銀。說法二，從大陸共運往臺灣的金融資產是四百五十萬兩黃金。說法三，從上海中央銀行金庫運到臺灣的貨幣財富，按當時價值折合黃金約四百萬兩。[359]

人們在當時沒有預見到的是「失之桑榆，收之東隅」。國民政府運往臺灣的金融資產對其在臺灣站穩腳跟起了重大作用，集中表現在有效支持了新臺幣的發行和新臺幣幣制的穩定。一九四九年六月十五日，國民黨政府以黃金八十萬兩和美金一千萬元做準備金，發行總額為兩億元的新臺幣。舊台幣四萬元折合新臺幣一元，銀洋一元兌新臺幣二・五元，美鈔一元兌新臺幣五元，黃金一兩兌新臺幣二百八十元。此外，新臺幣直接與美元掛鉤，採取一美元兌換新臺幣五元的固定匯率，採用單一匯率制；政府更以二百萬兩黃金支援新臺幣，民眾可用新臺幣到臺灣銀行及政府指定的銀樓兌換黃金或美元，保證了新臺幣的信用，穩定了臺灣的物價和人心。配套政策包括加強外匯市場、禁止美金黑市交易、嚴格的進口管制、整頓稅制、發行公債、壓縮財政支出。稍後，國民黨政府委託美國在舊金山代鑄銀元三千六百萬枚運到臺灣。為了給由大陸退守臺灣的數十萬國民黨官兵發餉，政府每次提取黃金十萬兩兌換成兩千八百萬元新臺幣，再配發一定數量的銀元，保證了軍人的基本生活條件，穩定了軍心。蔣經國在《我的父親》中寫道：「政府在搬遷來台初期，如果沒有這批黃金來彌補，財政和經濟情形早已不堪設想了，哪裡還有今天這樣穩定的局面？」[360]

金屬貨幣的絕響：發行銀元券

一九四九年二月二十三日，中華民國行政院已經通過《財政金融改革方案》，規定「白銀准許人民買賣，銀元可以自由流動買賣。政府籌購白銀，鼓鑄銀元。」代總統李宗仁簽署法令，撥用國庫白銀儲備的五〇%，作為流通的金圓券準備金。該法案於二月二十五日實行，金圓券五億元兌換銀元一元。國民政府自一九四九年三月就開始策劃印行銀元券。一九四九年七月四日，遷移到廣州的行政院正式公佈《改革幣制令》：實行銀本位，發現銀元兌換券「以銀元為本位」，「銀元一元含純銀二三・四九三四四八公克。」為了保證銀元券的兌換性，政府的準備金包括六成的銀元，黃金和外匯，以及四成的有價證券和貨物。[361]

持平而論，國民政府在撤退到臺灣之前，實行銀元券，勇氣可嘉。在銀元券方案設計中，有兩點值得重視：一，用中國所具有的豐富白銀和銀元資源，挽救因金圓券崩潰的中國貨幣制度；二，國民政府在極端困難的境地，盡可能履行關於將銀元券隨時可以兌換白銀的承諾。雲南發行銀元券的辦法中包括「實行無限制兌現」。這就是說，發行一百萬銀元券，就要把一百萬銀元準備金。[362]

但是，當時的政府沒有充分評估三個問題：一，一旦銀元再次成為當時中國的「硬通貨」，無疑加劇了金圓券的貶值速度。中國立刻成為「銀」比「金」貴。行政院規定，銀元一元等於金圓券五億元。但是，這樣法令沒有約束性。四川省政府宣佈銀元一元等於金圓券七億五千萬元；重慶銀元的黑市，一元就等於金圓券二十五億元。二，白銀和銀元儲備不足。政府的初衷是有合理成份的。但是，大量的金圓券像洪水一樣，從全國各地湧到廣東，進而集中到以廣州為中心尚未被共產黨佔領的狹小地區，民眾兌換成銀元券之後，政府的白銀儲備難以為繼。在當時的局勢下，國民政府所擁有的白銀儲備斷然沒有能力挽救整個貨幣制度的崩潰。三，民眾對銀元券少有信心。銀元券並不保證隨時隨地兌現現銀，而是「指定廣州、重慶、福州、衡陽、桂林、昆明、貴陽、成都、蘭州等地辦理。」同時，兌現的還不一定是銀元，「得以黃金為之」，當金塊價值較大時，一定數量以下的銀元券就無法兌現。因此，銀元券實質上仍然是不兌現的紙幣。[363] 四，戰爭失利的影響。由於國民政府統治已根本動搖，銀元券一發行，就遭到各地紛紛拒用，連國民黨軍隊也拒用。當局被迫改用港幣發薪。後來，解放軍在華中軍事的勝利，人民解放軍不收兌華南、西南所謂偽幣的聲明，加劇各地人民拒絕使用銀元券，促使群眾將銀元券兌換銀元，發生擠兌風潮。此時，國民政府不能完全兌現銀元，被迫拋出一部分黃金外匯，銀元券與銀元開始脫節。中央銀行不得不宣佈停止

「無限制兌現」，並規定每人兌現不得超過百元。拒用銀元券和擠兌銀元券的風潮，致使銀元券暴跌，終於完全崩潰。銀元券的壽命只有五個月，恐怕是中外貨幣史上最短命的一種紙幣。

無論如何，在中國貨幣經濟史上，銀元券是在一九三五年銀本位廢棄之後，試圖復辟銀本位的一次嘗試，是中國白銀貨幣經濟一次悲壯的絕唱。

一九四九年：惡性通貨膨脹和共產黨獲得政權

一九四九年五月，國民黨政府的金圓券發行量折合法幣高達二兆零三百八十三億七千四百萬元，作為中國經濟中心的上海的物價總指數由一九三七年六月的一百，上升為三萬六千三百六十十六乘以十的十一次方。[364]那種「幣值已貶到不及它本身紙價及印刷費的價值」的說法，不足以反映當時中國的貨幣幣值以自由落體速度貶值的情況。幾乎是同時，共產黨軍隊佔領了南京、上海和長江以南的地區，有效控制了軍事和政治，並於同年十月建立共產黨新政權。

惡性通貨膨脹是一種經濟現象，也是一種政治現象，「即由一個國家的政治經濟的根本缺陷導致。」[365]可以這樣說，金圓券崩潰和國民黨政權傾覆是同一回事。確切地說，「金圓券是大陸沉淪主因」，是壓倒南京政府這頭駱駝的最後一根稻草。[366]「二戰之後，有許多歷史的力量對國民政府的垮臺起了作用，……但最直接的並使所有其他原因都顯得無足輕重的原因，毫無疑問就是通貨膨脹。」[367]毫無疑義，是一九四六—四九年的通貨膨脹，而不是戰爭，從根本上導致國民政府垮臺和中國共產黨獲得政權。

在中國歷史上，因為通貨膨脹喪失政權的先例只有元朝。而在世界近現代史上，相同的案例不多。一個是美國南北戰爭的南方邦聯。在美國南北戰爭後期，南方邦聯不得不印製高達十七億美元的無擔保紙幣，導致南方各州物價上漲四〇〇〇%。相形之下，北方物價則只上漲六〇%，所以，早在一八六五年四月，南方邦聯部隊投降之前，南方經濟崩潰，超高的通貨膨脹已經註定南方的失敗。[368]從經濟史的角度分析，南方自給自足的農莊和小城鎮，流動資金有限，債券市場枯竭，難以獲得外國借款，是制約南方邦聯經濟實力的重要因素。而北方的經濟基礎是工業和商業。中國恰恰相反，是代表農民和農村的共產黨打敗了代表工業和商業的國民黨。二是第一次世界大戰後的德國、奧地利、匈牙利、波蘭與俄國。一九二三年，德國的紙幣馬克流通量達到四百九十六乘以十的十八次方，價格指數由一九二二年一月的一百上升到一九二三年十一月的十的十三次方。[369]但是，當時的德國沒有發生內戰和政權更迭。

如果比較中國在二戰時期和部分歐洲國家在一戰之後的通貨膨脹，不難發現：「這兩次惡性通貨膨脹都是因為戰爭所觸發，但歐戰只有四年，中國除了抗戰八年之外，還要剿共。雖然戰火在中國綿延較久，但中國物價上漲幅度仍小於歐洲。民國三年到十三年的十一年當中，德國物價上漲一·二六兆倍，俄國上漲一百七十億倍，而中國物價在民國二十六年到三十七年之十二年間，只上漲了八百七十萬倍，可見中國應付戰時膨脹的能力並未遜於一次大戰後的歐洲國家。」[370]只是結果是很近似的，「第一次世界大戰後德國的惡性膨脹醞釀了希特勒政權，中國戰時及戰後的膨脹則使中共政權得以乘機坐大。這是二十世紀人類的兩場夢魘。」[371]

所以這一條歷史線索已經很清楚：美國的一九三四年白銀購買計劃，導致國民政府一九三五年法幣改革，法幣發行失控和法幣貶值，於是企圖以金圓券挽救貨幣體系，結果造成惡性通貨膨脹，促成了中國共產主義革命的成功。[372]但是進一步分析，在金圓券直接導致國民黨喪失在中國大陸政權的背後，有一個更深刻的問題：一九四〇年代末期的中國，依然是一個典型的「二元經濟」，中國經濟的基本結構決定於農業、農村、農業人口，最多是一個農業工業國。儘管如此，在一九四六年至一九四九年，其實是貨幣經濟和金融體系，而不是實體經濟，特別是農業，對宏觀經濟的短期運行更有影響力；是現代城市，特別是作為經濟中心上海，而不是廣大落後的農村，決定著全國的經濟形勢；是中產階級，而不是人數眾多的農民，對政權存亡作用更大。當時的城市中產階級，手中剩下的少許餘財被綁在金圓券上，平民百姓對國民黨事業的最後一點支持，也同金圓券一樣化為烏有。[373]在這個意義上，國民黨敗給共產黨，與其說是在農業、農民和農村的失敗，不如說是在城市，在都市中產階級之間，在現代產業，特別是貨幣金融部門的失敗。

南京政府為一九四九年共產黨奪取大陸的政權提供了兩個重要的歷史條件：一，消滅地方勢力的軍事割據；二，廢除銀本位和法幣改革，初步建立「國家資本主義」。完成這兩件事業，需要組織和動用巨大的經濟和社會資源。這些成本是由國民黨政府為後來的北京的共產黨政府預支的，中國共產黨搭了「歷史便車」。倘如沒有南京政府在一九三〇年代的「廢兩改元」、法幣改革、白銀國有化、建立信用貨幣制度，即使一九四〇年代末政權易手，由共產黨獲得政權貨幣經濟制度的轉型，從白銀貨幣跳躍到「人民幣」，無疑存在著難以想像的風險。而國民政府的「國家資本主義」則間接為一九四九年後的「計劃經濟」創造條件。

共產黨貨幣：從「非法貨幣」到「合法貨幣」

在一九三三至一九三五年的中國，中央政府實現了貨幣國家化，力求建立統一的貨幣體系。然而，幾乎是同時，中國共產黨在其占領的江西瑞金，建立了隸屬蘇維埃政府的銀行和財政系統，發行貨幣。之後，在抗日戰爭和與國民黨內戰期間，共產黨繼續在其武裝力量控制的地區實行貨幣金融管制，發行流通獨立貨幣，最終演變為人民幣，在中國大陸完成了從「非法貨幣」到唯一「合法貨幣」的轉變，為共產黨獲得政權作出貢獻，甚至比武裝鬥爭更重要。中國共產黨在獲得政權之前，已經形成相對完備成熟的金融貨幣和財政系統，這在國際共產主義運動中是絕無僅有的，從列寧領導的一九一七年「十月革命」到二戰之後東歐國家建立共產黨政權，都沒有提供這方面的經驗。凱恩斯有過發人深省的觀察：「要顛覆現存社會基礎，再沒有比搞壞這個社會的貨幣更微妙且更保險的方式了。因為，在這個過程中，透過對經濟規律的破壞，會產生一種人們無法看清的隱藏力量。」[374]

共產黨的早期貨幣

一九二一年，中國共產黨成立，初期的生存和發展主要靠共產國際提供經費。一九二七年之後，除了共產國際的撥款之外，共產黨開始建立自籌經費的體系，包括戰爭繳獲、「打土豪、分田地」、對富農和商民的攤派、罰款、捐款等方式，其中「打土豪籌款是主要來源」。[375]除此之外，共產黨創建獨立的稅收和貨幣金融體系，更依賴財政手段和貨幣手段。

財政手段。一九二八年，共產黨在寧岡開始徵收二〇%的土地稅，土地稅在財政收入中所占的比重不算很大，意義深遠。被共產黨的正史稱為人民的稅收，是共產黨新型稅收的起點。[376]在一九三二年至一九三三年間，共產黨蘇維埃政府多次發行的公債。公債分成經濟建設公債和短期革命戰爭公債。一九三二年發行的革命戰爭公債，經過共產黨號召和組織，絕大部分以捐款形式還給政府，剩下的一部分也未還本付息留在民間。一九三三年發行的經濟建設公債，絕大部分用來保障紅軍的給養。一九三四年春，因為紅軍部隊吃飯都成了問題，收徵土地稅和推銷公債進入高峰期。[377]

貨幣手段。早在一九二八年五月，共產黨在井岡山創辦了一個設備簡陋的造幣廠，最初每天鑄造十餘元，後來增加至七十餘元。這個造貨幣時間不長，數量不大，被認為是共產黨新型貨幣的萌芽。[378]一九二九年，共產黨在江西東北地區，建立了贛東北農民銀行。根據共產黨中央的號召，一九三〇年至一九三一年，湘鄂西農民銀行、閩西工農銀行、鄂豫皖特區蘇維埃銀行和湘鄂贛省工農銀行先後成立。[379]一九三一年十一月，「中華蘇維埃共和國臨時中央政府」在瑞金成立，根據第一次全國工農兵代表大會的《關於經濟政策的決議案》，設立中央工農銀行（國家銀行），各個根據地銀行遂歸併於它，成為它的分行。國家銀行的任務是：發行貨幣、保存現金、代理國庫、調劑金融、實行低利貸款、發展社會經濟。一九三二年二月，「中華蘇維埃共和國國家銀行」正式掛牌成立，資本額為國幣一百萬元。第一任行長為毛澤東弟弟毛澤民。[380]這年七月，在沒有黃金和外匯儲備的情況下，僅以一定物資為基礎，「中華蘇維埃共和國國家銀行」印製出第一批蘇區幣，即以銀元為本位的「銀幣券」，又稱「蘇維埃國幣」。並在原江西省蘇維埃政府造幣廠基礎上，在江西瑞金縣正式成立中央造幣廠和鑄造銀元。這期間，紅軍繳獲了一套鑄幣機和鋼模，採用機器鑄幣。鑄造的主要是鷹洋，孫中山頭像銀元和袁世凱頭像銀元。造幣廠實行「歇人不歇馬」的一天三班制，一天可以生產四、五千塊銀元。在此期間，「中華蘇維埃共和國國家銀行」還發行了數額可觀的「蘇區債券」和「革命戰爭公債券」。[381]為了實現所控制地區的貨幣金融的壟斷，共產黨政權禁止國民政府貨幣流通，禁止私人銀行發行貨幣，取消典當業。一九三四年，共產黨公佈了《中華蘇維埃共和國懲治反革命條例》，其中第二十五條是：「煽動居民拒絕使用蘇維埃的各種貨幣或抑低蘇維埃各種貨幣的價格，引起市面恐慌者。或煽動居民向蘇維埃銀行擠兌者，或藏匿大批現金，或偷運大批現金出口，故意擾亂蘇維埃金融者，均處死刑。」這一條反映了在中華蘇維埃共和國範圍內，不僅私有財產沒有保證，而且懷璧也有可能導致死罪。據說，負責執行的政治保衛局「有權直接處置，不必經過裁判部。」[382]簡言之，在一九二七年至一九三七年，中國共產黨及其武裝力量除了在江西，還在萊陽、井岡山、海陸豐、贛南、閩西、湘鄂西、鄂豫皖、閩浙贛、湘贛、川陝、陝甘根據地等地，建立了五十多個蘇維埃銀行，發行了兩百餘種蘇維埃貨幣。

共產黨在江西瑞金地區所實行的公有制、劫富濟貧、高稅收，終究難以為繼。特別是在蘇區後期，因為戰爭和財政需要，貨幣超額發行，超量發行貨幣達八百萬元。[383]引發了嚴重的貨幣貶值和通貨膨脹。共產黨在「第五次反圍剿」軍事上失敗固然是紅軍被迫長征的重要原因，而更深刻的原因則是「中央蘇區」陷入嚴重的財政危機和通貨膨脹。在紅軍撤離之後，被佔領過的很多地區已是民窮財盡，儘管國民政府採取休養生息政策，財政補貼，這些地區經濟恢復依然相當困難。[384]紅軍長征過程中，在攜帶的輜重中，就包括印鈔機。毛澤民負責的國家銀行擔負運輸、保管、供給貨幣的責任。

抗日戰爭和共產黨貨幣

抗日戰爭時期，在全民族抗日背景下，共產黨及其軍事力量「合法化」，為共產黨貨幣的發展和「準合法化」，提供了足夠的時間與空間：

建立銀行和發行貨幣。從紅軍一九三五年到達陝北直到一九四五年抗戰結束，共產黨在中國北方的一些區域建立政權之後，立即建立銀行並發行貨幣。一，一九三五年中華蘇維埃共和國國家銀行西北分行，繼續發行蘇維埃貨幣。共產黨還在邊區發行過分和角的輔幣「代價券」。二，從一九三七年至一九三八年，八路軍、新四軍創建了晉察冀、晉綏、晉冀豫、晉西南、冀魯邊、冀魯豫、山東、蘇南、皖南、皖中、豫東等抗日根據地，人口達五千萬。共產黨在這些地區也建立了不同名字和規模不等的銀行，發行多種貨幣，以解決財政危機和物資外流。其中，一九三八年在膠東（蓬萊、黃縣和掖縣）一帶成立的「北海銀行」及其發行的「北海幣」最有歷史地位。一九三九年的北海幣發行量為三二·四萬元，至一九四五年達到了一五·五億元，從一九三九年至一九四五年累計發行量達到二〇·八八億元。自一九三七—一九四〇年，中國共產黨在華北地區建立的主要銀行如下表。

針對「法幣」的實用主義策略。在共產黨所控制的「陝甘寧邊區」，或華北「抗日根據地」，共產黨無法改變法幣流通的合法性，每年都有幾千萬乃至幾億的法幣流入，同樣也有等價的物資流出。在「法幣」和共產黨「紙幣」同時流通的情況下，「法幣」畢竟信用基礎強，共產黨「紙幣」幣值容易下跌，控制地區的物價上漲不可避免。針對這樣的局面，在堅持軍事和政治手段的同時，共產黨逐漸形成了一套針對「法幣」的實用主義策略。[386] 一，強行發行和流通共產黨的「紙幣」。一九三九年春天，因為陝甘寧邊區政府發行面額一元的法幣輔幣和光華商店代價券，且強行流通，遭到國民政府行政院長兼財政部長孔祥熙來函質問。時任陝甘寧邊區政

華北地區銀行 [385]

銀行名稱	成立時間	所在地區
陝甘寧邊區銀行	1937 年	陝甘寧邊區
晉察冀邊區銀行	1938 年	晉察冀邊區
北海銀行	1938 年	山東解放區
西北農民銀行	1940 年	晉綏邊區
冀南銀行	1939 年	晉冀魯豫邊區
魯西北銀行	1940 年	同上

府林伯渠的回覆是：「查陝甘寧邊區政府轄境內法幣信用甚高，流通亦暢，唯零星輔幣萬分缺乏，影響物價之提高，有礙小民生活。經當地商會、農會等向邊區政府請求，准許光華商店發行二分、五分、一角之代價券。原係暫時權宜便民之計，而其流通範圍只限陝甘寧邊區。發行以來，因準備充足，深得人民信仰，並無武裝部隊強迫行使事情。尊座聽得報告，完全與事實不符。」[387]二，試圖用「邊幣」替代「法幣」。一九四一年，陝甘寧邊區發行貨幣，即「邊幣」，並首次明令「法幣」禁止流通。毛澤東提出，邊幣的數目不能超過市場上的需求數量，也需要有準備金，包括貨物（特別是工業品），偽幣和法幣。[388]三，共存。「邊幣」並沒有實力全面收兌「法幣」，難以禁止「法幣」流通。只得接受「邊幣」與「法幣」共存的現實。一九三七年，政治形勢改變，共產黨的「蘇維埃共和國國家銀行」更名為「陝甘寧邊區銀行」，收回「蘇票」，流通法幣，「蘇票」與法幣兌換比率為六比一。一九四一年底，邊區政府建立貨幣交易所，邊幣和法幣在交換所公開掛牌交易和自由兌換，共產黨設法規範「邊幣」和「法幣」交易。一九四三年比一九三七年，延安地區的物價上漲了一千兩百四十倍。[389]四，驅逐、替代、獨佔。從一九四二年下半年，共產黨在山東控制地區，全面推行「北海幣」，限制法幣流入，提高本幣幣值；一九四四年，魯中、魯南、渤海各地區相繼使用「北海幣」。一九四四年一月至一九四五年一月，山東根據地由於驅逐了法幣，本幣流通範圍增加了三—四倍，本幣發行根據流通範圍的變化，增加了二—三倍，結果物價仍保持相對穩定；陝甘寧邊區在供給不足時，將農貸、經濟建設投資、被服費等提前在八—九月份支付，使「本幣」的投放達到均衡，起了穩定幣值的作用。[390]北海幣的幣值提高。到一九四三年年底，五元法幣才能換一元北海幣；一九四三年上半年，偽聯銀券一元可以換北海幣七、八元之多，一九四三年下半年，已經只能換北海幣一．五元了。

實行用「本幣」逐步驅逐「法幣」的策略，有助於穩定「本幣」幣值和「本幣」獨佔「抗日根據地」市場，化解了發生在晉冀魯豫邊區程度不同的通貨膨脹。「排擠法幣使我們換回大量物資，能夠用於支持抗幣，在物價上漲時拋出物資，回籠貨幣，提高抗幣的幣值，物價就自然回落。」[391] 最終為共產黨的政治軍事鬥爭奠定了經濟基礎。共產黨的「皖江七師」在一九四二—四五年間，利用長江大通道開展貿易，從上海購進的軍需物資（西藥、電臺、醫療設備等）總量，近兩千四百噸，貨值銀元五億元，上繳軍部的現款高達法幣五千三百萬元（折黃金二六．五萬兩）。[392] 一九三四年，因為美國大量收購白銀以提高銀價的影響，中國白銀外流。共產黨根據地的銀行則及時收回了市面流通的白銀，盡量保存了一部分現金財富。[393]

此外，共產黨的「本幣」政策還有一個更重要的後果，那就是減少了「法幣」的流通範圍和區域，加大了「法幣」在抗日戰爭中貶值的壓力，推動了法幣地區的通貨膨脹。[394] 在抗日戰爭期間，共產黨因為根據地缺乏貴金屬貨幣，所以重視物資。延安時期的「大生產運動」，就是為了增加在基本生活物資。其間，鴉片曾經起過「準」貨幣的作用。[395]

建立「物資本位」基礎。抗日戰爭期間，薛暮橋（一九〇四—二〇〇五）等人創造了「物資本位制」理論，即共產黨控制地區的紙幣不僅沒有與金銀保持聯繫，也不與法幣、偽鈔保持聯繫。「是與物價聯繫，是把物價指數（不是某一種商品的指數，而是若干種重要商品的總指數）作為我們決定幣值高低的標準。」[396] 當時共產黨的核心物資是糧食，因此，共產黨不斷提高公糧在農民生產中的比重，以支持所謂「本幣」的物質基礎。見表。

一九四五年八月日本投降後，美國有個經濟學家以記者名義去山東訪問薛暮橋，他問山東的貨幣既無金銀作儲備，又無外匯作儲備，為何能保持幣值和物價的穩定。薛暮橋說：「我們有物資作儲備。你們有四〇%黃金儲備，我們有五〇%物資儲備。我們每發行一萬元貨幣，至少有五千元用來購存糧食、棉花、棉布、花生等重要物資。如果物價上升，我們就出售這些物資來回籠貨幣，平抑物價。反之，如果物價下降，我們就增發貨幣，收購物資。我們用這些生活必需品來作貨幣的發行儲備，比餞不食、寒不能衣的金銀優越得多。」目前中國大陸的正統歷史因此認為：共產黨根據地時期的貨幣政策是先進的，與凱恩斯宏觀經濟學中的貨幣理論比較，並沒有晚幾年，比貨幣主義要早得多。

其實，薛暮橋的所謂「物資本位制」的背後，是政府強權。政府透過對物資的控制，以支持政府壟斷的貨幣，完全排斥市場機制。這種思想長期主導了中國共產黨執政之後的貨幣思想，至今尚有不可低估的殘餘影響。

兩個貨幣體系的決戰

抗日戰爭結束之後，共產黨的「槍桿子」做大了，共產黨「錢」也做大了。在一九四五年至一九四九年的中國，事實上不僅有共產黨和國民黨兩支武裝力量，而且有共產黨和國民黨兩個財政體系。共產黨在解放區的財政金融形勢日趨好轉。農業稅占解放區財政收入的絕大部分。除了農業稅之外，解放區還徵收各種工商業稅。如出入口貨

共產黨徵收公糧占糧食產量的比重（%）397

年份	陝甘寧邊區	晉察冀地區
1939	3.65	7.12
1940	6.29	9.71
1941	13.61	14.98
1942	10.67	13.62
1943	11.25	10.07

物稅、酒稅、紙菸稅、交易稅、工商營業稅等。國共內戰期間，隨著大城市的解放，工商業稅有很大的增長。

在貨幣經濟領域，在當時的法律下，解放區貨幣是「非法貨幣」，不為國家銀行承認，沒有與銀元、法幣、金圓券有直接的依附關係，更沒有法定的兌換率。但是，解放區的貨幣對國民政府貨幣制度衝擊重大。這是因為：

擴展共產黨的銀行金融機構。在一九四八年末中國人民銀行成立之前，中國共產黨的革命根據地成立三十五家銀行，發行四十六種貨幣。[398] 共產黨的銀行系統及其發行的貨幣控制了東北和華北地區。[399]

實行金融統制　解放區實行的是政府統制金融，銀行聽命於共產黨；國民黨地區實行的是自由金融貨幣制度，政府難以干預銀行和金融機構運行。在共產黨內部，主管貨幣金融工作的幾乎都是共產黨，信仰馬克思政治經濟學，相信計劃經濟。而在國民黨政府內，主管貨幣金融工作的大體都是受過西方教育，相信市場經濟的自由知識分子。抗戰結束之後，在共產黨的解放區，就如何對待法幣問題也有過爭論。一種意見認為：解放區應該以法幣為主，本幣只能依附於法幣，與法幣保持固定的兌換比例；本幣不可能保持物價的穩定，只可能保持與法幣比價的穩定。另一種意見認為：只有停用法幣，形成解放區統一貨幣，才可能保持本幣幣值和物價的相對穩定。後一種意見符合共產黨的政治目標，自然處於上風。當時的山東和冀魯豫地區停用法幣和建立獨立自主的本幣市場，獲得成功。[400] 因為共產黨在解放前主要集中在北方和農村地區，貨幣經濟相對落後，國家主要金融機構集中在城市和發達地區，容易建立共產黨的金融機構，共產黨貨幣可以迅速填補因為國家合法貨幣被限制、停用和驅逐所形成的貨幣空白。不僅如此，國家貨幣從共產黨解放前回流到大城市，向來是「單行線」。從一九四六年以後，各根據地都開始把法幣當作外匯來管理。晉冀魯豫邊區曾修正公佈《外匯管理暫行辦法》，規定出口商人換回的法幣須至冀南銀行按價兌換，不許自由流通。冀中區還規定了一個「出匯順序」。依照這個規定，凡公營商店對外採購的時候，必須先用法幣匯票和法幣，然後使用現金、白銀。

繼續「物資本位」體制。解放區沒有外匯、貴金屬的儲備，要穩定解放區貨幣，只能選擇以物資，特別是糧食作基礎。「當時各解放區的幣值和物價高低不同，而且不斷變化，總的趨勢是物價在以不同的速度緩慢上升。經過計算各地區的貨幣發行量和物價變化之後，我們發現，不管情況如何變化，解放區每人平均貨幣流通量大體上相當於三十斤小米的價格。貨幣發行多的地方物價就高，貨幣每增加一倍，物價也增加一倍，結果還是相當於三十斤小米。這樣就發現了一個規律，如果其他條件上不變，貨幣發行與物價同步增長的規律。如果解放區人口擴大一倍，貨幣發行量大體可以增加一倍，而物價不致上升。」[401]「在農產品產銷不同季節，應按市場流通需要，增加或回籠貨幣。這又是一個貨幣流通的規律，即貨幣發行量應符合商品流通需要的規律。在總供給增加而市場需求不足時，秋冬季節，採取擴張性貨幣政策；在市場需求過量而供給不足時，採取收縮性貨幣政策，以達到總供給與總需求的平衡。」[402]此外，大煙（罌粟）仍然是解放區重要的物質基礎。[403]

用戰爭手段實現共產黨貨幣流通區域的擴大。從抗日戰爭結束至一九四九年末，共產黨及其武裝力量控制的解放區人口和面積從至少三〇%上升到九〇%以上。使用解放區貨幣的人口和區域在急速擴大，國民政府的法幣和之後金圓券的使用人口和區域則相應縮小。截止一九四八年六月底，各主要解放區已經連成一片，面積兩百三十五．五萬平方公里，占全國總面積二四．五%，人口一．六八億人，占全國總人口三七%。人民解放軍已發展至兩百八十萬人。[404]

展開「貨幣戰爭」

對法幣的「貨幣戰爭」，主要形式包括：一，利用法幣到國統區去換取物資。在一九四七年上半年之前，共產黨在禁止法幣在解放區市場上流通的同時，適當吸收一些法幣到國統區去換取物資。二，提高本幣兌換法幣和金圓券的匯率。一九四八年一月，在冀中各地，晉察冀邊幣每一元換偽法幣五．一元，到八月，就可換七百七十五元了。一九四八年八月，國民黨政府實行「貨幣改革」和發行金圓券。共產黨的晉冀魯豫和晉察冀兩解放區立即聯合發出《關於匪貨幣改革對策的指示》，規定銀行停收法幣，並提高本幣兌換金圓券的匯率。一九四八年八月十九日，晉察冀邊幣和偽金圓券的比價是一比

一九四八年的解放區分佈圖[405]

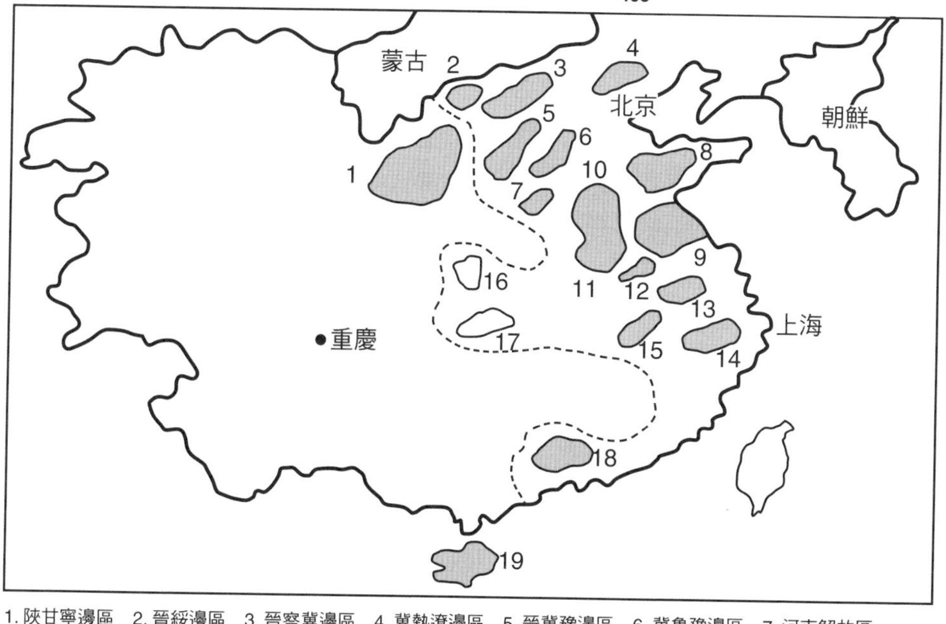

1. 陝甘寧邊區　2. 晉綏邊區　3. 晉察冀邊區　4. 冀熱遼邊區　5. 晉冀豫邊區　6. 冀魯豫邊區　7. 河南解放區　8. 山東解放區　9. 淮北解放區　10-11. 淮北、淮南解放區　12. 蘇中解放區　13. 蘇浙皖解放區　14. 浙東解放區　15. 皖中解放區　16. 鄂豫皖解放區　17. 湘贛解放區　18. 廣東解放區　19. 瓊崖解放區

二·五，到十一月三十日就變為一比三十了。[406]三，利用政府在金融貨幣領域的錯誤，敗壞國家貨幣信用。一九四八年八月十九日，南京國民政府決策推行幣制改革，用金圓券替代法幣。一九四八年八月二十日，蔣介石宣佈實行金圓券命令。中共利用其在上海《大公報》「地下黨」記者，於一九四八年八月二十一日在上海《大公報》上揭露行政院長王雲五的機要秘書到上海拋售股票投機牟利的消息，揭開了民國最大的「金融洩密案」，造成了整個金融貨幣市場的波動，衝擊了尚未發行的金圓券幣信用。[407]四，透過在政府部門的中共「地下黨員」所掌握的政治和經濟資源，破壞金融秩序，加劇通貨膨脹的惡化。例如，一九四六年，上海地下黨在核心金融機構的「四行兩局」（中央銀行、中國銀行、交通銀行、中國農民銀行和中央信託局、郵政儲金匯業局）內部成立了「員工聯誼會」（簡稱「六聯」）。透過「六聯」組織了中國銀行罷工導致上海票據交換所癱瘓的行動，影響所及，造成全市證券交易所、黃金、美鈔、紗布、糧食等所有市場，都陷入混亂。投機性交易全部跌停板，正常物資交易由於缺乏現金票據結算而無法進行，國民黨政府機關的各項開支、撥款、收付以及外匯流通，也全部停頓。[408]一九四〇年代末擔任「平準基金委員會」秘書長的冀朝鼎是重要人物。[409]五，大量回收法幣再投放回國統區市場，加劇法幣的貶值和惡性通貨膨脹。一九四七年至一九四九年的內戰期間，共產黨以法幣換金圓券，以及在戰場中繳獲的數百億金圓券運入國統區（主要是上海），再透過地下黨將巨額紙幣投入市場，加劇國統區內物價飛漲，民怨沸騰。當時在國統區的地下黨主要任務之一就是分錢、花錢，衝擊本已脆弱不堪的金圓券，加速國統區金融瓦解。這項秘密行動由當時擔任北平軍事管制委員會主任兼北平市長的葉劍英負責。[410]六，集中力量毀滅上海的金融秩序。「一九四八年八月底，金圓券發行額為二億九千六百萬元，而同月二十八日彙集上海的金圓券數量達八千五百萬元，幾乎發行總額的三〇%，至九月底，金圓券的發行額上升到九億五千六百萬元，上海集中的金圓券超過五億元，占發行總額的一半以上。」[411]上海匯集如此之多的金圓券，除了上海是經濟中心之外，共產黨解放區的擴大導致金圓券流通區域向上海收縮是更根本的原因。中國人民解放軍一九四九年四月二十三日佔領南京，五月二十七日攻取上海，六月五日下令禁止金圓券流通。這意味著南京地區的金圓券不得不流向上海。在此需要強調：所謂一九四八年後中國的惡性通貨膨脹其實主要發生在上海，其他城市，特別是農村並非那麼嚴重。這是非常時期的非常情況。任何一個現代社會，如果將全國貨幣流通量的五〇%以上集中在一個城市和地區，其通貨

各解放區貨幣統一於人民幣圖解

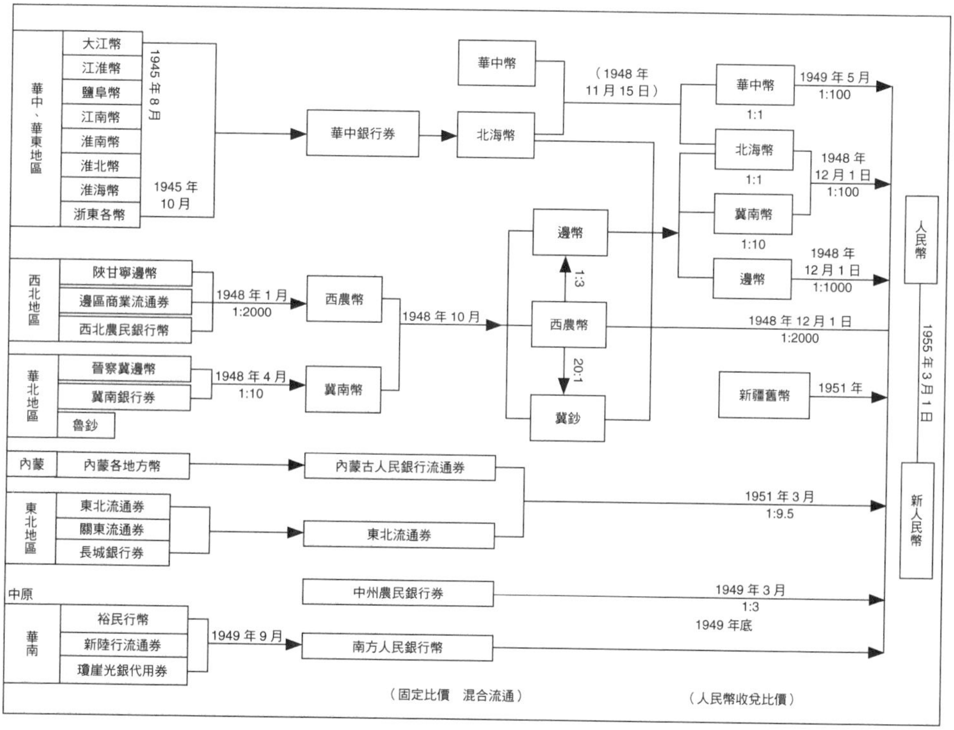

膨脹的後果都是不堪設想的。

近來，中國一些學人頻繁使用「貨幣戰」的概念，這比中國共產黨發明的顛覆南京政府貨幣體系的「貨幣戰」至少晚了六十年。

創立人民幣

一九四八年十二月一日，在中國共產黨取得政權前十個月，中國人民銀行在河北省石家莊市宣告成立（由原華北銀行、北海銀行、西北農民銀行合併而成），並從即日起發行中國人民銀行鈔票「人民幣」。當時確定發行人民幣的任務是統一各解放區的貨幣，同時作為中國新政權的本位幣。也就是說，中國共產黨在其控制的解放區所發行「人民幣」，成為中國事實上的第二貨幣。[412]

貨幣是一種合約。人民幣不同於美元，沒印有任何「合約」詞句，但是卻印有中國人民銀行字樣，也是合約的一種形式，似乎是對中國歷史上錢莊或銀號的一種傳承。其實，在這之前，共產黨在其控制的解放區，已經正式發行了印有毛澤東像的變相人民幣。[413] 從此，在中國共產黨完全控制中國大陸政權之前，解放區貨幣、人民幣和南京政府的法幣、金圓券有過短暫的並存時期。伴隨解放區日益擴大，人民幣成為主導「合法」貨幣，人民幣區域的擴大支持了中國共產黨在經濟、政治和軍事的勝利。貨幣流通區域和軍事擴張相得益彰，這在秦朝統一中國的過程中也出現過。[414]

一九四九以後，中國貨幣經濟「一分為二」：在中國大陸，隨著共產黨政權的擴大和確立，人民幣從取得政權之前的「非法貨幣」成為大陸唯一「合法貨幣」，實行近三十年的計劃經濟和「半貨幣經濟」，直到一九七八年之後回歸貨幣經濟。而國民政府遷駐臺灣之後，成功進行了貨幣體系的改革，延續自法幣開始的正統貨幣的脈絡，奠定了臺灣經濟起飛的貨幣經濟基礎。如果比較過去六十年的人民幣和新臺幣「幣值」變動歷史，大陸和臺灣的貨幣化過程、通貨膨脹歷史，以及金融深化特徵，無疑是一項有價值的工作。如今，曾經分道揚鑣的中國大陸和臺灣的貨幣經濟，是否存在「趨同」趨勢，是否可以「合二為一」，還處於觀察階段。但是，並非沒有可能。

註釋

1. 在上海錢莊和銀行薈集之區，每天清早可以見到行莊的老司務（即工役）背下負著一個黃藤笆斗，漆著錢莊名稱的黑字，裡面盛著銀元，互相遞解，數目大的要用特製的鐵框厚木箱解款，寶銀多是裝成箱，大約六十錠一箱，結算後用人力或車力運送。
2. 《秘密結社與社會經濟》，頁四八九。
3. 「七廠」分布在奉天、南京、武昌、長沙、成都、廣州、雲南；「二局」是重慶和長沙。
4. 《中國貨幣論》，頁一五八。
5. 《秘密結社與社會經濟》，頁五一〇。
6. 前引書，頁五一五。
7. 一九一六年，中國銀行董事長周自齊，將中國和交通銀行的現銀提取一空，為了避免商民兑換要求，當局下令中國和交通銀行停止兑現。關稅和鹽稅不得不用紙幣支付。而批發商和零售商拒絕接受紙幣。紙幣被打折扣使用，商品價格上漲。之後，京鈔市價跌落。社會不滿和騷亂。直到一九二〇年，政府最終將京鈔全部收回，風潮始告結束。
8. 《秘密結社與社會經濟》，頁五一八。
9. 前引書，頁五二六。
10. 前引書，頁五一八
11. 根據耿愛德的《中國貨幣論》：大銀條和寶銀的國際貿易網涉及美國、英國、法國、印度和德國。還有，上海與天津、香港、廣州、雲南、奉天、印度的關係。上海寶銀運天津、煙臺、漢口、滿洲、香港、廣州、孟買、倫敦、長春、西藏。
12. 畢匿克，褚保時等譯，《銀與中國》（上海：商務印書館，一九三四年），頁八。
13. 前引書，頁八。

14.《中國貨幣論》。

15. 王玉茹、燕紅忠，《世界市場價格變動與近代中國產業結構模式研究》（北京：人民出版社，二〇〇七年），頁九六—九七。

16. 前引書，頁六六—七〇。

17.《中國近代貨幣史論》，頁四四。

18. William N. Goetzmann and Andrey Uknow, "China and the world financial Markets 1870-1930", *The Wharton School*.

19. 宋子文就此問題說：政府每年所付外債在九百萬鎊以上，按現在（一九三〇）的匯價償付，較諸民國十四年之平均匯率，須多付百分之六十，即按一年前之匯率，亦須多付百分之二十有餘，國家損失甚大。雖一九二九年起實行關稅自主，收入增加，但因銀價下跌，外債支付額加大，關餘因之日減，不但上年改定關稅之事，等於徒勞，且業以關稅增收為抵押發行之巨額庫券公債本息，將無法支付，其影響於財政金融者甚巨。據馬陵合〈民國時期關金券的發行背景及有關金本位的討論〉，北京：《中國錢幣》，二〇〇七年一期。

20. 辛亥革命不久，大清銀行商股的股東組成的商股聯合會隨即上書「臨時大總統」孫中山，建議把大清銀行改為中國銀行，作為民國政府的中央銀行。保留原商股，對原大清銀行官股五百萬兩，備抵各類損失及一切濫賬。孫中山見到報告後，表示同意。一九一二年一月二十四日，以財政部的名義書面批覆大清銀行商股聯合會，組成臨時理監事會，並任命吳鼎昌為監督。中國銀行於一九一二年二月五日在上海漢口路三號大清銀行舊址開業，標誌著中國銀行的誕生。北洋政府於一九一三年將大清銀行改組為中國銀行，明定其為中央銀行，除行使中央銀行職能外，仍得經營一般銀行業務。總行設在北京，全國各省會均設分行，發行國幣券、兌換券、小銀行券、銅元券等。交通銀行仍沿用舊名，發行銀兩券、國幣券、輔助券、小銀行券和銅幣券六種鈔票。

21. 衛斯林（Gerard Vissering）（一八六五—一九三七），銀行家，擔任過荷蘭銀行總裁。

22. 資耀華，〈北洋時期貨幣紊亂情況見聞錄〉，《文史資料選輯》第七十五輯（北京：文史資料出版社，一九八一年）。

23. 熊希齡（一八六七—一九三七）清末民初的政治家。一九一四年擔任中華民國總理兼財政總長。

24. 賴建誠，〈梁啟超與清末民初的幣制改革〉，《新史學》，卷十一第一期（二〇〇〇年三月，臺北）。

25.〈北洋時期貨幣紊亂情況見聞錄〉。

26. 孫中山，《孫中山全集》（第二卷）（北京：中華書局，一九八二年），頁五四五。

27. 一九二〇年孫中山與虞洽卿聯名向北洋政府申請成立上海證券物品交易所，集資五百萬元，於同年七月一日開業，除了經營證券外，還交易金銀、皮毛、花紗布、糧油等等。與此同時，上海股票商業公會也根據北洋政府頒布的《證券所交易法》改組為上海華商證券交易所，主要經營北洋政府發行的公債。這兩個交易所業務興隆。

28. 楊格，《一九二七至一九三七年中國財政經濟情況》（北京：中國社會科學出版社，一九八一年），頁一七八，二一四。

29.《中國貨幣論》，頁一五八。

30.《一九二七至一九三七年中國財政經濟情況》，頁二一四。

31. 馬長林，《中國古代金融》（北京：中國國際廣播出版社，二〇一一年），頁一〇三。

32.《一九二七至一九三七年中國財政經濟情況》，頁一七八—一七九。

33. Tomoko Shiroyama, "China during the Great Depression: Market, State, and the World Economy, 1929-1937" (Cambridge: Harvard University Press, 2008).

34. 張東剛主編《民國時期經濟》，中國財政經濟出版社，二〇〇五年，頁一六九。

35. 戴建兵，《白銀與近代中國經濟》（上海：復旦大學出版社，二〇〇五年），頁一七八，一八〇。

36. 占地面積九，三三八平方米，建築面積二三，四一五平方米的建築體中，地下有一層大庫房，「據說能存放幾千萬兩銀子，並以絕對安全而聞名」。劉詩平，《匯豐金融帝國》（北京：中國方正出版社，二〇〇六年），頁一〇三，一一七，一二一。

37. 中國銀行總管理處經濟研究室主編，《中國重要銀行最近十年營業概況研究》（上海：中國銀行總管理處經濟研究室，一九三三年），頁二九八，一一五五。

38.《簡明中國經濟通史》，頁五八一。

39. 杜恂誠，《民族資本主義與舊中國政府（一八四〇—一九三七年）》（上海：上海社會科學出版社，一九九一年），頁一五九。

40. 戴建兵等，《話說中國近代銀行》（天津：百花文藝出版社，二〇〇七年），頁二九八—三〇〇。

41.「南三行」即上海商業儲蓄銀行，浙江實業銀行，浙江興業銀行；「北四行」即金城銀行，鹽業銀行，中南銀行，大陸銀行。

42. 為了向企業提供資金，新式銀行也不得不像舊式錢莊那樣提供直接貸款。但是新式銀行要求顧客以財產抵押或貨物抵押作擔保。而錢莊卻按向來的慣例在私人關係的基礎上「靠信任」提供貸款，這就使銀行處於不利地位。

43.《清代經濟史論文集》，頁三二九—三三〇。

44. 前引書，頁三二八—三二九。

45.「信交風波」的「信」指信托公司，「交」指交易所，「風波」指的是絕大多數的信托公司和交易所倒閉。

46. 杜恂誠，《中國金融通史》（北京：中國金融出版社，二〇〇二年），頁三二五。

47. 燕紅忠，〈近代中國金融發展水平研究〉，《經濟研究》（二〇〇九年第五期，北京）。

48. 由此引發北方許多大銀行將總部遷往上海的連鎖反應。

49. 吳景平，〈近代上海金融中心地位與南京政府之關係〉，《史林》（二〇〇二年第二期，上海）。

50. 轉引自：杜恂誠，《金融制度變遷史的中外比較》（上海：上海社會科學院出版社，二〇〇四年），頁七七。

51. 洪葭管，《中國金融通史（一九二七—一九四九）》（北京：中國金融出版社，二〇〇八年），頁九。

52. 《中國古代金融》，頁五六。

53. 《白銀與近代中國經濟》，頁二五九，二六三，二八〇，二八二。

54. 吳景平，〈近代上海金融中心地位與南京國民政府之關係〉，吳景平主編，《上海金融業與國民政府關係研究（一九二七—一九三七）》的引言（上海：上海財經大學出版社，二〇〇二年）。

55. 《中國古代金融》，頁六九。

56. 在當時二級城市包括蘇州，無錫，是常州、常熟、吳江、昆山、太倉、溧陽、南通、江陰這樣的衛星城市。

57. 陳明遠，《文化人的經濟生活》（西安：陝西人民出版社，二〇一〇年）。

58. 中華民國成立以後的十幾年間，銀圓幣值基本堅挺，日用品物價基本穩定。在一九二〇—一九三〇年代，主幣是銀元而不是後來的紙幣。根據陳明遠著的《文化人的經濟生活》，魯迅的收入水平相當於二〇〇二年時的每月一．二萬元到四．五萬元人民幣。在二〇年代的北京大學一級教授，例如胡適、辜鴻銘、馬叙倫、蔣夢麟、沈尹默、馬寅初等人的月薪為二八〇銀圓。當時的一塊銀圓在上海可買七斤豬肉。根據一九二八—一九三〇年上海二三〇戶下層家庭狀況的調查統計資料，當年一個五口人的貧苦勞動者之家每月平均三十三銀圓，年收入約國幣四百銀圓。這五口人（夫婦兩人加三個子女，或一對老人、兒子媳婦加一個孫兒）組成一個「典型家庭」，是當時上海百萬下層貧民的標準情況。每年花費在食品上的開支平均為二一八．五圓（每個成人每月伙食費僅四圓六角），約占收入的五五％，即一半略多；每年花費在衣物上的開支為三六．七圓，約占收入的九％；每年房租平均為二十八圓，占收入的七％，居住一間半房子（或說一大間、一小間）；燃料、水電：每年花費二十四圓左右，占收入的六％，大多家庭使用木柴和煤球燒爐子做飯，也有用煤油爐的。少數家庭（大約十分之一）有電燈，其餘十分之九用煤油燈；雜項，其他屬於文教、嗜好、衛生等支出，為九二．八圓，占收入的二三．二％，如子女教育費，交通費，烟酒費，娛樂費，醫藥費等等。

59. 舉北京實例：一塊銀圓可買二十斤大米或七斤猪肉，一塊銀圓可以請一頓「涮羊肉」；在上海，一塊銀圓可以請兩客西菜套餐。要逛公園，一塊錢可以買二十張門票；要看演出（戲劇或電影）一塊錢可以買二、三張入場券。至於精神食糧，一份報紙零售三分，一塊錢可以訂閱整月的報紙；一部《吶喊》售價七角（優惠價五角），一塊銀圓可以買一本比較厚的書，或者兩本比較薄的書。一九二二年十月，北京大學評議會決定再收講義費每位學生一塊錢。但是，這個決定一公布，數百學生馬上集合示威，反對此項規定。北京轟動一時「一塊錢風潮」，北京大學校長蔡元培曾為「一塊錢風潮」而提出辭職，魯迅為青年讀者的「一塊錢書款」而百感交集。此事件也反映了當時的一塊錢真的是錢。在上海，一塊銀圓可以買時十八斤大米；或者買七斤猪肉。這時期「一塊錢」大約折合一九九〇年代中期人民幣四十元；折合二〇〇七人民幣四十八—五十五元。

60. 一九三四年，天津南開大學創刊《南開指數》，「南開指數」包括華北批發物價指數、天津工人生活費指數、天津對外匯率指數等的編制和發布，開始中國關於物價指數的專業統計之先河。

61. 《銀與中國》，頁三二，四七。

62. 劉巍，〈第一次世界大戰中國GDP下降之影響因素研究〉，《經濟史》（二〇一〇年第一期，北京）。

63. 中國政府在一九二一年十月十九日宣布破產，從此以後，中國開始不再按照有關條約支付外國貸款。只是債券例外，因為債券以海關收入作為抵押。William N. Goertzmann, Andrey D.Ukhov and Ning Zhu, "China and the world financial Markets 1870-1930", *Economic History Review*, 60:2 (Oxford: Basil Blackwell, 2007), pp.267-312.

64. 《中國的現代化：市場和社會》，頁二九八。

65. 汪敬虞編，《中國近代工業史資料一八九五—一九一四（第二輯上　）》（北京：中華書局，一九六二年），頁三〇。

66. 《簡介中國經濟通史》，頁五六〇。

67. 《白銀與近代中國經濟》，頁二五九，二六三，二八〇，二八二。

68. 蔡暹，《商業的起源、發展和消亡》（上海：上海人民出版社，一九五四年），頁六四。

69. 許滌新、吳承明主編，《中國資本主義發展史》第二卷（北京：人民出版社，一九九〇年），頁一〇四六。

70. 《中國的現代化：市場和社會》，頁二九八。

71. 黃漢民，〈一九三〇年代上海和全國工業產值的估算〉，《中國經濟史論壇》，二〇〇九年四月二十九日。

72. 工業增長率：在一九一二—一九二〇年間高達一三．四%；一九二一—一九二二年有一短暫蕭條，一九二三—一九三六為八．七%；一九一二—一九四二年，平均增長率為八．四%；整個一九一二—一九四九年，平均增長率為五．六%。一九五三年至一九五七年的第一個五年計劃時期，中國再次出現這樣迅速的增長率。

73. 轉引自費正清主編，《劍橋中華民國史》（上海：上海人民出版社，一九八三年），頁五八。

74. 《中國近代工業史資料一八九五—一九一四（第二輯上　）》，頁一〇。

75. 陳昭，〈中國內生貨幣供給理論函數與計算（一九二七—一九三五）〉，《中國經濟史研究》（二〇〇七年第一期，北京）。

76. 邱吉爾，富強、許世芬譯，《中國資產階級的黃金時代（一九一一—一九三七）》（上海：上海人民出版社，一九九四年），頁三三〇。

77. 《金融制度變遷史的中外比較》，頁一五七。

78. 前引書，頁一五六。

79. 《民國時期經濟》，頁一二五。

80. 前引書，頁一二五。

81. 前引書，頁二二〇。

82. 前引書，頁一二五。

83. 費正清、費維愷，《劍橋中華民國史》下卷（北京：中國社會科學出版社，一九九四年），頁一二。

84. 前引書，頁三三。

85. Tomoko Shiroyama（城山智子），"China during the 1929 Great Depression: the Economic Globalization in a Historic Perspective".《民國時期經濟》，頁三四三—三六九

86. 鴉片戰爭之後直到一九四一年太平洋戰爭之前，遍布中國各地的二十七個租界，為那個時期的中國發展提供了某種生機，在租界中，存在一定程度的社會穩定、財產權的保障、經濟自由和包括言論自由在內的許多公民權利。魯迅、茅盾、郁達夫、田漢、巴金這樣的文人，都一度居住在上海公共租界區，因為相對來說，大體可以保障言論、出版自由。在這個意義上，沒有上海公共租界，就沒抗日戰爭之前的文化繁榮。

87. 《一九二七至一九三七年中國財政經濟情況》，頁一七一。

88. K Matsuoka, "China's currency reform and its significance", *Economic Review*, 11 (Kyoto: Kyoto University, 1936), pp.86-87.

89. Eduard Kann, "The Currencies of China"(Shanghai, China and reprinted in New York,1975).

90. 《中國貨幣思想史》，頁一一五三。

91. 前引書，頁一一〇三。

92. 前引書，頁一一五三。

93. 前引書，頁一一〇三。

94. 僅就貨幣本位主張，種類較前更多，理論討論也大為深入。除了主張金本位或金匯兌本位以及許多人主張銀本位之外，諸青來主張採用金銀並行制，張家驤提出以跛行本位製作為實行金本位制的過渡，壽勉成主張科學銀元本位，劉振東主張有限銀本位，黃元彬主張物銀矯正策，劉冕執主張能力本位，徐青甫提出虛糧本位，閻錫山主張實行物產證券，還有愈來愈多的人主張實行紙幣制度，實行管理通貨。

95. 城山智子，孟凡禮、尚國敏譯，《大蕭條時代的中國》（南京：江蘇人民出版社，二〇一〇年），頁一八。

96. 馬陵合，〈民國時期關金券的發行背景及有關金本位的討論〉，《中國錢幣》（二〇〇七年第一期，北京）。

97. 《一九二七至一九三七年中國財政經濟情況》，頁一九三。

98. 《白銀與近代中國經濟》，頁二九七。

99. 中國人民銀行總行參事室編，《中華民國貨幣史資料》第二輯（上海：上海人民出版社，一九九一年），頁六八。

100. 《白銀與近代中國經濟》，頁二八七。

101. 當時一位有影響的學者張公權認為，中國選擇「廢兩改元」還基於三個原因：農村破產，白銀、銀元流入通商口岸；銀元數量超過銀兩；形成了劣幣（銀元）驅逐良幣（銀兩）的態勢。轉引自《白銀與近代中國經濟》，頁三四六。

102. 杜恂誠，〈中國近代兩種金融制度比較研究〉，《中國社會科學》（二〇〇〇年第二期，北京）。

103. 孫中山關於「節制私人資本，發達國家資本」的思想是其「民生主義」的精髓。他在一九二一年就提出要效仿德國的俾斯麥，實行「國家社會主義」，「國家一切大業，如鐵路、電氣、水道等事務皆歸國有，不使其私人獨享其利」。改組國民黨時，孫中山又正式提出了「節制資本」的原則。《中國國民黨第一次全國代表大會宣言》指出：「凡本國人及外國人之企業，或有獨占的性質，或規模過大為私人之力所不能辦者，如銀行、鐵道、航路之屬，由國家經營管理之，使私有資本制度不能操縱國民之生機，此則節制資本之要旨也。」從此可以看出，他對於國家干預經濟持肯定的態度。

104. 廣州中央銀行在一九二四至一九二八年，發行貨幣，總計三〇一二二三七八元，以及國庫券，獎債券。

105. 鄭會欣，《改革與困擾——三十年代國民政府的嘗試》（香港：香港教育圖書公司，一九九八年），頁一。

106. 〈近代上海金融中心地位與南京國民政府之關係〉。

107. 銀行同時也可能是受益者。從一九二七年至一九三一年，南京政府共發行一〇．五億元公債，而政府實際收入僅五．三八億元。銀行得益甚豐。全國二十八家重要銀行是經營公債的大戶。一九三〇年代一位西方記者說，中國的公債是一根神奇的香腸，它的一端養活了政府軍隊，另一端餵肥了銀行家。

108. 關金券具體做法如下：一、海關金單位是一種計賬單位，其與黃金有固定比價，即一個海關金單位含六〇．一八六六公釐純金。它有兩種兌換方式。二、繳納進口稅時，仍可以用銀元、銀兩繳納，其與海關金單位之折合率，由各海關稅務司提前三天公布。一九三一年秋，英國、瑞士、挪威等國放棄金本位，日本繼之。一九三三年美國也採取同樣步驟。這樣海關金單位與各種外幣相對固定的匯率就不復存在。為避免關稅收入再次降低，海關規定，徵收進口稅時，首先按貨單所標日期之電匯行市，將各種外幣，合成本國銀元，然後以由海關公布的金單位與銀元之間折合率相除，便可得該項貨物之金單位價值。一九四八年八月國民黨政府發行金圓券，以消解通貨膨脹，關金券與法幣一道退出市場，完成了它的使命。

109. 還有一種說法，國民政府實行關金制度的日期是於一九三〇年二月一日，

110. 《一九二七至一九三七年中國財政經濟情況》，頁三一三。

111. 陳公博和翁文灝是「出口導向的工業化戰略」的代表人物。

112. 游海華，〈農村合作與金融「下鄉」〉，《近代史研究》（二〇〇八年第一期，北京）。

113. 二十多年後，胡適在一次題為《從奴役之路說起》的演講中，為自己在一九三〇年代沒有捍衛自由主義經濟作了公開懺悔。胡適，《胡適論著輯選》（臺北：巨人出版社，一九七八年），頁一七〇，一七二。

114. 宋子文和美國經濟顧問揚格對禁止黃金出口持反對態度。《一九二七至一九三七年中國財政經濟情況》，頁二九〇。

115. 《中國貨幣思想史》（下）。

116. 一九三三年三月至一九三五年十月，中央造幣廠前後共計鑄造一億三千三百萬枚新銀元，以及五千六百萬Ｂ字廠條。揚格，《一九二七—一九三七年中國財政經濟情況》（北京：中國社會科學出版社，一九八一年），頁三〇四—三〇六。

117. 戴建兵，〈近代銀元和銅元鑄造數量的一個簡略估計〉，《中國錢幣》（二〇〇六年第一期，北京）。

118. 一九二三年十一月，上海銀根奇緊，中行向銀行公會提議與錢業公會磋商，建議銀兩、銀洋並用，未取得錢業公會的贊同。一九三二年七月，財政部長宋子文和錢幣司司長徐堪到上海召集銀錢業代表討論廢兩改元問題，外商銀行和部分錢業代表擔心廢兩改元後，可能出現濫鑄銀元、濫發紙幣或者銀元供不應求等情況，對此中行聲明對發行紙幣的準備金實行公開檢查，決不濫發紙幣，而且庫存銀元豐富，能夠滿足市面需求，打消了部分代表所存疑慮。

119. 《帝國夢魘——亂世袁士凱》，頁一一一—一一三。

120. Ma Junya, "Traditional Finance and China's Agricultural Trade, 1920-1933", *Modern China*, 34:3

121. 《簡明中國經濟通史》，頁五八四—五八五。

122. 潘連貴，《上海貨幣史》（上海：上海人民出版社，二〇〇四年），頁二二〇。

123. 《貨幣論》（下卷），頁二五〇。

124. 《銀與中國》，頁二七。

125. 《貨幣的禍害》，頁一一七，一三一，一五九。

126. "China during the 1929 Great Depression: the Economic Globalization in a Historic Perspective", pp.111.

127. 《白銀與近代中國經濟》，頁二九一。

128. 查爾斯．古德哈特，《貨幣經濟學文集》下卷（北京：中國金融出版社，二〇一〇年），頁八八—八九。

129. 在美國一八九六年的競選中，美國北方的工業資產階級和南方的種植園主與共和黨聯手支持共和黨候選人，俄亥俄州州長麥克金利，擊敗了「民主黨」和「平民黨」的共同總統侯選人布來恩，標志著一八八〇和一八九〇年代轟轟烈烈的「平民運動」的終結。麥克金利努力推動黃金本位。而民主黨候選人布賴恩是一位激烈的平民主義者，要求放鬆貨幣政策，為掙扎在蕭條的經濟中的農民提高價格。「不得把人釘死在黃金製成的十字架上！」這是布賴恩的名言。歷史學家理查．諾頓．史密斯稱麥克金利的勝利「證實了美國的保守主義特徵」。

130. 恩道爾，《金融海嘯》（北京：知識產權出版社，二〇〇九年），頁一三四。

131. 一九三四年六月，美國又通過購銀法案，用高價向國外收購白銀，致使中國白銀大量外流。

132. 一九三二年十一月，民主黨人羅斯福當選為美國總統，白銀集團的緊密盟友——來自農業州的民主黨參議員的勢力也得到了加強。羅斯福總統為了通過有關新經濟政策的一系列法案也需要白銀集團的支援，所以部分縱容了白銀集團的活動（著名的白銀參議員皮特曼時任美國參議院外事委員會主席，就曾經宣稱，如果羅斯福總統不提高對白銀生產者的補貼，他將要求參議院不對「中立法」進行表決。），一九三四年六月通過的《白銀收購法案》標志著白銀集團的游說活動達到了高潮。據〈八十年前的貨幣戰爭：《霍利—斯穆特關稅法》，《文史參考》二〇一〇年第二十二〉

133. 一九三二年羅斯福競選的民主黨政綱向人們保證，「甘冒一切風險維持一種合理的貨幣」，但接著又加了一句，「需召開一個國際貨幣會議讓政府考慮白銀的重新起用以及相關計劃。」一九三二年民主黨在選舉獲得勝利，這大大加強了白銀集團的政治勢力。尤其加大了在參議院的地位。對此，總統必須正視。

134. 《中華民國貨幣史資料》第二輯，協定全文及中國的保留意見，頁一一二—一一四。

135. 資耀華等，〈法幣改革出籠內幕〉，《幣禍》（北京：中國文史出版社，二〇〇四年），頁一六七—一六八。

136. 《改革與困擾——三十年代國民政府的嘗試》，頁五一。

137. 邁克爾·羅素，《院外集團與美國東亞政策：三〇年代美國白銀集團的活動》（上海：復旦大學出版社，一九九二年），頁二九。

138. Cheng-Chung Lai and Joshua Jr-Shiang Gua, "The Chinese Silver Standard Economy and the 1929 Great Depression", *Australian Economic History Review*, 43:2 (Blackwell Publishing, 2003.07).

139. "The Chinese Silver Standard Economy and the 1929 Great Depression".

140. 《一九二七至一九三七年中國財政經濟情況》，頁二一四。

141. 《中國金融通史（一九二七—一九四九）》，頁二三七。

142. 《一九二七至一九三七年中國財政經濟情況》，頁二三〇。

143. 伍純武，《現代世界經濟史綱要》（上海：商務印書館，一九三七年），頁二六七。

144. 《白銀與近代中國經濟》，頁二八六。

145. 前引書，頁二八一。

146. 《中國金融通史（一九二七—一九四九）》，頁一四四。

147. "China during the 1929 Great Depression: the Economic Globalization in a Historic Perspective", pp.111.

148. Ibid., pp.82.

149. 《貨幣的禍害》，頁一六五。

150. 卜凱（John Buck, 1891-1975），一九二九—一九三三年間任南京農學院農業經濟系主任。根據卜凱一九二一至一九二五年對全國七省十七處二八六六家農戶調查統計，以總平均計，農產品自用部分占四七·七%，出售部分占五二·三%，農家生活資料中自給部分和購買部分各占六五·九%和三四·一%。參見章有義編：《中國近代農業史資料》第三輯（北京：

三聯書店，一九五七年）。原著為卜凱，張履鸞譯，《中國農業經濟》（上海：商務印書館，一九三六年）。

151. 凱恩斯在一九二四年就尖銳批評對金本位制度。世界的貨幣經濟最終還是按照凱恩斯的預見發展，即貨幣與貴金屬分離。但是，由此却損失了自由經濟制度的基礎。因為，國家成為控制貨幣體系的主體。後來，凱恩斯主義中關於　調政府財政政策的主張，其實基於三十年代大危機之後的新的貨幣體系。

152. Irving Fisher, "On the International Transmission of Booms and Depressions Through Monetary Standards", *Journal of Money, Credit, and Banking*, 35:1(Columbus: Ohio State University Press, 2003.02), pp.49-90

153. M.Friedman and A. Schwartz, *A Monetary History of the United States* (Princeton: Princeton University Press 1963), pp.1867-960.

154. T. Wright, "Coping with the world depression:the nationalist government's relations with Chinese industry and commerce, 1932-1936", *Modern Asian Studies*,pp.25,649-74

155. 汪熙，〈門戶開放政策的一次考驗：美國白銀政策及其對東亞的影響（一九三四—一九三七）〉，入江昭，孔華潤編，《巨大的轉變：美國與東亞（一九三一—一九四九）》（上海：復旦大學出版社，一九九一年），頁三四。

156. 李宇平，〈集團經濟下的上海與孟買（一九三六—一九三九）——一九三〇年代後半期亞洲國際經濟秩序的比較觀察〉，二〇一〇亞太區域研究年度成果發表會。臺北，中央研究院亞太區域研究專題中心，二〇一〇年九月。

157. Bratter, H, "Four Years of the Silver Program" 1937 Editorial research reports 1937 (Vol.II)(Washington, DC:CQ Press) Retrieved from http://library.cqpress.com/cqresearcher/cqresrre1937121400

158. 張培剛，《民國二十三年的中國農業經濟》，《東方雜誌》，卷三二第十三號，一九三五年七月。據張培剛研究，如以一九三一年為基期，則一九三二、一九三三、一九三四年全國農產品購買力指數分別為九六．三一、八八．七二和八三．六一。

159. 《劍橋中華民國史》（一九八三年），頁三三，四三。

160. 《白銀與近代中國經濟》，頁三〇五。

161. 《中國金融通史（一九二七—一九四九）》，頁一四四。

162. 《白銀與近代中國經濟》，頁二九〇—二九四。

163. 轉引自《改革與困擾——三十年代國民政府的嘗試》，頁三四。

164. 前引書，頁三六。

165. 《申報》，一九三四年八月二十二日

166. 轉引自《改革與困擾——三十年代國民政府的嘗試》，頁三七。

167. 《白銀與近代中國經濟》，頁三〇三。

168. 《一九二七至一九三七年中國財政經濟情況》，頁二三八。
169. 楊燕，楊振，〈抗戰時期鮮為人知的中日「偽鈔戰」〉，《文史精貨》二〇〇八年，第十一期。
170. 《白銀與近代中國經濟》，頁二九三。
171. 一九三一——一九三五年間，英鎊對華匯價下跌五〇%，美元下跌四五%，日金下跌六〇%以上，白銀的漲價也使得中國的銀圓增值。一九三五年初春之前，匯價也隨之銀價徐緩上漲而提高。
172. 《白銀與近代中國經濟》，頁二九二，二九九，三〇〇，三〇五，三〇六。
173. 許滌新，吳承明主編，《中國資本主義發展史》第三卷（北京：人民出版社，一九九三年），頁二三。
174. 前引書，頁一二五。
175. 《中國金融通史（一九二七——一九四九）》，頁二六八。
176. 關於在一九三四年至一九三五年間，貸款較少是一種公認的說法，但是，貸款不足的程度卻缺乏足夠資料。相反，有些資料反映：上海隱含的工業放款在一九三一——一九三六年期間，除了一九三五年之外，一直上漲（見《中國資本主義發展史》第三卷，頁一八三。）。
177. 《中國資本主義發展史》第三卷，頁一二八。
178. 《中國金融通史（一九二七——一九四九）》，頁二六七。
179. 白銀危機之前，白銀流向上海，導致中國內地不安和經濟困難。一九二八年至一九三一年，進口的五億兩千萬元白銀中，約有四億元左右分散在內地各處，成為上海以外的白銀存量。
180. 《中國資本主義發展史》第三卷，頁六〇。
181. 《一九二七至一九三七年中國財政經濟情況》，頁二四九。
182. 李宇平，〈一九三〇年中國的救濟經濟恐慌說（一九三一——一九三五）〉，《中央研究院近代史研究所集刊》（一九九七年第二十七期，臺北）。
183. 《「法幣改革」出籠內幕》，頁一八五。
184. 劉巍，〈對近代中國宏觀經濟運行的實證分析（一九二七——一九三六）〉，《中國經濟史研究》（二〇〇四年第三期，北京）。
185. 《貨幣戰爭——金融高邊疆》，頁一三八。
186. 《一九二七至一九三七年中國財政經濟情況》，頁二四一。
187. 卓遵宏，《中國近代幣制改革史》（臺北：國史館，一九八六年），頁二二六。
188. 張家驤主編，《中國貨幣思想史》（近現代卷）（武漢：湖北人民出版社，二〇〇一年），頁一一五八。
189. 同前引。

190. 《一九二七至一九三七年中國財政經濟情況》，頁四六一—四六二。
191. 《中華民國貨幣史資料》第二輯，頁一四一—一四二，一五〇—一五一。
192. 《兌換法幣辦法》規定，除用作原料、銀質古文物和已製成的銀質器具及裝飾品外，廠條、生銀、銀錠、銀塊及其他銀類都要在三個月向兌換機關換取法幣。兌換機關包括中央、中國、交通三行及三行指定的銀行、錢莊，典當、郵政局、鐵路局、輪船局、公共機關、公共團體、稅收機關、縣政府等，收兌機關可獲得六%的手續費，以提高其積極性。雖然，白銀國有化，似乎側重於各個銀行的存金，而對中小型商品，公司和制人存金相對寬鬆，大體是任其自由繳出，但是，實際過程簡直是要把民間藏銀一網打盡。為了需要，三個月期滿後又延長三個月。在此期間，「由各市縣長傳諭所屬區鎮鄉長，責成保甲，投戶查詢登記，報由名區分鎮長彙報縣府，請領法幣，遵限掉換」。第二個三個月收兌又滿以後，實行無限期延長。
193. 《白銀與近代中國經濟》，頁三六九。
194. 孔祥熙任主席，聘張嘉璈任副主席。
195. 《中國古近代金融史》，頁二六七，二七二。
196. 幣制改革之際，政府各銀行原有的一．三億盎司，政府各銀行收售其他銀行所持有的白銀總計約二億盎司。此外，一九三七年中期以前的二十個月內，從公共方面收集到一．七億盎司，因此，白銀國有化動員了五億盎司。
197. 徐矛等主編，《中國十大銀行家》（上海：上海人民出版社，一九九七年），頁七五。
198. 一九三九年「一千萬鎊的平值基金至五月底已售出三分之二；六月七日平值基金會只得宣告暫行供給外匯，至十日才再度出售，維持六．五便士的新價格。」
199. 中國社會科學院近代史研究所國民史研究室，四川師範大歷史文化學院編，《一九三〇年代的中國》（上卷）（北京：社會科學文獻出版社，二〇〇六年），頁三六一—三六五。
200. 前引書，頁三六一—三六五。
201. 洪葭管，《中國金融史十六講》（上海：上海人民出版社，二〇〇九年），頁一九—二〇。
202. 《白銀與近代中國經濟》，頁一七八。
203. 洪葭管，張繼鳳，《近代上海金融市場》（上海：上海人民出版社，一九八九年），頁二五四。
204. 一九三六年底英國對中國的投資共計為一，〇七七，六一一，〇〇〇美元，占當時各國投資總數的五八．九%。
205. 李滋—羅斯是英國第一流的財政專家，自一九〇八年起在財政部任職，一九三五年擔任國聯經濟委員會副主席。
206. 以上海匯豐銀行為例，一九三三年年底該行存銀為八四千百萬元，一九三四年九月底為四千七百萬元，到了十二月底，就只剩下七百萬元了。同期香港匯豐銀行的存銀卻大幅度增加。

207. 一九三四年四月十七日，日本外務省情報部部長天羽英二，以對記者作非正式談話方式發表對華政策聲明，為歷史上的「天羽聲明」。

208. 《「法幣改革」出籠內幕》，頁一六四。

209. 一九三五年十二月，美國宣布停止在倫敦市場購銀，世界銀價隨即慘跌，致倫敦市場拋售之銀，較平常多數倍，達一千八百萬至二千萬盎司，竟無人問津，銀價亦未掛牌。美國此舉之用意在於取得中國貨幣權和紐約轉變為世界白銀的新市場。倫敦既已喪失了世界白銀市場的中心力量，中國貨幣已不能再依賴英鎊作為穩定中國貨幣的保證了。

210. 楊格教授（John Parke Young）在 *Wall Street Journal* 上發表了〈世界通貨混亂〉（"World Currency Muddle"）一文，說：「美國白銀政策嚴重擾亂中國的通貨和經濟狀況。」美國 Chase National Bank 的董事長 W. M. Aldrich 宣稱：「白銀政策已使中國發生嚴重的經濟衰退。」（五月十六日英文大美晚報）可見中國金融問題，即是中國整個經濟衰落問題，其癥結都在白銀問題，都在美國的白銀政策。

211. 羅斯福幼時常聽祖父談論其十九世紀在中國的從商經歷，因此他自詡對中國「有一個多世紀的背景知識」，在對華政策上自有獨立的主張，他既不想改變購銀政策，也無意給予中國貸款。

212. 摩根索不僅擔心日本的擴張，也憂慮英國對中國貨幣的影響力。他認為，倫敦和東京都企圖把中國的貨幣與它們的貨幣掛鈎。美國國務院認為，白銀政策損害了中國官員、銀行家和商人等上層人物的利益，因而勢必影響兩國的關係。它希望財政部暫停購銀，或把銀價限制在每盎司〇．四五美元，至少應把在中國的購銀留在中國。但它反對由美國單獨向中國貸款，因為這會觸犯日本的《天羽聲明》。財政部則表示，由於《購銀法》的限制，它不可能立即停止購銀或降價，最好的辦法是幫助中國進行幣制改革，並使之與美元掛鈎。

213. 摩根索（Morgenthau, Henry, Jr.）（一九八一—一九六七），美國公共官員。一九二二—一九二三年間，為雜誌《國農業家》的編輯。是富蘭克林．羅斯福的密友。一九三四—一九三五年間，任羅斯福內閣的財政部長，負責籌集推行新政以及參加第二次世界大戰所需的資金。這一期間大約耗資三千七百億美元，比前五十任財政部長任職期間耗資三倍還要多。

214. 陳光甫（一八八一—一九七六），江蘇鎮江丹徒縣人。幼年曾在漢口祥源報關行、漢口海關郵政徒。一九〇四年隨湖北省代表團赴美國參加路易斯安那州國際博覽會，後留美學習。一九〇九年在賓夕法尼亞大學獲商學學士學位。一九一〇年回國後，先後在南洋勸業會、江蘇省清理財政局工作，後任江蘇省銀行總經理。袁世凱稱帝後，張勳占領南京，為掌握江蘇省的財政情況，劫持了江蘇省銀行並查抄存戶姓名，陳光甫因堅持銀行通例為存戶保密而被免職。一九一五年六月二日，陳光甫以十萬元開辦了上海商業儲蓄銀行（簡稱上海銀行），自任總經理，開始了他一生最重要的事業。大陸解放後，陳光甫移居香港，周恩來總理曾托人勸陳返回大陸，陳亦有回歸之意，終因三反五反運動未能成行，後定居臺北。

215. 《「法幣改革」出籠內幕》，頁一六七。

216. 中國駐美公使館致美國國務院非正式備忘錄，一九三五年二月五日，《中華民國貨幣史資料》第二輯，頁一三三—一三四。

217. 任東來，〈一九三四—一九三六年間中美關係中的白銀外交〉，《歷史研究》（二〇〇〇年第三期，北京）。

218. Everest, A.S., Morgenthau, *the New Deal and Silver* (NY: King's Crown press, 1955), pp.169.

219. 《一九二七至一九三七年中國財政經濟情況》，頁二七四。

220. 前引書，頁二七五。

221. 根據《「法幣改革」出籠內幕》，頁一九六。

222. 《中國金融通史（一九二七—一九四九）》，頁二九七。

223. 《一九二七至一九三七年中國財政經濟情況》，頁二八一。

224. John Morton Blum, "From the Morgenthau Diaries: Years of Crisis, 1928-1938", (Boston: Houghton Mifflin, 1959), pp.211.

225. 《一九二七至一九三七年中國財政經濟情況》，頁二六五。

226. 中國銀行總行（中國第二歷史檔案館）合編，《中國銀行民國二十五年度營業報告》《中國銀行行史資料彙編（上編三）》（北京：檔案出版社，一九九一年），頁二二〇九。

227. 《一九二七至一九三七年中國財政經濟情況》，頁二六九。

228. 《改革與困擾——三十年代國民政府的嘗試》，頁二六三。

229. 《一九二七至一九三七年中國財政經濟情況》，頁二七八。

230. 《中國金融通史（一九二七—一九四九）》，頁二九七。

231. 《一九二七至一九三七中國財政經濟情況》，頁三〇五。

232. 前引書，頁二八二。

233. 《改革與困擾——三十年代國民政府的嘗試》，頁二六四。

234. 一九三五年十一月「法幣改革」之初，一元法幣可兌換一銀圓，其購買力相當於今天的人民幣三十—四十元。當時中國銀元的成色為七一．五%，含銀量為〇．七五五五盎司（一盎司（oz）＝二八．三五〇克），一銀元合〇．三四美元，含銀量是二一．四二克即〇．四三兩銀。即〇．三四美元＝〇．四三兩銀，一美元＝一．二六四七兩銀，一億美元＝一．二六五億兩銀。通過以上兩次換算，說明中國銀價一直在下降，從十九世紀末的一億美元能換〇．四八億兩銀到一九三六年的一億美元能換一．二六五億兩銀。

235. 王業鍵，《中國近代貨幣與銀行的演進（一六四四—一九三七）》（臺北：中央研究院經濟研究所，一九八一年）。

236. 當時有影響的銀行家張嘉璈指出：「中國人民對於管理通貨的功能，茫無所知。其所以接受法幣，無非因為法幣可以隨時依照穩定的匯率，易取外匯。」

237. "China during the Great Depression: Market, State, and the World Economy, 1929-1937", pp.235.

238. 《民國時期經濟》，頁一六九。

239. 姚會元，〈論南京國民政府法幣改革成功的原因〉，武漢中南財經大學。

240. 一九三五年十月，一座比上海大樓更為壯觀的匯豐總部大樓在香港落成並投入使用，「新大樓建立了一排裝有銅架的巨大白銀庫，以供存放日益增多的白銀。不過，就在匯豐總部落成的這一年，中國告別了「白銀時代」，香港政府跟隨南京國民政府放棄銀本位，這些銀庫的設計又顯得有點不合時宜了。」

241. 惲逸群，〈宋子文和孔祥熙〉，《文史資料選輯》第二輯（北京：文史資料出版社，一九八〇年）。

242. 《匯豐金融帝國》，頁一〇三，一一七，一二一。

243. 《簡明中國經濟通史》，頁五八八—五八九。

244. 姚會元，〈論法幣改革〉，《學術月刊》（一九九七年第五期，上海）。

245. "China during the Great Depression: Market, State, and the World Economy, 1929-1937".

246. 姚會元，《中國貨幣銀元（一八四〇—一九五二）》（武漢：武漢測繪科技大學出版社），頁一二三。

247. 《一九二七至一九三七年中國財政經濟情況》，頁三四七。

248. 陳晋文，〈現代化進程中的對外貿易〉，《中國社會經濟史研究》（二〇〇七年第二期，廈門）。

249. 小科布爾，《上海資本家與國民政府》（北京：中國社會科學出版社，一九八八年），頁二四五。

250. 《一九二七至一九三七年中國財政經濟情況》，頁二八二。

251. "China during the Great Depression: Market, State, and the World Economy, 1929-1937" ，pp.221.

252. 《改革與困擾——三十年代國民政府的嘗試》，頁二六五。

253. "China and the world financial Markets 1870-1930", Economic History Review, 60:2, pp.267-312.

254. 管漢暉，〈二十世紀三〇年代大蕭條中的中國宏觀經濟〉，《經濟研究》（二〇〇七年二期，北京）。

255. 轉引自 Rawski, T. G., "Milton Friedman, Silver, and China", *Journal of Political Economy*, (Chicago: University of Chicago Press, 1993).

256. 劉巍，《經濟發展中的貨幣需求》（哈爾濱：黑龍江人民出版社，二〇〇〇年），頁三六，一四〇，一五一。

257. 〈二十世紀三〇年代大蕭條中的中國宏觀經濟〉。

258. 《中國金融通史（一九二七—一九四九）》，頁二九八。

259. 《中國資本主義發展史》第三卷，頁一七九，一八〇。

260. 前引書，頁一八三。

261. 轉引自〈二十世紀三〇年代大蕭條中的中國宏觀經濟〉。
262. 《中國資本主義發展史》第三卷，頁一六八，一七三。
263. 前引書，頁二一八。
264. 前引書，頁一六〇。
265. 《中國資本主義發展史》第三卷，頁八七，八八。
266. 《劍橋中華民國史》下卷（一九九四年），頁一六一。
267. 交通銀行總行管理處編，《各國銀行制度及我國銀行之過去與將來》，《交通銀行經濟叢刊》，（上海：交通銀行總行管理處，一九四三年），頁三七五。
268. 例如，法幣改革之後，日本制定並《華北金融緊急防止措置要項》：嚴禁法幣在華北地區流通；在華北各省設置金融顧問，監督現銀出納及紙幣發行與收回；華北海關、鹽務稽核所及有關稅收機關即刻停止向南京政府送款。後來，日本迫於法幣的價值和信譽，不得不改變策略，放棄對華東、華中法幣的驅逐，轉而利用法幣，以 幣與法幣等值流通為釣餌，侵蝕法幣市場，擴大偽幣陣地。
269. 《一九二七至一九三七年中國財政經濟情況》，頁二八二，三一八，三四七。
270. 前引書，頁三一九。
271. 《貨幣戰爭——金融高邊疆》，頁一三八。
272. 卓文義，《中國近代貨幣改革史》（臺北：臺灣國史館，一九八六年），頁四三五。
273. 中國社會科學院近代史所民國研究室，《一九三四年代的中國（上卷）》（北京：社會科學文獻出版社，二〇〇六年），頁三六六，三六八。
274. 時任偽中央儲備銀行顧問的日本人木村增太郎的說法。金正賢，〈論國民政府的法幣價值維持政策及其在抗戰中的作用〉，《視角》，卷三，二〇〇三年第四期
275. 《一九二七至一九三七年中國財政經濟情況》，頁三一二。
276. 《中國紙幣研究》，頁二三八。
277. 「偽滿洲國貨幣」流通於一九三二年至一九四五年。「聯銀券」流通於一九三八年至一九四五年，主要地區是華北，一九三九年，華北 臨時政府宣布法幣禁止流通。一九四一年，汪偽南京政府發行「中儲券」，自一九四三年二月十五日始，在日軍占領下的上海、南京，蘇、浙、皖三省及廣州、武漢等淪陷區，法幣先後被全面禁止。
278. 國民政府進行國共合作後給共產黨發放法幣，讓共產黨支持法幣，這也是擴大法幣流通的政策之一。
279. 中國人民大學政治經濟學系《中國近代經濟史》編寫組，《中國近代經濟史》下冊（北京：人民出版社，一九七八年），頁

一三二—一三四。
280. 同前引。
281. 日軍占領香港後，查獲了中國政府設在香港的造幣廠，還獲得了中國農業銀行發行的部分法幣及一批印鈔機，中國交通銀行發行部分法幣半成品及印鈔機等。一九四二年，日本南洋占領軍又截獲二十億中國銀行小額法幣半成品。不久，德國海軍在太平洋一艘美國商船中查繳了美國造幣公司為中國交通銀行印刷的、僅缺號碼和符號的法幣半成品十億餘元。日本又從盟友德國手中購進這批半成品，加工後，源源運入中國。
282. 陳爭平，〈貨幣戰、物資戰：抗戰時期的特殊戰線〉，《經濟學家茶座》第三輯（濟南：山東人民出版社，二〇〇〇年）。
283. 齊春風，〈抗戰時期大後方與淪陷區間的法幣流動〉，《近代史研究》（二〇〇三年第五期，北京）。
284. 《中國銀行行史資料》第二輯（上海：上海人民出版社，一九九一年，頁四五四。
285. 中美英平準基金管理委員會的中國籍委員是：陳光甫、席德懋和貝祖詒。
286. 《一九二七至一九三七年中國財政經濟情況》，頁三一八。
287. 時事問題研究會編，《抗戰中的中國經濟》（延安：抗戰書店，一九四〇年），頁三〇四—三〇五。
288. 盛慕杰，〈戰時之中國銀行業〉，《財政評論》卷三第一期（一九四〇年一月）。
289. 《抗戰中的中國經濟》，頁三〇四—三〇五。
290. 壽進文，《戰時中國的銀行業》（會書元出版社，一九四〇年），頁七一。
291. 費正清等編，《劍橋中華民國史》下卷（北京：中國社會科學院出版社，一九九五年），頁五八一—五八六。
292. 前引書，頁五八一—五八六。
293. 《貨幣的禍害》，頁一七一。
294. 《劍橋中華民國史》下卷（一九八五年），頁五八一—五八六。
295. 戴建兵，《金錢與戰爭—抗戰時期的貨幣》（桂林：廣西師範大學出版社，一九九五年），序頁三。
296. 《中國貨幣思想史》（近現代卷），頁一一七八。
297. 前引書，頁一一七九—一一八〇。
298. Walter Zander, "Problems of Monetary Reform in China", *The Individualist* (June 1942).
299. 〈近代上海金融中心地位與南京國民政府之關係〉。
300. 《大蕭條時期的中國》，頁八—一〇。
301. 葉世昌，〈初期法幣是不兌現紙幣〉，《中國近代經濟史研究資料》（上海：上海社會科學出版社，一九八七年），頁一一五。
302. 《中國貨幣思想史》（近現代卷），頁一一六六。

303. 凱恩斯，《勸說集》（北京：商務印書館，一九六二年），頁六二。
304. 《一九二七至一九三七年中國財政經濟情況》，頁二五八。
305. 《金融制度變遷史的中外比較》，頁一〇九。
306. 《大蕭條時期的中國》，頁一〇。
307. 《貨幣的禍害》，頁一八三，一九七。
308. 同前引。
309. 以美國為參照系：到第二次世界大戰末期的白銀價格漲幅，超過了美國政府支持的國內鑄銀幣的價格，一九四六年，不得不通過一項法案，將鑄造稅降低到三十美分，即支持每盎司白銀價格為九〇．五美分。一九六〇年代，美國經過長期的白銀存量積累，特別是一九三〇年代的世界性的白銀收購，白銀儲備達到巔峰狀態。一九六四年三月，詹森總統下令財政部停止「白銀券」與實物白銀的兌換，廢除了白銀券的發行。同時，財政部以一．二九美元為支撐點，向工業界大量拋售白銀儲備，以壓制白銀價格，防止白銀供應量上升。一九六五年，詹森下令稀釋白銀純度，進一步降低白銀在硬幣中的地位，拋售白銀，至一九六七年夏天，美國財政部基本上沒有閒置的白銀，至此，「銀本位」在全球範圍內真正終結。
310. 《貨幣戰爭——金融高邊疆》，頁二八九。
311. 前引書，頁二九〇。
312. 黃河，〈白銀驚魂十日，中國散戶對賭華爾街〉，《南方周末》，二〇一一年五月十九日。
313. 楊者聖，《未加冕的女王宋藹齡》（上海：上海人民出版社，一九八四年），頁三四一。。
314. 《貨幣的禍害》，頁一六四，一七〇，一七一。
315. 〈一九三四——一九三六年間中美關係中的白銀外交〉。
316. Chou Shun-Hsin(周舜莘), *The Chinese Inflation,1937-1949* (Newyork: Columbia University,1969).
317. Changkia-Ngau(張嘉璈), *The Inflation Spiral,the experience in China,1939-1950* (Cambridge, Mass: MIT Press,1958).
318. 〈中國內生貨幣供給理論函數與計量檢驗（一九二七—一九三五）〉。
319. 李立俠，〈宋子文貝淞蓀時代的中央銀行〉，《文史資料選輯》第八十輯（北京：中華書局，一九八二年）。
320. 楊培新，《舊中國的通貨膨脹》（北京：三聯書店，一九六三年版），頁七一。資耀華，〈法幣崩潰，宋子文作困獸之鬥〉，《幣禍》（北京：中國文史出版社，二〇〇四年），頁二〇五，二三五。
321. 上海通志編纂委員會編，《上海通志》（上海：上海人民出版社、上海：上海社會科學出版社，二〇〇五年）。
322. 如果以一九三七年五月的價格為一，一九四一年年底是一五．九八。
323. 賀水金，〈論國民黨政府惡性通貨膨脹的特徵與成因〉，《中國歷史》（二〇〇七年第十一期）。

324. 前引書。原出處：張公權，《中國通貨膨脹史》，頁一一〇。
325. 在各類偽幣中，汪偽政府的中儲券發行量極大，流通於抗戰期間的中國最富庶的地區，有大量民眾使用儲蓄，沒有抗戰勝利，中儲券崩潰的可能性並不明顯。根據政府規定，法幣與「中儲券」的兌換比例為一比兩百，這個兌換率極不合理。當時的實際物價水準，上海只比重慶高約五十倍，與整個法幣流通區域的物價相比，上海物價只高約三十五倍，可見法幣的購買力被嚴重高估，而「中儲券」的購買力被嚴重低估，法幣幣值無形中高於「中儲券」好幾倍。不僅如此，國民政府還規定，「中儲券」限於四個月內兌換完成，每人最多兌換五萬元法幣。
326. 《舊中國的通貨膨脹》，頁一一六。
327. 《劍橋中華民國史》下卷（一九八五年），頁五八一—五八六。
328. 《中央銀行月報》，卷二第十期（一九四七年十月）。
329. 在宋子文的決策過程中，作為中國政府顧問的楊格扮演要角，開放外匯市場符合美國和美商的利益。資耀華，〈國民黨政府法幣的崩潰〉，《文史資料選輯》第七輯（北京：中華書局，一九六〇年）。
330. 〈論國民黨政府惡性通貨膨脹的特徵與成因〉。
331. 〈宋子文、貝淞蓀時代的中央銀行〉，《蔣介石的實情實事》中國文史出版社二〇一一。
332. 沈日新，〈一九四七年黃金潮內幕〉，文芳主編，《幣禍》（北京：中國文史出版社，二〇〇四年），頁二九〇。
333. 前引文，頁二九二。
334. 《中國金融通史（一九二七—一九四九）》，頁一七。
335. 《幣禍》，頁二二〇，二二六，二三九，二九〇，二九二。
336. 今天看，宋子文初衷未必全錯，其悲劇是：一方面他信奉自由化市場經濟，自信以往的黃金政策經驗；另一方面他又不可能通過限制法幣發行量以重建法幣幣值，說過「不和平，辦法都沒有」。然而却選擇拋售黃金以求挽救幣值，緩和價格暴漲，甚至實行停止配售的下策，最終毀滅了支撐法幣的硬通貨儲備。
337. 八月十七日宋子文宣布匯率從二〇二〇元調高為三三五〇元（美金一元等於法幣三三五〇元，調高六五%），同時，宣稱繼續運用黃金來穩定國內幣值。據黃元彬：〈法幣，金圓券與黃金風潮〉，中國人民政治協商會議，全國委員會文史資料研究委員會，文史資料出版社，一九八五年。
338. 資本額定為十億元，由原上海華商證券交易所股東認購六〇%的股份，其餘由中國、交通、農民三銀行及中央信托局、中央郵政儲金匯業局認購。
339. 張春廷，〈中國證券市場發展簡史〉，《經濟史論壇》，二〇〇四年十月。
340. 金正賢，〈論國民政府的法幣價值維持政策及其在抗戰中的作用〉，《抗日戰爭研究》，二〇〇四年第四期。

341. 《上海貨幣史》，頁二九五—二九六。

342. 《幣禍》，頁二二〇，二二六，二三九，二九〇，二九二。

343. 此時張嘉璈任國家平衡外匯基金委員會負責人。《中國十大銀行家》，頁八五—八六。

344. 據說那位美國財政部次長是美國共產黨員，也是蘇聯共產國際的一員，是蘇聯間諜。

345. 中國社會科學院近代史所民國研究室，師範大學院編，《一九三四年的中國》（上卷）（上海：社會科學技術文獻出版社，二〇〇六年），頁三六六，三六八。

346. 方案分兩部分，一是中央銀行發行金圓條例，二是發行金圓實施辦法。方案的特點：第一沒有改變法幣本位制度，法幣仍作為貨幣本位繼續發行流通；第二在法幣之外，另發行一種金圓，金圓匯價固定為百元值美金二十五元，持有金圓可以無限制買賣外匯；第三金圓與法幣比價由中央銀行隨時掛牌制訂；第四繳納中央稅收（主要是關鹽統稅）及輸出入貿易結匯一律使用金圓。據黃元彬：〈法幣，金圓券與黃金風潮〉，中國人民政治協商會議，全國委員會文史資料研究委員會，文史資料出版社，一九八五年。

347. 根據翁文灝說法：王雲五在官僚群中是孤立的。孔祥熙系怪他打毀法幣，上海銀行家都看他不起，王受迫辭職。〔翁文灝，〈「關於金圓券的發行和崩潰」的補充和訂正〉，載《文史資料選輯》第十二輯（北京：中華書局，一九六〇年）。〕而翁文灝的結局不比王雲五好，晚年在大陸受盡屈辱。

348. 易勞逸，《毀滅的種子：戰爭與革命中的國民黨中國（一九三七—一九四九）》（南京：江蘇人民出版社，二〇〇九年）。

349. 張嘉璈將該儲備金額估在一．三億美元；周舜莘將該儲備金額估在三六六〇萬美元。

350. 一九四八年八月二十三日，金圓券發行後的第三天，天津美鈔的黑市是每元換金圓券四元一角八分，二十四日又跳升四元三角五分。廣州美鈔黑市也在二十四日起超過官價。重慶黃金黑市在九月二日每兩超過官價三十元，漢口黃金黑市在九月六日每兩超過官價二十五元。廣州、漢口銀元的黑市也在九月二日以後突破了官價。到十一月十一日，各地金銀、外幣的黑市都超過官價五倍以上。—據黃元彬：〈法幣，金圓券與黃金風潮〉，中國人民政治協商會議，全國委員會文史資料研究委員會，文史資料出版社，1985年。

351. *The inflation spiral, the experience in China, 1939-1950*（《通貨膨脹的曲折線——一九三九至一九五〇年中國的經驗》，pp.81.

352. 《毀滅的種子：戰爭與革命中的國民黨中國（一九三七—一九四九）》。

353. 根據吳承明〈大陸解放前夕國民黨官營事業資產估計〉一文（原載《中國工業》，一九四九年第一期）：「一九四八年八月發行金圓券的時候，在金圓券發行準備監理委員會第一次會議席上，財政部次長徐柏園却給我們提出了一個大概的數目。據他說：『撥供金圓券發行準備的黃金、白銀、外匯，約值兩億美元；而黃金、白銀折價之低，均在市價之下，計黃金每兩折價美元三十五元，實際市價為五十美元；白銀折〇．七元，實際市價為〇．七五元；外匯之存儲，均有憑證可資檢查。，這表示在一九四八年八月的時候，國民黨政府手中金銀外匯的價值，至少還有兩億美元。」。

354. 李立俠，〈金圓券發行前的一段舊事〉，《幣禍》，文芳主編（北京：中國文史出版社，二〇〇四年），頁二三九。

355. 《中國金融通史（一九二七—一九四九）》，頁一七。

356. 李力，《台海風雲》（北京：九州出版社，二〇一一年）。

357. 《貨幣經濟學：貨幣分析問題》，頁四六。

358. 李金錚、徐鋒華，〈一九四九年國民政府金融的最後一搏——銀元券發行述評〉，《史學月刊》（二〇〇六年第十二期，開封）。

359. 臺灣紀錄片《黃金密檔》，二〇一一年四月。

360. 蔣經國，《我的父親》（臺北：三民書局，一九七五年）。

361. 《中華民國貨幣史資料》，頁六五八。

362. 楊肇驤，〈解放前夕的滇局風雲〉，《文史資料選輯》第五十輯（北京：文史資料出版社，一九六四年）。

363. 〈一九四九年國民政府金融的最後一搏——銀元券發行述評〉。

364. 賀水金，〈論國民黨政府惡性通貨膨脹的特徵與成因〉，《上海經濟研究》（一九九九年第六期，上海）。

365. 尼爾．弗格森，高誠譯，《貨幣崛起——金融如何影響世界歷史》（北京：中信出版社，二〇〇九年），頁八一。

366. 學者沈雲龍所言。載范泓《金圓券與國民黨的沉淪》，《同舟共進》（二〇〇八年第五期）。

367. *The inflation spiral, the experience in China, 1939-1950*（《通貨膨脹的曲折線——一九三九至一九五〇年中國的經驗》），pp.354.

368. 《貨幣崛起》（臺北：麥田出版，二〇〇九年），頁九八。

369. 《簡明金融詞典》（天津：天津人民出版社，一九八四年），頁六四。薩繆爾森《經濟學》（北京：中國發展出版社，一九九二年），頁三七四。

370. 林滿紅，〈評介「抗戰時期及戰後中國的通貨膨脹螺旋」〉，《中國現代史論集》（臺北：聯經出版社，一九七〇年），頁二七七—二九五。

371. 前引書，頁二七八。

372. 《貨幣的禍害》，頁一五二。

373. 《劍橋中華民國史》下卷（一九九四年）。

374. John Maynard Keynes, *The Economic Consequences of the Peace* (New York: Harcourt, Brace and Howe, 1920), pp.236.

375. 宋新中主編，《當代中國財政史》（北京：中國財政經濟出版社，一九九七年），頁三。

376. 《中國近代經濟史》下冊，頁九二。
377. 財政部《中國農民負擔史》編委會，《中國農民負擔史》（第三卷）（北京：中國社會科學出版社，一九九〇年，頁八九—九〇。
378. 《中國近代經濟史》下冊，頁九二—九五。
379. 一九三〇年八月，中共中央發布《對目前時局宣言》，其中一條是要求各地工農政權創立農民合作社，開辦貧民信貸銀行。之後，各共產黨武裝控制地區的銀行如雨後春筍般地出現。
380. 中華蘇維埃國家銀行的五位創始人是：毛澤民，任行長；曹菊如，任國家銀行會計科科長；賴永烈，國家銀行業務科科長；莫均濤，國家銀行總務科科長；錢希均，國家銀行會計。
381. 庸桂良，《吳亮平傳》（北京：中央文獻出版社，二〇〇九年），頁三〇〇。
382. 韓延龍等編，《中國新民主主義革命時期根據地法制文獻選編》（第三卷）（北京：中國社會科學出版社，一九八一年。
383. 《貨幣戰爭——金融高邊疆》，頁一一一。
384. 到了一九八〇年代，在共產黨執政三十年之後，曾經是共產黨蘇區的江西，仍然屬於中國貧困省份。
385. 《中國近代經濟史》下冊，頁二五八。
386. 中國人民銀行金融研究所等編，《中國革命根據地北海銀行史料》（濟南：山東人民出版社，一九八七年），頁五六五。
387. 陝西省檔案館，陝西省社會科學院編，《陝甘寧邊區政府文件選編》第一輯（北京：檔案出版社，一九八六年五月），頁二三〇。
388. 毛澤東，〈邊區的貨幣政策〉，《毛澤東文選》卷二（北京：人民出版社，一九九三年），頁一三七。
389. 楊帆，《透視匯率》（北京：中國經濟出版社，二〇〇五年），頁三三七。
390. 《中國貨幣思想史》下冊，頁一四一五，二〇〇一年。
391. 薛暮橋，《薛暮橋回憶錄》（天津：天津人民出版社，二〇〇六年），頁一二四。
392. 蔡曉鵬，〈華東財委的由來與影響〉，《炎黃春秋》（二〇一一年第八期，北京）。
393. 《中國近代經濟史》下冊，頁九四—九五。
394. 《薛暮橋回憶錄》，頁一二五。
395. 中國共產黨及其武裝力量，種植銷售鴉片和販賣鴉片，開始於紅軍時期。哈里森・索爾茲伯里在《長征——前所未聞的故事》裡講過「有的紅軍戰士回憶說，他們曾用鴉片當作貨幣去購買生活必需品」。毛澤東委任南漢宸為陝甘寧邊區財政廳長兼邊區參議會秘書長。南漢宸便依靠經營土特產籌措到錢財，用這些土特產從國民黨地區交換過來革命必不可少的軍用和民用物資。販賣土特產的收入要占到邊財政收入的半數以上，有時要占到三分之二左右。鴉片就是最主要的土特產。南漢宸因為親自組織賣大烟「功」不可沒，得到毛澤東的特別器重。中共建政以後，南漢宸擔任中國人民銀行首任行長。塔斯社記者、莫斯科駐延安的特派員彼得・弗拉基米若夫在《延安日記》裡也有詳細披露：中共政治局甚至批准，要加強發展公營的鴉片生產和貿易，要在一年內為中央政府所轄的各省的市場（叫作對外市場）至少提供一百二十萬兩的鴉片。罌粟的種植與加工大部分將由部隊來做。賀龍的一二〇師所在地是提供鴉片最主要的地區。毛澤東認為，種植、加工和出售鴉片不是件太好的事情。可是，在目前形勢下，鴉片是要起打先鋒的、革命的作用，忽視這點就錯了，政治局一致支持中共中央主席的看法。此外，彼得還說道：「解放區出現了一片怪現象。中共的部隊同樣也出現了這種怪現象。他們全部在盡可能地與淪陷區的日軍做生意。實際上晉西北各縣都充斥著五花八門的日貨。這些日貨都是由淪陷區日軍倉庫直接供應的。此外，還有南泥灣種賣鴉片，以及張思德死於燒大烟的窯洞的說法。謝覺哉的日記裡有鴉片的記載。專門的研究文章可見陳永發的《紅太陽下的罌粟花：鴉片貿易與延安模式》（台北：《新史學》，卷一期四（一九九〇年十二月，頁七七））。

396. 《薛暮橋回憶錄》，頁一二四。

397. 《中國近代經濟史》下冊，頁二五六。

398. 劉秋根（英）等主編，《中國工商業、金融史的傳統與變遷》（保定：河北大學出版社，二〇〇九年）。

399. 《中國近代經濟史》下冊，頁二六三。

400. 《中國貨幣思想史》（下），頁一四〇七。

401. 《薛暮橋回憶錄》，頁一三三。

402. 前引書。

403. 一九四七年東北根據地建立第一個後方戰略基地，東安地委書記吳亮平決定將農民種的大烟（罌粟），由工商局統一管理，作價收購，交稅二五%。一九四七年八月十五日，東安地區撤銷，劃入牡丹江省。其中的原東安地區財產分配如包括黃金二百兩，還有特貨，即大烟（罌粟）六千兩。（陳興良、張耀彬：「〈吳亮平與東安（密山）根據地的創建〉」，載《吳亮平傳》，頁二〇〇，二〇六。）

404. 中共河北省委黨史研究室王運芳主編，《中共中央移駐西柏坡前後》（北京：中共黨史出版社，一九八八年）。

405. John E. Sandrock, *The Money of Communist China.*

406. 《中國近代經濟史》（下冊）。

407. 邢建榕、周利敏，〈一九四八年金融洩密案〉，《學術期刊》（二〇〇二年第十七期，北京）。

408. 沈春鴻，〈六聯戰鬥在敵人的金融中心〉，《文史資料選輯．上海解放三十周年專輯》（下）第二十六輯（上海：上海人民出版社，一九七五年）。

409. 根據《東方瞭望周刊》二〇〇九年第三十五期的文章：〈冀朝鼎：給國民黨出餿主意的「潛伏」經濟學家〉：一九二七年，

左派青年冀朝鼎在布魯塞爾成為第一批加入中共的留美學生。後來他曾到莫斯科中山大學學習。一九二九年，經周恩來批准，冀朝鼎去美國。一九四一年太平洋戰爭爆發，冀朝鼎回國，在「平準基金委員會」任秘書長，陳光甫任主任。這個基金會用美國提供的外匯來穩定國民政府貨幣。由於孔祥熙的推動和美國方面的認可，冀朝鼎主導了擁有一億美元基金的平準基金會。陳立夫在回憶錄中說：抗戰期間就知道冀朝鼎和共產黨有關係，但是孔祥熙和後來任行政院長的宋子文都很信任冀。蔣介石也瞭解冀朝鼎的馬克思主義背景，卻認為，抗戰結束後的中國將依賴美國，需要瞭解資本主義的經濟專家。冀朝鼎為共產黨，出了「損害國家和損害政府信用的壞主意」。

410. 李英，《戰火中不倒的紅旗》（北京：國際文化出版公司，一九九六年）。

411. 張忠民，《經濟歷史成長》（上海：上海社會科學出版社，一九九九年），頁二九三。

412. 千家駒等，《中國貨幣演變史》（上海：上海人民出版社，二〇〇五年），頁二二八。

413. 東北銀行於一九四七年和長城銀行於一九四八年發行過印有毛澤東像的五百元鈔票，皆使用中華民國年號，沒有說明任何保障。參見張五常：《學術上的老人與海》，（北京：社會科學文獻出版社，二〇〇一年）

414. 戰國時期，秦人在完成中國統一之前，其貨幣流通區域隨其軍事擴張而擴大，基本上可劃分為三大部分：以雍、櫟陽、咸陽三處都城為中心的關中平原區；通過軍事戰爭的形式蠶食韓趙魏三晉及燕楚的刀、布和蟻鼻錢流通區域之後所形成的關東半兩錢流通區域；通過新闢疆土，開拓了西南巴蜀和西北諸地區的西部秦錢流通區域。這三大貨幣區為秦統一天下提供了經濟上的強大支援。而此時的齊國卻才逐漸從獨立於六國的度量衡體系中走出，漸與六國趨同；其國內仍刀、貝並行，各城邦各行其法化（如即墨之法化、安陽之法化），雖也出現了「齊法化」漸被各城邦所接受，有逐漸走向貨幣一統的趨勢，但似乎起步太晚。柯秋白：〈試論齊國滅亡的原因〉，武漢大學歷史歷史學院《古今》（二〇〇七年第二期）。

綠蠹魚叢書 YLC66

從自由到壟斷——中國貨幣經濟兩千年（上）

作者／朱嘉明
主編／吳家恆
特約編輯／游常山
編輯助理／郭昭君

發行人／王榮文
出版發行／遠流出版事業股份有限公司
地址：台北市南昌路二段81號6樓
劃撥：0189456-1　　傳真：(02)2392-6658
電話：(02)2392-6899

著作權顧問／蕭雄淋律師
排　　版／中原造像股份有限公司
2012年 1 月 1 日　初版一刷
2017年11月16日　初版三刷
新台幣售價480元（如有缺頁或破損，請寄回更換）

有著作權・侵害必究　Printed in Taiwan
ISBN 978-957-32-6920-5

遠流博識網
http://www.ylib.com
E-mail: ylib@yuanliou.ylib.com.tw

國家圖書館出版品預行編目資料

從自由到壟斷——中國貨幣經濟兩千年 / 朱嘉明作 . --
初版 . -- 臺北市 : 遠流 , 2012.01
冊；　公分 . --（綠蠹魚叢書；YLC66-YLC68）

ISBN 978-957-32-6920-5(上卷 : 平裝). --
ISBN 978-957-32-6921-2(下卷 : 平裝). --
ISBN 978-957-32-6922-9(全套 : 精裝)
ISBN 978-957-32-6752-2（平裝）

1. 貨幣史　2. 中國　3. 經濟

561.092　　100026237